公司理财学

王东胜　编著

南开大学出版社

天　津

图书在版编目(CIP)数据

公司理财学 / 王东胜编著. —天津：南开大学出版社,2013.3

ISBN 978-7-310-04122-0

Ⅰ.①公⋯ Ⅱ.①王⋯ Ⅲ.①公司－财务管理 Ⅳ.①F276.6

中国版本图书馆 CIP 数据核字(2013)第 037465 号

南开大学出版社出版发行

出版人:孙克强

地址:天津市南开区卫津路 94 号　　邮政编码:300071

营销部电话:(022)23508339　23500755

营销部传真:(022)23508542　　邮购部电话:(022)23502200

*

唐山天意印刷有限责任公司印刷

全国各地新华书店经销

*

2013 年 3 月第 1 版　2013 年 3 月第 1 次印刷

260×185 毫米　16 开本　22.5 印张　2 插页　520 千字

定价:39.00 元

如遇图书印装质量问题,请与本社营销部联系调换,电话:(022)23507125

前　言

公司理财学（Corporate Finance）是"公司"（Corporate）和"理财"（Finance）的结合，是专门研究公司资金的筹集、使用和管理的学科。这是一门理论与实践紧密结合，同时实践性很强的学科。

近年来，随着知识经济的到来和全球经济一体化程度的不断加深，公司理财学变成了现代经济学科体系中的核心课程之一。这对公司理财学教材的编写也就提出了更高的要求。虽然国内相关教材已出版了许多，各有优点和特色，但为了进一步反映这门学科的发展现状，我们较系统地梳理了国内外的最新进展，并与我国的实践相结合，在参考国内外已有版本的基础上，结合多年的教学经验和学生的反馈意见，兼收并蓄，扬长避短，编著了这本融合国内外公司理财理论和研究方法的教材。

本教材的主要特点是：

1. 教材定位明确。本教材目标院校为教学型院校和教学研究型院校，定位于培养本科应用型人才。教材编写以简明性、原理性为宗旨，内容上做到"必需，够用"，并着眼于实际应用，具有可操作性。坚持按照先进、简明、适用、通俗的原则选择教材内容：所谓"先进"，就是强调理财学科的新理论、新知识、新技术、新方法、新经验、新案例，使教材内容先进、科学；所谓"简明"，就是教材提供的内容"必需，够用"即可，而不片面强调过于复杂的论证；所谓"适用"，就是着眼于理财学科的发展和现实应用，具有理论和实用价值，具有可操作性；所谓"通俗"，就是教材写得深入浅出，通俗易懂。

2. 反映时代特色，注意本土化。本教材能够反映对公司理财学的最新认识与研究中形成的新成果。所谓"本土化"，既不是写成土生土长的"中国乡土教材"，也不是写成洋味十足的"洋教材"，而是有意识地把该学科的普遍原理与中国的特殊国情和公司理财的最新实践相结合。

3. 体系清晰，使读者对所学内容一目了然。本教材将公司理财学的内容分为三大部分：公司理财基础、筹资管理和投资管理。这样编排章节，使全书的内容更有条理，也有利于读者掌握相关知识。

4. 栏目设置完整。每章开篇设有导读，使前后章节衔接得更加紧密，也能让读者迅速了解每章所学的内容和应掌握的知识。每章结束设有小结、关键概念和综合训练，对每章的重点内容进行总结，并以练习的形式帮助读者复习。而本书的最大特色，则是每章设置的"案例分析"和"知识拓展"栏目。"案例分析"结合每章所学内容，引入国内外经典案例启发读者思考；"知识拓展"则是对正文内容的拓展，向读者介绍最新的国内外研究成果，激发读者深入学习的兴趣。

全书分为三个部分，共 12 个章节，围绕公司筹资和投资两大活动展开。其中，第 1 至 3 章介绍公司理财学的基本概念和基础知识，第 4 至 8 章介绍公司的筹资管理，第 9 至 12 章介绍公司的投资管理。

在编写过程中，南开大学金融学系的多位老师和研究生对本教材的编写提供了帮助。这里，我要特别感谢王洋、郭文斌、刘仁宾、师军、许玥和邓敏等，他们查找了大量文献，提出了许多有益的建议并协助作者完成了此书；他们还为本书编写例题以及每章的特色栏目，增强了教材的实用性。本书编写过程中得到了南开大学出版社赵文娇编辑的大力支持和帮助，在此表示衷心的感谢！

尽管在编写的过程中对本书不断进行修改完善，但由于时间仓促以及本人的研究和实践深度所限，书中的错误和疏漏在所难免，还望广大师生予以批评指正，以便日后逐步改进和完善。

王东胜

2012 年 11 月

于南开园

目　录

第三篇　公司的投资管理

第一篇　公司理财基础

第1章 公司理财导论

导读

  理财是人类经济活动的基本职能之一，在英文中理财称为"Finance"。从非个人经济活动角度来看，有政府的理财活动，称为公共财政（Public Finance），而作为社会金融结构的货币与金融（Currency and Finance）更是经济活动的核心。公司理财学（Corporate Finance）是专门研究公司如何在一定理财目标条件下进行筹资决策和投资决策的学科。它与投资学、金融市场学等应用经济学其他分支学科具有血缘关系，它们遵循共同的基本概念和方法。公司理财产生于 19 世纪末，兴盛于 20 世纪。目前它之所以大行其道，是因为它与企业组织结构演变即所有权与经营权相分离的变化有密切关系，这种变化使公司成为企业组织的主要形式。公司内部组织结构的特征以及与资本市场、信贷市场的密切关系，使理财活动对公司的生存与发展具有非常重要的决定作用。与公司理财活动相联系的职业也非常广泛，如公司财务经理、银行家、证券经纪商、理财分析家、资产管理者、投资银行家、理财顾问等。由此可见，公司理财的规则和活动构成了市场经济的重要组成部分。

  本书的第一部分先向读者介绍有关公司理财学的基础知识，以便为后续的学习打下良好基础。作为全书的开篇，本章首先对公司理财研究的主体——公司进行介绍，然后详细阐述公司理财的目标、内容以及环境。

§1.1　企业的组织形式

　　企业的组织形式主要有三种：个体企业（Sole Proprietorship）、合伙企业（Partnership）和公司（Corporation）。公司理财的研究对象是公司。为什么研究企业理财仅以公司作为研究对象呢？这与不同企业的特点有关。

1.1.1　个体企业

　　个体企业又称独资企业，是由一人独资经营，并且独享营业利润和独担失败风险的一种企业经营方式；这种企业不具有法人地位。

　　1）个体企业的优点：

　　（1）所有权和经营权合一，个人决策，能随机应变；

　　（2）单独出资，不受他人干扰；

　　（3）无须向社会公布企业的财务报表，可以保持业务机密，有利于竞争；

　　（4）企业组建简单、费用低，只要向政府的工商管理部门申请营业执照即可。

　　2）个体企业的缺点：

　　（1）个体企业的资本由个人单独提供，因而财力有限，很难筹集到大笔资金用于企业的经营与发展；

　　（2）投资以后，除非破产，企业不能以转让方式收回资金，投资比较固定；

　　（3）个体企业对自己的债务负有无限责任，当个人投入企业的资产不足以抵偿债务时，业主的个人财产将被追索，风险较大；

　　（4）个体企业的存在随业主的死亡而告终，因此企业寿命有限。

　　由于以上原因，个体企业建立得多，消失得也快，其规模较小。当个体形式妨碍企业的进一步发展时，它们会转向其他更有利的形式。

1.1.2　合伙企业

　　合伙企业是指由两人或两人以上共同出资，共同经营，共同按约定比例分享利润和承担风险的一种契约行为；这种企业不具有法人地位。

　　1）合伙企业的优点：

　　（1）凡是有两人或两人以上彼此同意合作，就可以订定契约，投资经营业务，所以手续较为简便；

　　（2）与独资企业相比，资本与人力均较充足，因此可以较大规模地经营；

　　（3）由于合伙人负有无限责任，信用较强，所以比较容易筹集资金和开展业务。

　　2）合伙企业的缺点：

　　（1）合伙人不管每人出资多少，共同负有无限责任；

　　（2）由于合伙人的意见难免存在分歧，所以可能出现合伙人退出或其他意外事件，影响业务的稳定；

（3）由于所负责任太大，合伙人彼此常存戒心，难以和衷共济；

（4）财力仍然有限，不容易做大规模的策划与发展。

合伙企业可以把不同个人的资本、技术和能力聚合起来，形成比个体企业更强、更有创造力的经营实体。但它在无限责任和有限生命这两点上与个体企业是一致的。此外，合伙企业的资本不以股票形式出现，不能转让和变现，因此与公司相比，所有权的转移比较困难，也较难筹集大量资金。故合伙企业适合于小型企业。一般而言，高技术的风险投资刚起步时，往往采用合伙形式。

1.1.3　公司企业

公司制企业是一个独立的法人，是以公司身份出现的法人，是最重要的一种企业组织形式。这类企业的所有权和管理权实现了分离。由于各国法律规定上的区别，它所包含的内容及分类方法亦不完全一致。例如，在一些大陆法系国家，像德国和法国等，凡是依法成立的，以营利为目的的企业法人都是公司，公司形式包括了无限责任公司、有限责任公司、两合公司、股份有限公司，但不包括非营利公司；而在英美法系国家，公司形式中包括非营利公司，但不包括无限责任公司和两合公司。从两种法系关于公司制度的法律规定中可以看出，有限责任公司和股份有限公司是公司的基本类型。我国现代企业制度建立的主要类型也是有限责任公司和股份有限公司。本书所述理财活动就是以这两种公司为主要内容的。

1）公司的优点：

（1）股东的责任仅仅限于其所投资的股份数；

（2）股份可以自由转让，易于变现，企业的股票有很好的流动性；

（3）可集合大量资本，具有较多的增长机会；

（4）由于股票可以自由转让，公司业务不致受股东个人兴趣、健康及寿命的影响，因此能保持经营的连续性；

（5）公司所有权和经营权的分离，使企业能聘用有技术专长者与管理专家，提高经营管理的效率。

2）公司的缺点：

公司这种企业组织形式的主要缺点是双重纳税：公司在经营活动中获得的利润要交公司所得税，股东分红所得还要交个人所得税。此外，股票上市的公司要定期公布财务报表，政府对公司的法律管制也较严格。

由此可见，公司的理财活动要比其他两种企业复杂得多，这主要表现在：

第一，在筹资（资金的融入）方面：个体业主制与合伙制这两种组织形式具有无限责任、有限企业寿命和产权转让困难三个重大缺陷，这些缺陷决定了其难以筹集大量资金，融资方面的能力非常有限。而公司的融资方式多种多样，在资本市场上的融资能力具有得天独厚的优势。

第二，在投资（资金的融出）方面：由于规模大，公司投资面临的问题多且复杂；另外，公司比个体企业和合伙企业更容易留存收益，因此有更多的再投资用于有利可图的投资机会。

由此而言，只要公司的理财活动研究清楚了，其他两种企业的理财活动也就掌握了。所以，公司理财的研究对象是公司；当然，公司理财中的概念、原则和方法同样适用于个体企业和合伙企业。

§1.2 公司理财的目标

为了有效地管理企业内部的资金流转，公司理财必须有一个目标或目的。因为企业必须依据某个目标才能判断一项决策是否有效，也只有有了明确的财务目标，才能把企业各种各样的财务行为整合为一体，围绕一个共同的目标开展公司理财工作。

关于公司理财的目标，曾有过以下几种主要的观点：

1.2.1 利润最大化

利润最大化目标强调企业的利润额在一定时间内达到最大。将利润最大化作为公司理财的目标，有其合理性和科学性的一面。因为公司是营利性经济组织，利润是企业生存和发展的必要条件，追求利润是企业和社会经济发展的重要动力。同时，利润代表了企业新创造的财富与价值，利润越大，企业新创造的财富就越多。但是，这种观点也存在一些重要的缺陷：

1）没有充分考虑利润取得的时间性。例如，今后三年内每年可获利 100 万元的投资项目与第三年可获利 300 万元的投资项目孰优孰劣？对这个问题的回答，必须考虑货币的时间价值才能做出正确的判断。

2）忽视了投入与产出的关系。以总利润作为公司理财目标，没能反映创造的利润与投入的资本额之间的关系。例如，以 2,000 万元的投入创造 500 万元总利润的项目与以 4,000 万元的投入创造 600 万元总利润的项目孰优孰劣？而单纯比较不同投入资本所创造的利润总额，由于相互之间缺乏共同的比较基础，所以可能没有太大的意义。

3）忽略了未来获取利润时所承担的风险。例如，投资一般都具有利润越大风险也越大的特点，在追求利润最大化的同时可能会伴随风险最大化。在这种情况下，只比较利润而不计风险大小，很难确切区分投资项目的优劣。

4）片面追求利润最大化会强化企业短期行为。例如，公司经理在追求利润最大化目标时，往往会忽略当前成本支出大而将来收益更大的项目，产生管理上的短期行为；可以通过该提不提，该摊不摊，推迟必要的维修和保养工作，甚至虚盈实亏等方法，增加企业的短期会计利润，却影响了企业长期利润的实现。

1.2.2 每股盈余最大化

对于股份公司而言，一家公司的所有权用普通股股票来证明。每一股表示它的持有者拥有该公司流通在外的普通股总数分之一的所有权。一般地说，公司的每股盈余（Earnings Per Share，简称 EPS），等于公司的税后净利润除以流通在外的普通股总数。

每股盈余最大化的观点认为，公司股东的财富取决于每股盈余而非盈利总额，因此公司理财的目标应是努力使每股盈余达到最大。每股盈余最大化目标反映了所投资本与所获利润之间的对应关系，也是它与利润最大化目标相比较最明显的优点。但是，它同样存在以下几项重要缺陷：

1）没有考虑每股盈余发生和持续的时间性；

2）没有考虑每股盈余承担的风险；

3）无法克服短期行为。

1.2.3 股东财富最大化

企业为投资者（股东）所有，企业所有者把资金投入企业形成了企业的法人财产，并授权企业经营者进行经营管理。而股东之所以投资创办企业，就是为了使其投入的资本保值、增值，创造尽可能多的财富。公司这种企业组织形式若不是遇到破产和兼并，一般具有无限寿命。股东希望从公司的长期稳定经营中得到最大的利益，因此企业的主要目标应是股东财富最大化，亦即公司的股票价格最高化。所以，股东财富最大化的观点认为，公司理财应该站在股东的立场来考虑问题，努力使其股东的财富达到最大。对于股票上市公司而言，由于股票的市场价格代表了市场上所有投资者对该企业价值的集中评价，是一个客观的衡量标准，因此人们通常用股票价格来表示公司股东财富或企业价值的大小。对于非股票上市公司而言，则可以利用股票的机会价格来测定股东财富。通过对同类公司公开上市股票的分析，可以大致估计出有关公司股票的市场价格。

股东财富最大化目标也可以直接称为"股票价格最大化"目标。一般而言，在有效的资本市场上，股票价格反映了企业的市场价值，它是企业未来现金流量的现值。它一方面取决于现金流量的大小，另一方面还取决于反映时间价值的折现率，在折现率中体现了金融市场的利率及风险补偿。股票价格综合反映了每股的当前盈余与预期的未来盈余，这些盈余的时间性或持续时间、盈余的风险、企业的股利方针以及影响股票价格的其他因素及其变化；同时，股票价格能够体现资本和获利之间的关系，并综合体现各种因素的影响，也是衡量企业各项财务活动绩效的有效指标，反映了企业管理当局为股东干了什么、效果如何。

由于公司管理当局经常处于股东的监督之下，这种监督机制使公司经理层不得不选择股东财富最大化这一目标，因为：

1）资本市场能对经理阶层施加压力，以保证公司的决策过程朝着有利于股东的方向发展。这个监督机能的有效程度取决于资本市场的有效性。当一个股东做初始投资时，他所付的股价对预期的代理成本的大小做出了反应。但是，获得信息是需要付出代价的，人们的预见做可能有缺陷，事后经理人员也会偷懒或从股东处攫取财富。资本市场的特殊性质使得股东在监督和揭示事前未遇到的经理阶层的机会主义行为方面能够发挥一定作用，所以股票价格能够反映管理人员是否有不良行为，资本市场给股东提供了公司经理人员盈利成就和承担风险的程度的信息。所以，股票价格升降和股票买卖行为，促使董事和经理人员致力于公司财富的最大化。如果不这样选择，他们将无法顺利地筹措资金，因为该公司的股票价格将下降；有些公司可能不会选择最佳公司财务决策，而长期的竞争必然将这些公司逐出市场，因为有关这些公司经营情况的信息将不断增多。

2）股东选择制度对限制经理阶层的利己行为也起到重要作用。股东选举权给了剩余资产所有者决定董事会人选的权利。假如经理人员为追求个人利益而偷懒、不负责任或攫取公司财富，董事会有责任和权利处分或撤销这些经理人员。倘若股东对董事会职能不满意的话，他们则有权重组董事会。另外，当某公司的股东不满意该公司管理当局的经营业绩时，将会纷纷采取抛售行动，用"脚"投票，从而使该公司股票行情恶化。

除了以上两点，经理市场和竞争对手的兼并行为也能有效地监督经理人员。在有效的经理市场上，不负责的或低能的经理得到低工资和低职位，而勤奋、有能力的经理能得到较快的晋升和较优厚的报酬。在竞争性的经理人员晋升需求刺激下，低层经理人员对高层经理人员的监督行为是有效率的。具有无限制转让性的剩余求偿权和兼并市场的外部监督机制对公司管理产生了重要的影响。由于剩余求偿权是可以自由转让以及与经营权相分离的，"敌意性"的兼并者可以越过现任经理人员、董事会而收购有多数权的股票，从而实现对某公司决策过程的控制。兼并市场的存在使负有责任的经理阶层更注意自身利益与股东利益的一致化。假如经理人员不负责任或攫取公司财富，兼并者会迅速做出反应，因为兼并者因兼并而获得的利益跟股东因代理成本而遭受的损失是直接关联的。

综上所述，股票价格最大化是对公司经营成就的最好测量，公司制度完善的目的也在于促使这一机制更加有效，但它仍存在一些缺陷。例如，一些影响股票价格的因素不为公司所控制，股价无法准确反映经理阶层的成就，经理阶层可能会失去信心。另一种可能是，经理阶层如果过分注意每天股价的波动，对眼前利益的考虑将胜过对长期利益的考虑。

目前世界上大多数财务学家均认为：尽管股票价格最大化目标存在这样或那样的不足，还不能被认为是一个完全理想的公司理财目标，但它可以克服前述利润最大化或每股盈余最大化等目标的一些致命缺陷。在目前条件下，与其他公司理财目标相比，股票价格最大化目标在理论上是最完善、最合理的。因此，目前绝大多数公司理财论著都假设企业公司理财的目标是使其股东财富（或企业价值）最大化。本书也采用这一目前世界上普遍认可的假设作为论述的基础。

1.2.4 企业公司理财目标：理论与现实的协调

在前面的讨论中，我们了解到"股东财富最大化"这一目标与现实企业公司理财目标之间是有一定冲突的。这种冲突的原因是多方面的，但最根本的原因是，股东财富最大化的目标是单纯从股东的最大利益出发的，而在企业中还存在着其他的财务关系人，他们具有各自不同的利益与追求，因而会具有与股东不完全相同的财务目标。在这些人中间，与股东之间存在着委托代理关系的人可以说是企业最重要的财务关系人之一。1976年10月，美国著名学者 M. 詹森和 W. 麦克林（Michael C. Jensen & William H. Meckling）在一篇非常重要的论文中提出了"代理关系"的重要概念，并阐述了企业中的委托—代理关系问题。他们认为，代理关系（Agency Relationship）是一种契约，在此契约下，一人或多人（即委托人，Principals）雇用另外的人（即代理人，Agents）代表他们去执行某些工作，然后再把某些决策权授予代理人。这一论述对财务管理有很重要的意义。

在公司理财框架中，主要存在两种委托代理关系：第一种是股东与经营管理者之间的委托代理关系；另一种是股东与债权人之间的委托代理关系。因此，经营管理者与债权人可以说是除股东之外企业最重要的财务关系人，对企业公司理财目标的选择与实现有着重要影响。另外，企业与社会其他各方面，如员工、顾客等，也存在着广泛的财务关系，因此企业应承担何种社会责任、如何承担社会责任等问题对企业财务管理目标也有很大影响。企业必须协调这三方面的关系，才能实现"股东财富最大化"的目标。下面我们即从这三个方面分别论述实际公司理财目标与理论公司理财目标之间的矛盾冲突及其协调办法。

1）股东与经营管理者之间的矛盾与协调

詹森和麦克林指出，只要经营管理者不拥有企业的全部股权，就有可能产生代理问题（Agency Problem）。所谓代理问题，是指所有权和经营权分离后，委托人（外部股东）和代理人（经营管理者）双方潜在的利益冲突。

股东与经营管理者之间的矛盾之一，即双方的目标不完全一致。股东的目标是使股东财富最大化，因而千方百计要求经营管理者以最大的努力去完成这个目标。而经营管理者作为个人最大合理效用的追求者，其具体行为目标通常是：报酬，包括物质和非物质的；增加闲暇时间；避免风险等。因此，经营管理者有可能为了自身的目标而背离股东的利益。这种背离有两种表现形式：

（1）道德风险（Moral Hazard）。经营管理者为实现自己的目标，不全力以赴为增加股东财富或提高股价而工作。因为股价上涨的好处将全部归于股东，如若失败经营管理者的"身价"将下跌，他们不愿为此而冒险。一些经营管理者不做什么错事，只是不十分卖力，以增加自己的闲暇时间。这样做，不构成法律和行政责任问题，只是道德问题，股东很难追究他们的责任。

（2）逆向选择（Reverse Selection）。经营管理者为追求自己的目标而背离股东财富最大化的目标。其表现之一为追求更多的豪华享受，因为他享受的成本要由全体股东共同分担；表现之二为杠杆收购（Leveraged Buyout），即经营管理者以自己的名义借款并买回公司发行在外的股份，将公司据为己有。为了达到从中渔利的目的，在此之前管理者可能采取行动蓄意压低股票价格，从而导致股东财富受损。

为了解决股东与经营管理者之间的矛盾，有两种极端的方法：一是使付给经营管理者的报酬全部由公司股票构成。这样，管理者所得到的报酬就完全视公司股价高低而定，从而激励其为提高股价而努力工作。但在现实生活中，很难找到愿意接受上述条件的管理者。另外一个极端方法是股东全面监督经营管理者的各种行为。然而这种方法不仅毫无效率，而且代价极高，实际上也是行不通的。可行的解决办法介于上述两者之间，即把二者结合起来，既让经营管理者的报酬与业绩联系在一起，又花费一定的成本以监督经营管理者的行动。现实生活中一般有三种办法来协调股东与经营管理者的矛盾：

（1）解雇的威胁。因为股东可以获取必要的信息对经营管理者进行监督，所以如果经营管理者未能使股东财富达到最大，股东就可能行使"用手投票"的权利，即通过表决等手段，改组管理当局将其解雇。特别是随着近年来股权逐步集中到一些大的机构投资者（如各种基金）手中，解雇的威胁也越来越成为一种现实的压力，迫使经营管理者为股东财富的最大化而努力。

（2）接管的威胁。如果管理当局决策失误，股东还可以充分发挥市场机制的作用，行使"用脚投票"的权利，即出售自己所持有的股票。如果很多股东纷纷采取这一措施，则公司的股价就会降低，以致低于其预期的合理价值。这时敌意收购（Hostile Takeover），即管理当局不希望企业被收购但其他公司要强行收购的情况，往往就会发生。一旦公司被接管，经营管理者通常会被解雇，即使侥幸留任，也会丧失很大的权利。因此，为了避免被其他公司接管，管理当局必须采取那些可以提高股价的措施。

（3）管理激励计划。现在越来越多的公司将经营管理者的报酬与公司业绩紧密联系起来，有关研究也表明：这将激励经营管理者的行为与股价最大化的目标一致起来，使之更愿意采取那些能满足股东财富最大化目标要求的措施。不仅如此，这种办法还可以使公司吸引并留住那些优秀的经营管理者。这种激励计划有两种主要方式：

①股票择购权（Stock Options）。即允许管理者在将来某一时间以固定的价格购买一定数量的公司股票。显然，股票的市场价格越高于该固定价格，经营管理人员所得报酬就越多，因而管理当局为了获取更大的报酬，就必然会采取能够提高股价的行动。这种办法在 20 世纪五六十年代的美国曾十分流行，但在 70 年代由于股票市场整体不景气，择购权往往不能奏效（因为如果到约定时间股价低于执行价格，那么择购权将一文不值），致使其一度失去魅力。目前该方法常与其他激励方式结合使用，而很少再单独使用了。

②绩效股份（Performance Shares）。它是根据公司业绩（以每股盈余、资产报酬率、权益报酬率等指标来衡量）和个人绩效的大小，而给予经营管理人员数量不等的公司股票作为酬劳以进行激励的一种方式。其好处是，即使在股市低迷时，绩效股份对于经营管理人员也有一定的价值；同时，经营管理人员报酬的高低取决于所获绩效股份的数量和当时的股票价格。这样，无论股市整体情况如何，都可激励经营管理人员努力改善业绩，提高股价。因此，目前它正在取代"股票择购权"而成为最重要的管理激励计划。

2）股东与债权人之间的矛盾与协调

公司中的另一种主要代理关系存在于股东（通过经营管理者）与债权人之间。债权人将资金借贷给企业，其目标是取得规定的利息收入并在到期时安全收回本金，而公司借款的目的是用它扩大经营，获取超额收益。二者的目标并不一致，因而也就存在潜在的利益冲突，即代理问题。尽管债权人事先知道借出资金是有一定风险的，并把这种风险相应地纳入到利率之中，但是借款合同一旦成为事实，资金到了公司手中，债权人就失去了控制权，而股东则可能为了自己的利益迫使管理当局剥夺债权人的财富，损害债权人的利益。

3）企业财务目标与社会责任之间的矛盾与协调

企业总是存在于一定的社会关系中，它除了与经营管理者和债权人之间有密切的财务关系外，还必然会与其他相关利益者（如员工、政府、社区、消费者、供应者、竞争对手等）发生各种相互关系。这必然会产生企业是否需要承担社会责任和如何承担社会责任的问题。社会责任观念自 20 世纪 60 年代末兴起以来，越来越受到人们的重视，企业财务目标与社会责任和社会目标之间的矛盾及协调也就成为公司理财理论与实务中不可忽视的一个重要问题。

从某种意义上讲，企业所需承担的社会责任与股东财富最大化目标具有一致的一面。例如，为使股价最大化，企业必须生产出符合市场需要的产品，必须不断开发新产品，降低产品成本，提高产品质量，增加投资，扩大生产规模，提供高效、优质的服务等，当企业采取这些措施时，整个社会也将因此而受益。另外，企业适当从事某些社会公益活动，承担一定的额外社会责任，虽然短期看增加了企业的成本，但却有助于改善和提高企业的社会形象与知名度，使企业股票和债券的需求增加，从而使股价提高，这无疑是符合股东利益的。

但是，社会责任与股东财富最大化目标又有相矛盾的一面。例如，企业为了获利，可能生产伪劣产品，可能不顾工人的健康和利益，可能造成环境污染，可能损害其他企业的利益等。当企业有这些行为时，社会将因此而受损。同时，企业承担过多的社会责任，必然会增加其成本，降低其每股盈余的水平，从而导致股价降低，减少股东的财富。在这种情况下，如果一定要求企业去实现对社会有利的目标，就可能降低整个社会资源分配的效率，从而使前者的成果全部或部分地为后者的损失所抵消，使社会经济发展步伐减缓。

尽管各个国家都出台相应的法律法规来规范企业的经营行为，但是法律不可能解决所有问题，特别是在法制不健全的情况下，企业可能在合法的情况下从事不利于社会的事情。因此，企业除了要在遵守法律的前提下去追求股东财富最大化的目标之外，还必须受到商业道德的约束，接受政府有关部门的行政监督以及社会公众的舆论监督，进一步协调企业和社会的矛盾关系。

综上所述，在现实生活中由于种种潜在的利益冲突和各种复杂因素的影响，股东财富最大化往往不是企业唯一的财务目标，甚至也可能不是企业最重要的财务目标。但是，通过有效的协调机制与办法，比较妥善、公平地处理与企业相关的各利益团体的不同财务目标是有可能的，从而能够令股东财富最大化成为企业的一个行得通的财务目标。也就是说，股东财富最大化这一企业财务目标并不完全是一个纯粹的理论假设，在现实生活中，它也存在可以实现的机制。只要这种机制足够完善，股东财富最大化的目标是有可能达到的。

§1.3　公司理财的内容

前面我们已经知道，股东财富最大化是企业公司理财的首要目标。这一目标等同于企业股票的市场价格最大化。那么企业应通过哪些公司理财活动以及如何有效地开展公司理财活动才能实现这一目标呢？对这一问题的回答，就构成了公司理财的主要内容。

我们知道，根据企业公司理财的目标，公司理财人员的职责应是在既定的客观制度和经济环境下，合理地进行各种公司理财决策，从而提高企业每股盈余的水平，降低每股盈余实现的风险，缩短每股盈余实现的时间，从而达到股价最大化的目标。由于每股盈余的数量、时间和风险又取决于企业的投资活动和融资结构，因此公司理财的主要内容就是围绕筹资决策和投资决策展开的。

1.3.1 筹资决策

筹资又称融资（资金的融入），是指企业从不同的资金来源筹集所需要资金的行为。在市场经济条件下，公司要完成其生产经营活动，获得收入，取得利润，首先必须筹集一定数量的资金。资金是企业生存和发展的基础，因而筹资决策也就成为公司理财的一项最基本内容。现代金融市场的发展使企业筹集资金的方式多种多样，如发行股票或债券、银行贷款、赊购、融资租赁等。从不同来源、以不同方式来筹集资金，其筹资成本、使用时间、风险程度等都不同，因而给企业带来的影响也不同。筹资决策是要企业在各种筹资方式中进行合理选择，分析每一种筹资方式对公司可能产生的潜在影响，采用最适宜的资金筹集方式。在资金筹集过程中，主要应做好下列几项工作：

1）预测企业资金需要量；

2）规划企业资金的来源；

3）研究企业最佳的筹资方式；

4）确定企业的资金成本与最优资本结构。

其中的关键问题是决定各种来源的资金在总资金中所占的比重，即确定公司资本结构，公司资本结构将影响公司的价值，因此公司理财的首要目标就是选择合理的融资方式。融资决策就是选择可使公司价值最大化的负债和所有者权益的比率，或者说是选择最恰当的资本结构，以使筹资风险和筹资成本相配合，实现及时、足额又低成本地获得所需资金。

1.3.2 投资决策

投资即资金的运用（资金的融出）。资金筹集是为资金运用服务的，公司的资金运用过程即投资过程。公司的投资范围很广，有购买材料、固定资产等内部投资活动；也有购买有价证券，向联营企业、控股企业、附属企业投出资产的外部投资活动。投资决策是指评估和选择资金运用的过程。投资是创造新财富的基本途径，因而投资决策对股东财富最大化的影响也是第一位的。

1.3.3 股利决策

股利决策是指企业选择和确定其股利政策的过程。股利决策是公司理财的一项重要内容。一般而言，股利支付率过高，会影响企业的再投资能力，甚至丧失投资机会，从而导致未来收益减少，造成股价下跌；而股利支付率过低，则可能引起股东不满，股价也会下跌。因此，每个企业都应根据自己的情况确定最佳的股利政策，这样才能实现股价最大化的目标。

股利决策关系到企业内部产生资金的分配去向，在很大程度上会影响到企业可用资金的数量与质量，所以它实际是筹资决策的一个组成部分。但由于其重要性和复杂性，因此单独列为一项。

1.3.4　财务分析

财务分析是指通过搜集与理财决策有关的各项理财信息，对这些信息进行分析、解释，旨在评估企业现在或过去的财务状况和经营成果，并对企业未来状况及经营绩效加以预测的整个过程。我们知道，公司理财的目标在于使股东财富实现最大化，而实现股东财富最大化的途径则是管理当局进行一系列可以引导企业未来经营路线的长期战略决策和理财决策。那么，在一定时期内，企业理财决策的实施效果如何？股东财富最大化目标的实现程度如何？为今后更进一步实现这一目标，具备了多强的理财实力？还有哪些不足需要通过今后的理财决策予以纠正，以便更好地实现股价最大化目标？通过理财分析，往往可以较好地回答诸如此类的问题，为制定理财决策提供依据。

在上述内容中，理财决策（包括投资决策、筹资决策和股利决策）是公司理财最主要的内容，而理财分析则是为更加有效地制定和实施理财决策，评估理财决策的实施效果而服务的，是公司理财的基本工具与方法。

还需要指出的是，投资决策、筹资决策和股利决策之间并非各自独立，它们有着密切的关系。例如，投资项目安排要考虑到可能的筹资数量与筹资成本的高低，筹资数量、时间、方式的安排要根据投资的需要来确定，股利分配政策则要考虑到可能的投资机会和外部筹资的可能数量与成本等。在实际进行理财决策时，必须重视它们之间的相互联系与相互作用，这样才能使有关决策正确可行。

值得一提的是，公司理财活动远不止这些。然而，以上提到的理财活动的确是公司理财的重要内容，并且它们提供了公司理财的一个基本框架。

§1.4　公司理财的环境

企业是在复杂的环境中经营和发展的。因此，公司的理财活动也是在外部环境不断变化的动态世界中进行的。任何企业的公司理财人员都面临着由环境所提出的挑战和环境所提供的时机。企业要想搞好财务工作，必须了解它的公司理财环境，并有效地应对环境变化，使公司理财决策适应环境，从而促进公司理财活动的顺利进行和经济效益的提高。

1.4.1　公司理财环境的分析

环境是指某一事物赖以生存和发展的各种外部条件，或是影响某一事物生存和发展的各种外在因素。公司理财的环境是指对公司理财活动具有直接或间接影响的外部条件。

1）公司理财环境的构成

公司理财环境的构成是复杂的。为了科学地进行分析和决策，可以从不同的角度进行观察。就企业经营要素而言，公司理财的环境由投资环境、筹资环境、劳动力环境、技术环境、信息环境、市场环境等方面组成；就企业活动的社会观点而言，公司理财的环境可由投资者、债权人、消费者、政府部门、社会团体等方面构成。不同的公司理财目标，不同的决策要求，要求从不同的角度去分析公司理财环境。通常情况下，公司理财环境包括：宏观经济环境、金融市场、经济法律环境和其他经济环境。

公司理财环境大多是企业自身不可控的因素。对于不可控的因素，公司理财人员就必须认识其周围的环境，了解它们的发展变化，更好地适应它们；对于可控因素，则要努力改造它们，为企业求得生存和发展的机会。

2）公司理财环境的特征

（1）变动性。公司理财的环境因素是不断变化的。有些是渐进的，变化比较缓慢，不易及时察觉和把握；有些是突变的，很快就会影响企业的生存和发展。地理环境变化相对比较缓慢，而经济因素，特别是市场因素变化则较快。类似于这些因素的或慢或快的变化，有时会给企业带来公司理财活动的方便，有时也可能带来麻烦。所以，企业公司理财人员应当及时预测环境变化的趋势和特征，采取对策，调整公司理财活动。

（2）复杂性。公司理财的环境因素是多方面的、复杂的，既有经济、技术、文化等方面的因素，又有政治、社会方面的因素，这些因素综合地对公司理财产生影响，制约企业的理财行为。公司理财活动在复杂的环境因素中，有的直接受到影响，有的间接受到影响。公司理财人员必须全面分析各种因素的影响，特别是着重分析那些对公司理财活动影响重大的因素，做出科学的决策。

（3）交互性。构成公司理财环境的各种因素是相互依存、相互制约的，无论哪一个因素发生变化，都会直接或间接地引起其他因素的变化。例如，消费结构的变化会使市场需求发生变化，市场需求的变化会引致企业投资方向的变化等。这些相互作用、相互依存的关系，会使公司理财活动产生连锁反应。

（4）不确定性。环境因素的变动，大多是公司理财人员事先难以准确预料、无法切实加以控制的。凡是公司理财人员不能控制的因素，都构成公司理财环境的不确定性。如市场上各种生产要素的价格变动，都将影响企业的成本和利润，使管理企业成本和利润方面的不确定性增大。这些环境的不确定性使公司理财人员既要根据所掌握的信息追求最大利益，又要考虑现实条件的约束以及可能性，追求现实期望可得的、虽不是最大但却是最稳妥的利益。

1.4.2 宏观经济环境

影响公司理财环境的因素是多种多样的，由于公司理财活动是一项经济行为，所以公司理财环境最主要的还是经济环境，特别是宏观经济环境。公司理财的首要任务就是要及时发现宏观经济的变动情况，进而做出调整，以适应提高企业效益的要求。宏观经济环境主要包括国家产业政策、财政政策和货币政策。

1）产业政策

产业政策就是国家有关产业结构、产业组织和产业技术调整的目标和政策体系。产业政策主要包括产业结构政策、产业组织政策和产业技术政策。

（1）产业结构政策。产业结构政策是指着重影响产业结构变化的政策，它主要通过推动资源在各产业之间的有效配置来实现产业结构合理化，并使之不断向高级化发展。产业结构政策具体可分为基础产业结构政策（包括农业、能源、交通运输、通信、基础

22222222222

333333335333333332

原材料等政策），加工产业结构政策（包括加速支柱产业发展、扶持主导产业振兴、实现加工产业合理布局等政策），第三产业结构政策（包括商业、旅游、理财、社会保障和社会服务业等政策）等。

（2）产业组织政策。产业组织政策是着重影响产业组织变化的政策。它主要通过促进要素的合理流动，实现各产业组织形式的最优化，以达到最佳规模经济效益。产业组织政策主要包括反垄断促进竞争，扶持中小企业发展，促进企业联合与兼并等政策。

（3）产业技术政策。产业技术政策是着重引导或影响产业技术进步的政策。产业技术政策包括各产业的技术进步，科技人员培养及产业技术选择等政策。其宗旨在于不断创新"朝阳产业"，淘汰"夕阳产业"。

（4）产业政策对公司理财活动的影响。商业银行的资金运用要体现国家产业政策的要求，对国家限制发展的产业和产品，要严格控制贷款的发放；对国家明令禁止生产的产品，不得发放货款。企业在筹资时，产业政策作为促进产业结构、产业组织、产业技术有序发展的政策体系，给现有企业指明了宏观经济环境的发展方向，告诉企业公司理财人员哪些产业为鼓励发展产业，哪些产业为限制发展产业，哪些产业为将淘汰产业，从而为各类企业的发展提供了一个明确的目标。公司理财人员就可根据这一线索，再结合当时当地的实际情况做出正确的公司理财决策。当一个企业处于被淘汰产业之列时，就要尽快进行资本转移，或是开发新产品，或是与其他企业合并，或是关闭清算。当一个企业处于鼓励发展的产业之列时，就要加速发展，达到最佳的经济规模。

2）财政政策

财政政策是国家为了实现一定时期的路线和任务而选定的财政行为的基本规则。其具体内容包括以下三个方面：

（1）财政政策的类型。财政政策分类繁多，从不同的角度可以划分出不同种类。

①根据财政政策对总需求的不同影响，可把财政政策分为扩张性财政政策和紧缩性财政政策两种。扩张性财政政策是指为了刺激投资和消费，国家通过减少财政收入、扩大财政支出来增加社会总需求，以对整个经济产生推动作用，防止或延缓经济萎缩。采取的财政措施包括：减少税收、减少上缴利润、扩大投资规模、增加财政补贴、实行赤字预算、发行公债、增加财政支出，从而刺激社会有效需求，促进经济的增长。扩张性财政政策根据扩张力度的不同，又可分为全面扩张和扩中有紧两种形式。紧缩性财政政策是指为了抑制投资和消费，国家通过增加财政收入、减少财政支出来降低社会总需求，以便对整个经济起到紧缩的作用，避免或缓解经济过热的出现。采取的财政措施是：开发新的税种和调高税率、提高国有企业上缴利润的比例、降低固定资产折旧率、缩小投资规模、削减财政补贴、压缩政府开支、减少财政支出、实行盈余预算。紧缩性财政政策又可以根据紧缩力度的不同，分为全面紧缩和紧中有扩两种形式。

②根据财政政策对总供给的不同影响，可把财政政策分为刺激性财政政策和限制性财政政策。刺激性财政政策是通过倾斜性投资和财政利益诱导，例如减免税收等手段，重点扶持某些部门、行业的发展，以增加社会供给的财政政策。限制性财政政策是指通过各种财政工具，例如提高税率等手段，限制某些部门、行业的发展，压缩局部过剩的财政政策。

（2）财政政策工具。财政政策工具是为了实现既定的财政政策目标而选择的具体途径或措施。财政政策的工具很多，主要包括以下四种：

①税收。税收的原始功能是筹集财政收入，但随着社会经济的日益复杂和生产力的发展，税收的收入功能逐渐被包含在政策功能之中。税收的政策功能主要表现在两个方面：一是特定经济发展水平下税收总规模的大小调节着整个经济的积累方式，税收总规模大，则经济发展所需的资金主要由财政部门提供，个人或企业的资金积累减少；反之，个人或企业的资金积累增加。二是税制体系的结构、主体税种的选择、对各种经济活动和经济主体征税的纵向与横向差异，调节着经济发展的结构和方式。

②公债。公债是国家举借的内、外债总称。公债最初的功能是应对临时财政支出或弥补财政赤字；到近代，随着国家干预经济活动的增多，公债已成为调节经济的重要杠杆，成为财政政策的重要工具。公债分为可出售和不可出售、短期和长期等类型；其发行可面向居民、企业公开发行或由银行承购；其还本付息可采取征税偿还或发行货币来偿还等方式。不同的公债种类、发行方式、还本付息办法及利率的高低，对社会总供给和总需求的影响是不同的，对公司理财活动的影响也不同。

③政府投资。政府投资指政府直接参与物质生产领域的投资。它是实现资源有效配置的重要工具，其形式包括投资总量和投资结构两部分。通过总量和结构的变化，对资源配置产生影响，进而调节国民经济结构，促进产业结构的合理化。

④财政补贴。财政补贴是指国家无偿地补助给居民、企业和其他受益者的支出，是财政支出的形式之一。一般来说，财政补贴包括生产性补贴和消费性补贴两大类。生产性补贴，如生产资料价格补贴、投资补贴、利息补贴等，实际上相当于对企业减税，增加了企业的利润，有利于鼓励投资，进而增加整个社会的供给，所以生产性补贴宜在总需求大于总供给时使用，以发挥增加社会有效供给的作用。消费性补贴，如消费品价格补贴、副食品补贴、水电费补贴、房租补贴等，实际上相当于增加工资，增加了用于消费的收入，鼓励消费者消费，增加了消费需求。因此，消费性补贴宜在总供给大于总需求时使用，以促进经济的繁荣。

（3）财政政策对公司理财的活动的作用。财政政策对公司理财活动有着重要的调节作用，具体表现为以下几个方面：

①税收调节。在税收方面，财政可以采用增加税种、改变税率（包括实行减免税收的优惠）等措施来影响企业的盈利水平，从而调节和影响企业的理财活动，其作用反映为总量调节和结构调节两个方面。

总量调节，即对所有企业同时增减税种、改变税率，使所有企业的盈利水平同时下降或提高，从而抑制企业的积累能力和发展能力，或者增强企业的积累能力和发展能力。税收的总量紧缩调节措施，通常在经济普遍过热、通货过度膨胀时期使用，它对公司理财活动的影响是迫使企业缩小投资规模。在紧缩中，那些承受能力较小的落后企业可能被淘汰，其资金可能被优胜企业所吸收，从而起到优化企业结构的作用。税收的总量扩张调节措施，通常在经济萧条、存在需求缺口时使用，它对公司理财活动的影响是增加企业自主支配的资金量，扩大企业投资，加速企业资金的周转。因此，税收的高低对公司理财活动有重要的影响，同一决策方案在不同的税负状况下可能产生不一样的结果。

结构调节，即对一些产业或企业增加税种、调高税率，对另一些产业或企业减少税收、调低税率，从而限制或鼓励部分产业或企业的发展。实行税收结构性调节的作用在于，通过不同的税率，扩大重点支持发展的产业或企业和限制发展的产业或企业的资金盈利差距，从而引导企业资金或其他资金流向高盈利产业或企业。

②公债调节。公债对公司理财活动的调节是通过调整公债发行和国债利息来实现的。首先，公债发行量增多，即直接向证券市场注入的证券增多，可以给企业提供更多的证券投资机会，使企业资产多元化。国家可以把通过发行公债集中的资金，用于支持重点经济建设项目，从而间接地改变企业资金的流向。其次，公债利息率的变化，影响着企业进行证券投资的数量和对投资报酬率的要求。

③财政支出调节。在财政支出方面，政府可以采取增减支出的措施来影响企业的资金流量，进而影响公司理财行为。具体表现在四个方面：一是财政直接对企业增减投资，包括企业基本建设、企业挖潜改造资金等拨款，直接影响企业资金的流量；二是政府增加对企业的采购，间接地向企业注入资金；三是实行有区别的财政投资政策，即只对国家要求发展产业的所属企业投资，以增加这些企业的资本，促进其发展；四是对关系到国计民生的计划内亏损企业（如经营粮、棉、油的企业）进行适当的财政补贴，以保证其资金的正常运转。

3）货币政策

货币政策是指国家为了实现其宏观经济目标，通过中央银行而采取的控制与调节货币供应量的一种理财措施。其基本内容主要包括以下几个方面：

（1）货币政策类型。根据货币供应量和货币需求量之间的对比关系，可把货币政策分为扩张性、均衡性和紧缩性三种类型。扩张性货币政策是指货币供应量较大地超过货币需求量。这种政策能刺激社会需求的增长，使社会总需求较大地超过总供给，在总供给和总需求两者对比关系不同的情况下，此政策对经济所产生的作用也不同。均衡性货币政策是指货币供应量大体上等于货币需求量，两者形成对等关系。这种政策能促使或保持社会总需求和总供给的平衡。紧缩性货币政策是指货币供应量小于货币需求量。这种政策会抑制社会需求的增长，使社会总需求的增长落后于总供给的增长。

（2）货币政策工具。货币政策工具是中央银行为实现货币政策目标而采取的措施或手段。我国中央银行已建立起了直接和间接相结合的货币政策工具体系。

①直接的货币政策工具主要包括：

<1>货币供应量增长幅度。每年，我国中央银行通过对国民生产总值、物价拨款、国际收支状况等主要指标的分析、预测，确定货币供应量的年度增长幅度。

<2>再贷款规模的控制。中央银行是银行的银行，当商业银行及其他理财机构发生资金短缺时，可向中央银行申请贷款，这种贷款称为再贷款。中央银行通过对再贷款规模的控制来调节理财机构资金来源的规模，从而制约公司理财机构的资金运用能力。

②间接的货币政策工具主要包括：

<1>存款准备金率。中央银行可根据不同的经济情况，通过提高或降低商业银行所吸收存款的上缴比例，即存款准备金率，来影响商业银行的贷放能力，控制市场货币供应量。

<2>公开市场业务。指中央银行以某一时期的货币供给量指标为依据，在金融市场上对社会公众、企业、机关以及中央银行以外的各种理财机构买卖各种有价证券，以增加或减少货币供应量。

<3>再贴现率。中央银行通过提高或降低再贴现率，可以影响市场上的一般利率水平，从而影响企业、个人或其他单位对资金的需求，达到紧缩或放松银根的目的。

<4>利率。作为中央银行货币政策工具的利率是指再贷款利率，它是非常重要的利率，可以影响银行等理财机构的贷款利率。通过调整再贷款利率，能够影响整个社会的利率升降。其具体过程为：当市场货币供给量偏多时，需要紧缩，中央银行便提高再贷款利率；反之，则降低再贷款利率。各商业银行为了保持自己的利润水平，就要相应提高或降低利率，从而影响向商业银行借款的企业对货币的需求，影响人们愿意持有的货币量。

（3）货币政策对公司理财活动的影响。由于中央银行并不直接与企业发生信用联系，因此中央银行的货币政策通常是经过商业银行、其他理财机构和金融市场传导给企业的。具体来说，货币政策是通过信贷、利率、金融市场等来调节企业资金流动的。

①信贷对公司理财的影响。银行信贷对公司理财的影响，主要表现在信贷总量与信贷结构两个方面。

<1>信贷总量的影响。信贷总量的变化是通过增加或减少贷款和投资总量来影响企业资金流动量的。我们知道，贷款和投资是企业资金的最主要来源之一，这在我国表现得尤为突出。因此，银行信贷总量的增减变化对公司理财活动有着重大影响。具体来讲，当中央银行实行紧缩银根政策，要求削减信贷总规模时，各商业银行就会相应减少对企业的贷款和投资，进而影响企业的筹资和投资规模。反之，当中央银行实行松动银根的货币政策时，各商业银行就会相应地增加对企业的贷款和投资，进而使企业资产得以扩大。因此，银行信贷对企业财务管理的影响是显而易见的。

<2>信贷结构的影响。信贷结构的变化是通过各商业银行对不同行业、不同企业、不同产品予以不同的贷款支持，即调整信贷支出结构，来影响公司理财活动的。比如，对经济效益好的企业在贷款量、贷款期限等方面给予优惠，而对信贷风险大的企业给予限制，从总体上使企业的资产结构发生变化。另外，对国家产业政策要求重点发展的产业和产品，由政策性银行或商业银行给予贷款上的大力支持；对国家产业政策限制发展的产业和产品，银行通过采取停止新贷款甚至抽回旧贷款的方法，对企业的理财活动产生影响。

②利率对公司理财活动的影响。银行利率对公司理财活动的影响通常也表现为两个方面，即利率总水平和利率结构。

<1>利率总水平影响。利率总水平的影响是通过提高或降低利率总水平来影响企业的筹资成本，进而影响企业的投资活动。从理论上讲，银行提高贷款利率，企业的贷款成本上升，如果投资收益不变，企业的贷款欲望就会下降，并相应减少这方面的筹资，使企业的资产规模缩小；相反，银行降低贷款利率，企业贷款成本下降，就会相应增加贷款量。

<2>利率结构的影响。利率结构的影响是指各理财机构遵守中央银行关于信贷资金

管理的规定，执行中央银行规定的利率及其浮动幅度，对不同行业、不同企业、不同存贷款种类和期限实行不同的利率，对公司理财活动产生的影响。例如，我国中央银行的利率政策规定，对国家重点支持发展的农业、外贸出口、能源、原材料、交通通信等基础产业和基础设施实行优惠利率；对信用优良企业实行相对较低的浮动利率；对期限长短不同的贷款实行差别利率，对技术开发实行贴息等，通过利率结构的改变影响企业的筹资和投资决策。

1.4.3 金融市场环境

企业的生产经营活动离不开各类市场，因此公司理财（财务）人员也离不开金融市场，他们必须进入金融市场获取所需的资金，为企业筹集资金——融入资金（聚财）。同时，为获得最大的长期利润，还要在金融市场投资——融出资金（用财）。 金融资产是对现金流量和真实资产的所有权，包括货币、股票、债券、商业票据等一系列金融工具。金融市场是指金融资产的供需双方，以其供求价格（通常为利率或收益率）交易金融资产，调剂长短期资金的场所。

1）金融市场的基本组成要素

（1）金融市场的参与者。金融市场的参与者主要是资金供需双方和金融中介。具体包括：

①金融机构。金融机构是金融市场中最重要的参与者。金融市场的融资活动基本上是由金融机构组织实现的。多数金融机构本身都直接以筹资者和投资者的双重身份参与市场竞争，又作为金融中介收受盈余单位的资金，提供给缺乏资金的单位，实现资金转移，达到资源的优化配置，并为金融市场提供各种服务。中央银行以及其他专门性金融市场管理机构，还是金融市场的协调管理者。我国的金融机构主要包括以下四种：

<1>中央银行。我国的中央银行是中国人民银行，它是国务院领导和管理金融事业的国家机关，是整个金融活动的中心环节。作为银行的银行，它是银行和其他金融机构资金来源的最后融通者。其主要任务是集中力量研究和做好全国金融的宏观决策，保持币值稳定。因此，中央银行把参加金融市场交易作为宏观金融调节的手段之一，实施宏观金融调控。它根据情况在金融市场买卖证券，直接调节市场货币流通量，或通过有关政策和法令，调控金融机构的信用扩张能力，控制金融市场活动。

<2>商业银行。商业银行是提供金融服务最广泛的金融机构，与提供单一服务的其他金融机构比较起来，如同一个应有尽有的百货公司，办理存款、贷款、投资、中间业务、资金结算等业务。银行是否经营某项业务，要看这项业务能否为银行带来盈利；是否办理某一笔业务或接纳某顾客，也要看它们能否为银行带来利润，同时还要考虑其安全性。我国的商业银行主要有工商银行、农业银行、中国银行、建设银行、交通银行、中信银行、光大银行、招商银行和大量的城市商业银行以及农村合作银行等。

<3>政策性银行。政策性银行是为了保证国民经济健康发展，贯彻国家经济政策，维护社会稳定，对特定项目和特定企业单位办理信贷业务的金融机构。我国现有办理政策性国家重点建设（包括基本建设和技术改造）贷款及贴息等固定资产投资业务的是国家开发银行；办理国家粮棉油储备和农副产品合同收购、农业开发等农业信贷业务的是

中国农业发展银行；办理为大型机电成套设备进出口提供买方信贷和卖方信贷、为成套机电产品出口信贷办理贴息及出口信用担保的是中国进出口信贷银行。政策性银行的资金来源主要是向社会发行的国家担保债券和向金融机构发行的金融债券。

<4>其他金融机构。其他金融机构主要包括：a. 依法专门经营各种保险业务的保险公司。保险公司依靠投保人缴纳的保险费聚集起大量的保险基金，对那些发生意外灾害事故的投保人予以经济赔偿。保险公司筹集的资金除保留一部分用于赔款外，其余部分多投向政府债券、企业债券、股票和不动产抵押。b. 以代人理财为主要内容，以受托人身份经营现代信托业务的信托公司。我国信托公司的业务内容主要有：委托业务、代理业务、租赁业务、咨询业务等。我国还有大量的专门受托为委托人投资证券的证券投资基金公司。c. 专门从事各种有价证券经营及相关业务的证券公司。它的主要业务包括：有价证券的自营业务、委托买卖业务、认购业务和销售业务。证券公司既是证券交易所的重要组成成员，又是有价证券转让柜台交易的组织者、参与者。d. 产业集团内部各分公司筹资成立的企业集团财务公司。它为本企业集团内部各企业筹措和融通资金，促进其技术改造和技术进步。e. 从事租赁业务的金融租赁公司。

②各类非金融企业。企业是金融市场的重要参与者，它们既是资金的需求者，又是资金的供给者。企业在生产经营过程中会形成暂时的闲置资金，这部分资金可以进入金融市场参与证券投资。一般说来，来自企业的暂时闲置资金只能起暂时性的作用，企业支出一旦有需要，这些资金即从金融市场退出。所以，企业利用其暂时闲置资金所购买的大都是市场性较高的短期证券。与向金融市场提供的资金数量比，企业从金融市场获取的资金数量要大得多。因此，企业不仅是金融市场上的净借款者，而且是短期资金市场最活跃的参与者。在长期资金市场上，企业可以通过发行股票、债券的方式筹措长期资金，同时也可以进行长期投资。

③政府。各个国家的中央政府和地方政府都是金融市场的参加者。政府为了弥补财政收支上的赤字，或是为了某些特定项目的公共工程建设，经常发行各种债券筹集资金。所以，政府在金融市场上主要充当资金的需求者；当然，政府部门也会通过对原有负债的偿还或出于干预和调节经济活动的目的而向金融市场提供资金。

④个人。个人是金融市场上处于重要地位的资金供给者。个人用日常的生活节余购买各种证券，直接参与金融市场的交易活动。个人的储蓄存款和进行人身、财产保险，又是金融市场间接融资的来源之一。因此，个人也是金融市场的参与者。

（2）金融工具。在金融市场上买卖的商品是供以进行金融交易的工具，如现金、存款、票据、债券、股票等。这些金融工具构成了金融市场的客体。金融交易是一种有偿转让资金的活动。为了可靠地确立债权债务关系，以及便于债权转让、金融交易，需要借助于金融工具进行。对于资金的需求者来说，金融工具是一种债务凭证；而对于资金供给者来说，则是一种债权凭证，属于债权人的金融资产。金融市场的金融工具种类很多，各有其不同的特点，能够满足资金供求者的不同要求，它们是金融市场的重要构成要素。

（3）金融市场的组织形式。金融市场的组织形式即进行金融交易所采用的方式。根据各种金融交易的特点，金融市场的组织形式有下列三种：

①在固定场所进行的有组织的集中交易方式，这种方式通常又称为指卖方式。其具体做法是买卖双方在交易场所内进行公开竞争，由代理人出面，经过讨价还价程序决定成交价格，完成交易过程。

②分散交易方式，通常又称为店头市场方式。这种方式是分散在各金融机构柜台上进行的交易，交易过程中没有代理人，由买卖双方进行面对面的协商，以完成交易。

③场外交易方式。这种交易方式没有固定交易场所，也不需要进行直接接触，而是借助于通信手段完成交易。

（4）金融市场管理。这是指中央银行、证券业监督管理委员会、银行业监督管理委员会、保险业监督管理委员会等管理机构为维护金融市场的正常秩序而进行的管理。主要包括：颁布各种金融法规，为金融市场活动制定行为规范，并提供法律保障、业务指导；中央银行以经济手段作为政策性工具，调节金融市场活动等。

2）金融市场的分类

由于资金融通的空间范围、交易对象、交易方式以及期限长短等都有一定差别，因此按照不同的分类标准可以划分出不同类型的市场。

（1）根据交易对象性质的不同，金融市场可划分为货币市场、证券市场、黄金市场、外汇市场等。证券市场还可按具体交易对象的不同，进一步划分为债券市场和股票市场。

（2）根据参与者情况的不同，金融市场可划分为银行同业拆借市场、企业拆借市场等。

（3）根据融资偿还期限的不同，金融市场可划分为货币市场和资本市场。偿还期在一年以内的资金交易市场为短期资金市场，也称货币市场；偿还期在一年以上的资金交易市场为长期资金市场，也称资本市场。

（4）根据融资交割时间的不同，金融市场可划分为现货市场和期货市场。当日成交或三日内进行交割的市场为现货市场；而成交后在数日内、最长不超过一年时间进行交割的市场为期货市场。

（5）根据金融交易功能的不同，金融市场可划分为发行市场和流通市场。发行市场是证券或票据等金融工具最初发行的市场，也称初级市场或一级市场；流通市场是已上市的金融工具进行再转产买卖的市场，也称次级市场或二级市场。

（6）根据有无固定或集中交易的场所，金融市场可划分为有形市场和无形市场。有形市场是有组织的、有固定场所的金融市场，如证券交易所、黄金市场等；无形市场是没有固定或集中的场所，通过电话、电报等通信工具进行交易的融资活动。一般来说，外汇市场和一些短期资金市场以及柜台交易等都属于无形市场。

此外，还有不少分类方法，如根据市场业务内容不同，可分为放款市场、储蓄市场、证券市场；根据地理范围不同，可分为国内金融市场、国际金融市场等。在现实融资过程中，不同类型的市场具有交叉关系。

金融市场的不同分类方法，可以反映金融市场交易活动的情况，有助于从不同角度分析金融市场的动态和问题，为公司理财人员提供管理依据。

3）金融市场对公司理财的作用

所有企业都是在金融体系中经营的，只是其深入程度不同而已。当产品出售或提供劳务时，公司或者收到现金，或者创造一项融资性资产——应收账款。此外，公司还会将其闲置资金通过金融市场投资于有价证券，以获取高于一般存款的利息。由此，公司与金融市场有了直接的接触，更重要的是，多数企业以金融市场为它们融通资产投资所需资金的来源。

金融市场也为有价证券定价提供了条件。企业通过发行证券筹集资金，又通过购买证券进行投资，这就产生了证券的公平市价。虽然有些证券是有面值的，但其成交价格在金融市场上是根据同类证券的转售情况而定的，企业自身不能直接对证券价格施加影响，只能通过利息支付或股息发放来间接影响和调节证券的市场价格。一般的投资者以一个企业证券的市价来判断其经营的成败。在金融市场上，资金的买卖活动是在比较选择下进行的，经营好的企业能优先吸收到资金，而经营不善的企业则很难筹措到资金。这就增强了公司理财人员的竞争意识和进行科学理财决策的思想。总之，金融市场是公司理财活动的重要外部条件。

1.4.4　法律环境

市场经济是以法治为基础的。我国的法治就是在人民民主的基础上制定完备的法律制度，并依靠法律来管理国家事务、社会事务、经济事务等。法是国家制定或认可的法律、法令、条例等的通称，它规定人们应该做什么，不应该做什么，怎样做合法，怎样做违法。因此，企业必须遵守国家制定和颁布的政策、法律、法令、条例等；同样，公司理财人员也应该懂法、守法并研究法律环境。

1）经济法

企业在生产经营过程中会根据法律规范形成一系列的特殊社会关系，如刑事法律关系、民事法律关系、行政法律关系、经济法律关系等。其中，对企业来说最主要的是经济法律关系。经济法律关系就是当事人之间根据经济法律规范在经济活动中形成的经济权利和经济义务的关系。而国家为组织、领导和管理国民经济而制定的调整一定社会经济关系的法律规范的总和就是经济法。经济法是国家法律体系中一个独立的法律部分，其包含的内容十分广泛，主要有：财产的管理；国民经济的计划、领导和管理社会经济组织的法律地位、权利和义务；经济活动的准则、程序和方法；违反经济法律的责任等。经济法由众多的经济法规组成，这些经济法规构成完整的经济法体系。经济法的主要表现形式有法律、法规、决议、命令等。

对于公司理财人员来说，影响企业财务活动的经济法规主要有以下几类：

（1）财会类法规。财会类法规主要包括《企业会计准则》、《企业财务通则》、《建设项目经济评价法》等。

（2）税收类法规。税收类法规主要有《税收征收管理法》、《个人所得税法》、《增值税法》、《消费税暂行条例》、《营业税法》、《企业所得税法》等。

（3）其他经济法规。主要包括《公司法》以及企业法、涉外企业法、经济合同法、专利法、技术合同法、广告和商标法、外汇管理法律规定、房地产法律规定、证券法律规定、产品质量法律制度、价格法、反不正当竞争法律制度、保护消费者权益法、公司理财法、经济监督法、环境保护法、国有资产法律规定、进出口贸易法律规定、企业整顿清算和破产法律规定等。

　　2）企业经济活动中的权利和义务

　　企业作为经济法律关系中的主体，根据法律规定，有权进行各种经济活动，或者要求其他企业做出一定的行为，以便实现自己的经济权利。

　　（1）经济权利

　　①权利享有者可以依其愿望和意见，在法定范围内从事一定的经济活动。

　　②权利享有者可以要求义务承担者做出一定行为或抑制一定行为，以便实现自己的权利。

　　③权利享有者如果因他人的行为而使自己的经济权利不能实现时，有权要求有关机构加以保护。

　　经济权利是以法律所责成的他人义务的履行为保障的。

　　（2）经济义务

　　①负有经济义务者必须按照规定履行其应负的经济义务，以使相关方的权利得以实现。

　　②履行经济义务是以法定范围为限度的。

　　③经济义务人必须自觉地履行义务，如果不履行或履行不适当，就会受法律的制裁。

　　经济权利和义务是同时存在的，是相互适应和相互制约的，没有无义务的权利，也没有无权利的义务。

　　3）法律环境对公司理财的影响

　　一国对经济所持的态度以及采取的鼓励、保护和限制的政策措施，都是以一定的法律形式表现出来的。也就是说，公司理财环境的政治、经济、文化等因素对公司理财决策的影响也都需要通过法律和政策途径显示出来。法律环境为市场经济的有序和规范提供了前提条件。

　　法律环境对于企业既赋予权利又产生约束，企业必须服从国家制定的经济法规的法律效力，注意自己的经济行为。公司的一切理财活动都要承担法律责任，受法律约束，这是因为国家法律机关对执行法律进行监督，对不执行法律、违反法律进行惩罚。在我国，任何企业，包括国有、集体、个体或外商投资企业，无论规模大小、盈亏与否，其经济活动都必须遵守和服从国家的经济法规和其他法律。国家通过法律约束，规定国家与企业之间的关系，企业与企业之间的关系，以及企业内部的关系。比如说，根据税法纳税是企业的义务，同时又是企业的一项重要财务支出，公司理财人员必须对企业所处的纳税环境有充分的认识，对于影响公司理财决策的税务问题要认真分析、严格管理，既不违反税法，又要尽可能地合理避税。在合法的情况下，要研究如何限定利润的实现额，增加费用的支出额，增加折旧或负债，利用税负等影响收益，从而实现避税并以此调节企业与国家的关系。再如，国家为了引导社会资金的合理流向，有效利用闲散资金，保护各方面的合法权益，颁布了一系列关于有价证券的法律规定。不论是发行证券吸收资金的企业，还是投资证券的企业，都必须遵守国家规定。总之，公司理财人员只有遵守国家制定和颁发的法律法令和条例等，企业的合法权益才能受到法律保护，不受侵犯；同样，公司理财活动违法就要承担法律责任。

1.4.5 其他经济环境

公司理财活动的运行，除了与以上环境有着密切联系外，还与经济环境中的其他条件密切相关，如经济周期、通货膨胀、市场条件、风险等因素。

1）经济周期

在市场经济机制中，商品交易活动总是由高涨到萧条、周而复始地循环，这种循环就是经济周期，经济周期对公司的理财活动有着重要的影响。在经济周期的不同阶段，公司理财人员会面临不同的公司理财问题。例如，在高涨阶段，经济建设加快，市场需求旺盛，企业购销活跃，为了扩大生产，需要相应地扩大投资，增加生产要素，这就要求公司理财人员迅速筹集到所需的资金。在萧条时期，社会商品购销停滞，公司的购销也受到阻碍，也就要求紧缩投资。

2）通货膨胀

通货膨胀是反映流通中货币供应量超过商品流通实际需要量而引起货币贬值、物价普遍上涨的经济现象。一般情况下，通货膨胀与经济周期联系密切。经济越处于上升阶段，价格上升也越快，而在市场疲软阶段则价格平稳甚至下降，但是有时也会出现生产不断下降时，物价还持续上涨的滞胀现象。通货膨胀会引起企业资金占用的增加，成本上升，利润减少。因此，公司理财人员必须能预测未来通货膨胀的幅度并采取相应的措施，减少损失。

3）市场因素

在市场经济条件下，市场是企业生产经营的基础。市场因素包括的内容很多，主要有：顾客的需求变化，社会商品购买力变化，市场上同类产品或代用产品的数量、质量、价格，竞争对手的发展动向，设备状况，供应来源，能源条件等。市场环境影响企业的生产经营状况，从而影响公司的理财活动。比如，为了适应或引导消费者需求的变化，公司理财人员在企业开发新产品时要仔细分析原材料供应情况、产品的销售趋势，分析成本、价格、利润的可行性等，要不断地根据市场变动情况采取相应的财务措施，增强企业在市场竞争中的生存和发展能力。

4）风险因素

决策时，常常会有许多情况是决策者无法掌握的。有时是因为取得这些信息的成本过高，有时是因为根本无法取得这些情报，再则由于决策者不能控制事物的未来进程，所以市场经济使企业运行的客观环境存在许多难以预测的不确定因素，从而使企业的资金流入和流出可能产生不同幅度的变动。这种由不确定因素引起的资金波动就是风险。风险在公司理财过程中是不可避免的，这就要求公司理财人员在公司理财活动中，衡量安全与收益的关系，不断地预测风险，处理风险。

公司理财活动是否有效，往往取决于它对整个外部环境变化的适应程度和应变能力。公司理财活动的成功，总是属于那些能对当前变化迅速做出反应，对未来做出科学决策的公司理财人员。

经济环境复杂多变，对企业来说是客观的"不可控"因素。企业支配外部环境的力量很小，公司理财活动中很重要的一点就是要适应和服从外界环境。公司理财人员要根据环境的变化来调整企业财务内部条件和工作。一个企业的财务工作只有最大限度地与整个社会的需要、社会经济的发展、市场的变化等协调一致，密切衔接，才能得到满意的效果。

环境虽然复杂，但是可以认识。要适应环境，首先要有对外部环境的判断力，并能预测它的未来变化趋势。环境变化是频繁、迅速的，如果我们的公司理财工作也像环境和市场那样频繁地变化，就会使企业的财务工作处于非常不稳定的状态。大起大落并不利于工作的开展。因此，应力求在环境变化时，以小变应大变，在变中求稳定。要做到这一点，最关键的是公司理财人员要站得高、看得远，做出比较稳定的、符合环境发展趋势的决策。

为此，企业理财人员要注意以下几点：

1）必须根据已有资源、现有能力、投资情况和市场占有率等来正确了解当前本公司所处的环境。

2）对公司外部环境进行研究，应该掌握诸如消费者需求的动向、企业间竞争的动向、本行业的技术水平、经济界一般动向以及法律限制方向等方面的信息和知识。

3）要分析有关环境的信息，如：将来会如何发展；理想的公司理财环境会是怎样，可能性多大，不理想的可能性又是怎样；为创造对本公司而言最为理想的环境，需要哪些条件，实现这些条件的可能性如何等。

4）对公司的地位和环境进行相互联系的分析、研究和预测，以积极的姿态考虑：目前本企业财务工作存在的问题，企业的公司理财活动面临的困难、发展的方向和机会以及限制条件，环境对企业的要求等。

5）对于企业存在的问题，要积极地提出解决办法，采取有力措施，及时适应环境的变化。

财务工作者只有认识公司理财环境，研究环境的变化并采取相应的措施，及时适应环境，公司理财决策才会更加科学，企业的资金运行才能够顺利进行，进而实现公司理财的最终目标。

【知识拓展】

企业公司理财目标：现实状况

对于公司理财目标，历来是仁者见仁，智者见智。而且，现实中企业的公司理财目标往往是一种复杂的综合目标体系。所谓单一目标，通常是人们为了理论分析上的便利而假定的。实际上，除了我们已经介绍的目标外，理论上和实务上关于公司理财的目标还有多种提法，如销售最大化、雇员福利最大化、经理人员利益最大化、社会责任、竞争目标等。另外，关于企业管理当局到底是通过寻求最优决策方案来追求"最大化"目标，还是通过寻求满意的决策方案来追求"满意化"目标，也依然存在着许多争论。不过，尽管各种关于公司理财目标的提法均有一定的道理，实务中也不乏遵从者，但从理论上看，这些目标都不及"股东财富最大化"的提法完善和成熟。因此，它们在理论上均没有得到普遍的认可。但应该指出的是，股东财富最大化只是一个规范性的目标，而并不必然反映企业是如何制定投资和筹资决策的。实证研究表明，在很多情况下，股东财富最大化并非企业管理当局唯一的目标，甚至也不是其最重要的目标。例如，英国学者 R. 帕克（Richard Pike）曾对英国最大的公司的财务主管进行过一项调查，要求他们按照公司理财目标的重要性对其进行排序，调查结果显示：股东财富最大化目标的重要性仅排在第四位，而且只有大约 18% 的被调查者认为它是一项"非常重要"的目标。在美国、日本等国进行的类似调查的结果，总体上也支持上述发现。由此可见，理论上的公司理财目标与现实中企业所遵循的公司理财目标并不完全一致，我们需要进一步分析其原因，并在可能的情况下探讨解决的办法。

本章小结

企业的组织形式主要有三种：个体企业、合伙企业和公司。公司制企业是一个独立的法人，是以公司身份出现的法人，是最重要的一种企业组织形式。公司制与另外两种企业组织形式相比，具有独特的优点，因此公司理财学将公司作为研究对象。

为了有效地管理企业内部的资金流转，公司的理财活动必须有一个明确目标。关于公司理财目标的主要观点有：利润最大化、每股盈余最大化和股东财富最大化。尽管股东财富最大化目标也存在着这样或那样的不足，还不能认为是一个完全理想的公司理财目标，但它可以克服利润最大化或每股盈余最大化等目标的一些致命缺陷。在目前条件下，与其他公司理财目标相比，股东财富最大化目标在理论上是最完善、最合理的。因此，目前绝大多数公司理财学论著都假设企业公司理财的目标是使其股东财富（或企业价值）最大化。

公司理财活动主要包括投资决策、筹资决策、股利决策和财务分析。筹资即融资，是资金的融入过程；投资即资金的运用，是资金的融出过程；股利决策关系到企业内部产生资金的分配去向，在很大程度上会影响到企业可用资金的数量与质量，是筹资决策的一个组成部分；财务分析是公司理财的基本工具与方法。

公司的理财活动是在外部环境不断变化的动态世界中进行的。公司理财的环境包括宏观经济环境、金融市场环境和法律环境等方方面面，由于各种因素的复杂性和多变性，要求公司理财人员必须具备良好的素质，及时准确把握市场动向。

关键概念

公司　股东财富最大化　代理问题　货币市场　资本市场

综合训练

一、单项选择题

1. 理论上最为完善的公司理财目标是____。

　A. 利润最大化　　　　　　　　　B. 每股盈余最大化

　C. 净收益最大化　　　　　　　　D. 股东财富最大化

2. 在企业管理中，所有权和经营权分离后，委托人（外部股东）和代理人（经营管理者）双方潜在的利益冲突问题被称为____。

  A. 利益冲突问题　　B. 道德风险　　C. 委托—代理问题　　D. 逆向选择

3. 偿还期限在一年以内的资金交易市场被称为____。

  A. 货币市场　　　B. 资本市场　　　C. 金融市场　　　　D. 场外交易市场

4. 在各种法律关系中，对于企业来说最重要的是____。

  A. 刑事法律关系　　　　　　　　B. 民事法律关系

  C. 行政法律关系　　　　　　　　D. 经济法律关系

5. ____是指一个国家为了实现其宏观经济目标，通过中央银行而采取的控制与调节货币供应量的一种理财措施。

  A. 财政政策　　　　B. 货币政策　　　C. 产业政策　　　　D. 法律法规

二、多项选择题

1. 下列叙述中，属于公司制企业特点的是____。

  A. 股东的责任仅仅限于其所投资的股份数

  B. 股份可以自由转让，易于变现，企业的股票有很好的流动性

  C. 可集合大量资本，具有较多的增长机会

  D. 所有权和经营权分离

2. 公司理财目标理论包括____。

  A. 利润最大化　　　　　　　　　B. 每股盈余最大化

  C. 股东财富最大化　　　　　　　D. 社会责任最大化

3. 公司理财环境的特征包括____。

  A. 变动性　　　　B. 复杂性　　　C. 交互性　　　D. 不确定性

4. 现实生活中，协调股东与管理者矛盾的方法有____。

  A. 解雇的威胁　　B. 接管的威胁　　C. 逆向选择　　D. 管理激励计划

5. 金融市场的参与者包括____。

  A. 理财机构　　　B. 个人　　　　C. 政府　　　　D. 非理财企业

三、思考题

1. 合伙企业与个体企业有哪些异同？

2. 公司的理财活动与其他两种形式企业的理财活动有哪些区别？

3. 股东财富最大化目标与其他两个公司理财目标相比，其优越性体现在哪里？

4. 企业为什么要承担社会责任？企业的社会责任与股东财富最大化目标的一致性和矛盾体现在哪些方面？

5. 公司理财环境的不确定性因素有哪些？

本章参考文献

1. 卢家仪：《财务管理》（第四版），北京：清华大学出版社，2011

2. 李心愉：《公司理财学》，北京：北京大学出版社，2008

3. 刘力：《公司财务》，北京：北京大学出版社，2007

4. 戴书松：《财务管理》，北京：经济管理出版社，2006

第 2 章　财务分析

导读

　　财务报表是反映和提供公司基本财务信息的重要渠道，报表的阅读者可以通过一定的财务分析方法和手段更加深入地了解企业的财务状况和经营成果。了解公司财务报表、掌握财务分析技术也是财务人员应具备的最基本技能。通过报表分析，能够透视公司经济活动的内在联系，考核公司的业绩，找出企业经营管理和财务状况的优势和劣势，从而为企业的长远发展制定可行的战略。可以说，财务分析既是已完成财务活动的总结，又是财务预测的前提，在财务管理中起着承上启下的重要作用。

　　财务分析中最重要的内容是财务比率分析。通过计算各种财务比率指标，可以分析企业盈利能力、偿债能力和营运能力等信息，而这些内容正是企业的所有者、债权人和管理者最为关心的。在财务比率分析的基础上，进行财务综合分析，可以全面反映企业整体财务状况和经营成果。而最常用的财务综合分析法，就是杜邦财务分析。

§2.1　财务报表概述

公司价值基于公司未来产生的现金流量。而估计未来的现金流量，确定什么样的决策能够产生更多的现金流量，则需要研究公司的财务报表。财务报表用符合公认会计准则的格式和语言为人们提供有价值的信息，能够提供企业经营状况好坏、盈利能力高低、承受债务能力大小以及总体财务状况的综合信息。分析财务报表有助于更好地进行财务决策。

常用的财务报表一般有：资产负债表、利润表和现金流量表。

2.1.1　资产负债表

1）资产负债表的概念

资产负债表（Balance Sheet）反映公司在某一特定时点上的财务状况，其内容包括企业的资产、负债和所有者权益三个部分。

在任何时点上，企业的资产必须等于债权人和股东的出资之和，通常可用会计恒等式表示为：资产=负债+所有者权益。资产负债表就是按照这种会计平衡式编制的。会计的这种平衡式来源于企业的经济活动，企业经营需要一定的物质基础，即资产，而资产来源于权益资本和负债资本的投入。

资产负债表是一种静态报表。在编制资产负债表时，首先要把所有的项目按照一定的标准进行分类，并以适当的顺序编报。在国际上，大多数国家按照流动性的顺序编制资产负债表。资产项目按照流动性的大小排列，流动性强的在前，流动性弱的在后；负债项目按照到期日的远近排列，到期日近的在前，到期日远的在后；所有者权益按其稳定性的高低排列，稳定性高的在前，稳定性低的在后。

2）资产负债表的作用

（1）评估企业目前的财务状况

资产负债表最主要的功能在于将会计年度结束日企业的财务状况以及各个项目的货币金额表达出来。分析人员可以通过报表的数字信息了解企业的状况，还可以进行多期报表的比较，预测企业的经营趋势。

（2）评价企业的财务结构

企业的财务结构指企业资产的结构和资金来源的结构。资产的结构反映资产配置是否合理，资金来源的结构反映企业的财务风险。合理的财务结构是企业财务稳定、持续发展的基础。

（3）评估企业资产的流动性与偿债能力

就资产而言，流动性指资产转变为现金的能力和速度；就负债而言，流动性指以现金偿还债务的时间长短。资产流动性和偿债能力是反映企业盈利和风险状况的重要因素，而反映流动性和偿债能力的指标都需要从资产负债表中找出相应数据计算而得。

（4）评价企业运用资产的效率和获取利润及现金流量的能力

　　企业拥有资产是为了创造财富，企业创造财富的能力主要体现在盈利能力和获取现金流量的能力上。通过利润表和现金流量表所反映的利润和现金流量，利用资产负债表所提供的资产的信息，就可以评价企业资产的利用效率和盈利能力。

　　3）资产负债表的格式

　　资产负债表的格式可以分为账户式和报告式两种。

　　（1）账户式。将资产负债表分为左、右两方，左方列示资产项目，右方列示负债与所有者权益项目，左右两方的合计数应保持平衡。这是应用最广泛的一种格式。表 2-1 就是账户式资产负债表。

表 2-1　资产负债表（账户式）

编制单位：　　　　　　　　　　年　　月　　日　　　　　　　　　　　单位：

资产	期初数	期末数	负债及所有者权益	期初数	期末数
流动资产			流动负债		
货币资金			短期借款		
短期投资			应付票据		
应收账款			应付账款		
其他应收款			预收账款		
预付账款			应付工资		
存货			应付福利费		
待摊费用			应交税金		
流动资产合计			其他应付款		
长期投资			流动负债合计		
长期股权投资			长期负债		
长期债权投资			长期借款		
长期投资合计			应付债券		
固定资产			长期应付款		
固定资产原值			其他长期负债		
累计折旧			长期负债合计		
固定资产净值			所有者权益		
固定资产清理			实收资本		
在建工程			资本公积		
固定资产合计			盈余公积		
无形资产			未分配利润		
土地使用权			所有者权益合计		
工业产权及专有技术					
其他无形资产					
无形资产合计					
递延资产					
其他资产					
资产总计			负债及所有者权益总计		

　　（2）报告式。将资产负债表的资产、负债和所有者权益三个项目按顺序由上而下列示。表 2-2 就是报告式资产负债表。

表 2-2　资产负债表（报告式）

编制单位：　　　　　　　　　　年　　月　　日　　　　　　　　　　单位：

项目	金额
一、资产	
……	
二、负债	
……	
三、所有者权益	
……	

4）资产负债表的构成要素

（1）资产

资产是指企业因过去的交易或事项所取得或控制，并且预计能提供未来经济效益的经济资源。根据企业会计准则，资产可以分为六大类：流动资产、长期投资、固定资产、无形资产、递延资产和其他资产。上述资产项目中的各具体项目进一步按照流动性排列在资产负债表中。资产的流动性是指资产转化为现金的能力和速度。

① 流动资产。流动资产包括现金、短期投资、应收账款、存货、预付货款和其他应收款等。它是指可以在一年内或一个营业周期内转化为现金的资产，是企业用于日常经营的资产。流动资产越多，公司对外支付的能力就越强，流动资产不足将会造成资金周转的困难。

② 长期投资。长期投资是指不准备在一年内变现的对外投资，包括持有时间超过一年的各种股权性质的投资、不能变现或不准备在一年内变现的债券、长期票据等长期债权投资。

③ 固定资产。固定资产是指使用期限较长、单位价值较高并且在经营过程中不改变其实物形态的资产，包括建筑物、机器设备和在建工程等。固定资产类项目主要有固定资产原值、累计折旧、固定资产减值准备、在建工程和固定资产清理等。

④ 无形资产。无形资产是指企业拥有的非实物形态的长期资产，包括商誉、专利权、商标权、特许权、非专利技术、土地使用权等。无形资产只有在它能为企业带来收益时才有价值。

⑤ 递延资产。递延资产是指不能全部计入当期损益，应在以后年度内分期摊销的各项费用，如租入固定资产的改良支出、大修理支出、开办费等。

⑥ 其他资产。其他资产是指除以上资产外的其他资产，是企业由于某种特殊原因不得随意支配的资产，如特准储备物资、银行冻结存款和物资、涉及诉讼的财产等。

（2）负债

负债是由企业过去的经济活动引起的需要在未来偿付的经济义务。在资产负债表中，负债按其偿还期的长短分为流动负债和长期负债。

① 流动负债。流动负债是指需要在一年内或超过一年的一个营业周期内偿还的债务，具体包括短期借款、应付票据、应付账款、预收账款、应付工资、福利费、应交税

金、未付利润、预提费用和其他应付款等。在企业的全部负债中，流动负债的比重越大，企业当前的偿债压力就越大。

② 长期负债。长期负债是指偿还期在一年或者超过一年的一个营业周期以上的债务，包括长期借款、应付债券、长期应付款和其他长期负债等项目。

对长期负债进行分析，除了要分析其数量、构成外，还需要分析企业的或有负债。或有负债是指在过去交易中形成的，但在资产负债表日还不明确的，未来可能发生也可能不发生的债务责任。企业面临的或有负债主要包括担保、未决诉讼、应收票据贴现等。或有负债一旦产生就会加重企业的债务负担。

（3）所有者权益

所有者权益代表公司的所有者对企业净资产的要求权，对于上市公司则称为股东权益，具体包括实收资本、资本公积、盈余公积和未分配利润等项目。

① 实收资本。实收资本账户反映企业所有者的投入资本，是企业得以设立开业的基本条件之一。在我国，实收资本与注册资本在数额上是相等的，股份制公司则设立"股本"账户反映投资者实际投入的股本总额。

② 资本公积。资本公积包括企业接受的捐赠资产、资产重估增值、资本汇率折算差额和资本溢价等。

③ 盈余公积。盈余公积包括法定盈余公积和公益金两部分。法定盈余公积是用于发展生产、预防风险的基金；公益金是用于职工集体福利的基金。

④ 未分配利润。未分配利润是指企业实现净利润中提取盈余公积和应付投资者利润后的余额，它是企业留待以后年度用于分配的利润。

2.1.2 利润表

1）利润表的概念和作用

利润表（Income Statement）也称损益表（Profit and Loss Account），反映企业在一定会计期间的经营成果。与资产负债表不同的是，利润表是动态性财务报表，在利润表中，通过反映企业在一个会计期间的所有收入与所有费用，按照收入与费用相匹配的原则，计算出企业在该会计期间的利润或亏损，以此衡量企业管理者的经营绩效和企业未来的获利能力。通过对利润构成因素的分析，可以发现影响利润形成和变动的重要因素，及时改善经营管理，提高企业的经济效益。另外，利润表反映了收益的收支结构，是按业务的收入与支出的性质依次排列的，它便于直观地进行总量对比，从整体上反映企业的收入规模和支出总水平。

2）利润表的格式

根据收入与费用在表中列示方法的不同，利润表可以分为单步式和多步式两种类型。我国的会计制度规定采取多步式编制利润表。

（1）单步式。单步式利润表将所有收入和所有费用分别加总，两者相减后得出本期利润。具体来说，又可以分为左右对照的账户式结构和上下列示的报告式结构。这种格式比较直观、简单，易于编制，但它不能反映各类收入与费用之间的配比关系，不便于同行业之间报表的比较和分析。

（2）多步式。多步式是将利润表的内容做多项分类，从产品销售收入到本期净利润，中间一般包括主营业务利润、营业利润、利润总额和净利润四个部分。表 2-3 就是多步式利润表。

表 2-3　利润表（多步式）

编制单位：　　　　　　　　　　　年　　月　　日　　　　　　　　　　单位：

项目	上年实际数	本年实际数
一、主营业务收入		
减：主营业务成本		
主营业务税金及附加		
二、主营业务利润		
加：其他业务利润		
减：营业费用		
管理费用		
财务费用		
三、营业利润		
加：投资收益		
营业外收入		
减：营业外支出		
四、利润总额		
减：所得税		
五、净利润		

3）利润表的构成要素

（1）主营业务收入

主营业务收入反映由企业主要经营活动产生的收入，在工业企业中称为产品销售收入，在商业企业中称为商品销售收入，在服务业中则称为营业收入。主营业务收入是从企业日常生产经营活动中产生的，而不是从偶发的交易或事项中产生的。例如，出售固定资产、取得投资收益等虽然能带来收入的增加，但却不能算作主营业务收入。

由于收入是按权责发生制的原则来确认的，所以某一时期确认的收入与实际收到的现金往往是不同的。差异的产生主要有以下三方面的原因：一是当年的收入部分表现为应收款，而当年收到的现金可能是过去的收入实现；二是商业折扣问题，企业在销售商品时，有时会发生现金折扣、销售折让和销售退回等情况，而在确认主营业务收入时，不考虑各种预计可能发生的现金折扣和销售折让；三是坏账问题，坏账估计不准确也会造成收入和收到的现金产生差异。主营业务收入扣除销售折扣、折让后就得到主营业务收入净额。

（2）主营业务成本

主营业务成本反映与主营业务收入相关的、已经确定了归属期和归属对象的成本。主营业务成本因行业不同而有所区别。在工业企业中，主营业务成本表现为本期产品的销售成本，包括直接材料、直接人工和制造费用等；在商业企业中则表现为已销商品进价；在服务业中表现为营业成本。

（3）主营业务税金及附加

该项目反映与本期收入有关的税金和附加，如营业税、消费税、城市维护建设税、资源税、土地增值税和教育费附加等。

（4）主营业务利润

主营业务利润是企业销售产品而取得的利润，是企业净利润的主要源泉，也称为毛利。其计算公式为：

主营业务利润（销售利润）=销售收入－销售成本－主营业务税金及附加

（5）其他业务利润

该项目主要反映企业从事除主营业务外的其他生产经营业务活动而获得的利润，如无形资产出售收入、固定资产出租收入、原材料出售收入等。

（6）期间费用

期间费用是指公司当期发生、不能直接或间接归入某种产品成本、直接计入损益的各项费用，这些费用容易确定其发生期间和归属期间，但很难判断其归属对象，包括营业费用、管理费用和财务费用等。

营业费用又称销售费用，反映企业在销售产品和劳务等主要经营业务中所产生的各项销售费用，如运输费、包装费、展览费、广告费、代销手续费等。

管理费用反映公司行政管理部门为组织和管理公司生产经营活动而产生的各项费用，主要包括行政管理部门职工工资、办公费、差旅费、业务招待费、工会经费、职工教育经费、印花税、车船使用税、房产税、土地使用税等。

财务费用是指公司为筹集生产经营所需资金而产生的费用，主要包括利息费用、汇兑损益和理财机构手续费等。利息费用是指企业借款所发生的费用，是扣除利息收入后的净额。根据权责发生制，它所反映的是本期应支出的利息，而不是本期实际支出的利息。

（7）营业利润

营业利润反映企业从生产经营活动中取得的全部利润，其计算公式为：

营业利润=主营业务利润+其他业务利润－期间费用

（8）投资收益

投资收益反映企业以各种方式对外投资所取得的净收益，包括对外投资分得的利润、股利和债券利息以及投资到期收回或中途转让取得款项高于账面价值的差额。投资收益也是企业经营的重要内容，其损益体现了企业的经营成果。

（9）营业外收支

营业外收支反映企业从事非生产经营活动而产生的各项收入和支出。营业外收支主要包括固定资产盘盈（盘亏）及出售净收入、处理固定资产净收益（损失）、资产再次评估增值、债务重组收益（损失）、罚款净收入、债权人变更无法支付的应付款项、非正常停工损失、自然灾害损失等。

（10）利润总额

利润总额是企业所取得的本年度全部利润，是会计计算所得税的基础，其计算公式为：

利润总额＝营业利润＋投资净收益＋营业外收入－营业外支出

（11）净利润

净利润反映企业最终的财务成果，是属于企业所有者所有的利润。其计算公式为：

净利润＝利润总额－所得税

上式中，所得税是国家对企业就其经营所得和其他所得征收的税，将利润总额乘以适用所得税税率就可以得到利润表上所列示的所得税。

2.1.3　现金流量表

1）现金流量表的概念

现金流量表（Statement of Cash Flows）反映一定期间公司的经营活动、投资活动和筹资活动等对其现金及现金等价物所产生的影响，提供一定会计期间公司现金流入和流出变动过程的具体信息。其形式如表 2-4 所示。

表 2-4　现金流量表（直接法编制）

编制单位：　　　　　　　　　年　　月　　日　　　　　　　　　单位：

项目	金额
一、经营活动产生的现金流量	
销售商品、提供劳务收到的现金	
……	
现金流入小计	
购买商品、接受劳务支付的现金	
……	
现金流出小计	
经营活动产生的现金流量净额	
二、投资活动产生的现金流量	
收回投资所收到的现金	
……	
现金流入小计	
购建长期资产所支付的现金	
……	
投资活动产生的现金流量净额	
三、筹资活动产生的现金流量	
吸收权益性投资所收到的现金	
……	
现金流入小计	
偿还债务所支付的现金	
……	
现金流出小计	
筹资活动产生的现金流量净额	
四、汇率变动对现金的影响	
五、现金及现金等价物的净增加额	

2）现金流量表的构成要素

（1）现金、现金等价物与现金流量

现金、现金等价物与现金流量是阅读现金流量表必须首先明确的基本概念。现金流量表中的现金是指企业库存现金以及可随时用于支付的存款，包括现金、可随时用于支付的银行存款和其他货币资金。

现金等价物是指企业持有的期限短、流动性强、易于转换为已知金额，且价值变动风险很小的投资，例如可在证券市场上流通的三个月到期的短期国债等短期有价证券。现金等价物虽不是现金，但由于其支付能力与现金差别不大，故现金流量表将现金等价物视为现金一并核算。

现金流量是指一定时期内，企业现金及现金等价物的流入数量与流出数量。由于现金流量表中的现金包括不同形态的货币资金，因此要注意货币资金不同形态之间的转换不会产生现金流量。例如，公司出售三个月到期的国库券取得现金，并存入银行账户，这些都不表现为现金的流入或流出。

现金流量净额是现金流入量减去现金流出量的差额。准确地界定现金及现金等价物的范围是正确计算现金流量的前提。

（2）经营活动现金流量

经营活动现金流量是现金流量表反映的主要内容，体现了公司由于日常生产经营活动而产生的现金流入、流出量，主要由现金流入、现金流出和现金净流量三部分组成。其范围包括除企业投资活动与筹资活动以外的所有交易和事项所产生的现金流量。经营活动的现金流入主要是销售商品和提供劳务收到的现金，收到的租金，收到的税费返还以及收到的与经营活动有关的现金等；经营活动的现金流出主要是购买商品和接受劳务支付的现金，经营租赁所支付的租金，支付给职工以及为职工支付的现金，支付的税款以及支付的其他与经营活动有关的现金等。

（3）投资活动现金流量

投资活动现金流量是指企业长期资产的购建和不包括在现金等价物范围内的投资及其处理事项所产生的现金流量。其中，长期资产是指固定资产、在建工程、无形资产和其他资产等持有期在一年或一个营业周期以上的资产。由于已将包括在现金等价物范围内的投资视同现金，所以将其排除在投资活动之外。投资活动的现金流入包括取得和收回投资所收到的现金，分得股利或利润所收到的现金，取得债券利息收入所收到的现金，处置固定资产、无形资产和其他长期资产所收到的现金净额；投资活动的现金流出包括购建和处置固定资产、无形资产和其他长期资产所支付的现金，权益性投资所支付的现金，债权性投资所支付的现金，以及其他与投资活动有关的现金支出等。

（4）筹资活动现金流量

筹资活动现金流量是指导致企业资本、债务规模和结构变化的各种活动所产生的现金流量。其中的资本包括实收资本（股本）和资本溢价（股本溢价）。企业发生的与资本有关的现金流入和流出项目，一般包括吸收投资、发行股票和分配利润等。筹资活动所指的债务是企业对外举债所借入的款项，如发行债券、向理财企业借入款项以及偿还债务等。筹资活动的现金流入主要包括吸收权益性投资所收到的现金、发行债券所收到的现金、借款所收到的现金以及与筹资活动有关的其他现金收入等；筹资活动的现金流出主要包括偿还债务所支付的现金、发生筹资费用所支付的现金、分配股利或利润所支付的现金、偿付利息所支付的现金、融资租赁所支付的现金、减少注册资本所支付的现金以及与筹资活动有关的其他现金支出等。

（5）现金及现金等价物的净增加额

公司总的现金流量是将一定时期内经营、投资和筹资活动所产生的现金流量相加的结果，在现金流量表中称为现金及现金等价物的净增加额，这是判断公司现金支付能力的重要信息。该项指标的数值越大，表明公司的现金流量应对企业经营、偿债和投资需要的能力越强，企业的经营风险就越小。

3）现金流量表的编制

现金流量表有直接法和间接法两种编制方法，其编制的基础是收付实现制。

（1）直接法。直接法是将经营、投资和筹资活动中所产生的各项现金流入与现金流出直接列示，以此来反映现金流量的编制方法。以直接法报告企业的现金流量时，由于详细列示了各项现金流入的来源与现金流出的方向，所以有助于报表的使用者预测企业未来的现金流量和偿债能力。表 2-4 就是以直接法列示的现金流量表。

（2）间接法。间接法是以本期净利润为起算点，调整不涉及现金的项目，计算并列示现金流量的方法。在间接法下，通过有关项目的调整，可以了解企业本期损益与现金流量之间的差异以及造成这些差异的原因，但并不能知道企业经营活动中现金流入的来源和现金流出的运用。

我国采用以直接法为主、间接法为补充的编制方法来编制现金流量表。

4）现金流量表的作用

（1）揭示并评价企业创造现金的能力

通过分析现金流量表，可以揭示企业现金流量总水平，反映企业创造现金流量的基本因素，在此基础上可以预测企业未来获取现金的能力。

（2）更谨慎地反映企业的偿债能力

公司的偿债能力表现为对利息和本金的支付能力，现金流量表反映了公司现金流量适应经营、偿债和支付股利等需要的情况。通过对现金流量净额产生渠道的分析，可以更好地评价企业的偿债能力与支付能力。

（3）可以对企业收益质量做出评价

净利润与现金流量的关系反映了净利润的质量，有现金流量支持的净利润是高质量的利润。实际经营中，很多企业的破产并不是因为亏损，而是因为现金不足。对企业现金流量和同期净利润水平做对比分析，可以较好地反映企业收益质量，更为可靠地评价企业的经营业绩。此外，由于现金流量表是按收付实现制编制的，排除了权责发生制下会计处理方法所造成的影响，从而使得数据更具可比性。

（4）可较全面地评价投资与筹资活动

分析现金流量表可以揭示企业投资活动所需资金的主要来源，反映企业经营规模的变化与相应财务风险的关系，从而更全面地评价企业的投资与筹资活动。

§2.2　财务分析概述

财务分析是以企业编制的会计报表及相关资料为基本依据，运用一定的分析方法和技术，对企业的财务状况和经营成果进行评价，为企业未来的决策、规划和控制提供财务信息的方法。它可以减少不确定的判断和错误的推测，增强决策的科学性。

2.2.1　财务分析的目的和内容

1）财务分析的目的

不同的利益主体会站在各自的立场上对公司的财务报表进行分析，因此分析的目的也不尽相同。

（1）投资者

现代企业的特点是所有权与经营权相分离，投资者作为企业产权的所有人，不直接参与企业的经营管理，但为了进行合理的投资决策，他们必然高度关心企业的盈利能力和利润分配政策。同时，投资者为了控制投资风险，必然会关注企业的经营风险以及长期存续和发展能力。综上所述，投资者为了保证投资决策的科学合理，需要分析企业的获利能力、偿债能力、利润分配政策以及企业的发展前景等。

（2）债权人

企业的债权人包括向企业提供信贷资金的银行、公司及债券持有者等。债权人不能参与企业剩余收益的分配，作为企业信贷资金的提供者，他们更关心企业的偿债能力。

（3）经营管理者

财务报表的信息对于提高企业内部的经营管理水平，制定科学合理的投融资决策，具有深远的意义。企业管理者受股东的委托，有责任对公司的经营和财务状况进行全面分析，包括经营业绩、管理质量和效率、财务结构和财务风险、偿债能力、获利能力等多项指标，综合评价公司的运营和发展状况。

（4）政府

政府肩负着调控宏观经济的职能，以促进国民经济的健康、持续发展。因此，政府需要通过财务分析了解企业资源的使用效率，预测财政收入增长情况，有效组织和调整社会资源的配置，还可以检查企业是否存在违法乱纪、浪费资源等问题。

2）财务分析的内容

尽管不同利益主体进行财务分析的目的不同，但就企业总体来看，财务分析的内容可以归纳为四个方面：偿债能力分析、营运能力分析、盈利能力分析和综合分析。其中，偿债能力是财务目标实现的安全保证，营运能力是财务目标实现的物质基础，盈利能力是评价公司业绩的重要指标，综合分析则全面、综合地评价公司的整体经营状况。

2.2.2　财务分析的方法

财务分析常用的方法有比较分析法、比率分析法和因素分析法。

1）比较分析法

比较分析法是对两个或两个以上有关的可比数据进行对比，进而揭示差异和矛盾的一种分析方法。比较分析是一种基本的分析方法。在实际操作中，比较的具体方法有：实际指标与计划指标对比、同一指标纵向对比、同一指标横向对比。

（1）实际指标与计划指标对比

通过实际指标与计划指标的对比，可以揭示企业计划的完成情况。如果企业的实际财务指标未达到计划指标，应进一步查明原因，以便改善企业的财务管理工作。

（2）同一指标纵向对比

即同一指标在不同时期上的对比，一般是用本期实际值与历史指标进行对比。具体包括三种形式：① 同一指标期初与期末的数据对比；② 与历史同期对比；③ 与历史最好水平对比。

（3）同一指标横向对比

横向对比一般是用本企业与同类型、同行业企业的指标进行对比，这有利于比较本企业水平和同行业水平的差距。

采用比较分析法进行财务分析，要注意两个问题：第一，只有同质的指标才具有可比性；第二，同一指标在内容、时间、计算方法、计量标准的口径应一致，不一致时要调整。

2）比率分析法

比率分析法，是指在同一报表的不同项目之间或者在不同报表的有关项目之间进行对比，从而计算出各种不同经济含义的比率，以此来评价企业财务经营和财务状况的方法。具体的分析方法有结构比率分析和相关比率分析。

（1）结构比率分析

结构比率分析，是指通过个体指标和总体指标之间的对比，计算出个体指标占总体指标的比例，分析构成项目的变化，以掌握经济活动的特点和变化趋势。在资产负债表中，一般把资产总额作为总体指标，用报表中的各个数据与资产总额相比，得到具体项目的结构比率，据此了解资产、负债及所有者权益的结构。在利润表中，一般以主营业务收入作为总体指标，用利润表中的各个数据与主营业务收入相比，得到利润表中各个项目的结构比率，据此了解利润的构成。根据计算而得的结构比率与同行业平均水平或标准水平相比，就能够初步判断企业的资产结构是否合理；也可以与企业以前各期的相应结构比率进行比较，分析企业资产结构的变化。

（2）相关比率分析

相关比率分析，是指将财务报表中不同的、但又相互联系的数据进行对比，计算出有经济含义的指标。分析的关键，在于确定不同数据之间客观上存在的相互关系。

使用比率分析法时同样有需要注意的问题，包括：第一，对比项目的相关性，即必须要有可比的基础；第二，对比口径的一致性，即在计算时期、范围等方面保持口径一致；第三，比率分析法一般要与比较分析法结合使用，并且选择恰当的比较标准，包括企业的计划目标、历史标准、同行业标准等。

3）因素分析法

一个经济指标通常会受到多种因素不同程度的影响。只有将这一综合性的指标分解为各个构成因素，才能从数量上把握每一个因素的影响程度。因素分析法中最常用的是连环替代法，这种方法首先是利用各因素的实际数与计划数的连续替代来计算各因素偏离计划所造成的影响，再分别测定各因素的变化对财务指标差异的影响程度。

因素分析法的具体步骤如下：

（1）确定影响某财务分析指标的各个因素。

（2）确定各个因素同该财务分析指标的关系，并列出关系式。在列关系式时应注意各因素之间的合理顺序，要符合因素之间相互依存、相互制约的内在逻辑关系，并考虑计算的实际经济意义。一般来讲，数量指标放在前面，质量指标放在后面。数量指标是反映现象水平和规模的总量指标，如产品产量、职工人数等；质量指标是反映现象总体的社会经济效益和工作质量的指标，如产品单位成本、劳动生产率等。

（3）计算出所要分析指标的变动额或变动率，然后按一定顺序将各个因素逐个替代，分析各个因素对该指标变动额或变动率的影响程度。为了更形象地说明连环替代法的替代过程，我们假设一个财务指标 E 由 A、B、C 三个因素的乘积构成，即 $E=A×B×C$。用下标 0 表示计划值，下标 1 表示实际值，则 A、B、C 这三个因素依次变动对财务指标差异（E_1-E_0）的影响如下：

$$A \text{ 因素变动对财务指标的影响} = (A_1 - A_0) \times B_0 \times C_0$$
$$B \text{ 因素变动对财务指标的影响} = A_1 \times (B_1 - B_0) \times C_0$$
$$C \text{ 因素变动对财务指标的影响} = A_1 \times B_1 \times (C_1 - C_0)$$

下面举例说明因素分析法的运用。

【例 2-1】某公司 2007 年 3 月产品的材料消耗计划数与实际数如表 2-5 所示。

表 2-5　公司产品材料消耗计划数与实际数资料

项目	计划数	实际数
产品产量（件）	100	90
单位产品材料消耗量（千克/件）	6	5
材料单价（元/千克）	8	10
材料成本总额（元）	4,800	4,500

用因素分析法分析不同因素变动对材料成本总额的影响，步骤如下：

（1）确定影响产品材料成本总额的因素，主要包括产品产量、原材料单价和单位产品材料消耗量。

（2）确定上述三个因素与产品材料成本总额是乘积的关系。按照三个因素的逻辑关系，列出如下关系式：

材料成本总额＝产品产量×单位产品材料消耗量×材料单价

（3）计算出材料成本总额实际数和计划数的差异为-300 元（4,500-4,800），然后分别用连环替代法分析这三个因素对实际数与计划数差异的影响程度。

①产品产量变化对材料成本总额的影响：在分析产品产量的变化时，需要把另外两个指标固定在计划数。

产品产量变化对成本差异的影响 $= (90-100) \times 6 \times 8 = -480$（元）

②单位产品材料消耗量对材料成本总额的影响：因为我们已经分析了产品产量变化对材料成本总额的影响，所以在这一步应把产品产量固定在实际数，把材料单价固定在计划数（即把已经分析过的因素固定在实际数，而没有分析的因素固定在计划数）。

单位产品材料消耗量对成本差异的影响 $= 90 \times (5-6) \times 8 = -720$（元）

③材料单价对材料成本总额的影响：此时，应当把产品产量和单位产品材料消耗量都固定在实际数进行分析。

材料单价对成本差异的影响 $= 90 \times 5 \times (10-8) = 900$（元）

综上，三个因素的共同影响为：

$900 - 720 - 480 = -300$（元）

由以上分析可知，本期产品材料的消耗成本比计划减少 300 元，主要是由三个因素导致：由于产品产量比计划减少，导致成本减少了 480 元；由于单位产品材料消耗量比计划减少，导致成本减少了 720 元；由于材料单价比计划增加，导致成本增加了 900 元。

采用因素分析法时，应当注意以下几个问题：

（1）因素分解的关联性。构成经济指标的因素，必须是客观上存在因果关系，并能够反映形成该项指标差异的内在构成原因的因素。

（2）因素替代的顺序性。替代因素时，必须按照各因素的依存关系，排列成一定的顺序并依次替代，不可随意颠倒。

（3）顺序替代的连环性。连环替代法在计算每一个因素变动的影响时，都必须在前一次计算的基础上进行。

2.2.3　财务报表分析的局限性

1）财务报表的统一资料难以满足所有报表使用者的特殊需要

会计报表尤其是对外会计报表，其种类、格式及反映的内容都是统一规定的。作为外部信息使用者，出于不同的经济利益，站在不同的角度，从企业的会计报表中搜集自己所需要的信息。统一的会计报表对绝大部分信息使用者来说是适用的，但并不能保证满足所有使用者的要求。因此，仅依照统一会计报表的资料进行分析往往是不够的。

2）没有考虑通货膨胀因素

企业的会计报表核算建立在币值稳定的假设之上，因此会计核算资料也就不考虑物价变动对会计资料的影响，而以历史成本作为原则进行会计核算。但是，在通货膨胀率较高的情况下，按照历史成本反映的会计报表资料就会与实际物价水平相差甚远，依照会计报表资料进行分析，可能会得出错误的结论。

3）缺乏统一的分析依据

要全面地反映一个企业的财务状况和经营成果，必定要选择适当的标准作为分析的依据。在实际分析时，仅通过财务报表的资料计算相关比率是不够的，必须结合企业的历史资料数据、计划目标、同行业平均水平等其他标准进行比较分析，才能做出科学判断。但由于各企业有其自身的特点和行业背景，因此找到科学合理的比较标准也存在一定困难。

4）财务报表不能全面反映对企业影响重大的非货币信息

在企业的日常运作中，有些事项，如人事资源变动、企业的市场形象、企业所处行业的发展前景等，虽然不能用价值表示反映在财务报表上，但是却对企业的经营活动产生重大影响，这些都是无法从财务报表中挖掘的信息。

5）财务报表的真实性问题

财务报表极易被修饰，而且某些情况还是合法的。对数据经过修饰的报表进行分析，不但不能得出正确结论，还有可能做出错误的决策。因此，在进行财务分析时，应当仔细考量报表的真实性和可靠性。

§2.3　财务比率分析

财务比率分析通过对比有关联关系的财务数据而求出比率，然后通过比率来说明企业的财务状况，是一种非常重要的财务分析方法。企业的基本财务比率包括偿债能力、营运能力和盈利能力三个方面。

为了便于说明财务比率的计算和分析方法，本章将使用 A 股份有限公司（以下简称"A 公司"）的财务报表数据作为举例，见表 2-6 和表 2-7 所示。

表 2-6　A 公司资产负债表

编制单位：A 公司		2006 年 12 月 31 日		单位：万元	
资产	年初数	年末数	负债与股东权益	年初数	年末数
流动资产：			流动负债：		
货币资金	400	450	短期借款	1,100	1,300
短期投资	550	300	应付账款	500	560
应收账款	620	680	预收账款	160	200
预付账款	25	40	其他应付款	120	180
存货	1,800	2,700	流动负债合计	1,880	2,240
待摊费用	25	35	长期负债	800	1,000
流动资产合计	3,420	4,205	股东权益：		
长期投资	250	250	股本	6,000	6,000
固定资产净值	5,800	6,255	盈余公积	600	600
无形资产	330	360	未分配利润	520	1,230
			股东权益合计	7,120	7,830
资产总计	9,800	11,070	负债与股东权益合计	9,800	11,070

表 2-7　A 公司利润表

编制单位：A 公司　　　　　　　　　　2006 年度　　　　　　　　　　单位：万元

项目	上年数	本年数
一、主营业务收入	9,000	10,000
减：主营业务成本	5,200	5,800
主营业务税金及附加	540	600
二、主营业务利润	3,260	3,600
加：其他业务利润	270	500
减：营业费用	800	930
管理费用	340	370
财务费用	80	100
三、营业利润	2,310	2,700
加：投资收益	130	130
营业外收入	60	80
减：营业外支出	200	210
四、利润总额	2,300	2,700
减：所得税（税率30%）	920	810
五、净利润	1,380	1,890

2.3.1　偿债能力分析

偿债能力是指企业偿还到期债务的能力。通过偿债能力分析，可以揭示企业的举债能力与财务风险。偿债能力包括短期偿债能力和长期偿债能力两个方面。

1）短期偿债能力

短期偿债能力，就是企业以流动资产偿还流动负债的能力，它是企业可以在近期将流动资产转变为现金的能力。反映短期偿债能力的指标主要有流动比率、速动比率和现金比率等。

（1）流动比率

流动比率（Current Ratio）是流动资产与流动负债的比率。其表明企业每元流动负债有多少元流动资产作为偿还的保证，反映企业用可在短期内转变为现金的流动资产偿还到期流动负债的能力。其计算公式如下：

$$流动比率 = \frac{流动资产}{流动负债}$$

企业能否偿还短期债务，取决于有多少短期债务，以及有多少可变现偿债的流动资产。流动资产越多，短期债务越少，则偿债能力越强。如果用流动资产偿还全部流动负债，企业剩余的是营运资金（流动资产-流动负债=营运资金），营运资金越多，说明不能偿还短期债务的风险越小。营运资金的多少可以反映偿还短期债务的能力。但是，营运资金是绝对数，如果企业之间的规模相差很大，绝对数相比就失去意义。而流动比率是流动资产和流动负债的比值，是个相对数，使企业之间以及本企业不同历史时期的数据具有可比性。一般认为，生产企业合理的最低流动比率是 2。这是因为流动资产中变现能力最差的存货金额约占流动资产总额的一半，剩下的流动性较大的流动资产至少要等于流动负债，企业的短期偿债能力才有保证。

虽然流动比率越高，企业偿还短期债务的流动资产保证程度越强，但这并不等于说企业已有足够的现金或存款来偿债。流动比率高也可能是存货积压、应收账款增多且收账期延长以及待摊费用等增加所致，而真正能够用来偿债的现金和存款却严重短缺。所以企业应在分析流动比率的基础上，进一步对现金流量加以分析。

从债权人的角度看，自然希望流动比率越高越好。但从企业经营角度看，过高的流动比率通常意味着企业闲置现金的持有量过多，必然造成企业机会成本的增加和获利能力的降低。因此，企业应尽可能将流动比率维持在不使货币资金闲置的水平。

计算出来的流动比率，只有和同行业平均流动比率、本企业的历史流动比率进行比较，才能知道这个比率是高还是低。

【例 2-2】根据表 2-6 的资料，计算 A 公司 2006 年的流动比率。

$$年初流动比率 = \frac{3,420}{1,880} = 1.82$$

$$年末流动比率 = \frac{4,205}{2,240} = 1.88$$

该公司年末流动比率比年初略有提高，且接近标准值，说明短期偿债能力接近标准水平。

（2）速动比率

速动比率（Quick Ratio）是企业速动资产与流动负债的比率。所谓速动资产，是指变现能力较强的流动资产。在企业的流动资产项目中，预付账款是变现能力最差的项目。除了预付货款有可能在收到货物后再通过出售货物转化为现金外，一般的预付费用，如预付税款、广告费、保险费等很难收回再转化为现金。存货（主要包括原材料、在制品、半成品和产成品等）也是变现能力较差的资产项目，原因是：①在流动资产中存货的变现速度最慢；②由于某种原因，部分存货可能已损失报废还没做处理；③部分存货已抵押给某债权人；④存货估价还存在着成本与合理市价相差悬殊的问题。另外，待摊费用属于费用化资产，已不具备变现能力。考虑这些因素后，速动比率的计算公式为：

$$速动比率 = \frac{速动资产}{流动负债} = \frac{流动资产 - 存货 - 预付账款 - 待摊费用}{流动负债}$$

在不希望用变卖存货的办法还债的情况下，速动比率反映的短期偿债能力更加可信。传统经验认为，速动比率为 1 时比较正常，低于 1 则被认为短期偿债能力偏低。当然，这仅是一般的看法，因为在不同的行业，速动比率会有很大的差别，没有统一标准的速动比率。例如，采用大量现金销售的商店，几乎没有应收账款，速动比率大大低于 1 是很正常的。相反，一些应收账款较多的企业，速动比率可能要大于 1。

【例 2-3】根据表 2-6 的资料，计算 A 公司 2006 年的速动比率。

$$年初速动比率 = \frac{3,420 - 1,800 - 25 - 25}{1,880} = 0.84$$

$$年末速动比率 = \frac{4,250 - 2,700 - 35 - 40}{2,240} = 0.66$$

该公司年末的速动比率比年初大幅下降，主要是流动资产中存货比重过高，导致公司短期偿债能力降低，公司应在存货管理方面采取改进措施。

由于预付账款、待摊费用等项目相对金额较小，通常计算时可以忽略，国内也常常采用下面的简化公式计算速动比率。

$$速动比率 = \frac{流动资产 - 存货}{流动负债}$$

在分析速动比率时需注意的是：尽管速动比率比流动比率更能反映出流动负债偿还的安全性和稳定性，但并不能认为速动比率较低的企业一定不能按时偿还短期债务。实际上，如果企业存货流转通畅，变现力较强，即使速动比率较低，只要流动比率高，企业仍然有望偿还到期的债务本息。影响速动比率可信性的重要因素是应收账款的变现能力。

（3）现金比率

现金比率（Cash Ratio）是指现金和现金等价物（有价证券）相对于企业流动负债的比例。计算公式为：

$$现金比率 = \frac{现金 + 短期投资}{流动负债}$$

现金比率越高表示企业可用于偿付流动负债的现金数额越大，变现损失的风险越小，且变现时间越短。现金是清偿债务的最后手段，如果缺少可用的现金，可能使企业陷入无清偿能力的困境。因此，现金比率太低意味着企业的即期支付可能出了问题。另一方面，现金是盈利能力最低的资产，对企业来说不应保持过高的现金比率。

现金比率是评价企业资产流动性最保守的方法，一般只是作为评价参考指标，主要适用于那些应收账款与存货的变现能力存在问题的企业。

【例 2-4】根据表 2-6 的资料，计算 A 公司 2006 年的现金比率。

$$年初现金比率 = \frac{400 + 550}{1,880} = 0.50$$

$$年末现金比率 = \frac{450 + 300}{2,240} = 0.33$$

从数值上看，该公司的现金比率比较低，企业的即期支付可能存在一定问题。

（4）现金流动负债比率

现金流动负债比率（Cash Flows Coverage Ratio）是企业一定时期的经营净现金流量与流动负债的比率，它可以从现金流量角度反映企业当前偿付短期债务的能力。该指标的计算公式为：

$$现金流动负债比率 = \frac{年经营净现金流量}{年末流动负债}$$

式中，年经营净现金流量，指一定时期内由经营活动产生的现金及现金等价物的流入量与流出量的差额。

该比率说明企业每年的经营活动所得到的净现金对于短期债务的偿还保障程度，是衡量企业短期偿债能力的动态指标。该指标越大，说明企业经营活动产生的净现金流量越多，越能保障企业按时偿还到期债务；反之，则说明企业支付短期债务的能力较弱。

【例 2-5】根据表 2-6 的资料，假设 A 公司 2006 年的经营净现金流量为 3,000 万元，计算该公司的现金流动负债比率。

$$现金流动负债比率 = \frac{3,000}{2,240} = 1.34$$

（5）影响变现能力的其他因素

上述变现能力指标，都是从财务报表资料中取得的；还有一些财务报表资料中没有反映出来的因素，也会影响企业的短期偿债能力。财务报表的使用者多了解这方面的情况，有利于做出正确的判断。

①增强变现能力的因素。企业流动资产的实际变现能力，可能比财务报表项目反映的变现能力好一些，主要缘于以下几个因素：

第一，可以动用的银行贷款指标。它是指银行已同意、企业未办理贷款手续的银行贷款限额，可以随时增加企业的现金，提高支付能力。

第二，准备很快变现的长期资产。由于某种原因，企业可能将一些长期资产很快出售变为现金，增强短期偿债能力。

第三，企业的声誉。如果企业的长期偿债能力一贯良好，有一定声誉，在短期偿债能力方面出现困难时，可以很快地通过发行债券和股票等办法解决资金的短缺问题，提高短期偿债能力。这个增强变现能力的因素，取决于企业自身的信用、声誉和当时的筹资环境。

②减弱变现能力的因素。减弱企业流动资产变现能力的因素中，未在财务报表中反映的主要是未做记录的或有负债。这些没有记录的或有负债一旦成为事实上的负债，将会加大企业的偿债负担。

2）长期偿债能力

长期偿债能力指企业偿还长期负债的能力，它是反映企业财务状况稳定与否及安全程度高低的重要标志。企业的长期偿债能力不仅取决于企业长期的盈利能力，还受企业资本结构的影响。长期盈利能力是企业偿还债务的根本保障，而资本结构则反映企业债务的风险程度。因此，长期偿债能力分析，主要侧重于收益及资产对其债务的保障程度。

（1）资产负债率

资产负债率（Assets-Liabilities Ratio）又称负债比率（Debt Ratio），是企业负债总额与资产总额的比率。它表明企业资产总额中，债权人提供资金所占的比重，以及企业资产对债权人权益的保障程度。其计算公式如下：

$$资产负债率 = \frac{负债总额}{资产总额} \times 100\%$$

公式中的负债总额不仅包括长期负债，还包括短期负债。这是因为，短期负债作为一个整体，企业总是长期占用着，可以视为长期性资本来源的一部分。例如，一个应付账款明细科目可能是短期的，但企业总是长期性地保持一个相对稳定的应付账款总额，这部分应付账款可以看成是长期性资本来源的一部分。本着稳健的原则，将短期债务包含在负债总额中是合适的。

一般来说，资产负债率这一指标越小，表明企业偿还长期负债的能力越强。但对于理性分析者来说，不能只简单地观察每元负债有多少资产作担保就匆匆下结论，还必须对资产结构进行分析，简单地说，就是还要考察流动资产与固定资产的比例关系如何。长期偿债能力分析的目的是判断长期债务的安全保障程度，资产结构对长期债务安全性的影响主要有两个方面：其一，长期资产是企业长期债务的重要保障；其二，资产结构对经营风险有较大影响，在某种程度上对未来的收益水平发挥作用。因为固定资产与流动资产不同，其流动性较弱，但其收益性要高于流动资产，如果企业提高固定资产比重，就能为企业未来创造更多收益提供条件，却会削弱企业资产的流动性。

资产负债率还要注意与同行业平均水平相比较，不同行业的资产负债率有较大的差异。通过同行业水平的比较，可据以评价企业的偿债风险水平。

各分析主体往往因不同利益驱动而从不同角度来评价资产负债率。

对债权人来说，他们最为关心的是所提供的信贷资金的安全性，希望能于约定的时间收回本息。这必然决定了债权人总是希望资产负债率越低越好。

对所有者而言，首要目标就是要提高投资收益水平，并且将投入的资本维持在适度的风险水平上。由于负债能为投资者带来杠杆收益（即以较少的投入控制较大的资金规模），而且不会稀释其股权，所以所有者期望利用负债以提高企业的盈利水平。因此，只要全部资本利润率超过需借入款项的利率（即借入资本的代价），则负债比率越高越好。

从企业经营管理的立场看，如果举债很大，超出债权人心理承受限度，企业就借不到钱。如果企业不举债，或举债比例很小，说明企业畏缩不前，对前途信心不足，利用债权人资本进行经营活动的能力很差。从财务管理角度来看，企业应当审时度势，全面考虑，在利用资产负债率制定借入资本决策时，必须充分估计预期的利润和增加的风险，在二者之间权衡利害得失，做出正确的决策。

【例 2-6】根据表 2-6 的资料，计算 A 公司 2006 年的资产负债率。

$$年初资产负债率 = \frac{1,880+800}{9,800} \times 100\% = 27.3\%$$

$$年末资产负债率 = \frac{2,240+1,000}{11,070} \times 100\% = 29.3\%$$

从计算结果来看，A 公司的资产负债率比较低，说明企业的长期偿债能力较强。

（2）权益乘数

权益乘数（Equity Multiplier）是指资产总额相当于所有者权益的倍数。乘数越大，表明投资者投入的资本在总资本中所占的比重越小。其计算公式为：

$$权益乘数 = \frac{资产总额}{所有者权益总额}$$

【例 2-7】根据表 2-6 的资料，计算 A 公司 2006 年的权益乘数。

$$年初权益乘数=\frac{9,800}{7,120}=1.38$$

$$年末权益乘数=\frac{11,070}{7,830}=1.41$$

权益乘数与资产负债率相似，是用于衡量企业长期偿债能力的重要指标，是对资产负债率的补充。与资产负债率不同的是，权益乘数主要反映企业资产对负债的依赖程度。该指标越大，企业对负债的依赖程度越高，风险也越大。

权益乘数还可以由资产负债率指标计算：

$$权益乘数=\frac{1}{1-资产负债率}$$

（3）产权比率

产权比率（Equity Raito）也是衡量长期偿债能力的指标之一，又称为负债权益比率。它是负债总额与股东权益总额之比。其计算公式如下：

$$产权比率=\frac{负债总额}{股东权益}\times100\%$$

该项指标反映债权人提供的资本与股东提供的资本的相对关系，表现企业基本财务结构是否稳定。产权比率高，是高风险、高报酬的财务结构；产权比率低，是低风险、低报酬的财务结构，表明债权人投入资本受到股东权益的保障较高。

产权比率与资产负债率的关系是：

$$产权比率=\frac{资产负债率}{1-资产负债率}$$

产权比率与资产负债率在评价偿债能力方面的作用基本相同，但资产负债率侧重于债务偿还的物质保障程度；产权比率则侧重于揭示财务结构的稳健程度以及自由资金对偿债风险的承受能力，该指标同时也表明债权人投入资本受到股东权益保障的程度，或者说是企业清算时对债权人利益的保障程度。

【例 2-8】根据表 2-6 的资料，计算 A 公司 2006 年的产权比率。

$$年初产权比率=\frac{1,880+800}{7,120}\times100\%=37.6\%$$

$$年末产权比率=\frac{2,240+1,000}{7,830}\times100\%=41.4\%$$

从计算结果来看，公司的产权比率比较低，因此债权人投入的资本受到股东权益的保障较高。

（4）有形净值债务率

有形净值债务率（Debt to Tangible Assets Ratio）是企业负债总额与有形净值的百分比。有形净值是股东权益减去无形资产净值后的净值，即股东拥有所有权的有形资产的净值。其计算公式为：

$$有形净值债务率 = \frac{负债总额}{股东权益 - 无形资产净值} \times 100\%$$

有形净值债务率实质上是产权比率指标的延伸，它更为谨慎、保守地反映企业清算时债权人投入的资本受到股东权益保障的程度。从长期偿债能力来讲，该比率越低越好。

【例 2-9】根据表 2-6 的资料，计算 A 公司 2006 年的有形净值债务率。

$$年初有形净值债务率 = \frac{1,880 + 800}{7,120 - 330} \times 100\% = 39.5\%$$

$$年末有形净值债务率 = \frac{2,240 + 1,000}{7,830 - 360} \times 100\% = 43.4\%$$

该计算结果与产权比率的计算结果相近。

（5）利息保障倍数

利息保障倍数（Interest Coverage Ratio）是指企业息税前利润与利息费用的比率，用以衡量企业偿付借款利息的能力，也称为已获利息倍数。其计算公式如下：

$$利息保障倍数 = \frac{息税前利润}{利息费用}$$

公式中的"息税前利润"是指损益表中未扣除利息费和所得税之前的利润。由于我国损益表并未将利息费用单列，企业外部报表分析者只好根据"利润总额加上财务费用"来确定税前利润。公式中的利息是指企业当期全部应计利息，不仅包括利息费用，而且还包括已资本化的利息。计入长期资本成本的资本化利息，虽不在损益表中反映，但仍须定期偿还，与计入财务费用的利息并无本质上的差别。

利息保障倍数指标反映企业息税前利润为所须支付债务利息的多少倍。只要利息保障倍数足够高，企业就有充足的能力偿付利息；否则相反。那么，究竟企业息税前利润是利息费的多少倍，才算偿付利息能力强呢？一般情况下，利息保障倍数至少要大于 1，低于 1 意味着企业的收益不能满足支付利息的需要，面临较大的财务风险。同时，该指标水平的确定还需要与其他企业，特别是本行业平均水平进行比较。同时，从稳健性角度出发，最好比较本企业连续几年的该项指标，并选择最低指标年度的数据作为标准。这是因为，企业在经营好的年份要偿债，而在经营不好的年份也要偿还大约等量的债务。采用指标最低年度的数据，可保证最低偿债能力。

【例 2-10】根据表 2-7 的资料，假定表中财务费用全部为利息费用，计算 A 公司 2006 年的利息保障倍数。

$$年初利息保障倍数 = \frac{2,310 + 80}{80} = 29.875$$

$$年末利息保障倍数 = \frac{2,700 + 100}{100} = 28$$

根据结果可以初步判定，A 公司的利息保障倍数很高，偿付负债利息的能力很强。当然，更准确科学的结论还需要结合企业连续几年的历史数据和同行业的评价水平。

2.3.2 营运能力分析

营运能力反映的是企业对生产经营资金利用的效率与能力，体现着企业的经营绩效。营运能力的大小对企业的偿债能力和获利能力都有重要影响。营运能力分析是对企业管理水平和资产运用能力的分析，主要计算资产的周转率或周转期。周转率是企业在一定时期内资产周转额与平均余额的比率，它反映企业资金在一定时期的周转次数。周转次数越多，表明营运能力越强。这一指标的反指标是周转期，是周转次数的倒数与计算天数的乘积，反映资产周转一次所需要的天数。周转期越短，表明周转速度越快，资产营运能力越强。

1）存货周转率

在流动资产中，存货所占的比重较大。存货的流动性，将直接影响企业的流动比率，因此必须特别重视对存货的分析。存货的流动性，一般用存货的周转速度指标来反映，即存货周转率或存货周转天数。

存货周转率（Inventory Turnover Ratio）是主营业务成本与存货平均资金占用额的比值，是反映企业流动资产流动性的指标，也是衡量和评价企业购入存货、投入生产、销售收回等各环节管理状况的综合性指标。其计算公式是：

$$存货周转率 = \frac{主营业务成本}{平均存货}$$

$$存货周转天数 = \frac{360}{存货周转率} = \frac{360}{\dfrac{主营业务成本}{平均存货}} = \frac{平均存货 \times 360}{主营业务成本}$$

$$其中：平均存货 = \frac{期初存货 + 期末存货}{2}$$

公式中的"主营业务成本"数据来自利润表，"平均存货"数据来自资产负债表中的"期初存货"与"期末存货"的平均数。

一般说来，存货周转速度越快，存货占用水平越低，流动性越强，存货转换为现金、应收账款等的速度越快。提高存货周转率可以提高企业的变现能力，而存货周转速度越慢，则变现能力越差。

存货计价方法对存货周转率指标具有较大的影响，因此，在分析企业不同时期或不同企业的存货周转率时，应注意存货计价口径的一致。

【例 2-11】根据表 2-6、表 2-7 的资料，计算 A 公司 2006 年的存货周转率和存货周转天数。

$$存货周转率 = \frac{5,800}{(1,800 + 2,700) \div 2} = 2.58$$

$$存货周转天数 = \frac{[(1,800 + 2,700) \div 2] \times 360}{5,800} = 140（天）$$

该指标需要与公司历史同期的指标数据进行比较，以确定公司的存货管理能力是提高还是下降。

　　存货周转率指标的好坏不仅反映存货管理水平，而且会影响企业的短期偿债能力。除了分析批量因素、季节性生产的变化情况外，还应对存货的结构以及影响存货周转速度的重要项目进行分析，如分别计算原材料周转率、在产品周转率和产成品周转率。其计算公式如下：

$$原材料周转率 = \frac{原材料耗用成本}{平均原材料存货}$$

$$在产品周转率 = \frac{制造成本}{平均在产品存货}$$

$$产成品周转率 = \frac{主营业务成本}{产成品平均余额}$$

　　存货周转分析的目的是从不同的角度和环节找出存货管理中的问题，使存货在保证生产经营连续性的同时，尽可能少占用经营资金，提高资金的使用效率，增强企业短期偿债能力，促进企业管理水平的提高。

　　2）应收账款周转率

　　应收账款周转率（Accounts Receivable Turnover Ratio）是一定时期内商品或产品主营业务收入净额与平均应收账款余额的比值，是反映应收账款周转速度的指标。它是年度内应收账款转为现金的平均次数。用时间表示的应收账款周转速度是应收账款周转天数，也叫平均应收账款回收期或平均收现期，它表示企业从取得应收账款的权利到收回款项、转换为现金所需要的时间。其计算公式为：

$$应收账款周转率 = \frac{主营业务收入净额}{平均应收账款}$$

$$应收账款周转天数 = \frac{360}{应收账款周转率} = \frac{平均应收账款 \times 360}{主营业务收入净额}$$

$$其中：平均应收账款 = \frac{期初应收账款余额 + 期末应收账款余额}{2}$$

　　公式中的"主营业务收入净额"数据来自利润表，是指扣除折扣、折让后的销售净额。由于财务报表中只提供销售收入数据，所以实际应用中可以用销售收入净额代替。"平均应收账款"是指未扣除坏账准备的应收账款金额，它是资产负债表中"期初应收账款余额"与"期末应收账款余额"的平均数。

　　一般说来，应收账款周转率越高，平均收现期越短，说明应收账款的收回速度越快。周转率高表明：（1）收账迅速，账龄较短；（2）资产流动性强，短期偿债能力强；（3）可以减少收账费用和坏账损失，从而相对增加企业流动资产的投资收益。

　　影响该指标正确计算的因素有：第一，季节性经营企业使用这个指标时不能反映实际情况；第二，大量地使用分期收款结算方式；第三，大量地使用现金结算的销售；第四，年末销售大量增加或年末销售大幅度下降。这些因素对该指标的计算结果均会产生较大的影响。财务报表的外部使用人可以将计算出的指标与该企业的前期指标、行业平均水平或其他类似企业的指标相比较，判断该指标的高低。

【例 2-12】根据表 2-6、表 2-7 的资料，计算 A 公司 2006 年的应收账款周转率和应收账款周转天数。

$$应收账款周转率 = \frac{10,000}{(620 + 680) \div 2} = 15.38$$

$$应收账款周转天数 = \frac{[(620 + 680) \div 2] \times 360}{10,000} = 23.4(天)$$

3）流动资产周转率

流动资产周转率（Current Assets Turnover Ratio）是主营业务收入净额与全部流动资产的平均余额的比值。其计算公式为：

$$流动资产周转率 = \frac{主营业务收入净额}{平均流动资产总额}$$

$$流动资产周转天数 = \frac{平均流动资产总额 \times 360}{主营业务收入净额}$$

$$其中：平均流动资产总额 = \frac{年初流动资产总额 + 年末流动资产总额}{2}$$

流动资产周转率反映流动资产的周转速度。在一定时期内，流动资产周转次数越多，表明以相同的流动资产完成的周转额越多，流动资产利用效果越好。周转速度快，会相对节约流动资产，等于扩大资产投入，增强企业盈利能力；而延缓周转速度，需要补充流动资产参与周转，会形成资金浪费，降低企业盈利能力。流动资产周转天数表明流动资产在经历生产和销售各阶段时所占用的时间。

【例 2-13】根据表 2-6、表 2-7 的资料，计算 A 公司 2006 年的流动资产周转率和流动资产周转天数。

$$流动资产周转率 = \frac{10,000}{(3,420 + 4,205) \div 2} = 2.62$$

$$流动资产周转天数 = \frac{[(3,420 + 4,205) \div 2] \times 360}{10,000} = 137(天)$$

4）固定资产周转率

固定资产周转率（Fixed Assets Turnover Ratio）是指企业年销售收入净额与固定资产平均净值的比值，它是反映企业固定资产周转情况，从而衡量固定资产利用效率的一项指标。该指标的计算公式为：

$$固定资产周转率 = \frac{销售收入净额}{固定资产平均净值}$$

$$其中：固定资产平均净值 = \frac{年初固定资产净值 + 年末固定资产净值}{2}$$

固定资产周转率高，表明企业固定资产利用充分，投资得当，固定资产结构合理；反之，则表明固定资产使用效率低，企业的营运能力不强。

计算固定资产周转率时，需要考虑计提折旧的方法对其产生的影响，而且固定资产会因计提折旧使其净值不断减少，也会因更新重置而突然增加，这些对计算固定资产周转率都会有影响。由于固定资产的账面价值很少接近市场价值,该比率的实用性大打折扣。

【例 2-14】根据表 2-6、表 2-7 的资料,计算 A 公司 2006 年的固定资产周转率。

$$固定资产周转率 = \frac{10,000}{(5,800 + 6,255) \div 2} = 1.66$$

5）总资产周转率

总资产周转率（Total Assets Turnover Ratio）是销售收入净额与平均资产总额的比值,反映企业全部资产的利用效率。其计算公式为:

$$总资产周转率 = \frac{销售收入净额}{平均资产总额}$$

$$其中:平均资产总额 = \frac{年初资产总额 + 年末资产总额}{2}$$

该指标反映资产总额的周转速度,反映了企业全部资产的管理质量和利用效率,是一项综合性较强的指标。周转速度越快,销售能力越强,表明企业全部资产的使用效率较高;如果这个比率较低,说明使用效率较差,最终会影响企业的盈利能力。企业可以通过薄利多销、处理多余资产的办法来加速资产周转,带来利润绝对额的增加。

【例 2-15】根据表 2-6、表 2-7 的资料,计算 A 公司 2006 年的总资产周转率。

$$总资产周转率 = \frac{10,000}{(9,800 + 11,070) \div 2} = 0.96$$

总之,各项资产的周转指标用于衡量企业运用资产赚取收入的能力,经常和反映盈利能力的指标结合在一起使用,可全面评价企业的盈利能力。

2.3.3 盈利能力分析

盈利能力就是企业赚取利润的能力。它是投资者、债权人和企业管理人员都日益重视和关注的中心问题。反映企业盈利能力大小的常用指标有很多,主要有总资产报酬率、股东权益报酬率和销售利润等。对公司的盈利能力进行分析,除了运用上述一般指标外,还有每股收益、每股净资产及市盈率等指标。

1）销售毛利率

销售毛利率（Gross Profit Margin）是指企业的销售毛利与主营业务收入净额的比值。其计算公式为:

$$销售毛利率 = \frac{销售毛利}{主营业务收入净额} \times 100\%$$

其中,主营业务收入净额是主营业务收入扣除销售退回、销售折让及折扣的差额;销售毛利是销售收入净额与销售成本的差额。商品流通企业商品销售成本为商品的进价成本,而制造企业销售成本则为产品的生产或制造成本。

【例 2-16】根据表 2-7 的资料,计算 A 公司 2006 年的销售毛利率。

$$销售毛利率 = \frac{10,000 - 5,800}{10,000} \times 100\% = 42\%$$

毛利是利润形成的基础，销售毛利扣除经营期间的费用后即为经营利润。可见，销售毛利率反映了企业产品或商品销售的初始获利能力。有的企业习惯使用销售成本率指标，它与销售毛利率本质上是相同的，两个指标的关系可用公式表示为：

销售毛利率＝1－销售成本率

以上关系说明，要提高销售毛利率，唯一的措施就是降低销售成本率。要达到此目的，一方面要根据市场对商品需求制定合理的价格政策，价格过高，虽然提高了毛利率，但影响销售总量，为此有的企业采用薄利多销的价格策略；另一方面，要加强商品的进货成本控制，把住进货渠道这一关，努力降低进货成本，强化生产环节成本的控制。

不可忽视的是，企业会计策略的选择也可能在一定程度上影响生产成本的确定，如存货计价方法、坏账的处理方法及固定资产折旧方法的使用等。这要求企业在对不同时期毛利率进行纵向比较或在不同企业间进行横向比较方面予以关注。

2）主营业务利润率

主营业务利润率（Operating Profit Margin）是指企业一定时期内实现的主营业务利润与主营业务收入净额的比值。它表明企业每单位主营业务收入所能实现的销售利润，是反映企业主营业务获利能力的重要指标。其计算公式为：

$$主营业务利润率＝\frac{主营业务利润}{主营业务收入净额}\times100\%$$

其中，主营业务利润是企业销售收入净额扣除主营业务成本、主营业务税金及附加后的利润额，不包括其他业务利润、长期投资收益及营业外收支等项目。

主营业务利润是企业利润总额最主要的组成部分，其盈利能力的强弱将对企业最终的盈利水平起决定性作用，而且主营业务具有相对稳定的特点，能够保证企业持续稳定地经营下去。主营业务利润率越高，越能够说明企业产品附加价值较大，营销策略得当，产品获利水平高，最终经营成果的实现贡献较大。

【例2-17】根据表2-7的资料，计算A公司2006年的主营业务利润率。

$$主营业务利润率＝\frac{3,600}{10,000}\times100\%＝36\%$$

在价格一定的情况下，主营业务利润和成本费用存在着此消彼长的关系，主营业务利润率分析要注意结合成本费用分析。另外，各行业的主营业务利润率存在着较大差异。一般来说，越是资本密集型的企业，其主营业务利润率就可能越高；反之，资本密集程度低的行业，其主营业务利润率可能低些。分析时应结合相应的行业标准，观察被分析企业在该行业中的地位和竞争能力。

3）销售净利率

销售净利率（Net Profit Margin）是企业的净利润与主营业务收入净额的比值，其计算公式为：

$$销售净利率＝\frac{净利润}{主营业务收入净额}\times100\%$$

销售净利率反映了每1元销售收入所带来的净利润。净利润率高，可供股东分配的利润就多，直接关系到股东的收益水平。该指标越大，说明企业的盈利水平越高。

【例 2-18】根据表 2-7 的资料，计算 A 公司 2006 年的销售净利率。

$$销售净利率 = \frac{1,890}{10,000} \times 100\% = 18.9\%$$

4）成本费用利润率

成本费用利润率（Ratio of Profits to Costs）是企业一定时期的利润总额与成本费用总额的比值。该指标表示企业为取得利润而付出的代价，反映所耗与所得的关系，从企业支出方面评价企业的收益能力。其计算公式为：

$$成本费用利润率 = \frac{利润总额}{成本费用总额} \times 100\%$$

其中，成本费用总额指企业主营业务成本、营业费用、管理费用与财务费用之和；利润总额包括营业利润、投资净收益和营业外收支净额等。

成本费用利润率越高，表明企业为取得利润而付出的代价越小，企业成本费用控制得就越好，获利能力也越强。由于该指标从耗费角度评价企业收益状况，因而有利于促进企业加强内部管理，节约开支，提高经济效益。

【例 2-19】根据表 2-7 的资料，计算 A 公司 2006 年的成本费用利润率。

$$成本费用利润率 = \frac{2,700 + 130 + 80}{5,800 + 930 + 370 + 100} \times 100\% = 40.4\%$$

5）总资产报酬率

总资产报酬率（Return on Assets，ROA）是指企业一定时期内的税后净利润与平均资产总额的比值。它是衡量企业全部资产的总体获利能力，以及企业利用债权人和所有者权益总额所取得利润的重要指标。其计算公式为：

$$总资产报酬率 = \frac{净利润}{平均资产总额} \times 100\%$$

式中，净利润是企业的税后利润，是未做任何分配的数额，受政策等其他人为因素影响较少，能够比较客观、综合地反映企业的经济效益。平均资产总额是企业期初资产总额和期末资产总额的平均数。

一般情况下，该指标数值越高，则表明企业投入产出水平越高，企业获利能力越强。总资产报酬率作为评价资产运营效果的财务指标，要求企业选择获利能力高的投资项目，充分有效地运用企业控制的资产，合理进行资产组合或重组，及时处理闲置、积压资产，最大限度地发挥企业全部资产的效率。此外，分析总资产报酬率也有利于企业的资金筹措和融资决策。通过比较资产报酬率与市场利率，可为筹措债务资本提供基本的决策依据，如果资产报酬率大于市场利率，表明企业可适当利用财务杠杆，进行负债经营，以获得尽可能多的收益；相反，企业负债筹资将得不偿失。

【例 2-20】根据表 2-6 和表 2-7 的资料，计算 A 公司 2006 年的总资产报酬率。

$$总资产报酬率 = \frac{1,890}{(9,800 + 11,070) \div 2} \times 100\% = 18.1\%$$

6）股东权益报酬率

股东权益报酬率（Return on Equity，ROE）是企业一定时期内实现的净利润与企业所有者权益的比值，亦称权益净利率、净资产报酬率等。股东权益报酬率充分体现了投资者投入企业的自有资本获取利润的能力，是综合性最强的评价企业资本经营效益的核心指标，备受投资者关注。该指标通用性强，适用范围广，不受行业局限。在我国上市公司业绩综合排序中，该指标居于首位。其计算公式为：

$$股东权益报酬率 = \frac{净利润}{平均股东权益} \times 100\%$$

其中，平均股东权益是企业年初所有者权益和年末所有者权益的平均数，但有时也可以使用年末所有者权益。

一般地说，该指标越高，表明企业自有资本获取收益能力越强，运营效果越好，对投资者、债权人权益的保障程度越高。

【例 2-21】根据表 2-6 和表 2-7 的资料，计算 A 公司 2006 年的股东权益报酬率。

$$股东权益报酬率 = \frac{1,890}{(7,120 + 7,830) \div 2} \times 100\% = 25.3\%$$

7）每股收益

每股收益（Earnings per Share，EPS）是上市公司对外披露信息的一个重要指标，也是影响企业股票价格的重要因素。每股收益是本年净利润与年末发行在外的普通股股数的比值。其计算公式为：

$$每股收益 = \frac{净利润 - 优先股股利}{发行在外的普通股股数}$$

公式中，分子之所以要扣除优先股股利，是因为优先股股利往往是按照固定比率发放的，而且公司获得的净利润在按规定发放优先股股利后所剩的余额，才是普通股股东的所得。对于公式中的分母要特别注意，如果本年度普通股股数未发生变化，则用年末发行在外的普通股股数计算；如果普通股股数发生变化，则应使用按月计算的加权平均发行在外的普通股股数：

$$平均发行在外的普通股股数 = \sum \frac{发行在外的普通股股数 \times 发行在外月份数}{12}$$

每股收益是衡量上市公司盈利能力最重要的指标，反映每一普通股的获利水平。在分析时，可以在不同的公司之间进行比较，以评价某公司的相对盈利能力；也可以对同一公司的不同时期进行比较，了解该公司盈利能力的变化趋势。在分析中要注意，每股收益并不能反映股票所含有的风险，而且每股收益指标的上升可能来源于股本的变化，并不一定是公司业绩上升引起的。

【例 2-22】根据表 2-6 和表 2-7 的资料，假设 A 公司发行在外的普通股股数为 6,000 万股，没有发行优先股，计算该公司 2006 年的每股收益。

$$年初每股收益 = \frac{1,380}{6,000} = 0.23（元/每股）$$

$$年末每股收益 = \frac{1,890}{6,000} = 0.315（元/每股）$$

该公司年末每股收益比年初有所增加，获利能力增强。

8）每股净资产

每股净资产又称每股账面价值（Book Value per Share）或每股权益，是年末净资产（即股东权益）与年末发行在外的普通股股数的比值。计算公式为：

$$每股净资产 = \frac{年末股东权益}{年末发行在外的普通股股数}$$

式中，年末股东权益是指扣除优先股权益后的余额。

每股净资产显示了发行在外的每一普通股股份所能分配的企业账面净资产的价值。该指标在理论上提供了股票的最低价值。但由于其计算的是账面价值，所以通常不能显示普通股真正的价值或市价。如果某公司的股票价格低于每股净资产的成本，要么说明公司已无存在的价值，清算是股东最好的选择；要么说明市场不健康，对该公司股票价格严重低估。所以，我国目前不允许新建公司折价发行股票。当国有企业改组为股份制企业时，一般以评估确认后的净资产折为国有股的股本；如果不全部折股，则折股方案与募股方案和预计发行价格一并考虑，折股比率不低于 65%，股票发行溢价倍数应不低于折股倍数。

对投资者来说，一方面，每股净资产是进行投资决策的重要依据，利用该指标进行横向和纵向对比，可以衡量公司的发展状况，判断股票价值及投资风险；另一方面，在进行投资分析时，由于该指标是用历史成本计量的，不能反映资产的变现价值，所以具有一定的局限性。

【例 2-23】根据表 2-6 和例 2-22 的资料，计算 A 公司 2006 年的每股净资产。

$$年初每股净资产 = \frac{7,120}{6,000} = 1.19（元/股）$$

$$年末每股净资产 = \frac{7,830}{6,000} = 1.31（元/股）$$

9）市盈率

市盈率（Price-Earnings Ratio，P/E）是普通股每股市价与每股收益的比值。它可以反映公司的获利能力，是投资者进行投资决策的重要参考指标。计算公式为：

$$市盈率 = \frac{普通股每股市价}{普通股每股收益}$$

市盈率反映了公司股票的市价是其每股收益的多少倍，直接表现出投资者和市场对公司的共同期望，无论是企业管理者还是投资者都十分重视该指标。一般来说，市盈率越高，表明市场投资者越看好公司的发展前景。在市价确定的情况下，每股收益越高，市盈率越低，投资风险越小；反之亦然。仅从市盈率高低的横向比较来看，高市盈率说明公司有良好的发展前景，得到市场的认可。

利用市盈率进行分析时，应注意该指标不能用于不同行业公司的比较。通常新兴行业未来发展空间较大，市盈率普遍较高；而成熟产业的市盈率则偏低。这并不能说明后者的股票没有投资价值。在每股收益很小或亏损时，市价不会降至零，此时计算的市盈率指标虽然很高，但却不能说明任何问题。市盈率高低受净利润的影响，而净利润可能受到不同会计政策的影响，从而使市盈率在公司之间的比较受到限制。市盈率高低还受股票市价的影响，而市价变动的影响因素很多，比如市场的投机行为，因此观察市盈率的长期趋势很重要。投资者要结合其他有关信息，才能运用市盈率指标判断股票的价值。

§2.4 杜邦财务分析

利用财务比率进行深入分析，虽然可以了解企业各个方面的财务状况，但却无法反映企业各个方面财务状况之间的关系。为了弥补这一不足，可以将所有指标按其内在联系结合起来，用以全面反映企业整体财务状况和经营成果，对企业进行总体评价。财务综合分析，就是将各项财务指标作为一个整体，用简洁明了的分析体系，系统、全面、综合地对企业财务状况和经营情况进行剖析、解释和评价。

财务综合分析的方法有很多，本节主要介绍最常用的杜邦分析法。

2.4.1 杜邦分析体系的原理

杜邦分析法是根据财务比率之间的内在数量联系，建立由多种财务比率构成的财务体系，并据此对企业财务状况做出综合判断和评价的一种分析方法。此方法首先由美国杜邦（DuPont）公司采用，故称为杜邦分析法。杜邦分析体系如图 2-1 所示。从图中可以看出，杜邦分析体系以评价企业绩效最具综合性和代表性的指标——股东权益报酬率（净资产收益率）为起点，层层分解至企业最基本生产要素的使用，以及成本与费用的构成和企业风险，从而满足管理者通过财务分析进行综合评价的需要，及时查明企业目前存在的问题，并制定出有效的解决方案。

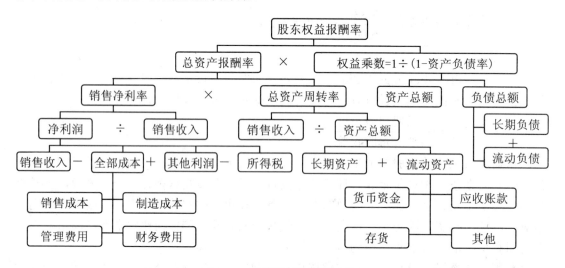

图 2-1　杜邦分析体系原理图

2.4.2 杜邦分析体系中各指标的关系

股东权益报酬率是公司所有者权益的投资报酬率，反映了投资者净资产的获利能力，具有很强的综合性，是杜邦分析体系的核心指标。这一比率不仅取决于总资产的报酬率，还取决于股东权益的结构比例。因此，股东权益报酬率是企业资产使用效率和企业融资状况的综合体现。股东权益报酬率（ROE）可以按如下方式进行分解：

$$
\begin{aligned}
股东权益报酬率（ROE） &= \frac{净利润}{平均股东权益} \\
&= \frac{净利润}{平均股东权益} \times \frac{平均总资产}{平均总资产} \\
&= \frac{净利润}{平均总资产} \times \frac{平均总资产}{平均股东权益} \\
&= 总资产报酬率（ROA） \times 权益乘数 \\
&= \frac{净利润}{平均总资产} \times \frac{销售收入}{销售收入} \times 权益乘数 \\
&= \frac{净利润}{销售收入} \times \frac{销售收入}{平均总资产} \times 权益乘数 \\
&= 销售净利率 \times 总资产周转率 \times 权益乘数
\end{aligned}
$$

由杜邦分析体系图和股东权益报酬率公式的分解可以看出，决定股东权益报酬率高低的因素有三个：权益乘数、销售净利率和总资产周转率。这三个指标分别对应企业的负债比率、盈利能力比率和资产管理效率比率。杜邦分析体系是对企业财务状况自上而下的综合分析，在分析中应注意各个具体指标的含义。

1）权益乘数

权益乘数主要受资产负债率的影响。负债比例越大，权益乘数就越高。在总资产需要量既定的前提下，企业适当利用负债经营，可以使权益乘数提高，给企业带来较大的财务杠杆利益，但同时也要承担较大的风险压力。因此，企业既要合理使用全部资产，又要妥善安排资金结构。

2）总资产报酬率

总资产报酬率是反映企业获利能力的重要财务比率，也是一个综合性较强的指标。企业的销售收入、成本费用、资产结构、资产周转速度及资金占用等各种因素，都直接影响到总资产报酬率的高低。总资产报酬率是销售净利率与总资产周转率的乘积，因此可以从企业的销售活动与资产管理两个方面进行分析。

3）销售净利率

销售净利率反映企业净利润与销售收入之间的关系。一般来说，销售收入增加，企业的净利润会随之增加，但想要提高销售净利率，必须一方面提高销售收入，另一方面降低各种成本费用，这样才能使净利润的增长高于销售收入的增长，从而提高销售净利率。

4）总资产周转率

总资产周转率反映企业运用资产以产生销售收入的能力。总资产周转速度直接影响到企业的获利能力，如果企业资产周转较慢，就会占用大量资金，增加资金成本，减少企业的利润。对总资产周转率的分析，需要考察影响资产周转率的各个因素。资产总额由流动资产与长期资产组成，其结构是否合理直接影响到资金的周转速度。一般而言，流动资产直接体现企业的偿债能力与变现能力，长期资产体现了企业的经营规模、发展潜力，两者之间应该有一个合理的比例关系。如果某一项资产比例过大，就应深入分析原因。例如，对于流动资产中的存货应分析是否有积压现象，对于货币资金应分析是否有大量资金闲置，对于应收账款应分析客户的偿债能力以及有无坏账的可能，对于长期资产中的固定资产应分析其是否得到充分利用等。

通过指标的分解，可以找到股东权益报酬率这一综合性指标变化的来源，从而找出企业经营管理中存在的问题，与单一的财务比率分析相比，能提供更明确、更全面的信息。

读者可以根据表 2-6、表 2-7 的数据对 A 公司进行杜邦财务分析。本题留作课后作业，由读者完成。

2.4.3 杜邦分析体系的缺陷

从企业绩效评价的角度来看，杜邦分析法只包括财务方面的信息，不能全面反映企业的实力，具有很大的局限性。因此，在实际运用中必须结合企业的其他非财务信息加以分析。杜邦分析体系的主要缺陷表现在以下几个方面：

1）对短期财务结果过于重视，有可能使公司管理层过于注重评价公司的短期行为，而忽视了企业长期的价值创造。

2）财务指标反映的是企业过去的经营业绩。在现代企业管理中，顾客、供应商、雇员素质、技术创新等因素对企业经营业绩的影响越来越大，而杜邦分析法无法量化企业在这些方面的表现。

3）在竞争日益激烈的市场环境中，企业的无形资产对于提高企业长期竞争力至关重要，而杜邦分析法却不能解决无形资产的估值问题。

【案例分析】
青岛海尔集团的偿债能力分析

1. 基本案情

青岛海尔集团公司是我国家电行业的领军企业，其前身是原青岛电冰箱总厂，经过十多年的兼并扩张，已经今非昔比。据 2005 年中报分析，公司的业绩增长非常稳定，主营业务收入和利润保持同步增长，这在竞争激烈、行业利润明显滑坡的家电行业是极为可贵的。公司 2005 年上半年收入增加部分主要来自冰箱产品的出口，鉴于公司出口形势看好，海尔的国际化战略取得了明显的经济效益。

另据 2005 年 8 月 26 日青岛海尔拟增发 A 股董事会公告称，公司拟向社会公众增发不超过 10,000 万股的 A 股，该次募集资金将用于收购青岛海尔空调器有限公司 74.45%的股权。此前海尔已持有该公司 25.5%的股权，此举意味着收购完成后青岛海尔对海尔空调器公司的控制权将达到 99.95%。据悉，作为海尔集团的主导企业之一，青岛海尔空调器公司主要生产空调器、家用电器及制冷设备，是我国技术水平较高、规模品种较多、

生产规模较大的空调生产基地。该公司产销状况良好，2005 年上半年共生产空调器 252
万台，超过 04 年全年的产量，出口量分别是 2004 年同期和全年出口的 4.5 倍和 2.7 倍，
迄今海尔空调已有 1/4 的产量出口海外。鉴于海尔空调已是成熟的高盈利产品，收购后
可以使青岛海尔拓展主营业务结构，实现产品多元化战略，为公司进一步扩张提供强有
力的支撑，同时也将成为青岛海尔新的经济增长点。

青岛海尔 2005 年中期财务状况如表 2-8、表 2-9 和表 2-10 所示。

表 2-8　资产负债表（简表）

编制单位：青岛海尔集团公司　　　　　　　　　　　　　　　　　　　　单位：元

资产	金额	负债及股东权益	金额
流动资产：		流动负债：	
货币资金	512,451,234.85	应付账款	125,187,391.88
应收账款	390,345,914.95	预收账款	72,559,642.42
预付账款	599,903,344.89	流动负债合计	771,705,947.11
其他应收款	371,235,313.62	长期负债合计	4,365,881.58
存货净额	499,934,290.49	股东权益：	
待摊费用	1,211,250.00	股本	56,470,690.00
流动资产合计	2,369,591,987.38	资本公积	1,513,174,748.87
长期投资合计	307,178,438.08	盈余公积	329,160,271.54
固定资产合计	1,007,881,696.67	未分配利润	354,620,919.79
无形资产	107,740,871.92	股东权益合计	2,761,662,842.20
资产总计	3,792,590,880.96	负债及股东权益总计	3,792,590,880.96

表 2-9　利润表（简表）

编制单位：青岛海尔集团公司　　　　　　　　　　　　　　　　　　　　单位：元

项目	金额
一、主营业务收入	2,706,766,895.09
减：主营业务成本	2,252,753,488.10
主营业务税金及附加	7,030,314.68
二、主营业务利润	446,983,092.31
减：营业费用	31,115,574.99
管理费用	219,583,432.98
财务费用	6,515,967.38
三、营业利润	195,413,320.98
加：投资收益	3,806,648.25
营业外收入	589,117.10
减：营业外支出	989,953.10
四、利润总额	233,078,983.23
减：所得税	26,832,576.00
五、净利润	181,900,337.65

表 2-10 利润分配表（简表）

编制单位：青岛海尔集团公司 单位：元

项目	金额
一、净利润	181,900,337.65
加：年初未分配利润	172,720,582.14
二、可分配的利润	354,620,919.79
减：提取法定公积金	0
提取法定公益金	0
三、可供股东分配的利润	354,620,919.79
减：提取任意公积金	0
已分配普通股股利	0
四、未分配利润	354,620,919.79

2. 分析要点及要求

（1）对海尔公司的短期偿债能力进行分析，主要侧重分析计算流动比率、速动比率，并结合流动资产和流动负债项目中的具体项目对海尔公司的短期偿债能力进行评价。

（2）对海尔公司的长期偿债能力进行分析，主要侧重分析资产负债率、产权比率、权益乘数、利息保障倍数等指标。

3. 问题探讨

（1）在企业财务分析实践中评价短期偿债能力应注意哪些问题？你认为海尔公司的短期偿债能力如何？

（2）在企业财务分析实践中，评价长期偿债能力时，是否应对企业盈利能力进行分析？长期偿债能力与盈利能力之间有何矛盾？如何解决这一矛盾？结合海尔公司的盈利性，你认为海尔公司的长期偿债能力如何？

本章小结

资产负债表、利润表和现金流量表是提供公司财务信息的最基本的财务报表。资产负债表提供公司在特定时点上的资产、负债以及所有者权益的数量结构信息；利润表提供公司在特定期间内的经营成果；现金流量表提供公司在特定期间的经营活动、投资活动和筹资活动等所引起的现金流入和流出变动过程的具体信息。

财务分析是以企业编制的会计报表及相关资料为基本依据，运用一定的分析方法和技术，对企业的财务状况和经营成果进行评价，为企业未来的决策、规划和控制提供财务信息的方法。财务报表分析的主体主要有投资者、债权人、企业管理者和政府部门等，他们站在各自的立场上，进行财务分析的目的也就不尽相同。

在进行财务分析时，需要找到参照指标。一般来说，分析时常常要与经验标准、历史标准、同行业平均水平、计划目标等参照指标进行对比，才能得出最终结论。

财务分析的常用方法有比较分析法、比率分析法和因素分析法，这三种方法通常综合使用。财务比率分析是财务分析的重要内容，企业基本的财务比率主要从偿债能力、营运能力和盈利能力这三方面对企业做出评价。

偿债能力分析用来揭示企业的举债能力及财务风险，可分为短期偿债能力分析和长期偿债能力分析。反映企业短期偿债能力的主要指标有：流动比率、速动比率、现金比率以及现金流动负债比率等；反映企业长期偿债能力的主要指标有：资产负债率、权益乘数、产权比率、有形净值债务率以及利息保障倍数等。

营运能力分析是对企业管理水平和资产运用能力的分析，主要计算资产的周转率或周转期。反映企业营运能力的主要指标有：存货周转率、应收账款周转率、流动资产周转率、固定资产周转率以及总资产周转率等。

盈利能力是企业赚取利润的能力。它是投资者、债权人和企业管理人员都日益重视和关注的中心问题。反映企业盈利能力的常用指标有：销售毛利率、主营业务利润率、销售净利率、成本费用利润率、总资产报酬率以及股东权益报酬率等。对上市公司的盈利能力进行分析，除了运用上述一般指标外，还有每股收益、每股净资产以及市盈率等指标。

除了利用基本的财务比率分析外，企业还需做财务的综合分析。财务综合分析中最常用的是杜邦分析法，这是根据财务比率之间的内在数量联系，建立由多种财务比率构成的财务体系，并据此对企业财务状况做出综合判断和评价的一种分析方法。杜邦分析体系以评价企业绩效最具综合性和代表性的指标——股东权益报酬率为起点，层层分解至企业最基本生产要素的使用，以及成本与费用的构成和企业风险，是一种综合全面的财务分析方法。

关键概念

流动比率　　速动比率　　资产负债率　　权益乘数　　产权比率　　利息保障倍数
存货周转率　　总资产周转率　　销售净利率　　总资产报酬率　　股东权益报酬率
每股收益　　市盈率　　杜邦分析法

综合训练

一、单项选择题

1. 下列关于财务报表的叙述中，错误的是____。
   A. 资产负债表反映公司在某一特定时点上的财务状况
   B. 利润表也称损益表，是反映企业在一定会计期间经营成果的财务报表
   C. 利润表是静态性财务报表
   D. 现金流量表的编制方法分为直接法和间接法，其编制的基础是收付实现制

2. 在比较分析法中，财务指标的横向对比是指____。
   A. 本企业与同行业的标准比较　　　　B. 实际数与计划数比较
   C. 与历史同期的数据比较　　　　　　D. 与历史的最好水平比较

3. 下列比率中反映企业短期偿债能力的是____。
   A. 速动比率　　　　　　　　　　　　B. 利息保障倍数

      C. 资产负债率   D. 权益乘数

4. 下列比率中反映企业长期偿债能力的是____。

      A. 现金比率   B. 现金流动负债比率   C. 资产负债率   D. 速动比率

5. 杜邦分析体系以____为分析的起点。

      A. 总资产报酬率   B. 股东权益报酬率   C. 资产负债率   D. 权益乘数

二、多项选择题

1. 财务报表的分析主体通常包括____。

      A. 投资者   B. 债权人   C. 企业管理者   D. 政府

2. 下列属于企业或有负债的是____。

      A. 担保   B. 未决诉讼   C. 长期借款   D. 应收票据贴现

3. 下列比率中反映企业营运能力的是____。

      A. 总资产周转率   B. 存货周转率

      C. 应收账款周转率   D. 流动资产周转率

4. 下列比率中反映企业盈利能力的是____。

      A. 资产负债率   B. 每股收益

      C. 主营业务利润率   D. 利息保障倍数

5. 杜邦财务分析体系中，股东权益报酬率可以分解为哪三个指标的乘积____？

      A. 销售净利率   B. 销售毛利率

      C. 总资产周转率   D. 权益乘数

三、思考题

1. 不同主体如何分析企业的资产负债率？

2. 如何评价上市公司的市盈率指标？市盈率越高越好吗？

3. 从公司财务报表中可以获得下列数据：2008 年末总资产 500 万元，总负债 190 万元，年销售收入 1,500 万元，净利润 75 万元。要求计算：

（1）销售净利率

（2）总资产周转率

（3）权益乘数

（4）股东权益报酬率

4. 下列活动将会如何影响企业的流动比率：

（1）卖完存货

（2）企业向银行借款

（3）某客户支付期逾期

（4）企业利用现金购买了更多的存货

5. 根据表 2-6 和表 2-7 的数据，对 A 公司进行杜邦财务分析。

6. 某公司 2006 年实现销售收入 12,000 万元，2007 年销售收入比 2006 年增长 20%。2006 年该公司资产总额为 7,000 万元，以后每年比前一年增加 1,000 万元，该公司资产由流动资产和固定资产组成，连续 4 年固定资产未发生变化，均为 4,000 万元。假设该公司无投资收益和营业外收支，其他有关数据和财务比率如表 2-11 所示。

表 2-11　公司财务比率资料表

项目	2006 年	2007 年
资产负债率	40%	50%
流动负债/所有者权益	0.6	0.5
速动比率	0.7	0.8
销售毛利率	15%	18%
平均收账期（天）	60	50
净利润（万元）	1,200	1,500

要求：

（1）分析该公司 2007 年与 2006 年相比，资产、负债变化的原因。

（2）分析 2007 年该公司流动比率、总资产报酬率及股东权益报酬率变化的原因。

本章参考文献

1．陶新元：《财务管理学》，成都：西南财经大学出版社，2006

2．王辛平：《财务管理学》，北京：清华大学出版社，2007

3．王晋忠：《公司理财》，武汉：武汉大学出版社，2005

4．杨忠智：《财务管理》，杭州：浙江人民出版社，2007

5．彭岚：《财务管理》，北京：清华大学出版社，北京交通大学出版社，2008

6．陈良华，吴应宇：《财务管理》，南京：南京大学出版社，2001

7．李心愉：《公司理财学》，北京：北京大学出版社，2008

8．白蔚秋，潘秀丽：《财务管理学》，北京：经济科学出版社，2005

9．孙琳，徐晔：《财务管理》，上海：复旦大学出版社，2006

10．张鸣，王蔚松，陈文浩：《财务管理学》，上海：上海财经大学出版社，2002

第 3 章　资金的时间价值与证券定价

导读

　　金融市场为个人和公司的理财活动提供了交易场所，个人通过金融市场来调节即期和远期的消费活动，公司则通过金融市场来调整投融资计划。无论是个人还是公司，都需要做跨期现金流的匹配活动，需要对不同时期的现金流进行价值比较。资金的时间价值是贯穿整个公司理财学的重要概念，涉及所有的理财活动，也是证券定价、计算现金流量和各项决策指标的基础。在本章，我们将讨论资金的时间价值，学习如何计算货币的终值和现值，掌握年金的概念及其应用，并利用折现现金流法对股票和债券的价值进行估计。

§3.1　资金的时间价值

3.1.1　资金时间价值的概念

　　资金的时间价值，是指资金经过一定时间的投资和再投资所增加的价值，也称为货币的时间价值。一定量的资金在不同的时点上具有不同的价值。一般来说，今天一定量的资金的价值大于未来同量的资金。

　　资金具有时间价值，即使两笔金额相等的资金，如果发生的时间不同，那么其资金价值就可能不会相等。例如，现在的 1 元钱和一年后的 1 元钱其经济价值就不相等。即使不存在通货膨胀，现在的 1 元钱比一年后的 1 元钱的经济价值要大。因为如果把现在的 1 元钱进行投资，如采用风险最小的投资方式，即存入银行，假设年利率为 10%，那么 1 年后将会得到 1.1 元。这 1 元钱经过一年的时间增加了 0.1 元，这就是资金的时间价值。

　　根据以上的分析，一定金额的资金必须注明其发生的时间，才能正确表达其准确的价值。对于一项投资活动而言，一般要把投资作为一个完整的系统，标明系统的初始时间点，这样才有利于投资期间内各期资金相对价值的衡量。在投资期内，资金的收入与支出叫做现金流量；资金的流出称为现金流出，资金的流入称为现金流入。正现金流量通常表示流入，负现金流量通常表示流出。我们把一定时期内现金流入与流出的差额称为该期间内的净现金流量，即：

　　　　净现金流量＝现金流入－现金流出

　　一般来讲，投资项目往往持续时间较长，并且具有不规则的现金流入与流出。为了准确标示项目的现金流动数量，在分析项目现金流时，经常采用图示来反映现金流量情况。一般的现金流量图如图 3-1 所示。

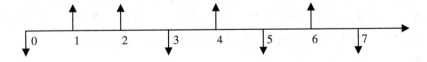

图 3-1　现金流量图

　　在图 3-1 中，横轴表示从 0 时刻开始到未来的时间序列，每一个刻度表示一个时间单位（一个月、一个季度或一年等）。0 时表示项目初始时刻，在每一时刻，朝上方的箭头表示在该时刻发生了现金流入，朝下方的箭头表示发生了现金流出。垂直线的长度与金额成正比，金额越大，垂直线长度越长。

　　在分析资金的时间价值时，首先要明确以下几个概念：

　　1）现值（Present Value，PV）。即资金（现金流量）发生在（或折算为）某一特定时间序列起点的价值。

2）终值（Future Value，FV）。即资金（现金流量）发生在（或折算为）某一特定时间序列终点的价值。

3）年金（Annuity，A）。即发生在（或折算为）某一特定时间序列各计息期末（不包括零期）的等额资金（现金流量）序列的价值。

年金是一类比较特殊的现金流量。年金固定发生在每一期的期初或期末，且每期发生额相同，每一期流入或流出的方向相同。图3-2是一个典型的年金现金流量图。

图 3-2　年金现金流量图

3.1.2 资金时间价值的计算

1）单利和复利

利息的计算有单利和复利两种方法。单利是指在规定时期内只就本金计算利息，每期的利息收入在下一期不作为本金，不产生新的利息收入。而按照复利计算，上一期产生的利息在下一期将计入本金，并在下一期产生利息，俗称"利滚利"。由于企业的再生产过程是连续的，资金的运动也是周而复始的，所以复利的概念体现了资金时间价值的含义。因此，在计算资金的时间价值时，通常采用复利的方法。

2）复利终值和现值

（1）复利终值

复利终值，是指若干期后包括本金和利息在内的未来价值，又称本利和。

【例 3-1】某人将 1,000 元投资于某项目，年回报率为 8%，则经过一年后投资者的可收回金额为：

$$F = P + P \cdot i = P \cdot (1+i) = 1,000 \times (1+8\%) = 1,080(元)$$

其中：P 为现值或初始值；F 为终值或本利和；i 为利率或回报率。

如果此人并不提走现金，将 1,080 元继续投资于该项目，则第二年本利和为：

$$F = [P \cdot (1+i)] \cdot (1+i) = P(1+i)^2 = 1,000 \times (1+8\%)^2 = 1,166.4(元)$$

第 n 年的期终金额为：

$$F = P \cdot (1+i)^n$$

上式是计算复利终值的一般公式。其中 $(1+i)^n$ 称为复利终值系数或 1 元的复利终值，用符号 (F/P, i, n) 表示。例如，(F/P, 8%, 3) 表示利率为 8% 的 3 期复利终值系数。

复利终值的现金流量图如图 3-3 所示：

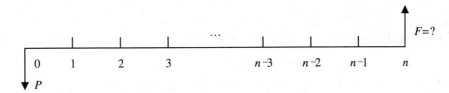

图 3-3　复利终值的现金流量图

（2）复利现值

复利现值是复利终值的对称概念，指未来一定时间的特定资金按复利计算的现在价值，或者说是为取得将来一定本利和，现在所需要的资金。

复利现值的计算，是已知 F，i，n 时，求 P。

根据复利终值的公式：

$$F = P \cdot (1+i)^n$$

所以：

$$P = \frac{F}{(1+i)^n} = F \cdot (1+i)^{-n}$$

上式中的 $(1+i)^{-n}$ 是把终值折算为现值的系数，称为复利现值系数，或称作 1 元的复利现值，用符号 (P/F, i, n) 表示。

【例 3-2】某公司三年后拟从银行取出 60 万元，现应存入银行多少元？假设银行存款年利率为 6%。

解：F=60 万元，n=3 年，i=6%

$$P = \frac{F}{(1+i)^n} = \frac{60}{(1+6\%)^3} = 60 \times 0.8396 = 50.38（万元）$$

将未来时点资金的价值折算为现在时点的价值称为折现，或称贴现。一次性支付的现值的现金流量图如图 3-4 所示。

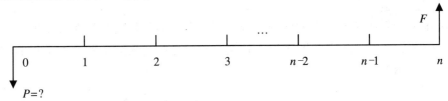

图 3-4　复利现值的现金流量图

（3）复利的计息期

根据利息支付的间隔时间，利率有年利率、季利率和月利率等。一般情况下，我们说到的利率多指年利率，即利息是每年支付一次。然而在现实中也有这样的情况：给定年利率，但计息期却是半年、季或月。由于计息期不同，实际的年利率与给定的年利率（又称为名义利率或报价利率）必然不同。

【例 3-3】企业向银行贷款 100 万元，按 12% 的利率支付利息。试计算按每年、每半年、每季度支付一次利息的情况下，这笔贷款在一年后的本利和。

解：

（1）每年支付一次利息，一年后的本利和为：

$$FV_1 = 100 \times (1 + 0.12) = 112(万元)$$

（2）若每半年付息一次，则银行要求半年偿还年利率的 1/2，即半年的利率为 12%/2=6%，此时 $n=1\times2=2$，一年后的本利和为：

$$FV_2 = 100 \times (1 + 0.06)^2 = 112.36(万元)$$

（3）若每月付息一次，则月利率为 12%/12=1%，$n=1\times12=12$，一年后的本利和为：

$$FV_3 = 100 \times (1 + 0.01)^{12} = 112.68(万元)$$

同样是 12% 的名义利率，按半年付息的实际利率为 12.36%（12.36/100），按月付息的实际利率是 12.68%（12.68/100）。一般地说，一年中按复利计息 m 次的实际利率为：

$$r = \left(1 + \frac{i}{m}\right)^m - 1$$

式中，r 为实际利率，即考虑了复利计息期后的年利率；i 为名义利率，即不考虑年内复利计息间隔的利率。

特别地，当复利计息的间隔变得无穷短时，称为连续复利计息。此时有：

$$m \to \infty,\ \left(1 + \frac{i}{m}\right)^m \to e^i$$

因此，以利率 i 连续复利计息，实际利率为：

$$r = e^i - 1$$

3）年金

年金是指等额、定期的系列收支。例如，分期付款赊购、分期偿还贷款、发放养老金、分期支付工程款等。

（1）标准年金

标准年金是指在每期期末收付的年金。标准年金的收付形式如图 3-5 所示。其中，横线代表时间的延续，线下的数字表示各期的顺序号；竖线的位置表示支付的时刻，竖线旁的数字表示支付的金额。

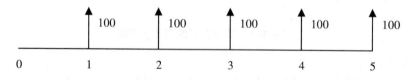

图 3-5　标准年金的收付形式

①标准年金的终值

标准年金终值是指其最后一次支付时的本利和，它是每次支付的复利终值之和。求年金终值问题可以转化为：已知 n 年内每年年末投入资金 A，年利率为 i，求到 n 年末的终值 F。

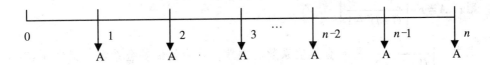

图 3-6　标准年金终值的现金流量图

第一年年末年金 A 的终值为：$A\cdot(1+i)^{n-1}$

第二年年末年金 A 的终值为：$A\cdot(1+i)^{n-2}$

第三年年末年金 A 的终值为：$A\cdot(1+i)^{n-3}$

$\vdots$

第 n 年年末年金 A 的终值为：A

则 $F = A\cdot(1+i)^{n-1} + A\cdot(1+i)^{n-2} + A\cdot(1+i)^{n-3} + ... + A$　　　　　(1)

将上式两边同乘 $(1+i)$，得：

$(1+i)\cdot F = A\cdot(1+i)^{n} + A\cdot(1+i)^{n-1} + A\cdot(1+i)^{n-2} + ... + A\cdot(1+i)$　　(2)

再用(2)-(1)，得：

$i\cdot F = A\cdot(1+i)^{n} - A$

则年金终值计算公式为：

$$F = A\cdot\left[\frac{(1+i)^{n}-1}{i}\right]$$

式中，$\left[\dfrac{(1+i)^{n}-1}{i}\right]$ 称为年金终值系数，可从年金终值系数表中查得。年金终值系数可表示为 (F/A, i, n)。

【例 3-4】某人参加零存整取的储蓄活动，从一月起每月月末存入等额现金 1,000 元，月利率 2%，求到本年末该投资者能一次取出多少元？

解：已知 A=1,000 元，i=2%，n=12

$$F = A\cdot\left[\frac{(1+i)^{n}-1}{i}\right] = 1,000 \times \left[\frac{(1+2\%)^{12}-1}{2\%}\right] = 1,000 \times 13.412 = 13,412（元）$$

现在我们从另一个角度来看年金终值的运用。我们经常遇到偿债基金这个概念，偿债基金是指为使年金终值达到既定金额每年末应支付的年金数额。

【例 3-5】某公司为在五年后还清其 100,000 元的债务，从现在开始每年等额存入银行一笔资金。假设银行存款利率为 10%，每年需要存入多少钱？

解：由于银行存款按照复利计算，因此每年不必存入 20,000 元，而只需存入更少的金额，在五年后本利和就可达到 100,000 元，债务就可得到偿付。

根据年金终值公式：

$$F = A\cdot\left[\frac{(1+i)^{n}-1}{i}\right]$$

则：$A = F \cdot \left[\dfrac{i}{(1+i)^n - 1} \right]$

式中，$\left[\dfrac{i}{(1+i)^n - 1} \right]$ 是年金终值系数的倒数，称为偿债基金系数，记作 (A/F, i, n)。偿债基金系数可以通过年金终值系数求倒数确定。将例题中的数据代入上式，则有：

$$A = 100,000 \times \left[\dfrac{10\%}{(1+10\%)^5 - 1} \right] = 100,000 \times 0.1638 = 16,380(\,元\,)$$

因此，在银行利率为 10% 时，每年存入 16,380 元，五年后就可以得到 100,000 元来偿还债务。

有一种折旧方法，称为偿债基金法，其理论依据是"折旧的目的是保持简单再生产"。为在若干年后购置设备，并不需要每年提存设备原值与使用年限的算术平均数，由于利息不断增加，每年只需提存较少的数额即按偿债基金提取折旧，即可在使用期满时得到设备原值。偿债基金法的年折旧额，就是根据偿债基金系数乘以固定资产原值计算出来的。

②标准年金的现值

标准年金现值，是指为在每期期末取得相等金额的款项，现在需要投入的金额。

标准年金现值可以转化为如下的问题：从第一年至第 n 年，每年年末有等额的一笔资金收入（或支出），按年利率 i 计算，求其现在的价值。图 3-7 是一笔等额收入的现金流量图。

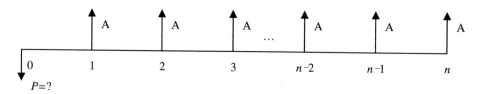

图 3-7   标准年金现值的现金流量图

标准年金现值的计算，是已知 A，i，n 时，求 P。

因为 $F = A \cdot \left[\dfrac{(1+i)^n - 1}{i} \right]$

所以 $A = F \cdot \left[\dfrac{i}{(1+i)^n - 1} \right]$

又因为 $F = P \cdot (1+i)^n$

所以 $A = F \cdot \left[\dfrac{i}{(1+i)^n - 1} \right] = P \cdot (1+i)^n \cdot \dfrac{i}{(1+i)^n - 1}$

所以标准年金现值的计算公式为：

$$P = A \cdot \left[\dfrac{(1+i)^n - 1}{i \cdot (1+i)^n} \right]$$

上式中，$\left[\dfrac{(1+i)^n-1}{i\cdot(1+i)^n}\right]$ 称为年金现值系数，可从年金现值系数表中查得。年金现值系数表示为 (P/A, i, n)。

【例 3-6】某人出国三年，请朋友代付房租，每年租金 1,000 元，设银行存款利率为 10%，他现在应当为朋友在银行存入多少钱？

这个问题可以表述为：请计算 $i=10\%$，$n=3$，$A=1,000$ 元的年末付款年金的现值为多少？

设年金现值为 P，则如图 3-8 所示。

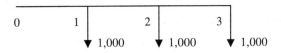

图 3-8 年末付房租现金流量

根据公式，可得：

$$P = A\cdot\left[\frac{(1+i)^n-1}{i\cdot(1+i)^n}\right] = 1,000\times2.487 = 2,487（元）$$

【例 3-7】某公司准备投资一个项目，估计建成后每年获利 20 万元，能在三年内收回全部贷款的本利和（贷款年利率 6%），试问该项目总投资为多少元？

解：已知 $A=20$ 万元，$i=6\%$，$n=3$

那么：

$$P = A\cdot\left[\frac{(1+i)^n-1}{i\cdot(1+i)^n}\right] = 20\times\left[\frac{(1+6\%)^3-1}{6\%\times(1+6\%)^3}\right] = 20\times2.673 = 53.46（万元）$$

与前述标准年金终值系数的运用相似，投资回收系数规定为普通年金现值系数的倒数，即表示为 $\left[\dfrac{i\cdot(1+i)^n}{(1+i)^n-1}\right]$，它可以把现值折算成年金。根据标准年金公式计算可得：

$$A = P\cdot\left[\frac{i\cdot(1+i)^n}{(1+i)^n-1}\right]$$

【例 3-8】某公司以 10% 的利率借款 10,000 元，投资于某个寿命为十年的项目，每年至少要收回多少现金才是有利的？

解：根据公式

$$A = P\cdot\left[\frac{i\cdot(1+i)^n}{(1+i)^n-1}\right] = 10,000\times0.1627 = 1,627（元）$$

因此，每年至少要收回现金 1,627 元，才能还清贷款本利。

（2）预付年金

与标准年金不同，预付年金的每期支付发生在每期期初，预付年金又称即付年金或先付年金。预付年金现金流量图如图 3-9 所示。

图 3-9 预付年金的现金流量图

①预付年金终值计算

根据图 3-9，预付年金终值的计算公式为：

$$F = A \cdot (1+i) + A \cdot (1+i)^2 + ... + A \cdot (1+i)^n$$

上式各项为等比数列，对上式求和整理得：

$$F = \frac{A \cdot (1+i) \cdot \left[1-(1+i)^n \right]}{1-(1+i)} = A \cdot \left[\frac{(1+i)^{n+1}-1}{i} - 1 \right]$$

式中的 $\left[\dfrac{(1+i)^{n+1}-1}{i} - 1 \right]$ 是预付年金终值系数，或称 1 元钱的预付年金终值。

【例 3-9】$A=800$ 元，$i=8\%$，$n=6$ 的预付年金终值是多少？

解：　$F = A \cdot \left[\dfrac{(1+i)^{n+1}-1}{i} - 1 \right] = 800 \times 7.9228 = 6,338.24 (元)$

②预付年金现值计算

根据图 3-9，预付年金现值的计算公式为：

$$P = A + A \cdot (1+i)^{-1} + A \cdot (1+i)^{-2} + A \cdot (1+i)^{-3} + ... + A \cdot (1+i)^{-(n-1)}$$

运用等比数列计算公式，对上式化解后，得：

$$P = \frac{A \cdot \left[1-(1+i)^{-n} \right]}{1-(1+i)^{-1}} = A \cdot \left[\frac{1-(1+i)^{-(n-1)}}{i} + 1 \right]$$

式中的 $\left[\dfrac{1-(1+i)^{-(n-1)}}{i} + 1 \right]$ 是预付年金现值系数，或称 1 元钱的预付年金现值。

【例 3-10】6 年分期付款购物，每年初付 500 元，设银行利率为 10%，则该项分期付款相当于一次性现金支付的购价是多少？

解：根据公式

$$P = A \cdot \left[\frac{1-(1+i)^{-(n-1)}}{i} + 1 \right] = 500 \times 4.7908 = 2,395.4 (元)$$

（3）递延年金

递延年金是指第一次支付发生在第二期或第二期以后的年金。一个典型的递延年金支付形式如图 3-10 所示。

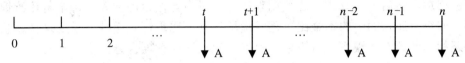

图 3-10　递延年金的支付形式图

从图 3-10 中可以看出，年金从第 t 期才开始支付，前 $t-1$ 期没有支付。一般用 m 表示递延期数，图中 $m=t-1$。

①递延年金终值计算

递延年金终值的计算与标准年金终值计算方法类似，可以不必考虑递延期直接代入公式中计算。

②递延年金现值计算

把递延年金视为 n 期标准年金，求出递延期末（$t-1$ 期末）现值，然后再将此现值调整到第一期期初。

计算公式为：

$$P_m = A \cdot \left[\frac{(1+i)^n - 1}{i \cdot (1+i)^n} \right]$$

$$P_0 = P_m \cdot (1+i)^{-m} = A \cdot \frac{(1+i)^n - 1}{i \cdot (1+i)^n} \cdot (1+i)^{-n}$$

（4）永续年金

永续年金通常指无限期支付的年金。比如优先股，其股利支付是固定的，而且无到期日，所以可以将优先股股利看作永续年金。

求永续年金就是已知 A，i，$n=\infty$，求 P。

$$P = A \cdot \left[\frac{(1+i)^n - 1}{i \cdot (1+i)^n} \right] = A \cdot \left[\frac{(1+i)^n}{i \cdot (1+i)^n} - \frac{1}{i \cdot (1+i)^n} \right] = A \cdot \left[\frac{1}{i} - \frac{1}{i \cdot (1+i)^n} \right]$$

当 $n \to \infty$ 时，$\dfrac{1}{i \cdot (1+i)^n} \to 0$

所以永续年金的计算公式为：

$$P = \frac{A}{i}$$

【例 3-11】某企业持有 X 公司优先股，每年可获得优先股股利 1,000 元，若利息率为 6%，求该优先股历年股利的现值为多少？

解：已知 A=1,000 元，i=6%，

则：P=1,000÷6%=16,666.67（元）

4）按揭贷款还款

众所周知，目前主要采用按揭贷款方式来购买房屋。按揭贷款的还款方式，在国内

主要有两种：等额本息还款法和等额本金还款法。

（1）等额本息还款法

这是目前最为普遍、也是大部分银行长期推荐的方式。把按揭贷款的本金总额与利息总额相加，然后平均分摊到还款期限的每个月中。作为还款人，每个月还给银行固定金额，但每月还款额中的本金比重逐月递增、利息比重逐月递减。采用这种还款方式，每月还相同的数额，操作相对简单，每月承担相同的款项也方便安排收支。

但这种方法也有缺陷，由于利息逐月降幅较等额本金法要小，银行资金占用时间长，还款总利息比等额本金还款方式多。

等额本息还款法从其本质来看，就是一项期末付标准年金。在月还款额的计算中，贷款本金、还款期限、年利率已知，要计算的就是每月等额还款额。

【例 3-12】某人贷款买房。已知房价是 1,000 元/平方米，住房面积是 100 平方米，按揭成数 7 成。他向银行申请住房按揭贷款，还款期为 5 年，年利率为 12%，求他应付的每月还款额。

解：贷款总额=1,000×100×0.7=70,000（元）

由于利率 12% 为年利率，需要将其转化为月利率，月利率=12%÷12=1%

因此，此题可概括为已知 P=70,000，i=1%，n=5×12=60，求 A。

根据公式为：

$$A = P \cdot \frac{i \cdot (1+i)^n}{(1+i)^n - 1} = 70,000 \times \frac{1\% \times (1+1\%)^{60}}{(1+1\%)^{60} - 1} = 1,557.11 (\text{元})$$

因此，该购房者每月须还款 1,557.11 元。

（2）等额本金还款法

等额本金还款法又称利随本清、等本不等息还款法。贷款人将本金平均分摊到每个月内，同时付清上一还款日至本次还款日之间的利息。这种还款方式相对于等额本息还款法而言，总的利息支出较低，但支付利息的逐月降幅较等额本息方式更大。举例来说，同样是从银行贷款 20 万元，还款年限 15 年，以获得 85 折优惠贷款利率计算，选择等额本金还款，每月需要偿还银行本金约 1,111 元，首月利息为 1,020 元，总计首月偿还银行 2,131 元。此后每个月的还款本金不变，但利息逐渐随本金归还而减少。选择等额本金还款，由于初始阶段本金较高，开始时每月负担比等额本息重，尤其是在贷款总额比较大的情况下，相差可能达千元。但是随着时间推移，还款负担逐渐减轻。这种方式很适合目前收入较高，但是已经预计到将来收入会减少的人群。

如例 3-12 中，若购房者选择等额本金还款法，那么需要每月偿还本金：

70,000÷60=1,166.67（元）

此外，每月还要偿还上月未还本金所产生的利息，而此项利息为一等差递减数列。表 3-1 列出了本例中前 18 期的月偿还额、月偿还本金额和月利息额。

表 3-1　等额本金还款法下的月还款分析

偿还月份	1	2	3	4	5	6
月偿还总额	1,866.667	1,855	1,843.333	1,831.667	1,820	1,808.333
月偿还本金	1,166.667	1,166.667	1,166.667	1,166.667	1,166.667	1,166.667
月偿还利息	700	688.3333	676.6667	665	653.3333	641.6667
偿还月份	7	8	9	10	11	12
月偿还总额	1,796.667	1,785	1,773.333	1,761.667	1,750	1,738.333
月偿还本金	1,166.667	1,166.667	1,166.667	1,166.667	1,166.667	1,166.667
月偿还利息	630	618.3333	606.6667	595	583.3333	571.6667
偿还月份	13	14	15	16	17	18
月偿还总额	1,726.667	1,715	1,703.333	1,691.667	1,680	1,668.333
月偿还本金	1,166.667	1,166.667	1,166.667	1,166.667	1,166.667	1,166.667
月偿还利息	560	548.3333	536.6667	525	513.3333	501.6667

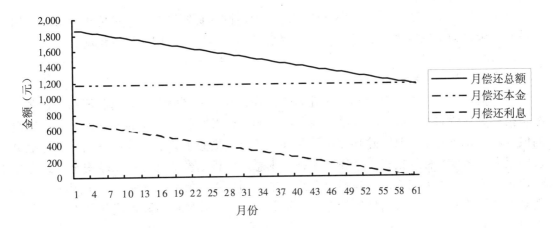

图 3-11　等额本金还款的月还款分析

§3.2　债券估价

3.2.1　债券的基本要素和分类

1）债券的基本要素

债券（Bonds）是发行者为了筹集资金，向债权人发行的，在约定时间支付一定比例的利息，并在到期时偿还本金的一种有价证券。债券作为表明一种债权债务关系的有价证券，必须具有一定的要素，如发行者、期限、利率等。不同种类的债券会存在一些差异，但所有债券都要具备如下的基本要素：

（1）债券的面值（Face Value）

这是指债券的票面金额。该金额是债券到期时必须偿还的债务金额。该金额被印在债券上，固定不变，必须偿还。因此，面值是还本的依据。面值被认为是债券的到期价值或未来价值，而不是现在价值。但面值从根本上决定债券的价值，一般而言，面值越大，债券价值越大。

（2）债券的票面利率

记载在债券上的利率为债券的票面利率，该利率一般为年利率，而且是一种约定的固定利率，又称名义利率。债务人按照面值与票面利率的乘积来计算每期应付给债权人的利息。由于债券的计息方式既可以使用单利又可以使用复利，且利息支付时间可能半年一次、一年一次或到期一次性支付，这使得票面利率与实际利率不同。一般而言，票面利率越高，债券的价值也就越大。

（3）债券的市场利率

这是债券发行时为债券定价所采用的参照利率，对债券价值产生重要影响。一般而言，市场利率越高，债券的价值反而越低。

（4）债券的到期日

这是指偿还本金的日期，债券一般都规定到期日。到期日对债券价值也有影响，期限越长，未来的不确定因素越多，债权人要求的回报率越高，债券价值也就越小。

2）债券的种类

债券可以按照多种标准进行分类：

（1）按债券上是否记有持券人的姓名或名称，分为记名债券和无记名债券。记名债券是指在债券票面上记载债权人姓名或名称，同时在发行债券公司的债权人名册上登记的债券。转让记名债券时，除须交付债券外，还要在债券上背书，并在债权人名册上更换债权人姓名或名称，投资者须凭印鉴领取本息。这种债券的优点是比较安全，缺点是转让时手续复杂。无记名债券是指债券票面未注明债权人姓名或名称，也不用在债权人名册上登记债权人姓名或名称的债券。无记名债券在转让的同时随即生效，无须背书，因而比较方便。

（2）按能否转换为公司股票，分为可转换债券和不可转换债券。若公司债券能转换为本公司股票，则为可转换债券；否则，为不可转换债券。一般来讲，可以换债券的利率要低于不可转换债券。

（3）按有无特定的财产担保，分为抵押债券和信用债券。发行公司以特定财产作为抵押品的债券，为抵押债券；没有特定财产作为抵押，凭信用发行的债券，为信用债券。抵押债券又包括：一般抵押债券，即以公司产业的全部作为抵押品而发行的债券；不动产抵押债券，即以公司的不动产为抵押而发行的债券；设备抵押债券，即以公司的机器设备为抵押而发行的债券；证券信托债券，即以公司持有的股票证券以及其他担保证书交付给信托公司作为抵押而发行的债券，等等。

（4）按是否参与公司盈余分配，分为参与公司债券和不参与公司债券。债权人除享有到期向公司要求还本付息的权利外，还有权按规定参与公司盈余分配的债券，为参与公司债券；否则，为不参与公司债券。

（5）按利率的不同，分为固定利率债券和浮动利率债券。将利率明确记载于债券上，按这一固定利率向债权人支付利息的债券，为固定利率债券；债券上不明确利率，发放利息时利率水平按某一标准（如政府债券利率、银行存款利率等）的变化而同方向调整的债券，为浮动利率债券。

（6）按能否上市，分为上市债券和非上市债券。可在证券交易所挂牌交易的债券，为上市债券；反之，为非上市债券。上市债券信用度高，价值高，且变现速度快，故容易吸引投资者；但上市条件严格，并要承担上市费用。

（7）按照偿还方式，分为到期一次偿还债券和分期偿还债券。发行债券的公司于债券到期日一次集中清偿本息的，为到期一次偿还债券；一次发行而分期、分批偿还的债券为分期偿还债券。分期偿还债券的偿还又有不同办法。

我国发行的债券多为固定利率、一次还本付息的不记名债券。

3.2.2　债券的价值评估

1）债券估价的基本模型

债券未来的现金流入是利息和本金的归还，或者出售时得到的现金。将债券未来的现金流入折算为现值，即为债券的价值。一般债券的票面利率是固定的，每年计算并支付利息，到期归还本金，因此债券估价的基本模型为：

$$V = \sum_{t=1}^{n} \frac{I}{(1+r)^t} + \frac{M}{(1+r)^n} = I \cdot (P/A, r, n) + M \cdot (P/F, r, n)$$

其中：$I = M \cdot i$

式中，V 为债券价值；I 为债券每期的利息；i 为票面利率；M 为债券面值；r 为折现率，一般采用市场利率；n 为债券到期前的年数。

【例 3-13】某公司拟于 2009 年 2 月 1 日发行面额为 1,000 元的债券，票面利率为 8%，每年 2 月 1 日付息一次，于 5 年后的 1 月 31 日到期。目前该类债券的市场利率为 10%，计算此债券的价值。

解：由题意，$I = 1,000 \times 8\% = 80$（元）

根据债券价值计算公式，有：

$V = 80 \times (P/A, 10\%, 5) + 1,000 \times (P/F, 10\%, 5)$

$\quad = 80 \times 3.791 + 1,000 \times 0.621$

$\quad = 924.28$（元）

2）折现率对债券估价的影响

债券价值与折现率有密切关系。折现率等于票面利率时，债券价值就是其面值；如果折现率高于票面利率，债券价值就低于面值；如果折现率低于票面利率，债券价值就高于面值。这一规则对所有类型的债券都成立。

如果在例 3-13 中，折现率为 8%，则债券价值为：

$V = 80 \times (P/A, 8\%, 5) + 1,000 \times (P/F, 8\%, 5)$

$\quad = 80 \times 3.9927 + 1,000 \times 0.6806$

$\quad = 1,000$（元）

3）到期时间对债券价值的影响

债券价值不仅受折现率的影响，而且受到期时间的影响。债券的到期时间，是指当前日至到期日之间的时间间隔。随着时间的延续，债券到期时间逐渐缩短，至到期日时该间隔为零。

在折现率保持不变的情况下，不管折现率高于或是低于票面利率，债券价值随到期时间的缩短逐渐向面值靠近。当折现率高于票面利率时，随着时间向到期日靠近，债券价值逐渐提高，最终等于债券面值；当折现率低于票面利率时，随着时间向到期日靠近，债券价值逐渐下降，最终等于面值。

例 3-13 中，如果折现率为 6%，则债券价值为：

$$V = 80 \times (P/A,6\%,5) + 1,000 \times (P/F,6\%,5)$$
$$= 80 \times 4.2124 + 1,000 \times 0.7473$$
$$= 1,084.29(元)$$

图 3-12 显示了在不同折现率水平下，随着到期日的临近，债券价值的变动情况。

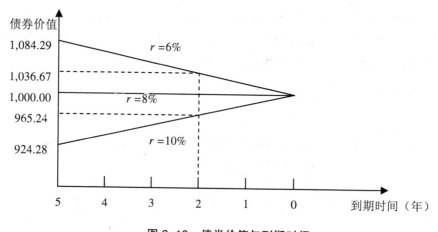

图 3-12　债券价值与到期时间

在例 3-13 中，如果到期时间缩短为 2 年，当折现率等于 10%时，债券价值为：

$$V = 80 \times (P/A,10\%,2) + 1,000 \times (P/F,10\%,2)$$
$$= 80 \times 1.7355 + 1,000 \times 0.8264$$
$$= 965.24(元)$$

在折现率不变（10%）的情况下，到期时间为 5 年时，债券价值为 924.28 元；3 年后到期时间为 2 年时，债券价值上升至 965.24 元，向面值 1,000 元靠近了。

如果折现率为 6%，当到期时间为 2 年时，债券价值变为：

$$V = 80 \times (P/A,6\%,2) + 1,000 \times (P/F,6\%,2)$$
$$= 80 \times 1.8334 + 1,000 \times 0.89$$
$$= 1,036.67(元)$$

在折现率为 6%并维持不变的情况下，到期时间为 5 年时，债券价值为 1084.29 元；3 年后下降至 1,036.67 元，向面值 1,000 元靠近了。

在折现率为 8%并维持不变的情况下，到期时间为 2 年时，债券价值为：

$$V = 80 \times (P/A,8\%,2) + 1,000 \times (P/F,8\%,2)$$
$$= 80 \times 1.7833 + 1,000 \times 0.8573$$
$$= 1,000(\text{元})$$

在折现率等于票面利率时，到期时间的缩短对债券价值没有影响。

综上所述，当折现率一直保持至到期日不变时，随着到期时间的缩短，债券价值逐渐接近其票面价值。如果付息期无限小，则债券价值表现为一条直线。

如果折现率在债券发行后发生变动，债券价值也会因此而变动。随着到期时间的缩短，折现率变动对债券价值的影响越来越小。这就是说，债券价值对折现率特定变化的反应越来越不敏感。

4）计息方式对债券价值的影响

（1）到期一次还本付息债券的估价

到期一次还本付息债券又称利随本清式债券，即利息的支付与本金的归还都是在到期日发生的，且利息按单利计算。其估价公式为：

$$V = \frac{M + I \cdot n}{(1+r)^n}$$

【例 3-14】某 5 年期国库券，面值 1,000 元，票面利率 12%，单利计息，到期时一次还本付息。假设折现率为 10%，其价值为：

$$V = \frac{1,000 + 1,000 \times 12\% \times 5}{(1+10\%)^5} = 993.48(\text{元})$$

（2）纯贴现债券的估价

纯贴现债券是指承诺在未来某一确定日期做一单笔支付的债券。这种债券无票面利率，期内不计利息，其未来的现金流入只有到期时的一次性收入，因此也称为"零息债券"，其估价公式为：

$$V = \frac{M}{(1+r)^n}$$

【例 3-15】一张纯贴现债券，债券的面值为 1,000 元，5 年到期，期内不计利息。当前的市场利率为 8%，该债券的价值为：

$$V = \frac{1,000}{(1+8\%)^5} = 680.6(\text{元})$$

（3）平息债券

平息债券是指利息在到期时间内平均支付的债券。支付的频率可能是一年一次、半年一次或每季度一次等。

平息债券价值的计算公式如下：

$$V = \sum_{t=1}^{mn} \frac{I/m}{\left(1+\frac{r}{m}\right)^t} + \frac{M}{\left(1+\frac{r}{m}\right)^{mn}} = (I/m) \cdot (P/A, r/m, mn) + M \cdot (P/F, r/m, mn)$$

式中，m 为年付利息次数，其他变量的含义同前。

【例 3-16】有一面值为 1,000 元，5 年期，票面利率为 8%，每半年付息一次的债券，假设折现率为 6%，则债券价值为：

按惯例，报价利率为按年计算的名义利率，每半年计息时按年利率的 1/2 计算，即按 4%计息，每次支付 40 元。折现率按同样方法处理，每半年期的折现率按 3%确定。该债券的价值为：

$$V = 40 \times (P/A, 6\% \div 2, 5 \times 2) + 1,000 \times (P/F, 6\% \div 2, 5 \times 2)$$
$$= 40 \times (P/A, 3\%, 10) + 1,000 \times (P/F, 3\%, 10)$$
$$= 40 \times 8.5302 + 1,000 \times 0.7441$$
$$= 1,085.31(\text{元})$$

（4）永续债券的估价

永续债券没有到期日，不用还本，每年支付固定利息，一直支付到永远，其未来利息的现金流量类似于永续年金。英国和美国都发行过这种公债。对于永久公债，通常政府都保留了回购债券的权利。优先股实际上也是一种永续债券，如果公司的股利支付没有问题，将会持续地支付固定的优先股股息。

永续债券的计算公式如下：

$$V = \frac{I}{r}$$

【例 3-17】某人持有公司的一张永续债券，债券面值为 1,000 元，票面利率为 10%，在市场利率为 8%的情况下，该债券的价值为：

$$V = \frac{1,000 \times 10\%}{8\%} = 1,250(\text{元})$$

3.2.3 债券的收益率评估

债券的收益水平通常用到期收益率衡量。到期收益率（Yield to Maturity）是指以特定价格购买债券并持有至到期日所能获得的收益率。它是在复利核算条件下，使未来现金流量现值等于债券购入价格的折现率。

计算到期收益率的方法是求解含有折现率 r 的方程，即：

买入价格=每年利息×年金现值系数+面值×复利现值系数

用公式表示为：

$$V = \sum_{t=1}^{n} \frac{I}{(1+r)^t} + \frac{M}{(1+r)^n} = I \cdot (P/A, r, n) + M \cdot (P/F, r, n)$$

在这个公式中，V 作为债券的买入价格，是已知量，而到期收益率 r 是未知量。把 r 作为未知数求解，求得的值就是债券的到期收益率。

【例 3-18】某公司 2000 年 2 月 1 日用平价购买了一张面值为 1,000 元的债券，其票面利率为 8%，每年 2 月 1 日计算并支付一次利息，并于 5 年后的 1 月 31 日到期。该公司持有该债券至到期日，计算其到期收益率。

$$I=1,000 \times 0.08=80（元）$$
$$1,000 = 80 \times (P/A, r, 5) + 1,000 \times (P/F, r, 5)$$

解该方程需要利用试错和内插的方法，具体步骤如下：

第一步，先预估一个到期折现率，并按此折现率计算债券的价格。如果计算出的价格正好等于债券的购入价格，则此时所采用的折现率即为该债券的到期收益率；如果计算出的价格高于购入价格，则表示估计的折现率小于该债券的实际到期收益率，这时应该提高折现率再进行测算；如果计算出的价格低于购入价格，则表明估计的折现率大于该债券的实际到期收益率，应该降低折现率再进行测算。经过反复的测算，找到债券价格由高于购入价格到低于购入价格，并且比较接近于购入价格的两个折现率。

第二步，根据上述邻近的两个折现率，再使用插值法计算出该债券的到期收益率。插值法是假设债券价格与折现率之间是线性关系来进行计算的。如图 3-13 所示，如果两个折现率之间的差太大，计算结果会有较大的误差，所以，为保证计算的准确性，一般规定，两个折现率之差不应大于 5 个百分点，最好是 1～2 个百分点。

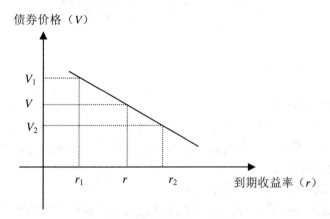

图 3-13　插值法计算到期收益率的原理

如图 3-13 所示，设折现率为 r_1 时，$V_1>V$，折现率为 r_2 时，$V_2<V$，因此有：

$$\frac{V_1-V}{V_1-V_2}=\frac{r-r_1}{r_2-r_1}$$

由此可以得到用内插法计算到期收益率的计算公式：

$$r=r_1+\frac{V_1-V}{V_1-V_2}(r_2-r_1)$$

式中，r_1 表示偏低的折现率；r_2 表示偏高的折现率；V_1 表示偏高的价格；V_2 表示偏低的价格。

对于例 3-18，首先用 $r=8\%$ 试算：

$$V=80\times(P/A,8\%,5)+1{,}000\times(P/F,8\%,5)=80\times3.9927+1{,}000\times0.6806=1{,}000(元)$$

可见，平价购买的每年付息一次的债券的到期收益率等于票面利率。

如果债券价格高于面值，情况将发生变化。例如，买价为 1,105 元，则：

$$1{,}105=80\times(P/A,r,5)+1{,}000\times(P/F,r,5)$$

通过前面试算可知，$r=8\%$ 时，等式右方为 1,000 元，小于 1,105 元，可判断收益率低于 8%，降低折现率进一步试算：

用 $r_1=6\%$ 试算：

$$V_1 = 80 \times (P/A,6\%,5) + 1,000 \times (P/F,6\%,5) = 80 \times 4.212 + 1,000 \times 0.747 = 1,083.96(\text{元})$$

由于折现结果仍小于 1,105 元，应进一步降低折现率。用 $r_2=4\%$ 试算：

$$V_2 = 80 \times (P/A,4\%,5) + 1,000 \times (P/F,4\%,5) = 80 \times 4.452 + 1,000 \times 0.822 = 1,178.16(\text{元})$$

折现结果高于 1,105，可以判断收益率高于 4%。所以，该债券的收益率应介于 4%～6%之间。再用插值法计算近似值：

$$r = 4\% + \frac{1,178.16 - 1,105}{1,178.16 - 1,083.96} \times (6\% - 4\%) = 5.55\%$$

从此例可以看出，如果买价和面值不等，则收益率和票面利率不同。

§3.3   股票估价

3.3.1 股票的基本知识

1）股票的概念

股票（Stock）是股东权利的象征，是公司资产的所有权凭证。在我国，股票只能由股份有限公司来发行，是股份有限公司签发的证明股东所持股份的凭证。

2）股票的特征

一般来说，股票具有以下特征：

（1）股票是有价证券。投资者以资金投入取得公司股东地位，每一份股票都对应着公司财产的一定份额。

（2）股票是要式证券，其制作和记载事项必须依法进行。但是，随着计算机和信息技术的进步，股票交易与发行已经逐步过渡到了无纸化阶段。

（3）股票是无偿还期的凭证。股票不同于债券，不需要公司还本付息，只能依照公司的经营情况而获得股利，而股利是不确定的，因此股票表现出风险性。

3）股票的分类

股票可以按如下不同标准进行分类：

（1）根据股东享有权利的不同，可以分为普通股和优先股。普通股是股份有限公司发行的无特别权利的股份，也是最基本的、标准的股份。普通股的股东有参与公司经营管理的权利。与普通股相比，优先股则具有某些优先权。例如，优先股的股利按约定的固定股利支付，股利的分配、公司清算时剩余财产的求偿权优于普通股，但优先股股东一般没有参与公司经营管理的权利。

（2）根据票面上是否记载股东的姓名或名称，可以分为记名股票和不记名股票。记名股票是在股票票面上记载股东姓名或名称，并将其计入股东名册的一种的股票。记名股票同时附有股权手册，只有同时具备股票和股权手册，才能领取股息和红利。记名股票的转让和继承有严格的法律程序与手续，须办理过户。不记名股票是票面上不记载股东姓名或名称，只记载股票数量、编号及发行日期的股票。这类股票的持有人即股份的所有人，具有股东资格，股票的转让也比较自由、方便，无须办理过户手续，只要将股票交给受让人，就可以发生效力，移交股权。

我国《公司法》规定，向发起人、国家授权投资的机构、法人发行的股票，应为记名股票。对社会公众发行的股票，可以是记名股票，也可以是不记名股票。

（3）根据股票票面是否标明金额，可以分为有面值股票和无面值股票。有面值股票是指在股票的票面上记载每股的金额。持有这种股票的股东，对公司享有的权利和承担的义务，依其所持有股票的票面金额占公司发行在外股票总面值的比例而定，对公司承担有限责任。无面值股票是指在股票票面上不记载每股金额的股票，只载明所占公司股本总额的比例或股份数。无面值股票的价值随公司财产的增减而变动，而股东对公司享有的权利和承担的义务，直接依股票标明的比例而定。

目前，我国《公司法》不承认无面值股票，规定股票应记载股票的面额，并且其发行价格不得低于票面金额。

（4）根据投资主体性质的不同，可以分为国家股、法人股和个人股等。国家股是有权代表国家投资的部门或机构以国有资产向公司投资而形成的股份。法人股是企业法人依法以其可支配的财产向公司投资而形成的股份，或具有法人资格的事业单位和社会团体以国家允许用于经营的资产向公司投资而形成的股份。个人股是社会个人或公司内部职工以个人合法财产投入公司而形成的股份。

（5）根据公司上市地点和交易币种的不同，股票可以分为内资股和外资股。内资股一般是由境内人士或机构以人民币认购和买卖的股票；外资股一般是以外币认购和买卖的股票。外资股又分为境内上市外资股（即 B 股）和境外上市外资股。境外上市外资股一般以境外上市地英文名称的第一个字母命名，如在香港上市的称作 H 股，在纽约上市的称作 N 股，在新加坡上市的称作 S 股等。

本节所讲的股票估价是针对普通股而言的。

4）股票和债券的比较

股票不同于前面讲的债券，二者的不同特点决定了股票的基本要素与债券有很大区别：

（1）面值。债券和优先股股票的票面上均标有一定的金额，普通股股票的票面一般也标有金额，但面值不等于股票的真实价值。它只是计算股东投资份额，作为确定所有权、收益分配权的依据，一旦股票发行上市后，股票价值便与面值相分离。

（2）期限。债券都会规定一个到期日，但普通股的存续时间是无限的。只要企业不清算，普通股可以永久存在。

（3）股利。债券的利息和优先股的股利都是事先确定的，而普通股的股利则是公司的投资报酬，而投资具有风险性，这决定了股利的不确定性。

3.3.2 股票估价

股票的价值是指未来现金流入的现值，即由一系列的股利和出售时售价的现值所构成，又称为股票的内在价值，也叫理论价值，它是股票的真实价值。

1）股票估价的基本模型

最基本的股票估价模型仍是贴现现金流量法。对于股票而言，所能产生的现金流量是股利和资本利得，该模型的一般计算公式为：

$$V = \sum_{t=1}^{n} \frac{D_t}{(1+r)^t} + \frac{P_n}{(1+r)^n}$$

式中，V 为股票的价值；P_n 表示股票在第 n 年的出售价格；D_t 表示持有股票期间第 t 年获得的股利；r 为折现率，一般采用资本成本率或投资的必要报酬率；t 为股票持有的期间。

股票没有到期日，如果股东永远持有股票，那么他只获得股利，是一个永续的现金流入。这个现金流入的现值就是股票的价值：

$$V = \frac{D_1}{1+r} + \frac{D_2}{(1+r)^2} + \frac{D_3}{(1+r)^3} + ... + \frac{D_n}{(1+r)^n} + ... = \sum_{t=1}^{\infty} \frac{D_t}{(1+r)^t}$$

更多情况是，投资者购买并持有股票一段时间后，将其卖掉。在这种情况下，他的未来现金流入是几次股利和出售时的股价。假设投资者在 0 时刻买入股票，并且要在 1 时刻将股票卖出，当前价格和 1 时刻的价格分别为 P_0 和 P_1 为：

$$P_0 = \frac{D_1}{1+r} + \frac{P_1}{1+r}$$

$$P_1 = \frac{D_2}{1+r} + \frac{P_2}{1+r}$$

将下式代入上式后：

$$P_0 = \frac{D_1}{1+r} + \frac{D_2}{(1+r)^2} + \frac{P_2}{(1+r)^2}$$

如果不断重复上述过程，则可得出：

$$V = \sum_{t=1}^{\infty} \frac{D_t}{(1+r)^t}$$

由于投资者购买股票是为了取得预期的收益，投资者购买股票所得到的是一个现金流，这个现金流包括股票的股息流和卖价，股票的卖价是由投资者所期望的股息流所决定的。因此，市场上股票的价格由投资者预期的股息流的现值决定。

2）零增长股票的价值

在该模型下，股票未来股利增长为零，即未来的股利固定不变。其支付过程实质上是一个永续年金，可以按照永续年金来估价，则股票价值为：

$$V = \frac{D}{r}$$

【例 3-19】某股票每年股利 2 元，投资者要求的最低报酬率为 16%，则股票价值：

$V = 2 \div 16\% = 12.5$（元）

3）固定增长股票的价值

（1）估价模型

对大多数公司而言，现金股利和利润的期望值每年都有所增长，尽管每个公司的增长率不同，但与国民生产总值的增长率大体相当。因此，固定增长股利模型更适合实际中的股利流入。

假设最近一期支付的股利为 D_0，股利的增长比率为常数，用字母 g 表示，则：

$$V = \frac{D_1}{1+r} + \frac{D_2}{(1+r)^2} + \frac{D_3}{(1+r)^3} + ... + \frac{D_n}{(1+r)^n}$$

即：

$$V = \frac{D_0(1+g)}{1+r} + \frac{D_0(1+g)^2}{(1+r)^2} + \frac{D_0(1+g)^3}{(1+r)^3} + ... + \frac{D_0(1+g)^n}{(1+r)^n} \qquad (1)$$

将上式两边同边同乘以 $\dfrac{1+r}{1+g}$，得：

$$V \cdot \frac{1+r}{1+g} = D_0 + \frac{D_0(1+g)}{(1+r)} + \frac{D_0(1+g)^2}{(1+r)^2} + \frac{D_0(1+g)^3}{(1+r)^3} + ... + \frac{D_0(1+g)^{n-1}}{(1+r)^{n-1}} \qquad (2)$$

用公式(2)−(1)可得：

$$V \cdot \frac{1+r}{1+g} - V = D_0 - \frac{D_0(1+g)^n}{(1+r)^n}$$

经过整理得：

$$V = \frac{D_0(1+g)}{r-g} = \frac{D_1}{r-g}$$

【例 3-20】某企业购买 A 公司普通股股票，该股票目前支付的股利为每股 4 元，预计以后年度股利固定增长率为 3%。经分析，该企业认为至少应得到 15%的收益率才能购买该股票，则该股票的投资价值为多少？

解：$V = \dfrac{4 \times (1+3\%)}{15\% - 3\%} = 34.33$（元）

（2）对增长率 g 的估计

一般而言，只有当公司的一些盈利没有被当作股利支付，而被保留在公司用于再投资时，公司的盈利才会增长。也就是说，留存收益的再投资使盈利增长，虽然股利在一开始会下降，但从长期来看，再投资利润引起的公司资产增长将使未来的红利增加。在实践中，往往用公司的股东权益回报率 ROE（每股收益/每股股东权益账面价值）和再投资率 b（再投资资金占盈利的百分比）来估计增长率 g。因此，增长率 g 的计算公式为：

$$g = ROE \cdot b$$

【例 3-21】某公司的股东权益回报率 ROE 为 12%，股利支付率为 40%，预计今年的股利发放为每股 1 元。如果投资者对股票的投资收益率要求为 10%，那么该公司的股票价值应为多少？

解：本例中，应先根据股利支付率求出再投资率（再投资率=1−股利支付率），进而求出增长率 g，最后求得股票价值。

∵ $b = 1 - 40\% = 60\%$

∴ $g = ROE \times b = 0.12 \times 0.6 = 0.072$

$$\therefore V = \frac{D_1}{r-g} = \frac{1}{0.1-0.072} = 35.71(元)$$

（3）对投资收益率 r 的估计

根据 $V = \frac{D_1}{r-g}$ ，有：$r = \frac{D_1}{V} + g$

假设公司股票当前的市价为 P_0，则可推导出投资收益率 r 的计算公式：

$$r = \frac{D_1}{P_0} + g$$

这个公式告诉我们，股票的总收益率可以分为两个部分：第一部分是 D_1/P_0，即股利收益率，它是根据预期现金股利除以当前股价计算出来的；第二部分是股利增长率 g。在有效市场中，r 就是与该股票风险相适应的必要报酬率。

4）非固定增长股票的价值

有些企业的股利并非绝对不变，在一段时间内可能超高速增长，在另一段时间可能增速较慢，最终会趋于固定的正常增长。在这种情况下只能分段计算，其步骤为：

（1）计算非正常增长期间的预期股利折现值；

（2）计算固定增长期间的股票价值，并将其折算成现值；

（3）加总计算得出股票价值。

【例 3-22】某投资者持有 A 公司的股票，投资必要报酬率为 15%。预计未来三年该股票股利将高速增长，增长率为 20%；从第四年开始转为正常增长，增长率为 12%。公司最近支付的股利为 2 元。请计算该股票的内在价值。

首先，计算非正常增长期的股利现值（见表 3-2）：

表 3-2   非正常增长期的股利现值计算

年份	股利 D_t	现值系数（15%）	股利现值（元）
1	2×1.2=2.4	0.87	2.088
2	2.4×1.2=2.88	0.756	2.177
3	2.88×1.2=3.456	0.658	2.274
合计			6.539

其次，计算第三年年底的普通股内在价值：

$$V_3 = \frac{D_4}{r-g} = \frac{D_3(1+g)}{r-g} = \frac{3.456 \times 1.12}{0.15-0.12} = 129.02(元)$$

计算其现值：

$$PV_3 = 129.02 \times (P/F, 15\%, 3) = 129.02 \times 0.6575 = 84.831(元)$$

最后，计算股票目前的内在价值：

$$V = 6.539 + 84.831 = 91.37(元)$$

【案例分析】

最安全的公司也可能出现债券违约
——加州对公用事业解除管制带来的危机

公用事业公司，如自来水公司和能源公司，通常来说会发行一些安全性很高的债券。这是因为到目前为止它们全部是垄断企业。也就是说，顾客必须从这些企业购买自来水和电力，但其价格是由政府委托制定的，以确保消费者受到公正的对待。

这些都使公用事业公司的股票或债券投资相对安全但收益有限。在正常情况下，公用事业公司不会有很大的损失，但是也不能获得更多的收入。因此，这一类证券的报酬都很稳定，几乎没有什么风险。公用事业债券经常成为不愿承担风险的投资者的避难所，并且通常从信用评级机构处获得高等级评级。

然而，近几年，美国政府开始解除对公用事业的管制，也就是取消它们的垄断地位并且解除价格控制。这样做的原因是认为竞争的压力会大大提高效率，并向消费者提供更低的价格。根据 1996 年通过的法案，加州逐渐解除对电力事业的管制。

电力供应过程分为两步：供电部门发电并将其趸售给电力事业部门，电力事业部门再按零售价出售给家庭或企业。传统上，批发或零售交易都是规范的。在加州，制定了相关法律以逐步解除管制。具体做法是，先在公用事业部门向能源供应部门购买能源的过程中引入市场价格，再在消费者购买能源的过程中引入市场价格。政府相信，通过以上两个步骤解除管制，可以防止此举对消费者产生过大的影响。

但很不幸的是，解除对批发价的管制、但控制零售价的办法产生了意想不到的结果，使加州的一些大型电力事业公司陷入危机。它们不得不从供电商处以市场价格购买能源，但是市场价格按供电商意愿上涨；它们还必须按照管制价格将其出售，而不能涨价来弥补自身的损失。

自 2000 年 5 月至 2001 年 5 月，一些公司，如南方加利福尼亚爱迪生公司，由于批发购买电力的价格超人意料的高而损失了大量财富。而向顾客出售的价格受到控制，南方加利福尼亚爱迪生公司无从弥补自身损失，累计损失达到了 3,300,000,000 美元。这些损失造成该公司无法在 2001 年 1 月履行债券义务，发生违约。预见到这个问题后，穆迪公司在 2000 年 11 月将该公司债券的等级由 A1 降至 A2；在违约发生以后，债券的等级进一步下降至"垃圾"等级 Caa2。

南方加利福尼亚爱迪生公司债务的降级并不奇怪，因为有大量传言说该公司即将破产。2001 年 10 月，政府介入，并且达成协议帮助其偿还债务。对于在债券被降级前就投资于这些证券及在发生违约后冒险投资的债券持有者来说，这是个天大的好消息。

南方加利福尼亚爱迪生公司是否会在不久的将来重新获得原有的投资评级地位尚不确定。尽管目前的债务危机已经解决，但是该公司无法将批发能源时的高价转给消费者这一事实，仍警示投资者要谨慎小心。

本章小结

时间价值是客观存在的经济范畴，通常用没有通货膨胀、不存在风险情况下的利息率或投资报酬率表示货币的时间价值率。因此，一定金额的资金必须注明其发生的时间，才能正确表达其价值。对于一项投资活动而言，一般要把投资作为一个完整的系统，标明系统的初始时间点，这样才有利于投资期间内各期资金相对价值的衡量。

复利是计算利息的一种方法。按照这种方法，上一期产生的利息在下一期将计入本金，并在下一期产生利息。

年金是指等额、定期的系列收支。标准年金是指在每期期末收付的年金。预付年金的支付发生在每期的期初，预付年金又称即付年金或先付年金。递延年金是指第一次支付发生在第二期或第二期以后的年金。永续年金可以作为公司优先股和永续债券价值计算的模拟，运用永续年金的概念和方法我们可以解决许多公司价值及现金流分析中的复杂问题。

股票和债券的内在价值是在给定未来预期现金流、持续时间和风险报酬率的条件下，投资者接受的合理价值。运用折现现金流来估计债券和股票的内在价值，就是对未来预期现金流入在合理的投资回报率下贴现。合理的投资回报率与资产对应的风险有关，风险越大，回报率要求越高。

债券的未来现金流入包括一系列定期支付的利息和到期的本金支付。债券估价的基本方法就是运用市场利率对利息和本金进行折现。由于债券的付息方式有多种，因此计息方式、付息时间对债券定价有重要影响。

对股票估价的主要困难是未来股利的不确定性。在模型中，通常用一定的假设来使问题简化，常用模型包括零增长模型和固定比率增长模型。股票价值依赖于股利增长率 g 和投资回报率 r。

关键概念

资金时间价值   现值   终值   年金   债券   到期收益率   股票

综合训练

一、单项选择题

1. 我们通常说的"利滚利"是指____计息方式。
   A. 单利   B. 复利   C. 年金   D. 后付年金
2. 下列属于永续年金的是____。
   A. 房租   B. 支付工程款   C. 普通股股利   D. 养老金
3. 某企业年初借得 50,000 元贷款，10 年期，年利率为 12%，每年年末等额偿还，则每年应付金额为____元。
   A. 8,849   B. 5,000   C. 6,000   D. 28,251
4. 下列各项年金中，只有现值没有终值的年金是____。
   A. 普通年金   B. 预付年金   C. 永续年金   D. 递延年金

5. 一项 600 万元的借款，借款期 3 年，年利率为 8%，若每半年复利一次，年实际利率会高出名义利率____。

    A. 4%   B. 0.24%   C. 0.16%   D. 0.8%

二、多项选择题

1. 下列表述中，正确的是____。

    A. 普通股股东有权参与公司的经营管理

    B. 优先股股利的分配、公司清算时剩余财产的求偿权要优先于普通股

    C. 记名股票的转让程序简便，不需办理过户

    D. 持有有面值股票的股东，对公司享有的权利和承担的义务，依其所持有的股票票面金额占公司发行在外股票总面值的比例而定

2. 股票的特点包括____。

    A. 股票是有价证券   B. 股票是要式证券

    C. 股票是无偿还期的凭证   D. 持有股票可获得固定的股利

3. 以下说法正确的是____。

    A. 债券的面值就是债券的价值

    B. 债券的票面利率与实际利率不同

    C. 一般而言，市场利率越高，债券的价值越低

    D. 债券的到期期限越长，债券的价值越高

4. 下列哪些因素会影响债券到期收益率____。

    A. 债券面值   B. 票面利率   C. 市场利率   D. 债券购买价格

5. 在复利计息、到期一次还本的条件下，债券票面利率与到期收益率不一致的情况有____。

    A. 债券平价发行，每年付息一次   B. 债券平价发行，每半年付息一次

    C. 债券溢价发行，每年付息一次   D. 债券折价发行，每年付息一次

三、思考题

1. 简述等额本息还款法和等额本金还款法的原理和异同。

2. 简述年金的类型，并举例说明其应用。

3. 假设你要够买一个价值 10,000 元的家电，现有两家家电城向你提供了不同的优惠条件。A 家电城的优惠条件是：支付 1,000 元的首付，在随后的 30 个月内每月支付 300 元；B 家电城提供的条件是：给你 1,000 元的折扣，但要求立即支付剩余的 9,000 元。请问你会选择在哪个家电城购买家电？

4. 王先生正打算购买自己的住宅。他申请了一项 20 万元、15 年分期付款的房屋抵押贷款，年利率为 14%，每半年计复利一次，每月等额摊还本息。试计算：

（1）贷款的实际月利率

（2）每月的贷款偿还额

（3）分别列出前半年每月所付的利息、本金及未偿还贷款余额

5. 某公司的股东权益回报率为 10%，本年年末预计派发红利 4 元；该公司一直将 40%的盈利用于再投资，保持 4%的增长率。假设公司继续这种增长趋势，以 100 元的价

格购买该公司的股票，期望的投资收益率是多少？

本章参考文献

1．李心愉：《公司理财学》，北京：北京大学出版社，2008

2．胡元木，姜洪丽：《中级财务管理》，北京：经济科学出版社，2008

3．中国注册会计师协会：《财务成本管理》，北京：经济科学出版社，2008

4．蒋屏：《公司财务管理》，北京：对外经济贸易大学出版社，2001

5．白蔚秋，潘秀丽：《财务管理学》，北京：经济科学出版社，2005

6．[美] 威廉•拉舍著，陈国欣译：《财务管理实务》，北京：机械工业出版社，2004

7．张鸣，王蔚松，陈文浩：《财务管理学》，上海：上海财经大学出版社，2002

第二篇　公司的筹资管理

第 4 章　企业筹资概论

导读

在学习了公司理财活动的一些基础知识后，从本章开始，我们将系统介绍公司的筹资活动。

资金是企业进行生产经营活动的必要条件。企业筹资是企业作为资金需求者进行的理财活动。筹资与投资是资金活动不可分割的两个环节，而筹资是投资的前提，是从资金来源的角度反映企业通过哪些方式来筹措满足生产经营活动需要的资金，没有筹资这种理财活动，企业就无法进行资金的投放和使用；另一方面，投资是筹资的目的，是将筹集的资金投入到生产过程中以获得收益。筹资工作做得好，不仅能降低资本成本，给投资创造较大的有利空间，还能够降低财务风险，增加企业的经济效益。因此，筹集资金是企业资金运动的起点，是决定资金运动规模和生产经营发展程度的重要环节。筹资管理需要解决为什么要筹资、从何种渠道以何种方式筹资、融通多少资金、如何合理安排筹资结构等问题。

本章是企业筹资的概括性介绍，主要学习企业在筹资管理中的一些基本概念、筹资的类型以及企业筹资的渠道和短期筹资方式。

§4.1   筹资管理概述

企业筹资是指企业根据生产经营活动对资金的需求数量,通过理财机构和金融市场,采用适当的方式获取所需资金的一种行为,它是企业基本的财务活动。资金是企业进行生产经营活动的必要条件。企业创建、开展日常生产经营业务、购置设备与材料等生产要素,都需要一定数量的生产经营资金;企业发展到一定阶段,想要扩大生产规模、开发新产品、提高技术水平,更需要资金来追加投资。可见,企业的筹资和投资活动关系密切,投资规模可以从如下方面影响筹资活动:(1)投资规模所需资金量决定筹资量;(2)投资规模进度直接影响到筹资计划和资金到位的时间安排;(3)投资活动的未来收益能力决定着对筹资渠道与筹资方式的选择,未来收益能力越强,可选择的筹资渠道及方式就越宽,否则就越窄。因此,人们经常用"投融资"这个概念来描述广义的整个投资过程。学习公司的筹资管理,是为学习投资活动打下基础。

4.1.1 企业筹资的目的

企业筹资区别于一般理财机构所进行的理财活动。理财机构是货币资金的中介机构,其任务是聚集社会的闲散资金再贷放出去,为全社会的经济运行服务;它筹措资金的目的是为了运用资金,获取利息。企业筹资则是为企业自身的生产经营服务,它运用资金是为了谋求更高的收益。具体来讲,企业筹资的目的可以归结为以下几个方面:

1)设立企业

按照我国新财务制度的规定,企业设立时必须有法定的资本金。资本金是企业在工商行政管理部门登记的注册资金,是企业投资者投入的原始资本。我国《公司法》规定了设立企业必须具备的资本金最低限额。其中,股份有限公司为人民币 500 万元,有限责任公司注册资本的最低限额为人民币 3 万元。除法律另有规定外,在企业存续期间,不得以任何方式抽走企业资本金。这就是说,企业的设立,是以筹集一定数量的资金为条件的。因此,要想设立一个企业,必须采用吸收投资、发行股票等方式筹集一定数量的资金,以便形成企业的资本金。

2)扩大企业经营规模

成长和扩张中的企业,其生产经营规模是不断扩大的。随着企业生产经营规模的扩大,对资金的需求也将不断增大,因此需要不断筹集大量资金。在这种情况下,应根据企业扩张的具体情况,认真研究投资的方向和规模,以便合理筹集所需资金。企业对原有项目进行改、扩建,或者投资建设新的项目,都必须认真进行可行性研究,分析有关投资项目的经济效益。扩张性筹资活动会导致企业资产规模扩大,权益规模也相应扩大,因此不仅会给企业带来收益增长的机会,也给企业带来了更高的风险。

3)偿还债务

一般而言,企业总是利用一定的负债进行生产经营,负债都有一定的到期日,到期必须偿还债务。如果债务到期而现金不足,则必须预先筹集资金,以满足偿债对现金的需求。偿债性筹资可分为两种情况：一种是调整性偿债筹资，即企业虽然有能力支付到期债务，但为了调整资本结构，仍然筹集资金，以便使资本结构更加合理，这是主动的筹资策略；另一种是恶化性的偿还筹资，即企业现有支付能力已不足以偿还到期债务，被迫借新债还旧债，这是一种被动的筹资策略，说明企业的财务状况已经恶化。

4）混合性目的

混合性目的，是指企业既需要扩大经营的长期资金，又需要偿还债务的现金而形成筹资动机。这种筹资包含了扩张性筹资和偿债筹资两种目的，其结果既会增加企业资产总额，又能调整企业资本结构。

4.1.2 企业筹资的原则

企业筹集资金的基本要求，是要实现资金筹集的预期经济效益。为了有效地筹集企业所需资金，必须遵循一些基本原则：

1）合理确定资金需要量

企业筹资必须是"筹为所用"，正如前面讲到的，投资决定筹资。企业的财务人员必须根据企业的具体经营方针和投资规模，运用科学的预测方法，正确测算企业在某一时期的资金需要量。例如，在成长和扩张期，企业的资金需要量往往很大，如果筹资不足，将会使企业失去良好的盈利机会，甚至可能导致经营失败；而稳定和收缩性企业的资金需要量会大大下降，如果筹资过量，将会造成资金的浪费，提高资金的使用成本，甚至会降低企业的盈利能力。

资金需要量的预测主要包括对经营性资金、投资性资金、销售收入、成本费用、偿债资金、收益分配等方面的预测，最后汇总得出企业的筹资预测总额。

2）研究资金的时间价值，适时取得所需资金

同等数量的资金，在不同时间点上具有不同的价值。企业财务人员在筹集资金时必须熟知资金时间价值的原理和计算方法，以便根据资金需求的具体情况，合理安排资金的筹集时间，适时获取所需资金，使资金的筹集和运用在时间上相互衔接。这样既能避免过早筹集资金形成资金投放前的闲置，又能防止取得资金的时间滞后，错过资金投放的最佳时机。

3）正确选择资金来源

资金的融通渠道和资金市场为企业提供了资金的源泉和筹资场所，其反映了资金的分布状况和供求关系，决定着筹资的难易程度。不同来源的资金，对企业的收益和成本有不同的影响。这是因为，企业无论从什么渠道、采用什么方式筹资和使用资金，都面临着资本成本（资金成本）的问题。资本成本是企业为筹集所需资金而付出的代价，不同筹资方式的资本成本是不同的。在其他条件基本相同的前提下，资本成本的高低是决定筹资方式或组合的主要因素。因此，企业应认真研究资金渠道和资金市场，合理选择资金来源，以尽可能低的资本成本来筹集企业所需要的资金。

4）确定最佳资本结构

企业的资本结构一般由权益资金和债务资金构成。企业负债的比例要与企业权益资金多少和偿债能力高低相适应。因此，企业在筹集资金时，要结合生产经营特点、资金

营运能力、利率变动程度等因素，合理安排资本结构。既要防止负债过多，导致财务风险过大、偿债能力不足，又要有效地利用负债经营，提高权益资金的收益水平。

5）遵守相关的法律法规

融资活动是一种社会经济行为，必然要受到法律法规的约束。企业筹集资金的过程，涉及众多市场参与者的经济利益。企业筹资必须接受国家宏观调控，遵守国家有关法律法规和相关制度，遵循公开、公平和公正原则，切实维护各方合法利益。

4.1.3 企业筹资的决策程序

企业筹资的决策程序是指企业筹资时一般要经过的阶段与步骤。企业筹资决策一般包括以下阶段：

1）筹资的准备阶段

这个阶段从企业筹资构想开始，到初步拟订决策目标为止。其主要目的是为下一步确定具体筹资方案，为筹资决策提供依据。该阶段一般涉及三个方面的内容：

（1）企业内部因素分析，主要是对企业是否具备进一步筹资的能力进行分析。

（2）企业目标分析，主要是了解企业所在行业的情况、企业类型、企业生产规模与特点、企业组织形式等，解决企业筹资的合理性与必要性问题。

（3）环境因素分析，主要是分析企业的投资和筹资环境，解决企业投资和筹资的可能性问题，并为以后的决策提供依据。

2）筹资的决策阶段

这一阶段是从初始目标确定到具体筹资方案选定，主要包括四个方面的内容：

（1）初步确定筹资目标，即根据准备阶段对企业目标和各种内外部因素的综合分析，初步确定企业需要的资金数量、种类和时间。

（2）筹资预算分析。即分析企业的财务状况，具体分配、核算企业所需资金。

（3）决定具体的筹资规模与组合。通过筹资预算分析，搜集必要的资料，具体拟订筹资方案，确定筹资的规模和组合。

（4）选择筹资的具体方法。将前面确定的筹资方案落实到具体的方法上，这是筹资决策过程的最后一步。

3）筹资的实施阶段

这一阶段是从确定筹资规模、组合和具体方法到检查评估效果，共涉及三个方面的内容：（1）编制筹资计划；（2）计划的执行；（3）检查与评估实施效果。这个阶段是整个筹资方案的落实与实施阶段，是把目标变成现实的过程。如果说前两个阶段是筹资方案的设计过程，那么这个阶段就是筹资方案的执行过程。好的方案只有严格执行，才能收到预期效果，所以这个阶段必须予以高度重视。

以上介绍的筹资决策程序，可以用图4-1更加清晰地展示。

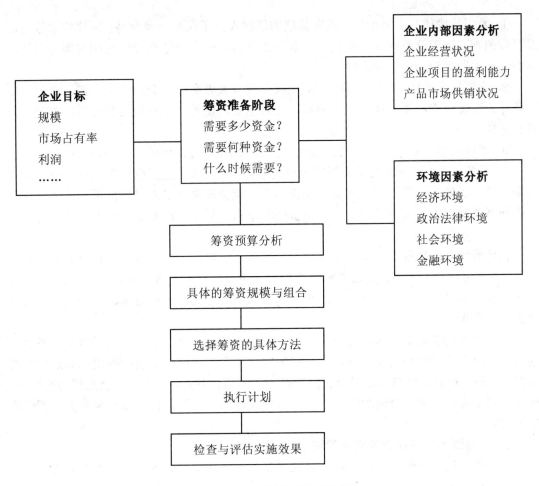

图 4-1 企业筹资决策程序图

§4.2 筹资的类型和渠道

随着金融市场的迅猛发展,现代社会中企业的融资方式和融资渠道越来越多,满足了不同企业对资金的需求差异。根据不同的标准,企业筹资可按多种方式进行分类。

4.2.1 筹资的类型

1)短期筹资和长期筹资

根据资金使用期限的长短,可把企业筹资分为短期筹资和长期筹资。

(1)短期筹资

短期筹资一般指融入资金的使用或归还期限在一年以内,它主要用于满足企业的流动资金需要。短期筹资主要包括短期借款、商业信用、票据贴现等。与长期筹资相比,短期筹资具有以下特点:

① 筹资速度快且容易取得。长期负债的债权人为了保护自身利益，往往要进行全面的财务调查，因而筹资所需时间较长，且不易取得。短期负债在较短时间内即可归还，因而债权人顾虑较少，容易取得。

② 筹资富有弹性。举借长期负债，债权人或有关方面经常会向债务人提出许多限制性条件或管理规定；而短期负债的限制则相对宽松，使筹资企业的资金使用较为灵活，富有弹性。

③ 筹资成本较低。一般来说，短期负债的利率低于长期负债，因而筹资成本较低。

④ 筹资风险高。短期负债需要在短期内偿还，因而要求筹资企业在短期内准备足够的资金以偿还债务，若债务到期资金安排不当，就会使企业陷入财务危机。此外，短期负债利率波动较大，因而可能出现短期负债利率水平高于长期负债利率水平的情况。

（2）长期筹资

长期筹资一般指融入资金的使用或归还期限在一年以上，它主要满足企业购建固定资产、新产品的研发和推广、设备和技术的改造更新、开展长期投资等活动的资金需要，一般需要几年甚至十几年才能收回。长期筹资的主要方式有发行股票、发行债券、长期借款和融资租赁等。

一个企业的长期资金和短期资金的比例关系构成企业全部资金的期限结构。资金的期限结构对企业的风险与收益会产生一定影响，企业应当根据资金的需用期间进行合理搭配。此外，长期资金与短期资金有时也可相互融通。例如，在长期资金充裕的情况下，可临时用于弥补短期资金的短缺；在短期资金充足的情况下，也可以用来补充长期资金的不足。

2）权益资本筹资和债务资本筹资

根据资金权益特性的不同，可将企业筹资分为权益资本筹资和债务资本筹资。

（1）权益资本筹资

权益资本筹资是企业依法筹集并拥有的、可自主支配使用的资金。权益资本包括投资者投入的资本金和企业在经营过程中形成的积累资金，因此权益资本又分为实收资本（股本）和留存收益两大类。权益资本意味着出资者的财产所有权，出资者可凭此获得企业法人财产的剩余索取权和企业经营收益的剩余分配权。从筹资者的角度而言，股权资本虽然资金成本较高，但却是一种财务风险较低的资金来源，因为无须还本付息，还可以提高企业的偿债能力，从而提高企业的再融资能力。企业通过吸收直接投资、发行股票和保留盈余等方式筹集的资金，都属于权益资本。

（2）债务资本筹资

债务资本筹资是企业依法筹集并使用的、必须按期支付利息并偿还本金的资金。债权人，即资金的出借方，有权在约定的期限内按照约定的利率向企业按期索取利息，并要求企业到期偿还本金。因此，其出资风险较股权投资低，回报也相应较低。对于筹资企业而言，筹集负债资金将增加企业还本付息的压力，筹资风险较大，但通过适度的举债经营，可以提高企业的价值，从而增加股东的收益。债务资本筹资的具体方式有银行借款、利用商业信用、发行企业债券和融资租赁等。

以上两种筹资方式比较而言，企业采用债务的方式筹集资金，一般要承担较大的财务风险，但是付出的资金成本相对较低；企业采用权益资本的方式筹集资金，财务风险较小，但是付出的资金成本较高。合理安排股权资金和负债资金的比例，做好资本结构决策，是企业筹资管理的核心问题之一。在特定的情况下，这两类资金可以通过一定的手段相互转化。例如，通过债转股将债权转为股权，或是可转换债券的持有人将可转换债券转换为股票等，以调整企业资本结构。

3) 内部筹资和外部筹资

根据资金是否来自企业内部，可将企业筹资分为内部筹资和外部筹资。

(1) 内部筹资

内部筹资，是企业依靠其内部积累进行的融资，具体包括三种形式：资本金、折旧基金转化为重置投资、留存收益转化为新增投资。对于企业资本的形成，内部筹资具有原始性、自主性、低成本性和抗风险性等特点，是企业生存与发展不可或缺的重要保障。内部筹资数量的多少，主要取决于企业创造利润的数额和企业的利润分配政策。

(2) 外部筹资

外部筹资，是指企业通过一定方式从外部融入资金用于投资。外部筹资是企业吸收其他经济主体的储蓄，使之转化为自己的投资的过程。对于企业资本的形成，外部筹资具有高效性、灵活性、大量性和集中性等特点。一般来说，企业外部筹资是通过理财媒介机制的作用，以直接融资和间接融资的形式实现的。外部筹资的种类和规模，主要取决于金融市场的发展程度和资金的供给数量。

对于初创的企业，内部筹资的可能性是有限的，即使处于成长期的企业，内部筹资也往往难以满足需要。因此，企业需要广泛开展外部筹资，如发行股票、债券，取得借款等。但企业向外部融资大多需要花费一定的筹资费用，例如发行股票、债券时须支付发行成本，取得借款时需要支付利息。

4) 直接筹资和间接筹资

根据是否借助于金融中介机构，可将企业筹资分为直接筹资和间接筹资。

(1) 直接筹资

直接筹资，是指企业不通过金融中介机构，直接向资金供给者融入资金，或通过发行股票、债券等方式进行筹资。另外，政府拨款、占用其他企业资金、民间借贷和内部筹资等都属于直接筹资范畴。在直接筹资中，资金供求双方无须通过金融中介，而是借助金融工具和手段来实现资金的筹集。随着我国资本市场的发展与完善，直接筹资在企业筹集资金活动中的地位将越来越重要。具体而言，直接筹资主要有投资人投入资本、发行股票、发行债券和商业信用等方式。

(2) 间接筹资

间接筹资，是指企业通过金融中介机构进行的筹资活动。对我国大多数企业而言，间接筹资仍是目前最为重要的筹资途径。间接筹资的基本方式是银行借款、融资租赁等。

直接筹资与间接筹资有明显的差别，主要体现在以下三个方面：

① 筹资手段不同。直接筹资依赖于资本市场；而间接筹资既可以通过资本市场实现，也可以运用计划或行政手段实现。

② 筹资范围不同。直接筹资具有广阔的筹资领域，并且筹资方式比较多；而间接筹

资可利用的筹资渠道和筹资的范围相对较窄，方式较少。

③ 筹资费用和效率不同。直接筹资因程序较为繁杂，准备时间较长，故筹资成本较高，且筹资效率较低；而间接筹资过程简单，手续简便，筹资成本低且筹资效率高。

4.2.2 筹资的渠道

企业筹集资金，需要通过一定的渠道、采用一定的方式进行。筹资渠道，是指客观存在的筹措资金来源的方向和通道。筹资渠道决定着资金的来源与供应量，这是因为各种筹资渠道在体现资金供应量的多少时，存在着较大的差别。有些渠道的资金供应量较为充足（如银行信贷资金和非银行理财机构资金等）；有些渠道的资金供应量相对较少（如企业留存收益等）。了解各种筹资渠道及其特点，有助于企业充分拓宽和正确利用筹资渠道。目前，我国企业的主要筹资渠道包括以下七种：

1）国家财政资金

国家财政资金是指国家以财政拨款的方式投入企业的资金。改革开放以前，国家投资一直是我国国有企业获得自有资本的主要来源。国家财政资金基础坚固，是大中型国有企业生产经营活动的可靠保证。目前，除了原有企业的国拨固定基金和流动基金以外，还有用投产后利润偿还基建贷款所形成的固定基金，以及国家财政和企业主管部门拨给企业的专用拨款。随着我国市场经济的进一步发展，尽管国家财政资金在企业自有资金中的比例越来越小，但对于基础性产业、公益性产业等而言，国家财政资金仍然是企业筹集资金的一个十分重要的渠道。

2）银行信贷资金

商业银行和政策性银行对企业的各种贷款，是我国目前各类企业重要的资金来源。商业银行是以盈利为目的的、从事信贷资金投放的金融机构，包括中国工商银行、中国农业银行、中国建设银行、中国银行等国有控股银行，以及为数众多的全国性和地方性的商业银行，如交通银行、华夏银行、民生银行等。它们根据一定的原则为各类企业提供短期和长期贷款。政策性银行是为特定企业提供政策性贷款的金融机构，如国家开发银行、中国进出口银行等。

3）非银行金融机构资金

非银行金融机构包括保险公司、信托投资公司、信用合作社、证券公司、租赁公司、企业集团的财务公司等。非银行金融机构除了专门经营存贷款业务、承销证券的推销或包销业务以外，还有一些机构为了达到一定的目的而聚集资金，将一部分不会立即投入使用的资金以各种方式投资于企业。非银行金融机构的资金实力虽然比商业银行弱，但由于其资金供应比较灵活，并且可以提供其他方面的服务，所以发展前景十分广阔。

4）企业自留资金

企业自留资金又称为企业内部积累，主要是指企业的留用利润转化为经营资本，包括提取公积金和未分配利润。另外，计提折旧费形成的折旧基金、经常性延期支付款项，也是企业的一项资本来源。这些资金的重要特征之一就是无需企业采用一定的方式筹集，而是直接由企业内部自动生成，因此也被称为"自然融资"。

5）企业间的资金调剂

企业在生产经营过程中，由于资本运动的规律性和市场行情的变化，往往会有部分暂时闲置甚至长期闲置的资金，如固定资产重置前已提折旧基金、未动用的企业留利等。它们可以在企业之间进行有偿调剂。调剂的形式有很多，如入股、发行债券、拆借及各种商业信用等。随着横向经济联合发展，企业之间资金联合和资金融通有了广泛的发展，这也构成了企业的一种融资渠道。

6）民间资金

民间资金是指企业职工和城乡居民手中节余的尚未转化为银行储蓄的资金。过去，居民的闲置资金大都通过银行再流入资本需求者手中。现在，由于社会公众承担风险的能力有所提高，加上存款利率不断下调，社会公众也开始选择投资的方式，股票、债券、基金这些直接融资方式逐步为社会公众所接受。把民间闲置的消费资金集中起来，用于企业的生产经营，也是企业融资中越来越重要的一个渠道。

7）境外资金

境外资金，是指国外投资者及我国香港、澳门、台湾地区投资者投入的资金。境外资金是我国外商投资企业资金的重要来源渠道。改革开放以来，外商资本流入国内的频率和流量逐年增加。利用外资是许多资金短缺国家尤其是发展中国家弥补资本不足、促进本国企业资本积聚和集中、推动经济腾飞的重要手段之一。从资金来源上看，境外资金可分为外国政府贷款、国际理财组织贷款和境外民间资本。目前，我国已批准建立中外合资经营企业、中外合作经营企业和外商独资企业几十万家，每年利用外商直接投资金额达上千亿美元。另外，还可以通过补偿贸易、出口信贷、国际资本信贷、项目融资等方式引进境外民间资金。

§4.3　企业的短期筹资方式

筹资方式，是指企业筹措资金时所采用的具体方法和形式，体现着资金的属性。本书将从短期和长期的角度来介绍企业的筹资方式。由于长期筹资的内容相对复杂且重要，本章先介绍短期筹资方式，长期筹资的内容将放在下一章单独介绍。

企业对资金的需求通常并不是稳定的，而是具有一定的周期性。当企业因季节性或周期性的经营活动而出现资金短缺时，短期筹资是解决这种资金需求的较好途径。与长期筹资相比，短期筹资合同期限短、手续简便、弹性大、筹资速度快、资本成本低，但却必须承担较高的利率风险和还款压力。短期筹资的方式灵活多样，每种方式都各有利弊。短期筹资决策需要根据生产经营活动的需要，权衡利弊，平衡供需，以保证企业生产经营活动的正常运转。

4.3.1　筹资政策

企业在进行短期筹资时，必须考虑负债和资产的配合，即选择适合企业实际情况的短期筹资政策。

1）流动资产和流动负债分析

企业的资产可以按照周转时间的长短来分类：周转时间在一年以下的称为流动资产，包括货币资金、短期投资、应收账款、应收票据、存货等；周转时间在一年以上的称为长期资产，包括长期投资、固定资产、无形资产等。对于流动资产，如果根据用途进一步做区分，则可以分为临时性流动资产和永久性流动资产。临时性流动资产指那些受季节性、周期性因素影响的流动资产，如季节性存货、销售和经营旺季（如零售业的销售旺季在春节期间等）的应收账款；永久性流动资产则指那些即使企业处于经营低谷也仍然需要保留的、用于保证企业长期稳定的流动资产。

企业的负债根据债务时间的长短，以一年为界限，分为流动负债和长期负债。流动负债包括短期借款、应付账款、应付票据等；长期负债包括长期借款、长期债券等。流动负债容易取得，筹资速度快，筹资成本较低，且富有弹性。不过，由于流动负债需要在短期内偿还，且流动负债利率的波动较大，因而筹资风险较高。与流动资产根据用途分类的方法相对应，流动负债也可以分为临时性负债和自发性负债。临时性负债指为了满足临时性流动资金需要而发生的负债，如商业零售企业春节前为满足节日销售需要，超量购入货物而举借的债务；食品制造企业为赶制季节性食品，大量购入某种原料而发生的借款等。自发性负债指直接产生于企业持续经营中的负债，如商业信用筹资和日常运营中产生的其他应付款，以及应付职工薪酬、应付利息、应付税金等。

2）流动资产和流动负债的配合

流动资产和流动负债的配合称为营运资本筹集政策。营运资本（Working Capital）是指企业在流动资产方面所占用的资金。营运资本在概念上有广义和狭义之分。广义的营运资本也称毛营运资本（Gross Working Capital），指公司流动资产总额；狭义的营运资本也称净营运资本（Net Working Capital），指流动资产减去流动负债后的余额，是企业以长期筹资方式满足的那一部分流动资产投资。

广义营运资本是一个具体的概念，它包含了企业的流动资产总额，是由企业一定时期内持有的现金和有价证券、应收和预付账款及各类存货资产等所构成的。这些具体的流动资产的控制、持有状况的确定等管理工作，是企业日常财务管理的重要部分，相关内容将在第12章讲述。相对而言，狭义营运资本是一个抽象的概念，它只是企业一定时期内流动资产与流动负债的差额，并不特指某项资产；而这一差额的确定，完全要视企业一定时期的经营状况和财务状况而定，它是判断和分析企业资金运作状况和财务风险程度的重要依据。

根据临时性流动资产和永久性流动资产的资金来源，企业的营运资本筹集政策一般可以分为三种，即配合型筹资政策、激进型筹资政策和稳健型筹资政策。

（1）配合型筹资政策

配合型筹资政策的特点是：对于临时性流动资产，运用临时性负债筹集资金，满足其资金需要；对于永久性流动资产和固定资产（统称为永久性资产，下同），运用长期负债、自发性负债和权益资本筹集资金，满足其资金需要。配合型筹资政策如图4-2所示。

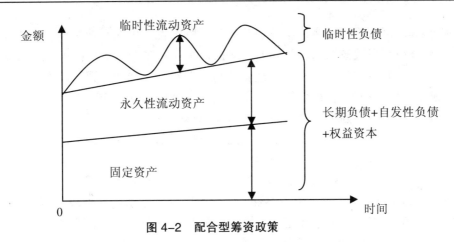

图 4-2　配合型筹资政策

配合型筹资政策要求企业临时负债筹资计划严密，实现现金流动与预期安排相一致。在季节性低谷时，企业应当是除了自发性负债外没有其他流动负债；只有在临时性流动资产的需求高峰期，企业才举借各种临时性债务。

【例 4-1】某企业在生产经营的淡季，须占用 200 万元的流动资产和 500 万元的固定资产；在生产经营的高峰期，会额外增加 200 万元的季节性存货需求。配合型筹资政策的做法是：企业只在生产经营的高峰期才借入 200 万元的短期借款；不论何时，700 万元永久性资产（即 200 万元永久性流动资产和 500 万元固定资产之和）均由长期负债、自发性负债和权益资本解决其资金需要。

配合型筹资政策的基本思想，是使资产与负债的期间相配合，以降低企业不能偿还到期债务的风险和尽可能降低债务的资本成本。但是，事实上由于资产使用寿命的不确定性，往往实现不了资产与负债的完全配合。如上例，一旦企业生产经营高峰期内的销售不理想，未能取得销售现金收入，便会发生偿还临时性债务的困难。因此，配合型筹资政策是一种理想的、对企业有着较高资金使用要求的营运资本筹集政策。

（2）激进型筹资政策

激进型筹资政策的特点是：临时性负债不但融通临时性流动资产的资金需要，还解决部分永久性资产的资金需要。激进型筹资政策如图 4-3 所示。

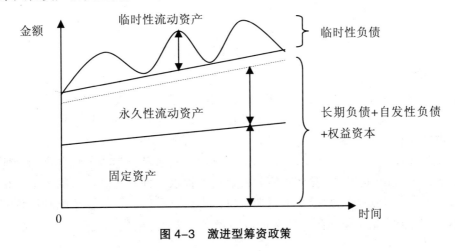

图 4-3　激进型筹资政策

从图 4-3 可以看到，激进型筹资政策下，临时性负债在企业全部资金来源中所占比重大于配合型筹资政策。沿用例 4-1 的数据，企业生产经营淡季占用 200 万元的流动资产和 500 万元的固定资产，在生产经营的高峰期额外增加 200 万元的季节性存货需求。如果企业的权益资本、长期负债和自发性负债的筹资额低于 700 万元（即低于正常经营期的流动资产占用与固定资产占用之和），比如只有 600 万元甚至更少，那么就会有 100 万元或者更多的永久性资产和 200 万元的临时性流动资产（在经营高峰期内）由临时性负债筹资解决。这种情况表明，企业实行的是激进型筹资政策。由于临时性负债（如短期银行借款）的资本成本一般低于长期负债和权益资本的资本成本（资本成本的计算将在第 6 章中详细讲述），而激进型筹资政策下临时性负债所占比重较大，所以此时企业的资本成本较低。但是，为了满足永久性资产的长期资金需要，企业必然要在临时性负债到期后重新举债或申请债务展期，这样便会更为频繁地举债和还债，从而加大筹资困难和风险，还可能面临由于短期负债利率变动而增加企业资本成本的风险。所以，激进型筹资政策是一种收益性和风险性均较高的营运资本筹集政策。

3）稳健型筹资政策

稳健型筹资政策的特点是：临时性负债只融通部分临时性流动资产的资金需要，另一部分临时性流动资产和永久性资产的资金需要，则以长期负债、自发性负债和权益资本作为资金来源。如图 4-4 所示。

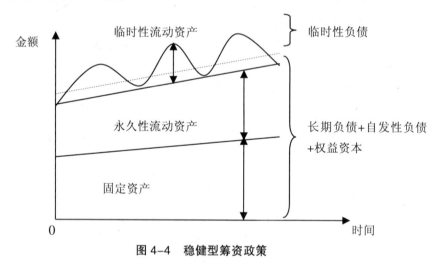

图 4-4　稳健型筹资政策

从图 4-4 可以看到，与配合型筹资政策相比，稳健型筹资政策下临时性负债占企业全部资金来源的比重较小。沿用例 4-1 的数据，如果企业只是在生产经营的旺季借入低于 200 万元的资金，比如 100 万元的短期借款，而无论何时的长期负债、自发性负债、权益资本之和总是高于 800 万元，比如达到 900 万元，那么旺季季节性存货的资金需要只有一部分（100 万元）靠当时的短期借款解决，其余部分的季节性存货和全部永久性资金需要则由长期负债、自发性负债、权益资本提供。而在生产经营的淡季，企业则可将闲置的资金（100 万元）投资于短期有价证券。这种政策下，由于临时性负债所占比重较小，所以企业无法偿还到期债务的风险较低，蒙受短期利率变动损失的风险也较低。

然而，由于长期负债的资本成本高于临时性负债的资本成本，以及经营淡季时仍须负担长期负债利息，企业的收益会降低。所以，稳健型筹资政策是一种风险性和收益性均较低的营运资本筹集政策。

以上三种筹资政策并无优劣之分，企业应根据自身的情况，在收益和风险之间做出平衡，并考虑自身的融资能力，选择对自身而言相对理想的筹资政策。

4.3.2　商业信用

商业信用，是指企业之间以延期付款、预收货款等方式进行产品购销所形成的借贷关系，是企业之间相互提供的信用。商业信用在短期负债筹资中占有相当大的比重。

商业信用是建立在企业财务信誉基础上的筹资方式。在一般情况下，决定某个企业获得商业信用机会大小的有两大因素：一是企业的销售规模，二是企业的财务信誉。销售规模仅从根本上决定了商业信用的规模，而财务信誉则为企业获得商业信用提供了可能性。在财务信誉较好的情况下，企业有充足的偿付能力来偿还各种债务，那么它就可以比较容易地获得所需要的商业信用；反之，假如企业的财务信誉较差，那么对方提供商业信用的可能性便会大大降低。由此可知，维持企业良好的财务信誉，对于企业短期资金的筹集无疑是非常有利的。

1）商业信用的形式

商业信用的具体形式有应付账款、应付票据、预收账款等。

（1）应付账款

应付账款是企业购买货物暂未付款而欠对方的账款，即卖方允许买方在购货后一定时期内支付货款的一种形式。它是买方的一种短期资金来源。销货企业在将商品转移给购货方时，并不需要买方立即支付现款，而是卖方根据其特殊交易条件或货物条件向买方开出发票或账单，待一定时期后再由买方付清货款。于是，买方以应付账款的形式获得了这种卖方提供的信贷。这是一种双向获益的行为，买方获得了短期资金来源，卖方扩大了自己的商品销售。

（2）应付票据

应付票据是企业进行延期付款商品交易时开具的反映债权债务关系的票据。根据承兑人的不同，应付票据分为商业承兑汇票和银行承兑汇票两种，支付期最长不超过 6 个月。应付票据可以带息，也可以不带息。应付票据的利率一般比银行的借款利率低，且不用保持相应的补偿性余额和支付协议费，所以应付票据的筹资成本低于银行借款成本。应付票据到期必须归还，如若延期便要交付罚金，因而风险较大。

（3）预收账款

预收账款是指购货企业在收到商品之前预先支付给销货企业全部或部分货款。这是买方向卖方提供的商业信用，是卖方的一种短期资金来源。一般说来，预收账款这种商业信用形式的应用是很有限的，通常应用于所销商品在市场上比较紧缺而买方又急需、生产周期较长且投入较大的建筑业和重型机器制造业、书刊报纸征订等情况。

此外，企业往往还存在一些在非商品交易中产生，但亦为自发性筹资的应付费用，如应付职工薪酬、应交税费、其他应付款等。应付费用使企业受益在前、费用支付在后，相当于享用了受款方的借款，一定程度上缓解了企业的资金需要。应付费用的期限具有强制性，企业不能自由使用，但通常无需花费代价。

2）信用条件

信用条件又称销售条件，它规定了购买者的付款义务。信用条件主要有以下几种形式：

（1）不提供信用

货到付款与先付款后交货这两种方式都表示不提供信用。在货到付款的情况下，卖方所承担的唯一风险是买方可能拒绝接收该批货物，因为运输成本通常由卖方负担。在先付款后交货的情况下，卖方可避免所有风险。无论是货到讨款还是先付款后交货，卖方都不允许买方赊账。

（2）无现金折扣的付款期

卖方向买方提供信用时，会指出允许买方赊账的期间。例如，"n/30"条款代表发票或账单上所示之金额必须在30天内付清，不附有现金折扣的优惠条件。

（3）有现金折扣的付款期

这种销货条件下，除了允许赊账之外，如果货款较指定付清日提早支付，则卖方会给予现金折扣。现金折扣是企业规定的信用条件的主要内容，是刺激买方及早偿还欠款的一种重要手段。在西方发达国家，现金折扣一般在2%～3%左右，折扣期一般较短，多数为10天或20天。例如，所谓"2/10，n/30"是指应收账款必须在30天内付清，即付清期间为30天；如果10天以内付清货款，买方可按发票金额享受2%的折扣，即现金折扣为2%。

【例4-2】以"2/10，n/30"的折扣条件为例，买方通常可有三种选择：

第一种选择，在10天以内付清货款，享受2%的现金折扣。于是，购货方须在10天以内备齐现金清偿欠款。在这种情况下，如何准备足够的现金便成为关键。对于购货方来讲，这是最通常的选择。

第二种选择，购货方放弃现金折扣，一直到清偿期限的最后一天才付清账款。对于购货方企业来讲，便是放弃了现金折扣，而延长了20天的资金使用时间。

第三种选择，便是应付账款的展延。所谓应付账款的展延，是指购货方在清偿期限内无力偿还欠款，并要求卖方延长收款的时间。这一方面放弃了现金折扣，另一方面则可能会影响企业的财务信誉，给日后继续使用"赊账"方式筹集资金造成障碍，因此这一选择不可滥用。当然，在理由充分、对方能够理解的前提下，偶尔地展延应付账款，也不失为一种有效的筹资手段。值得指出的是，在购货方要求展延应付账款的情况下，卖方往往要求对方开出票据，以确认其债务人的身份，并明确付清货款的时间。这时，"赊账"方式便转换成"票据"方式。

3）商业信用融资决策

（1）应付账款的成本

买方企业为了最大限度地利用信用期限，应在最后一天付款，但这就意味着企业放弃了现金折扣，因而存在着扩大信用期限的机会成本；反之，若买方要享受现金折扣，则必须提前付款。

【例 4-3】某企业按"2/10，n/30"的条件购入 20 万元货物。如果该企业在 10 天内付款，便享受了 10 天的免费信用期，并获得折扣 0.4 万元（20×2%），免费信用额为 19.6 万元（20-0.4）。

倘若买方企业放弃折扣，在 10 天后（不超过 30 天）付款，该企业便要承受因放弃折扣而造成的隐含利息成本。一般而言，放弃现金折扣的成本可由下式求得：

$$放弃现金折扣的成本 = \frac{折扣百分比}{1-折扣百分比} \times \frac{360}{信用期 - 折扣期}$$

根据上式，该企业放弃折扣所负担的成本为：

$$\frac{2\%}{1-2\%} \times \frac{360}{30-10} = 36.7\%$$

公式表明，放弃现金折扣的成本与折扣百分比的大小、折扣期的长短同方向变化，与信用期的长短反方向变化。可见，如果买方企业放弃折扣而获得信用，其代价是较高的。然而，企业在放弃折扣的情况下，推迟付款的时间越长，其成本便会越小。比如，如果企业延至 50 天付款，其成本则为：

$$\frac{2\%}{1-2\%} \times \frac{360}{50-10} = 18.4\%$$

（2）利用现金折扣的决策

计算商业信用成本的意义在于，它为企业融资决策提供了依据。在企业能够从其他来源获得资金时，只要其他来源的资金成本低于商业信用的成本，企业就不应该扩大信用期，以避免支付高额资金成本。若企业无法从其他来源获得资金，当利用该笔资金的投资收益率大于机会成本时，企业能够获得经济利润，从而应该放弃现金折扣而扩大信用期。

在附有信用条件的情况下，因为获得不同信用要负担不同的代价，买方企业便要在利用何种信用之间做出决策，一般说来：

① 如果能以低于放弃折扣的隐含利息成本（实质是一种机会成本）的利率借入资金，便应在现金折扣期内用借入的资金支付货款，享受现金折扣。比如，例 4-3 中同期的银行短期借款年利率为 12%，则买方企业应利用更便宜的银行借款在折扣期内偿还应付账款；反之，企业应放弃折扣。

② 如果在折扣期内将应付账款用于短期投资，所得的投资收益率高于放弃折扣的隐含利息成本，则应放弃折扣而去追求更高的收益。当然，假使企业放弃折扣优惠，也应将付款日推迟至信用期内的最后一天（如例 4-3 中的第 30 天），以降低放弃折扣的成本。

③ 如果企业因缺乏资金而欲展延付款期（如例 4-3 中将付款日推迟到第 50 天），则需要在降低了的放弃折扣成本与展延付款带来的损失之间做出选择。展延付款带来的损失主要是指因企业信誉恶化而丧失供应商乃至其他贷款人的信用，或日后招致苛刻的信用条件。

④ 如果面对两家以上提供不同信用条件的卖方，应通过衡量放弃折扣成本的大小，选择信用成本最小（或所获利益最大）的一家。比如，例 4-3 中另有一家供应商提出"1/20，

n/30"的信用条件，其放弃折扣的成本为：

$$\frac{1\%}{1-1\%}\times\frac{360}{30-20}=36.4\%$$

与例 4-3 中"2/10，n/30"信用条件的情况相比，后者的成本较低。

4）商业信用筹资的利弊

（1）商业信用筹资的优点

① 在商品经济高速发展的现代经济社会中,商业信用实际上是以自然形成为其最大特点的。从西方先进工业国家的历史经验来看，商业信用几乎是所有工商企业都采用的短期筹资方式，成为整个企业界最大的短期资金来源。一般情况下，买方大多无需在收到货物的当时就支付现款，它们可以推迟一段时间再支付。于是，卖方在这个先交货、后收款的时期内给买方提供了短期的资金来源。在我国，随着市场经济的不断发展，商业信用也必定会得到很快的发展。

② 商业信用是一种极其方便的筹资方式。换句话说，卖方在无需进行正式的协商，也无需买方开具正式文书的情况下，便可以向买方提供商业信用。同其他筹资方式相比，这无疑是极具吸引力的。因此，商业信用便成为中小型企业大量运用的筹资方式。

③ 企业的采购行为是随着销售的增加而增加的,而商业信用则随着采购量的增加而增加，所以企业的筹资量合乎实际资金的需要量，在时间上也是匹配的，从而避免了资金需要量和需要时间上的估计偏差。

（2）商业信用筹资的缺点

商业信用筹资也存在一些不足。与其他短期筹资方式相比，其最主要的缺点在于：期限短；数额受交易规模约束；在有优惠条件的情况下，需要承担较高的成本；在经济不景气或市场信用环境不好的情况下，企业之间很可能会因相互拖欠货款而导致信用链条断裂。

4.3.3　短期银行贷款

企业短期筹资的另一种方式是向商业银行借款。短期银行贷款是仅次于商业信用的一种重要的短期资金来源，可以弥补企业自然性筹资的不足。

1）短期银行贷款的概念和分类

（1）短期银行贷款的概念

短期银行贷款指企业向银行借入的期限在一年以内的借款，借款期通常是 90 天或 180 天。企业举借短期贷款，必须首先提出申请，经审查认可后借贷双方签订借款合同，注明借款的用途、金额、利率、期限、还款方式、违约责任等；然后企业根据借款合同办理借款手续；借款手续办理完毕，企业便可取得借款。

（2）短期银行贷款的种类

我国目前的短期借款根据其目的和用途分为若干种，主要有生产周转借款、临时借款、结算借款等。按照国际通行做法，短期借款还可依偿还方式的不同，分为一次性偿还借款和分期偿还借款；依利息支付方法的不同，分为收款法借款、贴现法借款和加息法借款；依有无担保，分为抵押借款和信用借款等。

2）短期银行贷款的信用条件

按照国际通行做法，银行发放短期借款往往带有一些信用条件，主要有：

（1）信贷限额

信贷限额是银行对借款人规定的无担保贷款的最高额。信贷限额的有效期限通常为一年，但根据情况也可延期一年。一般来讲，企业在批准的信贷限额内，可随时使用银行借款。但是，银行并不承担必须提供全部信贷限额的义务。如果企业信誉恶化，即使银行曾同意过按信贷限额提供贷款，企业也可能得不到借款。这时，银行不会承担法律责任。因此，信贷限额的高低取决于银行对借款公司财务状况和信用风险的评估。

（2）周转信贷协定

周转信贷协定是银行具有法律义务地承诺提供不超过某一最高限额的贷款协定。在协定有效期内，只要企业的借款总额未超过最高限额，银行必须满足企业任何时候提出的借款要求。企业享用周转信贷协定，通常要就贷款限额的未使用部分付给银行一笔承诺费（Commitment Fee）。原因是银行已经把一部分贷款能力指定用于该企业而未能贷放给其他客户，承诺费是借款企业对银行的补偿。周转信贷协定的有效期通常超过一年，但实际上贷款每几个月发放一次，所以这种信贷具有短期借款和长期借款的双重特点。

【例 4-4】某周转信贷协定的额度为 1,000 万元，承诺费率为 0.5%，借款企业年度内使用了 600 万元，余额 400 万元，借款企业该年度就要向银行支付承诺费 2 万元（400×0.5%）。这是银行向企业提供此项贷款的一种附加条件。

周转信贷协定与信贷限额虽然都是企业和银行之间关于贷款额度的协议，但两者有本质区别：信贷限额是非正式的协议，没有法律约束，银行可以根据实际情况的变化不执行信贷限额，企业不按信贷限额借款也不需支付补偿费；而周转信贷协定是正式的、具有法律约束力的协议，因此银行有义务按最高限额借款给企业，如果企业没有按限额借款，则需要支付补偿费。

（3）补偿性余额

补偿性余额是银行要求借款企业在银行中保持占贷款限额或实际借用额一定百分比（一般为 10%～20%）的最低存款余额。从银行的角度讲，补偿性余额可降低贷款风险，补偿遭受的贷款损失。对于借款企业来说，补偿性余额则提高了借款的实际利率。实际利率可以通过下式计算得出：

$$实际利率 = \frac{年度利息费用}{年均实际使用资金量}$$

【例 4-5】某企业按 8% 的年利率向银行借款 10 万元，银行要求维持贷款限额 15% 的补偿性余额，那么企业实际可用的借款只有 8.5 万元（10-10×15%），该项借款的实际利率为：

$$\frac{10 \times 8\%}{8.5} \times 100\% = 9.4\%$$

（4）借款抵押

银行向财务风险较大的企业或对其情况不太了解的企业发放贷款，有时需要有抵押品担保，以减少自己蒙受损失的风险。银行接受抵押品后，将根据抵押品的面值决定贷款金额，一般为抵押品面值的 30%～90%。这一比例的高低，取决于抵押品的变现能力和银行的风险偏好。抵押借款的成本通常高于非抵押借款，这是因为银行主要向信誉好的客户提供非抵押贷款，而将抵押贷款看成一种风险投资，故而执行较高的利率；同时，银行管理抵押贷款要比管理非抵押贷款困难，因此往往另外收取手续费。企业向贷款人提供抵押品，会限制其财产的使用和将来的借款能力。

（5）偿还方式

贷款的偿还方式包括到期一次偿还和在贷款期内定期（按月、季）等额偿还。一般来讲，企业不希望采用后一种偿还方式，因为这会提高借款的实际利率；而银行则不希望采用前一种偿还方式，因为这会加重企业的财务负担，增加企业的拒付风险，同时会降低实际贷款利率。

（6）其他承诺

银行有时还要求企业为取得贷款而做出其他承诺，如及时提供财务报表、保持适当的财务水平（如特定的流动比率）等。如企业违背所做出的承诺，银行可要求企业立即偿还全部贷款。

3）短期银行贷款的利率及支付方法

按照国际惯例，短期银行借款的利率会因借款企业的类型、借款金额及时间的不同而有所不同。例如，银行对信用好、贷款风险低的企业只收取较低的利率，而对信用差、贷款风险高的企业则收取较高的利率。

（1）贷款利率

① 优惠利率。优惠利率是银行向财力雄厚、经营状况好的企业贷款时，收取的名义利率，为贷款利率的最低限。

② 浮动优惠利率。浮动优惠利率是一种随其他短期利率的变动而浮动的优惠利率，即随市场条件的变化而随时调整变化的优惠利率。

③ 非优惠利率。非优惠利率是银行贷款给一般企业时收取的高于优惠利率的利率。这种利率经常在优惠利率的基础上加一定的百分比。比如，银行按高于优惠利率1%的利率向某企业贷款，若当时的优惠利率为8%，则向该企业贷款收取的利率即为9%；若当时的最优利率为7.5%，则向该企业贷款收取的利率即为 8.5%。非优惠利率与优惠利率之间差距的大小，由借款企业的信誉、与银行的往来关系及当时的信贷状况所决定。

（2）借款利息的支付方法

一般来讲，借款企业可以用三种方法支付银行贷款利息。

① 收款法。收款法是在借款到期时向银行支付利息的方法。我国银行向工商企业发放的贷款大都采用这种方法收息。

② 贴现法。贴现法是银行向企业发放贷款时，先从本金中扣除利息部分，而贷款到期时借款企业只要偿还贷款全部本金的一种计息方法。采用这种方法，企业可利用的贷款额只有本金减去利息部分后的差额，因此贷款的实际利率高于名义利率。

【例 4-6】某企业从银行取得借款 10,000 元，期限一年，年利率（即名义利率）为8%，利息额为 800 元（10,000×8%）。按照贴现法付息，企业实际可利用的贷款为：

$$10,000-800=9,200（元）$$

该项贷款的实际利率为：

$$\frac{800}{9,200}\times100\%=8.7\%$$

③ 加息法。加息法是银行发放分期等额偿还贷款时采用的利息收取方法。在分期等额偿还贷款的情况下，银行要将根据名义利率计算的利息加到贷款本金上，计算出贷款的本息和，要求企业在贷款期内分期偿还本息之和的金额。由于贷款分期均衡偿还，借款企业实际上只平均使用了贷款本金的半数，却支付全额利息。这样，企业所负担的实际利率便高于名义利率大约 1 倍。

【例 4-7】某企业借入（名义）年利率为 12%的贷款 20,000 元，分 12 个月等额偿还本息。该项借款的实际利率为：

$$\frac{20,000\times12\%}{20,000\div2}\times100\%=24\%$$

4）短期银行贷款的利弊

（1）短期银行贷款的优点

① 银行资金充足，实力雄厚，能随时为企业提供比较多的短期贷款。对于季节性和临时性的资金需求，利用短期贷款尤为方便。对于那些规模大、信誉好的大企业，更可以比较低的利率借入资金。

② 短期银行贷款具有较好的弹性。

（2）短期银行贷款的缺点

① 资金成本较高。利用短期银行贷款成本较高；尤其抵押形式的短期借款，因需要支付管理和服务费用，成本更高。

② 限制较多。银行要对企业的经营和财务状况进行调查以后才能决定是否贷款，有些银行还要求对企业有一定的控制权，要求企业把流动比率、负债比率维持在一定的范围之内，这些都会构成对企业的限制。

4.3.4　商业票据筹资

一些声誉卓著，财力雄厚的大中型企业，也可以用发行商业票据的方法直接从货币市场上筹集短期货币资金。商业票据筹资是一种新兴的短期筹资方式。

1）商业票据的发行

商业票据，是指由债务人向债权人开出的、承诺在一定时期内支付一定款项的支付保证书，即由无担保、可转让的短期期票组成。期票是由债务人开出的，开出票据的行为本身就是对票据的承诺，到期支付。

（1）商业票据的发行方式

① 委托经纪人发行，又称经纪人市场。在经纪人市场上，发行商业票据的大中型公司委托经纪人将商业票据出售给投资者，并支付给经纪人一定的佣金。佣金比例为发行额的 0.125%左右。通过经纪人发行的商业票据数量，大约占总发行量的 20%～40%。

② 发行公司直接发行。这种发行方式不通过经纪人，而由发行公司将商业票据直

接出售给现金富裕的大公司。该市场发行量占商业票据总发行量的 60%～80%。

债务人发行的商业票据，必须记载下列事项：标明"期票"字样；无条件支付的承诺；确定的金额；收款人名称；出票日期；付款日期；出票人签章。

（2）商业票据的发行条件

发行商业票据筹集资金必须具备一定的资格条件，具体包括：

① 信誉卓著，财力雄厚，有支付期票金额的可靠资金来源，并保证支付。

② 非新设立公司。发行商业票据的必须是旧有公司，新开办的公司不能用此方式筹集资金。

③ 在某一大银行享有最优惠利率的借款。

④ 在银行有一定的信用额度可供利用。

⑤ 短期资金需求量大、筹资数额大。资金需求量不大的公司（企业）不宜采用此方式筹集资金。

2）商业票据筹资的特点

（1）无担保

所谓无担保，是指无实体财产作抵押，一般以公司的声誉、实力地位作担保。

（2）期限短

一般地说，大中型公司发行的商业票据的期限为 1～6 个月；大型金融公司发行的商业票据的期限为 1～9 个月；甚至有以几天来计期的商业票据。

（3）见票即付

商业票据有明确的到期日。到期时，债务人必须无条件地向债权人或持票人支付确定的金额，不得以任何理由或借口拒绝支付或延期支付。

（4）以其面额为发行价格

（5）利率低

商业票据的利率一般低于银行贷款利率，但高于国库券利率。利率差距的幅度因发行时间、发行公司状况、金融市场货币供求情况的不同而有变化。

3）商业票据筹资的利弊

（1）商业票据筹资的优点

① 将商业信用票据化，通过票据法令法规的约束，加强债权的安全保证，有利于提升商业信用，促进商品交易，达到企业之间互相融通资金的目的。同时，票据还可以进一步引进银行信用，将银行信用与商业信用有机地结合起来，从而提高票据信用，增加企业信用融资的机会。

② 票据筹资简便灵活，可以不受企业规模的限制。目前，银行所谓的信用评级标准，主要是按国有大中型企业的标准设定的，规模较小的企业在向银行贷款时会受到很大限制，而采用银行承兑商业汇票贴现融资则不会受到企业规模的限制。

③ 票据筹资可以激励企业强化信用意识，规范企业行为。在市场经济中，具备优良信用等级、经营业绩突出、管理规范的企业可以轻而易举地从商业银行承兑汇票，而且其签发的商业票据也能得到其他企业和商业银行的广泛认同，流通性较强，因而这些企业在票据融资渠道中能轻松地获得资金支持。而那些信用缺失、管理不善的企业，则

往往受到票据市场的驱逐，失去在票据市场上融资的机会。这有利于促使广大中小企业自觉强化信用意识，规范企业行为。

④ 票据筹资可以降低企业的融资成本。采用银行承兑汇票贴现融资，一般无需抵押，且贴现利息低于贷款利息。企业若具备签发银行承兑商业汇票的资格，融资时成本更低。

⑤ 票据筹资可以促进银企关系，实现双赢。商业票据筹资一方面可以方便企业的资金融通；另一方面，商业银行可以通过办理票据业务收取手续费，还可以将贴现票据在同业银行之间转贴现或向中央银行申请再贴现，既可以分散经营风险，又可以从中获取较大的利差收益。由于票据放款比信用放款风险小，收益稳定，因此票据业务必将成为商业银行新的利润增长点。

（2）商业票据筹资的缺点

① 增加了企业的还款压力和财务风险。商业票据一般不能提前偿还，也不能展期，必须按期如数偿还。一旦不能按期偿还，将给企业信用造成严重的不良影响。

② 发行商业票据的条件比较严格。

【案例分析】
从大宇兴衰看企业的筹资决策

1. 案例资料

（1）大宇集团的成立与发展

大宇集团于 1967 年由金宇中创建，初创时主要从事劳动密集型产品的生产和出口。20 世纪 70 年代侧重发展化学工业，80 年代后向汽车、电子和重工业领域投资，并参与国外资源的开发。大宇集团的经营范围涉及机械、汽车、造船、化学、家电、电子、贸易、金融等多个领域，成为遍布亚洲、欧洲、非洲、美洲的世界性跨国公司。1997 年美国《幸福》杂志公布的全球 500 强企业排名中，大宇集团排名第 18 位，销售额为 715 亿美元，资产总额为 448 亿美元。1998 年，大宇集团的总资产达 650 亿美元，年销售额为 600 亿美元，居韩国出口第一。在一代人的心目中，金宇中及其大宇集团是韩国的象征。

（2）大宇集团的扩张模式

大宇集团积极推行"章鱼足式"的扩张模式，认为企业规模越大，就越能立于不败之地。1996 年，大宇集团在金宇中的领导下向世人展示了五年内的目标和计划：

① 至 2000 年，大宇集团的销售额增长 550%，达到 1,720 亿美元。其中，海外销售额（包括出口及海外当地生产）将达到 712.5 亿美元。

为实现此目标，大宇集团将把目前的 257 个海外办事处及生产销售者扩展到 650 个，组成庞大的全球性经营网络。具体包括：330 个贸易办事处，60 个建筑公司，100 个电子通信办事处及 7 家生产工厂，80 个汽车办事处及法人，33 个重工业办事处及法人，47 个金融及其他法人等。

② 1996～2000 年的五年时间，是大宇集团实施全球化战略的重要阶段。大宇集

团计划把亚洲和太平洋地区的办事处、法人及生产工厂从 104 个增加到 194 个。包括：计划在中国筹建 18 个办事处及生产工厂，经营电子、汽车、建筑、贸易及金融等业务；计划在缅甸兴办 8 家工厂，致力于轻工业及电子工业、铬镍钢业等；计划在东南亚兴办电子产业及配件厂；计划在日本福冈发展第一产业产品的生产。

在美洲地区，大宇集团将把在当地的工厂数量从 53 个增加到 126 个。大宇集团在美洲地区不仅销售电子产品、汽车，而且将把该地区视为世界贸易物资交流的中心地域。大宇集团还准备扩大南美地区的电子产品及汽车市场；计划在中南美洲地区兴办电子产品及汽车生产工厂；在墨西哥进一步拓展家电工业园区，并加紧建设汽车及重工业生产工厂。

在欧洲及独联体国家，大宇集团已把在那里的生产工厂从 62 个增加到 180 个。大宇集团的目标是最终在全欧洲及独联体国家建成包含研究开发、生产、销售、贸易、金融等全套体系的经销网。在西欧，大宇集团致力于增加研究开发中心和生产工厂，进一步搞活汽车销售，建立广泛的售后服务体系；在东欧，大宇致力于收购当地现有企业，兴办金融机构；在独联体国家，大宇集团重点推进汽车生产及汽车和电子产品的销售。

在非洲及中东地区，大宇集团的经销网点已从 38 个增加到 150 个。在非洲，大宇集团主要活动在苏丹、阿尔及利亚、南非、尼日利亚、喀麦隆等地。大宇集团不仅通过贸易，而且利用非洲大陆的电子产品、建筑、汽车经销网，以便最终建成自己在非洲的生产和销售网。大宇集团在中东地区重点兴办贸易、建设、电子产品、汽车经营业务。

从以上五年计划目标中可以看出，大宇集团意欲建成全球性跨国公司、一体化金融体系、世界级的经销商。

（3）大宇集团的财务状况

由于不断进行海外扩张，1995 年大宇集团债务已高达 190 亿美元。1997 年，韩国爆发金融危机后，外国银行和机构投资者开始撤走资金，但大宇集团错误估计了形势，继续举债扩张，债务规模达到 500 亿美元，几乎是其资本金的 5 倍。1998 年初，韩国政府提出"五大企业集团进行自律结构调整"的方针，要求企业调整财务结构，减轻负债。但大宇却并没有响应这一号召。其认为，只要提高开工率，增加销售额和出口，就能躲过危机，于是，大宇集团继续进行"借贷式经营"，1998 年发行的公司债券达 7 万亿韩元（约合 58.33 亿美元）。

（4）大宇集团的衰落

从 1997 年开始，为了渡过难关，大宇集团决定把下属公司从 41 家裁减到 12 家，以实现重建大宇。到 1999 年 8 月，大宇集团的 12 家公司的负债额超过了 86 万亿韩元（大约 800 韩元兑换 1 美元），而其全部资产却不足 25 万亿韩元。由于资不抵债，回天无力，自主重建大宇的计划未能实现。1999 年 11 月，董事长金宇中决定辞职。大宇集团下属的 12 家公司的总经理也全部辞职。大宇集团的问题交给债权银行和政府来处理。至此，大宇集团这艘"不沉的航空母舰"已开始沉没，金宇中一生构筑的大宇集团发展神话彻底破灭和终结。

2. 案例分析

从大宇解体的案例，我们可以得到以下两点启示：

（1）企业扩张的规模和速度要适当

当企业发展到一定阶段，产品有了一定知名度，已经形成强势的核心竞争力时，就会考虑通过扩大市场覆盖面来提高规模效益。规模扩大的同时，如果技术、管理、经营跟不上，反而会使企业丧失竞争优势。因此，要保持市场扩张与企业能力间的平衡。切忌盲目追求规模和速度，而不顾企业自身的发展状况。

（2）企业扩张要保证有足够的资本金积累，保持合理的筹资结构

企业规模的扩大需要大量的资金来支持，而企业的扩张要么是依靠举债，要么是依靠自身的资本金积累。单纯的债务扩张增加了企业的财务风险和陷入债务危机的可能性。大宇集团在政府政策和银行信贷的支持下，选择了大规模举债的筹资方式，走上"举债经营"之路。但是随着亚洲金融危机的爆发，大宇集团的销售额和利润不能达到预期目标，反而要承担债务到期偿付的压力。因此，在合理的资本结构下，结合不同的筹资渠道和方式，保持资本金和债务的适当比例，才有利于企业的稳定发展。

本章小结

企业筹资是指根据生产经营活动对资金的需求数量，通过金融机构和金融市场，采用适当的筹资方式，获取所需资金的一种行为，它是企业财务活动的起点。加强筹资管理，对于满足企业生产经营和资本运营的需要，实现财务管理目标具有重要意义。

根据不同的标准，企业筹资可按多种方式进行分类。根据资金使用期限的长短，可把企业筹资分为短期筹资和长期筹资；根据资金权益特性的不同，可将企业筹资分为权益资本筹资和债务资本筹资；根据资金是否来自企业内部，可将企业筹资分为内部筹资和外部筹资；根据是否借助于金融中介机构，可将企业筹资分为直接筹资和间接筹资

筹资渠道是指客观存在的筹措资金来源的方向和通道。目前，我国企业的主要筹资渠道包括：国家财政资金、银行信贷资金、非银行金融机构资金、企业自留资金、企业间的资金调剂、民间资金和境外资金等。

筹资方式是指企业筹措资金时所采用的具体方法和形式。本章主要介绍了企业的短期筹资方式，包括商业信用、短期银行贷款和商业票据筹资。

关键概念

筹资渠道　　筹资方式　　营运资本筹集政策　　信用条件　　信贷限额
周转信贷协定　　补偿性余额

综合训练

一、单项选择题

1. 下列选项属于短期筹资的是＿＿＿。

    A. 发行股票   B. 融资租赁   C. 商业信用   D. 银行长期贷款

2. 直接筹资和间接筹资的区分标准是____。

    A. 是否有理财中介机构介入   B. 资金使用期限的长短

    C. 资金的权益特性   D. 资金是否来自企业内部

3. 根据资金权益特性的不同，可将企业筹资分为____。

    A. 短期筹资和长期筹资   B. 内部筹资和外部筹资

    C. 权益资本筹资和债务资本筹资   D. 直接筹资和间接筹资

4. 企业规定的信用条件的主要内容是____。

    A. 付清期间   B. 展延期间   C. 现金折扣   D. 信用额度

5. 企业享用周转信贷协定，通常要就贷款限额的未使用部分付给银行____。

    A. 承诺费   B. 利息   C. 罚金   D. 补偿性余额

二、多项选择题

1. 企业筹资的混合性目的是哪两个目的的结合____。

    A. 设立企业   B. 扩张企业规模

    C. 偿还债务   D. 树立企业的良好形象

2. 企业筹资的原则包括____。

    A. 合理确定资金需要量   B. 注意资金的时间价值

    C. 正确选择资金来源   D. 确定最佳资本结构

3. 筹资的决策阶段需要考虑哪些问题____。

    A. 确定筹资目标   B. 筹资预算分析

    C. 决定具体的筹资规模与组合   D. 选择筹资的具体方法

4. 营运资本筹集政策一般可以分为____。

    A. 配合型筹资政策   B. 激进型筹资政策

    C. 稳健型筹资政策   D. 多样化筹资政策

5. 债务人发行的商业票据，必须记载下列哪些事项____。

    A. 标明"期票"字样   B. 无条件支付的承诺

    C. 确定的金额   D. 收款人名称

三、思考题

1. 简述企业筹集资金的目的、原则及决策程序。

2. 企业的短期筹资方式主要有哪些？不同方式有怎样的优缺点？

3. 营运资本筹集政策有哪些类型？各自的特点是什么？

4. 某公司预计销售额从 200 万元增长到 250 万元，但公司须为此增加 30 万元流动资金。该公司可以向银行以 10%的利率借款，也可以通过放弃折扣增加应付账款来获得所需资金。该公司的信用条件是"1/10，n/30"，但公司拖延 30 天付款不会缴纳罚金。试分析公司应该采取何种筹资方式。

5. 某公司在 800 万元信贷周转协议下从银行借款，需要支付未清偿贷款 9%的基础利率，加上未使用余额 0.25%的承诺费。公司在 4 月初借款 200 万元，4 月 11 日又借了另外 400 万元；该月没有再借款或还款。计算该公司 4 月的利息费用。

本章参考文献

1．孙琳，徐晔：《财务管理》，上海：复旦大学出版社，2006

2．陈志斌：《财务管理学导论》，南京：南京大学出版社，2006

3．王欣兰：《财务管理学》，北京：清华大学出版社，北京交通大学出版社，2005

4．肖翔，刘天善：《企业融资学》，北京：清华大学出版社，北京交通大学出版社，2007

5．白蔚秋，潘秀丽：《财务管理学》，北京：经济科学出版社，2005

6．张鸣，王蔚松，陈文浩：《财务管理学》，上海：上海财经大学出版社，2002

第5章 企业的长期筹资方式

导读

　　长期资金的取得与短期资金有很大不同，长期资金更要注重未来现金流入与流出的匹配性。对于公司来说，大型投资项目往往持续三到五年甚至更长的时间，在如此长的投资期内，如果不能使现金流入与流出做到精确匹配，那么公司很容易因无法支付利息和到期债务而陷入财务危机。同时，公司的成长要依靠不断融资，成长速度的快慢决定了对融资规模的需求，成功的高成长性公司无一不是对融资方式与规模做了精确而合理的安排。

　　长期融资主要包括发行普通股、发行优先股、长期负债和融资租赁等方式，随着金融创新的日益深化，与期权合约有关的认股权证和可转换债券也在企业融资中发挥着越来越重要的作用。要做到融资与公司成长环境相匹配，首先就要对各种融资方式有深刻和完整的认识，对各种融资方式的优缺点、适用条件有充分了解。本章就主要在这些方面展开讨论，为读者多角度展现不同长期融资方式的特点。

§5.1　发行普通股

普通股（Common Stock）是公司发行的具有管理权而股利不固定的股票，是公司最基本的、数量最多的股票形式，其股东所享有的权利和承担的义务最为广泛。发行普通股是公司制企业权益资本筹资的主要形式之一。

5.1.1　普通股股东的权利

依据我国《公司法》的规定，普通股股东有如下权利：

1）出席或委托代理人出席股东大会，并依公司章程规定行使表决权。这是普通股股东参与公司经营管理的基本方式。

2）股份转让权。依据《公司法》、其他法规和公司章程规定，股东持有的股份可以自由转让。

3）股利分配请求权。

4）对公司账目和股东大会决议的审查权和对公司事务的质询权。

5）分配公司剩余财产的权利。

6）公司章程规定的其他权利。

5.1.2　普通股的发行方式

普通股是享有普通权利、承担普通义务的股票。通常情况下，股份有限公司只发行普通股。因此，在下文的介绍中，为简练起见，常用"股票"来代替"普通股"。

股份有限公司在设立时要发行股票。此外，公司设立之后，为了扩大经营、改善资本结构，也会增资发行新股。当公司决定发行股票融资时，往往有两种方式可以选择：根据发行对象的范围是否受限制，可以将发行方式分为公开发行与非公开发行。

1）公开发行

根据我国《证券法》的规定，有下列情形之一的，为公开发行：（1）向不特定对象发行证券；（2）向累计超过 200 人的特定对象发行证券；（3）法律、行政法规规定的其他发行方式。

公开发行又称公募，是指发行人通过中介机构向不特定的社会公众广泛地发售证券，通过公开营销等方式向没有特定限制的对象募集资金的业务模式。为适应广大投资者的需求，公开发行没有合同份数和起点金额的限制。因为涉及众多中小投资人的利益，监管当局对公开发行所募集资金的使用方向、信息披露内容、风险防范等都有非常高的要求。

在公开发行情况下，所有的合法社会投资者都可以参加认购。为了保障广大投资者的利益，各国对公募发行都有严格的要求，如发行人要有较高的信用，并符合证券主管部门规定的各项发行条件，经批准后方可发行。

采用公募方式发行证券的有利之处在于：

第一，公募以众多的投资者为发行对象，筹集资金潜力大，适合于证券发行数量较多、筹资额较大的发行人。

第二，公募发行投资者范围大，可避免囤积证券或被少数人操纵。

第三，只有公开发行的证券方可申请在交易所上市，因此这种发行方式可增强证券的流动性，有利于提高发行人的社会信誉。

然而，公募方式也存在某些缺点，如发行过程比较复杂，登记核准所需时间较长，发行费用也较高。

2）非公开发行

顾名思义，即向有限的特定投资者发行股票，借以实现公司一定目的的融资方式。非公开发行是面向少量的、特定的投资者募集资金的方式，参加人一般具有一定的经济实力、风险识别和风险承担能力，因此监管部门对非公开发行要求较低。在我国，非公开发行又称为定向增发，根据定向增发的目标来区分，可以分为以下几种模式：

（1）资产并购型定向增发

定向增发常被应用于企业并购。并购方为了收购被并购方，同时为了节约现金支出，通常以一定的价格向被并购方的股东发行一部分新股，这样既实现了并购目标，又为并购方节约了资金，这是定向增发的有利之处。此外，对于部分流通股本较小的公司，通过定向增发、整体上市可以增加上市公司的市值与流动性。

（2）财务型定向增发

主要体现为通过定向增发实现外资并购或引入战略投资者。财务型定向增发具有多方面的意义：首先，有利于上市公司比较便捷地实现增发，抓住有利的产业投资时机。其次，定向增发成为引进战略投资者，实现收购兼并的重要手段。此外，对于一些资本收益率比较稳定而资本需求比较大的行业，如地产、金融等，定向增发方便、快捷、成本较低，同时又容易得到战略投资者的认可。

（3）增发与资产收购相结合

上市公司在获得资金的同时反向收购控股股东优质资产，预计这将是未来比较普遍的一种增发行为。对于整体上市存在明显困难，但是控股股东又拥有一定的优质资产，同时控股股东财务存在一定变现要求的上市公司，这种增发行为由于能够迅速收购集团的优质资产，改善业绩空间或公司持续发展潜力，因此一定程度上构成对公司发展的利好。但是就具体利好程度而言，则要考虑发行价格与资产收购的价格。

（4）优质公司通过定向增发并购其他公司

与现金收购相比，定向增发作为并购手段能大大减轻并购后的现金流压力。同时，定向增发更有利于发挥龙头公司的估值优势，能够真正起到扶优扶强的作用，因而这种方式对龙头公司是颇具吸引力的。

【例 5-1】某公司发行在外的普通股股票为 1,000 万股，每股面值 1 元，每股市场价格 20 元。现在，公司需要筹集 2,800 万元的新权益资本。为此，该公司决定按照每 10 股配售 2 股的方式向原股东配股，配股价格为每股 14 元。求配股数量，配股后每股价格。

每 10 股配 2 股，则：

配股数=1,000÷10×2=200（万股）

配股后股东权益总价值=1,000×20＋2,800=22,800（万元）
总股份数=1,000＋200=1,200（万股）
配股后股价=22,800÷1,200=19（元）

5.1.3 股票的承销与发行

1）股票的承销方式

通过发行证券募集资金主要有两种方式：包销和代销。

（1）包销

在包销方式下，投资银行以低于发行价的价格买入证券，同时承担无法卖出它们的风险。由于这种方式涉及风险，所以我们说投资银行确实是在包销证券。换句话说，在参与包销发行时，投资银行充当了承销商。为了使风险最小化，投资银行通常联合起来组成承销团（辛迪加），以分散风险和协助证券的销售。在承销团里，通常由一个或多个管理人来安排或共同安排整宗买卖。某个管理人被指派为牵头管理人或主管理人。典型的情况下，牵头管理人负责本次发行的所有方面，承销团里的其他投资银行则主要为把证券出售给它们的客户提供服务。承销商买入价和发行价之间的差额称为"差价"或"折价"，这是承销商得到的最基本的报酬。在某些时候，除了差价外，承销商还将得到认股权证或股票等形式的非现金报酬。包销实际上只是一种"买入—卖出"协议，投资银行的费用就是差价。发行人得到的是全额收入减去差价，而所有的风险都转移给承销商。要是承销商无法按照商定一致的发行价格卖出所有证券，它可能需要降低未售出部分的价格。不过，由于承销商通常是在已经调查清楚市场会怎样接纳本次发行后才确定发行价，所以这种风险一般很小。在新证券的多次发行时更是如此，这是因为新发行证券的价格可以建立在证券事先交易情况的基础上。

（2）代销

在包销中，承销商由于要买入全部发行的证券而承受了风险。相反，在代销中，由于承销商不需要买入证券，所以可以避免这种风险。与包销不同，代销方式下承销商仅仅作为一个代理商，从每一支售出的股票中收取佣金。受法律的制约，投资银行必须尽其最大可能按商定一致的发行价格出售证券。要是证券无法按发行价出售，投资银行通常会退出。

不论是包销还是代销，如果市场价格跌过发行价，则允许主承销商自己买进证券。目的是在暂时回落的压力下支撑市场和稳定价格。假如证券在一段时间后（例如30天）仍然没能售出，承销团的成员可以退出承销团，而后按照市场上能允许的任何价格出售其手中的证券。

2）首次公开发行

首次公开发行（Initial Public Offerings，IPO），是指企业通过证券交易所首次公开向投资者增发股票，以期募集用于企业发展的资金的过程。

对应于一级市场，大部分公开发行股票由投资银行集团承销而进入市场，银行按照一定的折扣价从发行方购买到自己的账户，然后以约定的价格出售。公开发行的准备费用较高，私募可以在某种程度上规避此类费用。

根据我国《证券法》的规定，首次公开发行股票的程序是：

（1）发行方董事会应当依法就本次股票发行的具体方案、本次募集资金使用的可行性及其他必须明确的事项做出决议，并提请股东大会批准。

（2）发行方应当按照中国证监会的有关规定制作申请文件，由保荐人保荐并向中国证监会申报。

（3）中国证监会收到申请文件后，应在 5 个工作日内做出是否受理的决定。

（4）股票发行申请经核准后，发行方应自中国证监会核准发行之日起 6 个月内发行股票；超过 6 个月未发行的，核准文件失效。

（5）发行股票。股票发行申请经核准后，发行的股票一般由证券公司承销。

表 5-1　IPO 过程中涉及的参与者及其各自义务

参与者	责任及义务
公司及其董事	准备及修订盈利和现金流量预测，批准招股书，签署承销协议，路演
保荐人	安排时间表，协调顾问工作，准备招股书草稿和上市申请，建议股票定价
申报会计师	完成审计业务，准备会计师报告，复核盈利和营运资金预测
公司律师	安排公司重组，复核相关法律确认书，确定承销协议
保荐人律师	考虑公司组织结构，审核招股书，编制承销协议
证券交易所	审核上市申请和招股说明书，举行听证会
股票过户登记处	拟制股票和还款支票，大量印制股票
印刷者和翻译者	起草和翻译上市材料，大量印制上市文件

3）发行价格确定

发行价格是指公司向投资者发行股票时所采用的价格，也是投资者认购股票时所必须支付的价格。新股发行定价的方法主要有以下几种：

（1）市盈率法

市盈率是根据拟发行的上市公司股票的每股收益和所确定的市盈率来决定发行价格的一种定价方法。其计算公式为：

发行价格=每股收益×发行市盈率

式中，每股收益可以按发行当时的每股净收益计算；也可以根据发行之前若干年的每股收益，按照一定的方法计算。发行市盈率可以根据同行业已上市公司的市盈率和自身财务指标加以估计。

（2）议价法

议价法是指由股票发行人与主承销商通过协商来确定发行价格。发行人和主承销商在确定发行价格时，主要考虑二级市场股票交易情况、二级市场价格水平、市场利率水平、发行公司未来前景和市场对新股的需求情况等因素。一般有两种方式：

①固定价格方式。基本做法是，由发行人和主承销商在新股公开发行前商定一个固定价格，然后根据这个价格进行公开发售。在我国台湾地区，新股发行价格是根据影响新股价格的因素进行加权平均得出的。在美国，当采用代销方式时，新股发行价格的确定也采用固定价格方式。发行人和投资银行在新股发行前商定一个发行价格和最小及最

大发行量，股票销售期开始，投资银行尽量向投资者推销股票。如果在给定发行期间和给定价格下，股票销售额低于最低发行量，股票将被宣布发行失败，已筹资金将归还给投资者。

②市场询价方式。这种方式在美国被普遍使用。当以包销方式发行新股时，一般采用市场询价方式。市场询价方式确定新股发行价格，一般包括两个步骤：第一，根据新股的价值、股票发行时的大盘走势、流通量大小、公司所处行业股票的市场表现等因素确定新股发行的价格区间；第二，主承销商协同上市公司管理层进行路演，向投资者介绍和推介股票，并向投资者发送预订邀请文件，征集各个价位上的需求量，通过对反馈回来的投资者预订单进行统计，主承销商和发行人对最初的发行价格进行修正，最后确定新股发行价格。

（3）竞价法

竞价法是指由多个股票承销商或投资者以投标方式相互竞争确定股票发行价格。在具体操作中，又有三种形式：

①网上竞价。指通过证券交易所电脑交易系统，按集中竞价原则确定新股发行价格。新股竞价发行申报时，主承销商作为唯一的"卖方"，其卖出数为新股实际发行数，卖出价格为发行公司宣布的发行底价；投资者作为买方，以不低于发行底价的价格进行申报。

②机构投资者竞价。新股发行时，采取对法人配售和对一般投资者上网发行相结合的方式，通过法人投资者竞价来确定股票发行价格。一般由主承销商确定发行底价，法人投资者根据自己的意愿申报价格和股数。申购结束后，由发行人和主承销商对法人投资者的有效预约申购数按照申购价格由高到低进行排序，根据事先确定的累积申购数量与申购价格的关系确定新股发行价格。

③券商竞价。在新股发行时，发行人事先通知股票承销商，说明新股发行计划、发行条件和对新股承销的要求，各股票承销商根据自己的情况拟定各自的标书，以投标方式相互竞争股票承销业务，中标标书的价格就是股票发行价格。

5.1.4　股票上市

股票上市，指的是股份有限公司公开发行的股票经批准在证券交易所挂牌交易。经批准在交易所上市交易的股票，则称为上市股票。股票上市，是连接股票发行和股票交易的"桥梁"。

在我国，股票公开发行后即获得上市资格。上市后，公司将会获得巨额资金投资，有利于公司的发展。我国新的股票上市规则主要对信息披露和停牌制度等进行了修改，增强了信息披露的透明度，是一个进步；尤其是重大事件要求细化并持续披露，有利于普通投资者规避部分信息不对称的影响。

1）股票上市的优点

股票上市具有很多优点，其中最重要的是：获取资金、赢得声望、价值重估和流向所有者的财富转移。

（1）获取资金

股票上市最明显的优点就在于获取资金。非上市公司通常资金有限，也就意味着为维持自身运营提供资金的资源有限。

需要筹资的公司能够通过上市获得大量的资金。通过公开发售股票（股权），一家公司能募集到大量可用于多种目的的资金，包括增长和扩张、清偿债务、市场营销、研究和发展以及公司并购。不仅如此，公司一旦上市，还可以通过发行债券、股权再融资或定向增发，再次从公开市场募集到更多资金。

（2）提高公司形象和声望

上市可以帮助公司获得声望和国际信任度。伴随着公司上市的宣传效应，对于其产品和服务的营销非常有利。而且，受到更多关注，常常会促进新的商业或战略联盟的形成，吸引潜在的合伙人与合并对象。从私人公司向上市公司的转变，还会提升公司的国际形象，并为顾客和供货商提供与公司长期合作的信心。一个在国际资本市场上市的公司，将在中国国内获得显著的品牌认同。

（3）价值重估

上市公司的估值往往比私人企业高。股票上市会立刻给股东带来流动性，从而提高公司的价值（注意：对于上市公司财务透明和公司治理的要求也有助于提高其估值）。例如，中国工商银行尚未上市时，高盛买下其一部分股权的成本是工行账面价值的 1.22 倍；当工行上市后，其股票市值达到了账面价值的 2.23 倍，公司的估值几乎翻了一番。

（4）流动性增强

私人公司的所有权通常不具备流动性且很难出售，对于小股东而言更是如此。股票上市为公司的股票创造了一个流动性远好于私人股权的公开市场。投资者、机构、公司创立者和所有者的股权都获得了流动性，股权的买卖变得更加方便。

尽管流动性可以提升公司的价值，但这取决于诸多因素，包括注册权、锁定限制和持有期等。例如，典型的经营者和创立者会面对各种股权转让限制，禁止他们在公司上市后的若干个月内将股权转让。流动性还为公司将增发股份卖给投资者进行再融资提供了更大的机会，帮助公司的负责人排除个人担保，为投资者或所有者提供了退出战略、投资组合多样性和资产配置灵活性。

（5）资本大众化，分散风险

股票上市后，会有更多的投资者认购公司股份。公司则可将部分股份转售给这些投资者，再将得到的资金用于其他方面，这就分散了公司的风险。

（6）公司治理

决定上市的私人公司需要重新审查其管理结构和内部控制。内部规范和程序的建立以及对公司治理标准的坚持，最终会使公司管理变得更好、更加成功。执行内部控制并坚持严格的公司治理标准的公司将获得更高的估值。

（7）合并及收购

上市公司的股票市场和估值一旦建立，就具备了通过交易股票来收购其他公司的优势。通过股票收购，比其他的途径更为方便和便宜。由于具备了在公开市场进行再融资的能力，上市公司为现金收购提供资金支持的能力也更强。上市也使其他公司更容易注意到本公司，并对与本公司的潜在的整合和战略关系进行评估。

（8）退出战略和财富转移

公司股票所处的公开市场为最初的投资者和所有者提供了流动性和退出战略。上市也使人们在心理上更容易认同公司在财务上的成功，这无疑是个额外的好处。上市可以增加公司股票持有者的个人净资产。即使上市公司的持股人不立刻兑现，能够公开交易的股票也可以用作贷款抵押。

2）股票上市的缺点

上市带来的优势是巨大的，但也必须考虑上市的重大不利因素和上市成本，包括：

（1）信息披露要求提高

公司抵制上市的一个主要原因就是上市要求披露公司运营政策中的专有信息。公司的财务信息可以从公开途径获取，有可能给竞争者带来知己知彼的战略优势。因此，必须建立确保公司专有信息保密性的相关机制。

（2）失去保密性

公司的上市过程包含了对公司和业务历史的大量的"尽职调查"。这需要对公司的所有商业交易进行彻底分析，包括私人契约和承诺，以及诸如营业执照、许可和税务等的规章事务。不仅如此，监管机构可能还会要求对公司的环保历史以及对环保条例、法规的遵守情况进行复查。违反这些标准的公司不仅会因此遭到处罚，而且还可能被禁止进行融资。

（3）披露和受托责任

上市公司必须定期向所在交易所和各种监管部门提交报告。在美国，上市公司不仅要向证券交易委员会（SEC）提交报告，而且还要遵守证券法的相关条款以及全美证券交易者协会的交易指南。

（4）盈利压力和失去控制权的风险

上市公司的股东有权参与管理层的选举，在特定情况下甚至可以取代公司的建立者。即使不出现这种情况，上市公司也会受制于董事会的监督，而董事会出于股东利益的考虑，可能会改变建立者的原定战略方向或否决其决定。

（5）上市和其他开销

股票上市花销巨大。公司将上市筹资所得资金的 12%～15%用于上市进程的直接开销是很平常的。上市过程占用了管理层的大量时间，并可能打断正常的业务进程。而且，上市公司所面临的树立良好公司法人形象的压力也会越来越大。上述压力会迫使公司把钱用于履行社会责任和其他公益行为；而公司作为私营企业时，这些都不是必要的。

（6）管理责任

公司高管、管理层以及相关群体，都对上市过程及公告文件中的误导性陈述或遗漏负有责任。而且，管理层可能还会由于违反受信责任、自我交易等罪名遭到股东的法律诉讼，无论这些罪名是否成立。

5.1.5　普通股筹资的利弊

1）普通股筹资的优点

（1）发行普通股筹措的资本具有永久性，无到期日，不需归还。

（2）发行普通股筹资没有固定的股利支付要求。由于普通股筹资没有固定的到期还本付息的压力，所以筹资风险较小。

（3）发行普通股筹集的资本是公司最基本的资金来源，反映公司的实力，可作为其他方式筹资的基础，尤其可为债权人提供保障，增强公司的举债能力。

（4）由于普通股的预期收益较高，并可一定程度地抵消通货膨胀的影响，因此普通股筹资容易吸收资金。

2）普通股筹资的缺点

（1）普通股的资本成本较高。首先，从投资者的角度讲，投资于普通股风险较高，相应地要求有较高的投资报酬率；其次，对筹资者来讲，普通股股利从税后利润中支付，不具有抵税作用。此外，普通股的发行费用也较高。

（2）发行普通股筹资会增加新股东，这可能分散公司的控制权。

§5.2　发行优先股

5.2.1　优先股的性质

优先股（Preferred Stock）是对应于普通股而言，在公司盈余分配或剩余财产分配等方面享有某些优先权的股票。但是，优先股股东所能获得的投资收益却是有限的。优先股是一种性质复杂的有价证券。一方面，从法律和税务的角度看，优先股属于股东权益，因此普通股与优先股的账面价值之和组成了公司的净值。但优先股股东又不具备普通股股东所拥有的基本权利，它的某些权利是优先的，某些权利又却受到限制。另一方面，从财务的角度看，优先股支付固定股利，对分配清算后的剩余财产具有优先权，类似于债券。因此，优先股是介于普通股和债券之间的混合性证券。

优先股的"优先"是相对普通股而言的，这种优先权主要表现在以下几个方面：

1）优先分配股利权

优先分配股利的权利是优先股的最主要特征。优先股通常有固定股利，一般按面值的一定百分比来计算。另外，优先股的股利除数额固定外，还必须在支付普通股股利之前予以支付。对于累积优先股来说，这种优先权更为突出。

2）优先分配剩余财产权

在企业进行清算时，优先股股东的求偿权位于债权人之后、普通股股东之前；其分配金额只限于优先股票面价值，加上累积未支付的股利。

3）部分管理权

优先股股东的管理权限是有严格限制的。通常在公司的股东大会上，优先股股东没有表决权，但是当公司研究与优先股有关的问题时，优先股股东有权参加表决。

5.2.2　优先股的种类

1）累积优先股和非累积优先股

累积优先股是指对于某年度未支付的股利可以累积起来，由以后年度的盈利一起支付的优先股股票。也就是说，当公司业绩不好，无力支付固定股利时，可把股利累积下来；当公司经营状况好转，盈余增多时，再补发这些股利。一般而言，一个公司只有把所欠的优先股股利全部支付以后，才能支付普通股股利。非累积优先股是指仅按当年利润分配股利，而不予累积补付的优先股股票。也就是说，如果本年度的盈利不足以支付全部的优先股股利，对所积欠的部分，公司不予累积计算，优先股股东也不能要求公司在以后年度予以补偿。对投资者来说，累积优先股比非累积优先股更具吸引力。

2）可转换优先股和不可转换优先股

可转换优先股是指可按事先规定（包括转换时期、转换比例等）转换成普通股的优先股股票。一般情况下，优先股股东会在存在转换收益时行使转换权。不可转换优先股是指不能转换成普通股的优先股股票。不可转换优先股只能获得固定股利报酬，而不能获得转换收益。

3）参与优先股和不参与优先股

参与优先股是指不仅能取得固定股利，还有权与普通股一同参加剩余利润分配的优先股股票；根据参与利润分配的方式不同，又可分为全部参与分配的优先股和部分参与分配的优先股。不参与优先股是指不能参加剩余利润分配，只能取得固定股利的优先股股票。

4）可赎回优先股和不可赎回优先股

可赎回优先股是指股份公司可以按一定价格收回的优先股股票。在发行这种股票时，一般都附有赎回性条款，在赎回性条款中规定该股票的赎回价格，赎回价格一般略高于股票的价值。至于是否赎回，在何时赎回，则由发行股票的公司决定。不可赎回优先股是指不能赎回的优先股股票。因为优先股都有固定股利，所以不可赎回优先股一经发行，便成为公司的一项永久性财务负担。因此，在实际工作中，大多数优先股均是可赎回优先股，而不可赎回优先股很少发行。

5.2.3　优先股筹资的利弊

1）优先股筹资的优点

（1）财务风险较低。优先股所筹资金没有固定的到期日，不用偿还本金，企业的财务压力相对较小。

（2）便于调节资本结构。大多数优先股在发行的同时附有赎回条款，具有弹性。公司可以在财务状况较差时发行优先股，而在财务状况较好时赎回，有利于结合资金需求，同时也能调整企业的资本结构。

（3）不会分散公司控制权。优先股股东一般没有参与权和表决权，发行优先股可以避免公司股权的分散。当公司既想向外界筹措自有资金，又不想分散原有股东的控制权时，就可以采用优先股筹资。

（4）有利于提高公司信誉。优先股属于自有资金，因此优先股扩大了权益基础，有利于提高公司的信誉，增强公司的借款能力。

2）优先股筹资的缺点

（1）筹资成本高。优先股所支付的股利要从税后利润中支付，不能在税前扣除。因此，优先股的筹资成本较高。特别是当公司利润下降时，优先股由于要支付固定股利，又不能在税前扣除股利，所以会成为公司的一项较重的财务负担。

（2）筹资限制多。发行优先股，通常有许多限制条款，例如对普通股股利支付的限制、对公司借款的限制等。

§5.3　长期负债筹资

5.3.1　长期负债筹资的特点与方式

长期负债是会计分录上的一个科目，是指期限超过一年的债务；一年内到期的债务在资产负债表中列入流动负债。负债是企业的一项重要资金来源，几乎没有一家企业是只靠自有资本而不运用负债就能满足资金需要的。负债筹资是与普通股筹资性质不同的筹资方式。与后者相比，负债筹资的特点表现为：募集的资金具有使用上的时间性，需要到期偿还；不论企业经营好坏，须定期支付一定的债务利息，从而形成企业固定的财务负担；负债的利息费用可以在企业所得税前扣除，具有"税盾"（Tax Shield）效应，由此使得债务成本要低于普通股筹资成本，而且避免了发行股票所带来的控制权稀释问题。

1）长期负债的特点

长期负债与流动负债相比，具有数额较大、偿还期限较长的特点。因此，举借长期负债往往附有一定的条件，如需要企业指定某项资产作为还款的担保品、要求企业指定担保人、设置偿债基金等，以保护债权人的经济利益。长期负债的偿还有以下几个特点：

第一，保证长期负债得以偿还的基本前提是企业短期偿债能力较强，不至于破产清算。所以，短期偿债能力是长期偿债能力的基础。

第二，长期负债因为数额较大，其本金的偿还必须有一个积累的过程。从长期来看，所有真实的报告收益应最终反映为企业的现金净流入，所以企业的长期偿债能力与企业的获利能力是密切相关的。

第三，企业长期负债的数额大小关系到企业资本结构的合理性，所以对于长期债务不仅要从偿债的角度考虑，还要从保持资本结构合理性的角度来分析。保持良好的资本结构能增强企业的偿债能力。

2）长期负债筹资的方式

目前，在我国，长期负债筹资主要有长期借款和债券两种方式。

（1）长期借款筹资

长期借款是指企业向金融机构或其他单位借入的偿还期限在一年或超过一年的一个营业周期以上的债务。目前，我国股份制企业的长期借款主要是向金融机构借入的各项长期性借款，如从各专业银行、商业银行取得的贷款；除此之外，还包括向财务公司、投资公司等理财企业借入的款项。这种借款主要用于购建固定资产和满足长期流动资金占用的需要。

长期借款的种类很多，各企业可根据自身情况和各种借款条件选用。目前，我国各理财机构的长期借款主要有：

①根据用途，分为基本建设借款、技术改造借款、生产经营借款、科技开发和新产品试制借款等。

②根据提供贷款的机构，分为政策性银行贷款、商业银行贷款等。此外，企业还可以从信托投资公司取得实物或货币形式的信托投资贷款、从财务公司取得各种中长期贷款等。

③根据有无担保，分为信用贷款和抵押贷款。

（2）债券筹资

债券筹资是指企业通过发行债券来筹集资金的方式。这里所说的债券，指的是期限超过一年的公司债券，其发行目的通常是为建设大型项目筹集大笔长期资金。债券筹资是企业的一种重要筹资方式，其筹资范围很广。若发行的债券符合国家有关规定，债券可以在市场上自由转让、流通。

5.3.2　长期借款筹资

1）企业申请贷款应具备的条件

（1）企业实行独立核算，自负盈亏，具有法人资格，有健全的机构和相应的企业管理技术人才。

（2）用途合理合法，具有借款项目的可行性报告。

（3）具有一定的物资和财产保证，担保单位具有相应的经济实力。

（4）具有偿还贷款本息的能力。

（5）财务管理和经济核算制度健全，资金使用效果良好。

（6）在有关理财部门开立账户，并能办理结算。

2）长期借款的保护性条款

由于长期借款期限长、风险大，按照国际惯例，银行通常向借款企业提出一些有助于保证贷款按时足额偿还的条件。这些条件写入贷款合同中，形成了合同的保护性条款。保护性条款大致分为如下两类：

（1）一般性保护条款

一般性保护条款应用于大多数借款合同，但根据具体情况会有不同的内容，主要包括：

①对借款企业流动资金保持量的规定，其目的在于保证借款企业资金的流动性和偿债能力；

②对支付现金股利和再购入股票的限制，其目的在于限制现金外流。

③对资本支出规模的限制，其目的在于减小企业日后不得不变卖固定资产以偿还贷款的可能性，仍着眼于借款企业资金的流动性。

④限制其他长期债务，其目的在于防止其他贷款人取得对企业资产的优先求偿权。

⑤借款企业须定期向银行提供财务报表，其目的在于及时掌握企业的财务情况。

⑥不准在正常情况下出售较多资产，以保持企业正常的生产经营能力。

⑦不准以任何资产作为其他承诺的担保或抵押，以避免企业出现过重的负担。

⑧限制租赁固定资产的规模，其目的在于防止企业负担巨额租金以致削弱其偿债能力，还在于防止企业以租赁固定资产的办法摆脱对其资本支出和负债的约束。

（2）特殊性保护条款

特殊性保护条款是针对某些特殊情况而出现在部分借款合同中的，主要包括：

①贷款专款专用。

②不准企业投资于短期内不能收回资金的项目。

③限制企业高级职员的薪金和奖金总额。

④要求企业主要领导人在合同有效期内担任领导职务。

⑤要求企业主要领导人购买人身保险等。

3）长期借款的成本

长期借款的利息率通常高于短期借款，但信誉好或抵押品流动性强的借款企业仍然可以获得较低的长期借款利率。长期借款利率有固定利率和浮动利率两种。浮动利率通常有最高和最低限制，并在借款合同中予以明确。对于借款企业来讲，如果预测市场利率将上升，那么应该与银行签订固定利率合同；反之，则应签订浮动利率合同。

除了利息之外，银行通常还会向借款企业收取其他费用，如执行周转信贷协定所收取的承诺费、要求借款企业在本银行中保持一定比例存款所形成的间接费用等。这些费用会加大长期借款的成本。

4）长期借款筹资的特点

与其他长期负债筹资方式相比，长期借款筹资的特点为：

（1）筹资速度快。长期借款的手续比发行债券简单得多，得到借款所花费的时间较短。

（2）借款弹性较大。借款时企业与银行直接交涉，有关条件可以谈判确定；用款期间发生变动，亦可与银行再协商。而债券筹资所面对的是广大社会投资者，协商改善筹资条件的可能性很小。

（3）借款成本较低。长期借款利率一般低于债券利率，且由于借款属于直接筹资，筹资费用也较少。

（4）长期借款的限制性条款比较多，制约着借款的使用。

5.3.3 债券筹资

1）债券筹资的利弊

（1）债券筹资的优点

①资本成本较低。与股票的股利相比，债券的利息允许在扣除所得税前支付，公司可享受税收上的抵扣，故而实际负担的债券成本一般低于股票成本。

②财务杠杆优势。无论发行公司盈利多少，债券持有者一般只收取固定的利息，若公司投资后收益丰厚，增加的收益大于支付的债息额，则会增加股东财富和公司价值。

③保障公司控制权。债券持有者一般无权参与发行公司的管理决策，因此发行债券一般不会分散公司控制权。

（2）债券筹资的缺点

①财务风险较高。债券通常有固定的到期日，需要定期还本付息，财务上始终有压力。在公司不景气时，还本付息将成为公司沉重的财务负担，有可能导致公司破产。

②限制条件多。与长期借款、融资租赁等相比较，发行债券的限制条件多且严格，从而限制了公司对债券融资的使用，甚至会影响公司以后的筹资能力。

③筹资规模受制约。公司利用债券筹资，一般受一定额度的限制。

2）债券的发行方式

根据债券发行对象的不同，可分为私募发行和公募发行两种方式。

（1）私募发行

私募发行是指面向少数特定的投资者发行债券，一般以少数关系密切的单位和个人为发行对象，不对所有投资者公开出售。具体发行对象有两类：一类是机构投资者，如大的理财机构或与发行方有密切业务往来的企业等；另一类是个人投资者，如发行单位自己的职工或使用发行单位产品的用户等。私募发行一般多采用直接销售的方式，不经过证券发行中介机构，不必向证券管理机关办理发行注册手续，因此可以节省承销费用和注册费用，手续比较简便。但是私募债券不能公开上市，流动性差，利率比公募债券高，发行数额一般不大。

（2）公募发行

公募发行是指公开向广大的不特定投资者发行债券。公募债券发行者必须向证券管理机关办理发行注册手续。由于发行数额一般较大，通常要委托证券公司等中介机构承销。公募债券信用度高，可以上市转让，因而发行利率一般比私募债券低。公募债券采用间接销售的具体方式又可分为三种：

①代销。发行者和承销者签订协议，由承销者代为向社会销售债券。承销者按规定的发行条件尽力推销，如果在约定期限内未能按照原定发行数额全部销售出去，债券剩余部分可退还给发行者，承销者不承担发行风险。采用代销方式发行债券，手续费一般较低。

②余额包销。承销者按照规定的发行数额和发行条件，代为向社会推销债券，在约定期限内推销债券如果有剩余，须由承销者负责认购。采用这种方式销售债券，承销者承担部分发行风险，能够保证发行者筹资计划的实现，但承销费用高于代销费用。

③全额包销。首先由承销者按照约定条件将债券全部承购下来，并且立即向发行者支付全部债券价款，然后再由承销者向投资者分次推销。采用全额包销方式销售债券，承销者承担了全部发行风险，可以保证发行者及时筹集到所需要的资金。金额包销费用比余额包销费用更高。

西方国家以公募方式发行国家债券，一般采取招标投标的办法进行。投标又分竞争性投标和非竞争性投标。竞争性投标，是先由投资者（大多是投资银行和大证券商）主动投标，然后由政府按照投资者自报的价格和利率，或是从高价开始，或是从低利开始，依次确定中标者名单和配额，直到完成预定发行额为止。非竞争性投标，是政府预先规定债券的发行利率和价格，由投资者申请购买数量，政府按照投资者认购的时间顺序，确定他们各自的认购数额，直到完成预定发行额为止。

3）发行债券的条件

我国《证券法》规定，公开发行债券的公司必须具备以下条件：

（1）股份有限公司的净资产额不低于人民币 3,000 万元，有限责任公司的净资产额不低于人民币 6,000 万元。

（2）累计债券总额不超过公司净资产额的 40%。

（3）最近三年平均可分配利润足以支付公司债券一年的利息。

（4）所筹集资金的投向符合国家产业政策。

（5）债券的利率不得超过国务院限定的利率水平。

（6）国务院规定的其他条件。

另外，发行公司债券所筹集的资金，必须用于核准的用途，不得用于弥补亏损和非生产性支出，否则会损害债权人的利益。

4）债券的发行定价

债券的发行价格是债券发行时使用的价格，也是投资者认购债券所支付的价格。公司债券的发行价格通常有三种：平价、溢价和折价。

（1）平价发行，指债券的发行价格和票面额相等，因而发行收入的数额和将来的还本数额也相等。前提是债券发行利率和市场利率相同，这在西方国家比较少见。

（2）溢价发行，指债券的发行价格高于票面额，以后偿还本金时仍按票面额偿还。只有在债券票面利率高于市场利率的条件下，才能采用这种方式发行。

（3）折价发行，指债券发行价格低于票面额，而偿还时却要按票面额偿还本金。折价发行是因为规定的票面利率低于市场利率。

债券发行价格的计算公式为：

$$债券发行价格 = \frac{票面金额}{(1+市场利率)^n} + \sum_{t=1}^{n} \frac{票面金额 \times 票面利率}{(1+市场利率)^t}$$

式中，n 为债券期限；t 为付息期限；市场利率指债券发行时的市场利率。

5）债券的信用评级

进行债券信用评级的最主要目的，是方便投资者进行债券投资决策。投资者购买债券是要承担一定风险的。如果发行者到期不能偿还本息，投资者就会蒙受损失，这种风险称为信用风险。债券的信用风险因发行后偿还能力的不同而有所差异，对于广大投资者尤其是中小投资者来说，事先了解债券的信用等级是非常重要的。由于受时间、知识和信息的限制，大多数投资者无法对众多债券进行分析和选择，因此需要专业机构对准备发行的债券还本付息的可靠程度，进行客观、公正和权威的评定，也就是进行债券信用评级，以方便投资者决策。

债券信用评级的另一个重要目的，是减少信誉高的发行人的筹资成本。一般来说，资信等级越高的债券，越容易得到投资者的信任，能够以较低的利率出售；而资信等级低的债券，风险较大，只能以较高的利率发行。

目前，国际公认的最具权威性的信用评级机构主要有标准普尔公司和穆迪投资服务公司。上述两家机构负责评级的债券很广泛，包括地方政府债券、公司债券、外国债券等。由于两家机构占有详尽的资料，采用先进科学的分析技术，又有丰富的实践经验和大量专门人才，因此它们做出的信用评级具有很高的权威性。标准普尔公司的信用等级标准从高到低可划分为：AAA 级、AA 级、A 级、BBB 级、BB 级、B 级、CCC 级、CC级、C 级和 D 级；穆迪投资服务公司的信用等级标准从高到低可划分为：Aaa 级、Aa级、A 级、Baa 级、Ba 级、B 级、Caa 级、Ca 级、C 级和 D 级。两家机构的信用等级划分大同小异，前四个级别的债券信誉高、风险小，是"投资级债券"，第五级以后的债券信誉低，是"投机级债券"。

6）债券筹资的现实意义

（1）债券筹资是满足企业资金需求的必要手段

资金不足是当前企业普遍面临的一个困难，其根源在于大量的资金需求与资金供给不足之间的矛盾。企业谋求发展导致资金需求量大幅攀升。

现代企业强调与大资本的结合，其发展特点是"大投入，大产出；小投入，不产出"。因此，要想在日趋激烈的市场竞争中站稳脚跟，只有靠强大的资金实力作后盾。加入WTO 后，国内企业越来越直接地面对国外市场的挑战。国外企业有相当雄厚的资金实力，它们为了抢占中国市场，不惜亏本经营，欲与国内企业打持久的"资金战"。在这种背景下，企业需要大量的资金以进行规模扩张的前期投入，然而企业现有的筹资途径却又是不足的。因此，为了做大、做强国内企业，在现有筹资方式不能保证企业资金需求的情况下，考虑发行债券筹资是十分必要和现实的。

（2）改变现有的理财结构，优化资本结构

伴随着银行风险的加大，单一地由银行渠道把储蓄转化为投资，已满足不了我国金融深化、资本深化的要求，迫切需要使储蓄向投资转化的渠道多元化。企业发行债券筹资，就增加了一个非常有效的渠道，能大量吸收个人与机构手中的储蓄，使其转化为投资，从而达到直接增加筹资比重、优化资本结构的目的。

（3）有利于推动中小企业发展

人类已进入知识经济时代，高科技对经济增长和发展所起的推动作用已得到人们的认可，大力发展高科技企业是各国的重大政策。高科技企业在创立初始都会面临巨大的投资风险，需要大量的资金投入。由于受股市扩容的限制，中小企业无法在股市上得到资金支持；另一方面，社会上存在着一批投资者，他们对投资高科技、高收益、高风险的企业有着浓厚的兴趣。通过发行企业债券，吸纳闲散资金投入中小高科技企业，是解决这些企业筹资问题的重要方法。

（4）降低理财风险

企业发行债券会涉及许多公共投资者，风险被分散到很多人身上。从这个角度讲，企业债券能比银行贷款承担更多的风险或分散更多的风险。所以，银行不愿承担的高风险的长期筹资，有可能通过发行企业债券来实现。如果存在高度发达的债券市场，就可以转向该债务市场来满足长期投资的需要，相应降低银行借短贷长的压力，改善资产负债期限的不匹配，从而减少银行危机的可能性。

§5.4 融资租赁

5.4.1 租赁的相关介绍

1）租赁的概念

租赁，是指在约定的时间内，出租人将资产使用权让与承租人，以获取租金的协议。租赁协议的当事人至少包括出租人和承租人两方，出租人是租赁资产的所有者，承租人是租赁资产的使用者。协议规定双方的权利与义务，其具体内容需要通过谈判确定，所以租赁的形式多种多样。

2）租赁的特点

（1）融资与融物相结合。出租人出租设备的目的是获取租金，是一种投资行为或贷款形式；承租人租赁设备以取得设备的使用权，以此来弥补本身资金的不足，同时可以取得预期的利润，因此这是一种筹资行为。

（2）租赁标的物所有权和使用权分离。在租赁过程中，出租人向承租人让渡的是标的物的使用权，而不是所有权；而承租人取得的是标的物的使用权，没有所有权。

3）租赁的种类

根据租赁目的的不同，租赁可以分为经营租赁和融资租赁。经营租赁，也称营运租赁或服务租赁，是以满足承租人临时使用资产的需要为目的而发生的租赁业务，是一种不完全支付租赁。这种租赁规定，出租人除提供融资服务外，通常也提供特别服务，如保险和维修等，而承租人的责任一般只限于按期交纳租金。经营租赁是一种以提供标的物的短期使用权为特点的租赁形式，通常适用于一些需要专门技术进行维修保养、技术更新较快的设备，如计算机、汽车、建筑机械等。承租企业通过经营租赁，可以获得设备的短期使用及出租人提供的专门技术服务。从承租人无需先筹资再购买设备即可享有设备使用权的角度来看，经营租赁具有短期筹资的功效。相对而言，融资租赁通常是为了满足承租人对资产的长期需要，属于长期融资方式。

5.4.2 融资租赁的概念、种类和特征

1）融资租赁的概念

融资租赁又称金融租赁，指租赁的当事人约定，由出租人根据承租人的决定，向承租人选定的第三者（供货人）购买承租人选定的设备，以承租人支付租金为条件，将该物件的使用权转让给承租人；出租人在一个不间断的较长租赁期内，通过收取租金的方式，收回全部或大部分投资。融资租赁是满足企业长期资金需要的一种融资方式。

我国法律规定，符合下列条件之一的租赁为融资租赁：

（1）在租赁期满时，租赁资产的所有权转让给承租方。

（2）租赁期为资产使用年限的大部分（75%或以上）。

（3）租赁期内租赁最低付款额大于或基本等于租赁开始日资产的公允价值。

2）融资租赁的种类

融资租赁依据其业务方式可以分为以下四种：

（1）直接租赁

直接租赁是融资租赁的主要形式，即租赁公司通过筹措资金，直接购进承租企业选定的租赁标的物后，租给承租企业使用。承租企业负责设备的安装、维护，同时支付保险金和其他税金。直接租赁的流程可以用图 5-1 来描述。

图 5-1　直接租赁示意图

（2）杠杆租赁

杠杆租赁是有贷款者参与的一种租赁形式。在这种模式下，出租人购入资产时只支付所需款项（资产货款）的一部分（通常为资产价值的 20%～40%），其余款项则以引入的资产或出租权为抵押。这样，出租人利用少量自有资金就推动了大额的租赁业务，故称为杠杆租赁。对于承租人来说，杠杆租赁和直接租赁没有什么区别，都是从出租人那里租入资产；而对于出租人来说，既是租赁活动的出租者，又是资金的借入者，所以杠杆租赁是一种涉及三方的租赁形式。杠杆租赁的对象大多是一些购置成本特别高的大型设备，如飞机、轮船、卫星等。杠杆租赁的流程如图 5-2 所示。

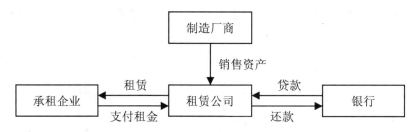

图 5-2　杠杆租赁示意图

（3）转租赁

转租赁是指由租赁公司作为承租人，向其他租赁公司租回用户所需要的设备，再将该设备租赁给承租企业使用，原租约与转租约同时并存。转租赁实际上是一个项目下的两笔租赁业务，其租赁费用一般高于直接租赁。转租赁的流程如图 5-3 所示。

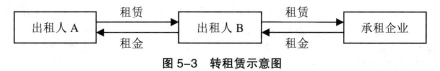

图 5-3　转租赁示意图

（4）回租租赁

回租租赁又称为回购租赁，是指由设备使用方首先将自己的设备出售给融资租赁公司（出租人），再由租赁公司将设备出租给原设备使用方（承租人）使用。回租租赁的流程如图 5-4 所示。企业通过回租可以改善财务状况，盘活存量资产，并可与融资租赁公司共同分享政府的投资减税优惠政策，以较低的租金即可取得继续使用设备的权利。

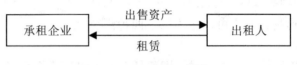

图 5-4　回租租赁示意图

3）融资租赁的特征

（1）一般是由承租人向出租人提出申请，由出租人融通资金购入所需设备，然后再租给承租人。

（2）租赁合同一般比较稳定。在租赁期内，承租人必须连续支付租金，非经同意不得中途退租。

（3）租赁期较长，一般为租赁资产寿命的一半以上。

（4）承租人可以在租赁期满后，廉价购买租赁资产。

（5）租赁期内出租人一般不提供维修和保养设备方面的服务，而由承租人负责租赁资产的折旧计提和日常维护。

5.4.3　融资租赁的租金

在租赁筹资方式下，承租方要按合同规定向出租方支付租金。租金的数额和支付方式对承租方的未来财务状况有直接的影响，也是租赁筹资决策的依据。

1）租金的构成

（1）设备价款。设备价款是租金的主要内容，它由设备的买价、运杂费和途中保险费等构成。

（2）融资成本。融资成本是指租赁公司为购买租赁设备所筹资金的成本，即设备租赁期间的利息。

（3）租赁手续费。租赁手续费包括租赁公司承办租赁设备的营业费用和一定的盈利，租赁手续费的高低一般无固定标准，可由承租方和出租方协商确定。

2）租金的计算方法

在融资租赁业务中，计算租金一般采用等额年金法。等额年金法是利用年金现值的计算方式，经变换后计算每期支付租金的办法。租金有先付租金和后付租金两种支付方式，下面分别举例说明：

（1）后付租金的计算

承租企业与租赁公司商定的租金支付方式，大多为后付等额租金，即标准年金。在这种方式下，每年年末支付租金数额的计算公式为：

$$A = \frac{P}{(P/A,i,n)}$$

式中，P 代表租赁资产的现值；A 代表每年年末须支付的租金；i 代表折现率；n 代表租赁期数；$(P/A, i, n)$ 代表年金现值系数。

【例 5-2】某企业采用融资租赁方式于 2012 年 1 月 1 日从一家租赁公司租入一台设备，设备价款为 40,000 元，租期为 8 年，到期后设备归企业所有。双方协商后决定采用

12%的折现率。试计算该企业每年年末应支付的等额租金。

$$A = \frac{40,000}{(P/A,12\%,8)} = \frac{40,000}{4.9676} = 8,052.18(元)$$

（2）先付租金的计算

承租企业有时可能会与租赁公司商定，采取先付等额租金的方式来支付租金。根据预付年金的现值公式，可得出先付等额租金的计算公式为：

$$A = \frac{P}{(P/A,i,n\text{-}1)+1}$$

式中各变量的含义与后付租金的计算公式相同。

【例 5-3】假如例 5-2 中，采用先付租金的方式，则每年年初应支付的等额租金为：

$$A = \frac{40,000}{(P/A,12\%,7)+1} = \frac{40,000}{4.5638+1} = 7,189.33(元)$$

5.4.4 融资租赁的利弊

1）融资租赁的优点

（1）筹资速度快。租赁中筹资与设备购置同时进行，可以缩短设备的购进和安装时间，比借款购置设备更迅速、更灵活。从这个意义上讲，融资租赁可以使企业尽快形成生产能力。

（2）限制条款少。债券和长期借款都有很多限制条款，相比之下，租赁业务中的限制比较少。

（3）财务风险小。租金在整个租期内分摊，不用到期归还大量本金，降低了企业的偿付风险。

（4）税收负担小。租金可以在税前扣除，具有抵免所得税的效用。

2）融资租赁的缺点

（1）资金的成本较高。租金的总额往往要超过设备价值总额，而且租金要比借款和发行债券的利息高很多，因为租金中包括了租赁公司的各种费用及盈利。

（2）筹资规模有限。融资租赁是以租赁设备为前提解决公司的长期资金短缺问题，所以筹资的数额必定以设备的租金为限。

§5.5 认股权证和可转换债券

认股权证和可转换债券是期权在公司筹资中的重要应用。为了便于读者理解，本节先简要介绍期权的基本知识。

5.5.1 期权的基本知识

1）期权的相关概念

期权（Options），又称选择权，是赋予购买者在一定时期内按照合约规定的价格买进或卖出一定数量标的资产的权利。目前，期权是金融市场上一种非常重要的交易工具，不管是制度、交易规则还是定价理论，都形成了非常完备的体系。下面介绍有关期权的一些非常重要的名词及其定义。

（1）标的资产

期权是一种衍生理财产品，其所依赖的基础资产称为期权的标的资产。标的资产的不同增加了期权的多样性。常见的期权有股票期权、股票指数期权、外汇期权等。

（2）执行价格

执行价格是合约中对标的资产约定的一个固定交易价格，合约双方可以据此价格买入或卖出一定的标的资产。基本期权的执行价格为某一特定价格值；更复杂的期权执行价格往往设置为某一价格区间，当然这进一步增加了期权的复杂性和风险性。

（3）到期日

到期日规定了期权的有效期，超过该日期，期权的权利义务内容对交易双方将不再有约束作用。由于未来的巨大不确定性，期权的到期日都不会很长，期限一般都在3～6个月内。

（4）期权费

期权费，又称权利金或期权价格，是人们为了获得期权所付出的成本。期权的购买者通过支付期权费而享有规定期限内行使或不行使期权的权利；而期权的出售者则只有义务，不享有权利。因为期权出售者已经收取了期权费，通过这一行为，出售者将权利出售，从而只保留保证履行义务之承诺。

（5）美式期权与欧式期权

美式期权可以在到期日和到期日前的任一时间行使，欧式期权只能在到期日行使。

（6）看涨期权与看跌期权

看涨期权（Call Options），又称买入期权，赋予持有人在一定期限内以固定价格买入一定数量标的资产的权利。例如一份股票期权，合约规定的执行价格为50元，标的资产为100股A公司股票，若该期权为看涨期权，期限为3个月，那么该期权持有人就享有在3个月内以50元的价格从期权出售者手中随时买入100股A公司股票的权利。在市场行情上涨时，若标的资产的价格高于执行价格，看涨期权持有人将会选择行使期权，以较低价格购入标的资产，然后在市场上出售而盈利；当标的资产的价格低于执行价格时，持有人执行期权会蒙受损失，此时期权对于持有人来说价值为零。

看跌期权（Put Options）的情形与看涨期权恰恰相反。看跌期权，又称卖出期权，它赋予持有者以约定价格在期权有效期内卖出一定数量标的资产的权利。假设某人持有一份股票看跌期权，当市场价格高于执行价格时，持有人以执行价格卖出股票，将遭受损失。看跌期权是为空头市场人士准备的工具，因为在股票价格低于执行价格的时候，持有人以现价买入股票，转而立刻执行期权，将股票以执行价格出售给期权出售者，持有人将立刻盈利。

（7）期权的多头与空头

同股票、债券等市场一样，期权市场同样有多头与空头之分。买入期权的一方，不论是买入看涨期权还是看跌期权，被称为多头；卖出期权的一方，不论是卖出看涨期权还是看跌期权，被称为空头。

2）期权的价值

期权的价值由两部分构成：内在价值和时间价值。

（1）内在价值

内在价值被定义为期权在当前立即执行时能够为持有人带来的经济价值。内在价值取决于当前标的资产的现价与执行价格的高低。内在价值不同于到期日价值，到期日价值是由到期日的标的资产价格与执行价格关系所决定的经济价值。

对于看涨期权来说，如果现价高于执行价格，立即执行期权能够为持有人带来收益，内在价值为现价与执行价格之差；如果现价低于执行价格，执行期权不会为持有人带来收益，持有人也不会选择执行价格，此时内在价值为零。例如，看涨期权执行价格为 50 元，股票现价为 80 元，则期权内在价值为 30 元（80-50）；如果股价降至 30 元，期权的内在价值为零。

对于看跌期权来说，标的资产现价低于执行价格时，内在价值为执行价格与现价之差；如果现价高于执行价格，内在价值为零。例如，看跌期权执行价格为 50 元，如果股价为 30 元，则期权内在价值为 20 元（50-30）；如果股价涨至 80 元，那么内在价值为零。

由于标的资产价格随时间不断变化，期权内在价值也在不断变化。当执行期权为投资者带来正收益时，称期权为"实值期权"，或称期权处于"实值状态"；当执行期权给投资者带来负回报时，称期权为"虚值期权"，或称期权处于"虚值状态"；当执行价格等于现价时，称期权为"平价期权"。

（2）时间价值

内在价值只描述了在当前立即执行期权能为投资者带来的收益，但期权有一定的期限，并不要求投资者立即执行。如果当前的价格使期权处于虚值状态，投资者可以不执行期权，以期望在以后的某个时间当价格波动到投资者满意的价格时再执行。期权这部分在以后时间可能带来收益的机会，构成了期权的时间价值。简单来说，时间价值就是等待的价值。价格的波动性是时间价值的源泉，如果价格没有波动，那么无论持有期权多久，都不会为投资者带来收益，时间价值也就归零了。价格波动性越大，时间价值也就越大。期权价值中扣除当前内在价值后的剩余部分就是当前的时间价值。

例如，当前一份看涨期权处于虚值状态，然而它仍可以正的价格出售，尽管内在价值为零，但它还有时间价值。如果此后的时间里价格迅速上涨，并且高于执行价格，投资者仍能够获益；如果价格进一步下跌，投资者也不会有更多的损失，最多只是损失了期权费。

5.5.2 认股权证融资

认股权证具有选择权的性质，类似于看涨期权。一份认股权证将赋予其持有人以现金购买普通股的权利。通常认股权证与债券配售，它可以吸引投资者以较低的要求收益率购买企业的长期债券。

（1）认股权证的概念

认股权证（Warrants）赋予持有人在特定时期内，以事先规定的价格直接向发行公司购买普通股的权利。从这个概念可以看出，认股权证相当于一种长期买权。权证本身不是股票，不享受股利收益，也没有投票权，但持有者可以在规定期间内按照一定价格购买一定数量的股票。认股权证一般是附在公司的长期债券或优先股上而发行的，但权证发行后，可以同它所附着的公司债券或优先股相分离，单独流通与交易。

2）认股权证的特征

每一份认股权证都会注明持有人可以购买的股份数、执行价格和到期日。认股权证的主要特征如下：

（1）认股权证是一份股票买权。公司发行认股权证的目的，主要是为了吸引广大投资者购买公司发行的债券或优先股；附有认股权证可以降低债券或优先股的要求收益率。认股权证往往按债券或优先股购买数量的一定比例配售给投资者。

（2）每份认股权证所能认购的普通股数量是固定的。当持有人行使认股权证时，应把认股权证交回公司。

（3）认股权证上规定了购入普通股的执行价格。该价格可以是固定的，也可以根据市场行情按照一定规则来调整。由于认股权证是一种买权，所以上面规定的普通股的执行价格将像普通股买权一样随发行公司发放股票股利或拆股而调整。例如，某公司认股权证规定的普通股认购价格为 10 元，若公司进行了 1 变 2 拆股，则原认股权证对应的股票认购价格也相应降低为每股 5 元。

（4）认股权证还规定了权证的有效期。超过有效期后，认股权证即失效。

（5）执行认股权证将增加公司在外流通股票的数量，对股票的市场价格产生稀释作用。认股权证实质上是一种股票买权，但是与看涨期权又有所不同。行使看涨期权时，看涨期权的出售方向执行方交付的是已经在市场上流通的股票，不会对股价产生影响；而行使认股权证，发行公司将向权证持有人交付新发行的股票，公司在外流通股增加，稀释了股价和每股收益，会使股价产生变化。

3）认股权证的价值分析

（1）认股权证的内在价值

在权证有效期内，同普通股票期权一样，认股权证具有内在价值。不考虑权证行使后的稀释效应，认股权证的内在价值可以用下式计算：

认股权证的内在价值=（普通股市价－执行价格）×每份认股权证所能购买的普通股数

同普通看涨期权一样，如果股票市价低于执行价格，持有人将不会行权，权证内在价值为零。

【例 5-4】某公司股票市场价格为 30 元，该股票认股权证的执行价格为 20 元，每份认股权证所能购买的普通股数量为 0.5 股，则当前该认股权证的内在价值为：

内在价值=(30-20)×0.5=5（元）

如果当前该认股权证的市价为每份 3 元，那么投资者可以花费 6 元买入两份认股权证，然后执行权证，花费 20 元买入一股股票，然后在市场上以 30 元的价格卖出该股票，则投资者的净损益为：

投资者净损益=30-20-6=4（元）

（2）认股权证的时间价值

同普通期权一样，认股权证的市场价格要高于其内在价值，两者的差值就是权证的时间价值。认股权证的时间价值主要受距到期日时间长短和股票价格波动性大小的影响。距离到期日的时间越长，股价波动性越大，认股权证的时间价值越高；反之，认股权证的时间价值越低。

4）认股权证在筹资中的应用

认股权证通常用来改善公司的筹资条件，在不同情况下被大小公司所应用。实力强大的公司发行附有认股权证的公司债券，目的是降低筹资成本，以较低利率出售债券。新建或处于发展阶段的公司，往往具有不确定的前途，因此融资时可能遭遇更多的障碍，并且不易被投资者所接受。此时，公司发行附有认股权证的债券，债券的低利率可以通过认股权证而得到平衡，增加对投资者的吸引力。如果企业发展迅速，获得成功，股价上升，会给投资者带来较高的回报。

认股权证的执行价格，通常会设为高于普通股市价的 10%～30%。如前所述，作为一种买权，企业经营良好、股价上涨会促使投资者行权，获得收益。几种原因会促进权证的行使：

（1）股票市价超过认购价，同时认股权快要到期，则投资者会尽快行使认股权。

（2）当公司把普通股股利提高到一个相当高的水平，认股权证持有者会行使权利。因为，持有认股权证没有股利收入，如果普通股的股利相当高，持有股票就会具有很大的吸引力，这会促使权证持有人行使权利。

（3）认股权证有时会设定逐级提高的认购价，这会刺激投资者在认购价上升前行使权利。

5）认股权证筹资的利弊

（1）认股权证筹资的优点

①吸引投资者。发行认股权证的主要优点就是能够吸引投资者。在公司发行债券时，给予投资者认购普通股票的权利，可以刺激投资者的投资欲望，使企业能够较容易地筹资。

②降低资金成本。由于认股权证具有价值，因此企业发行债券时可以适当降低利率，从而获得低成本的资金来源。

③扩大了企业潜在资金来源。发行认股权证，既可以募集当前所需资金，又可以为将来的资金募集打下基础。当认股权证被行使时，就增加了企业的资金来源。对于需要扩充权益资本的企业而言，认股权证既可以获得以低成本发行债券的好处，又可以享有筹集权益资金的好处。

（2）认股权证筹资的缺点

①认股权证持有者行使认购权具有随机性，从而给公司资金带来不确定性。认股权证赋予持有者购买普通股的选择权，但公司无权规定投资者在何时行权，这样认股权证就给公司的资金带来很大的不稳定性。

②稀释原有股东的收益和控制权。当认股权证被执行时，普通股股份增加，每股收益下降，同时也稀释了原股东的控制权。

5.5.3　可转换债券融资

1）可转换债券的定义

可转换公司债券（Convertible Bond）是一种被赋予了股票转换权的公司债券，也称可转换债券。发行公司事先规定债权人可以选择有利时机，按发行时规定的条件把其债券转换成发行公司的等值股票（普通股票）。可转换公司债券是一种混合型债券形式。当投资者不太清楚发行公司的发展潜力及前景时，可先投资于这种债券。待发行公司经营实绩显著，经营前景乐观，其股票行市看涨时，则可将债券转换为股票，以受益于公司的发展。对于投资者来说，可能换债券意味着多了一种投资选择机会。因此，即使可转换债券的收益比一般债券收益低些，但在投资机会选择的权衡中，这种债券仍然受到投资者的欢迎。可转换债券在国外债券市场上颇为流行。这种债券最早出现在英国，目前美国公司也多发行这种债券。由于可转换债券具有可转换成股票这一优越条件，因而其发行利率比普通债券要低。

2）可转换债券的要素

可转换债券的要素是指构成可转换债券基本特征的必要因素，表明了可转换债券与不可转换债券（普通债券）的区别。

（1）标的股票

可转换债券对股票的可转换性，实际上是一种股票期权，它的标的物就是可以转换成的股票。可转换债券的标的股票一般是其发行公司自己的股票，但也可能是其他公司的股票，如可转换债券发行公司的上市子公司的股票。

（2）转换价格

可转换债券发行时，规定了以后将以怎样的价格转换为普通股，这一规定价格就是可转换债券的转换价格，即转换发生时投资者为取得普通股每股所支付的实际价格。根据我国《可转换公司债券管理暂行办法》的规定，上市公司发行可转换债券，以发行前一个月股票的平均价格为基准，上浮一定幅度作为转换价格；重点国有企业发行可转换债券的，以拟发行股票的价格为基准，折扣一定比例作为转换价格。

（3）转换比例

转换比例是债权人通过转换可获得的普通股股数。显然，可转换债券的面值、转换价格、转换比例之间存在下列关系：

$$转换比例 = 债券面值 \div 转换价格$$

（4）转换期

转换期是指可转换债券能够转换为股份的起始日至结束日这一期间。可转换债券的转换期可以与债券的期限相同，也可以短于债券的期限。

（5）赎回条款

赎回条款是可转换债券的发行企业可以在债券到期日之前提前赎回债券的规定。赎回条款包括下列内容：

①不可赎回期。不可赎回期是可转换债券从发行时起不能被赎回的那段时期。设立不可赎回期的目的，在于保护债权人的利益，防止发行企业滥用赎回权以强制债券持有

人过早转换债券；但并不是所有可转换债券都设有不可赎回期。

②赎回期。赎回期是可转换债券的发行公司可以赎回债券的时间。赎回期安排在不可赎回期之后，不可赎回期结束后即进入赎回期。

③赎回价格。赎回价格是事前规定的发行公司赎回债券的出价。赎回价格一般高于可转换债券的面值，两者之差为赎回溢价。赎回溢价随债券到期日的临近而降低。

④赎回条件。赎回条件是对可转换债券发行公司赎回债券的情况要求，即在什么样的情况下才能赎回债券。赎回条件分为无条件赎回和有条件赎回。无条件赎回是在赎回期内发行公司可随时以赎回价格赎回债券；有条件赎回是对赎回债券有一些条件限制，只有在满足了这些条件之后，发行公司才能赎回债券。

发行公司在赎回债券之前，要向债券持有人发出通知，要求他们在将债券转换为普通股与卖给发行公司之间做出选择。一般来说，债券持有人会将债券转换为股票。可见，设置赎回条款是为了促使债券持有人转换债券，因此又被称为加速条款。同时，它也能使发行公司避免在市场利率下降后，继续向债券持有人支付较高的债券票面利率而蒙受损失；又可限制债券持有人过分享受公司收益大幅度上升所带来的回报。

⑤回售条款。回售条款是在可转换债券发行公司的股票价格达到某种恶劣程度时，债券持有人有权按照约定价格将可转换债券卖给发行公司的有关规定。设置回售条款是为了保护债券投资人的利益，使他们能够避免遭受过大的损失，从而降低投资风险。

3）可转换债券的价值

可转换债券价值由三部分组成：纯粹债券价值、转换价值和期权价值。下面分别讨论这三部分价值：

（1）纯粹债券价值

当发行公司的股票价格较低时，投资者不会选择行使转换权。在此情况下，可转换债券被作为普通债券看待，其价值计算适用一般债券定价公式：

$$\text{纯粹债券价值} = \frac{\text{票面金额}}{(1+\text{市场利率})^n} + \sum_{t=1}^{n} \frac{\text{票面金额} \times \text{票面利率}}{(1+\text{市场利率})^t}$$

式中，n 为债券期限；t 为付息期限。

根据一般债券定价公式计算得到的结果，是假定发行公司股价处于"坏情况"时的债券价值，也是可转换债券的最低价值。可转换债券的价值不能低于此价值。图 5-5 给出了可转换债券价值与股价的关系。

（2）转换价值

转换价值指如果可转换债券按照当前股价转换为股票，则可转换债券所能取得的价值。由此，可转换债券存在两个价值底限。当股票价格较低时，可转换债券的转换价值低于纯粹债券价值，则可转换债券的价值底限是纯粹债券价值；当股票价格较高时，使得转换价值高于纯粹债券价值，由于期权价值的存在，价值底限是转换价值。图 5-5 中以虚线所描绘的临界点为界，在虚线左边，表达的是低股价时可转换债券的最低价值就是纯粹债券价值；在虚线右边，当股价超过临界价格时，可转换债券的最低价值就是转换价值。

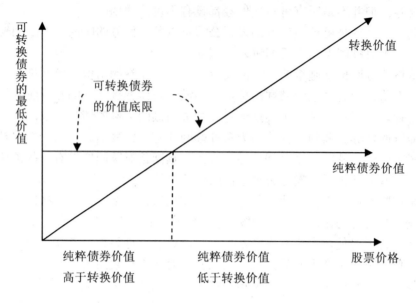

图 5-5　可转换债券最低价值

（3）期权价值

可转换债券的价值通常会超过纯粹债券价值和转换价值。之所以如此，是因为可转换债券持有人不必立即将债券转换为股票，而是可以在一定期限内进行转换。转换期内的选择权是一项期权，正是此期权的价值使得可转换债券价值超过纯粹债券和转换价值。

当公司普通股价格比较低的时候，可转换债券的价值显著地受到其基本价值（如纯粹债券价值）的影响。然而，当公司普通股价格比较高的时候，可转换债券的价值主要由转换价值决定。这种情况如图 5-6 所示。

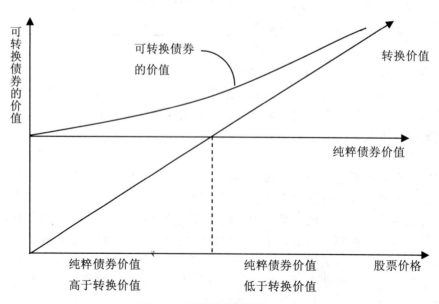

图 5-6　可转换债券价值

4）可转换债券融资的利弊

（1）可转换债券的优点

①可以使公司发行利率较低的债券，降低债券的筹资成本。由于可转换债券给予其持有者在有利可图时将债券转换为股份的权利，因此其实际利率将低于同一条件下的不可转换债券。

②发行可转换债券给公司提供了另一个发行股票的途径，而且还能把股票价格卖得高一些。由于可转换债券规定的转换价格要高于发行时公司的普通股股价，因此它实际上为公司提供了一种以高于当期股价的价格发行新普通股的可能。

③可转换债券一般"从属"于抵押债券、银行贷款或其他高级债券。所谓从属，就是指这类债券在公司破产时，只能等到其他高级债券被清偿后才能得到补偿。所以，发行可转换债券不会影响公司获得其他债务的能力。

（2）可转换债券的缺点

①尽管可转换债券使发行公司有机会以较高的价格出售普通股，但假如普通股的价格大幅上涨，发行公司会发现在这种情况下利用纯债务可能会更好。

②如果公司真正希望筹集权益资本，而当债券发行后普通股市价没有大幅上升时，债券持有者就会不行使转换权，只是将可转换债券作一般债券持有，收取固定利息收入，这样的情况下发行公司的债务仍然存在，仍有到期还本付息的压力。

③一般来说，可转换债券的利率较低，若一旦发生转换，低利率的优势就消失了。

【案例分析】

深宝安可转债：成功的发行，失败的转换

深圳市宝安企业（集团）股份有限公司（下文简称宝安集团），原名宝安县联合投资公司，成立于1982年，后几易其名，至1991年6月经深圳市人民政府批准成立股份制企业，于1991年6月1日在深圳股票交易所上市。宝安集团系多元化企业集团，主要业务包括工业、商业贸易、房地产业、仓储运输业、"三来一补"和酒店及服务业等。1992年底，宝安集团为进行房地产开发改造，成功发行了5亿元、年利率为3%的可转换债券。当时共发售债券10万张，每张面额5,000元，转换条件为每股25元。除1992年度分红时，宝安集团可转债的转股价做过调整外，在1993年度和1994年度分红派息时，其可转债均未做调整。如果按照宝安集团1993年度和1994年度分红派息方案为标准进行价格调整，其转换价格1993年度应为每股10.6894元，1994年度应为每股7.7515元。截至宝安转券摘牌到期，仅有1,350.7万元的可转债转换成A股（共691,584股），占发行总额的2.7%。也就是说，有97.3%的可转债要作为低息债券加以兑付。

那么，是宝安集团的可转债不值得投资吗？下面我们分析宝安集团可转债的特点。

1. 投资灵活，选择多样

宝安集团的可转债在流通中为投资者提供了多种选择，当股价升高时，投资者可以用手中的可转债转换成股票，然后再卖出以获得资本收益。但是，因宝安集团股票早已跌10元以下，其可转债的转换功能实际上已不存在。当股价过低时，投资者会长期持有

债券，到期取得本息。

2. 上不封顶，下可保底

如果证券市场行情好，宝安集团可转债的收益率会随着宝安集团股票价格的上升而增加，从理论上讲，其收益是无限的。如果行情不好，宝安集团的股价不断下跌，可转债本身的价格也可能跌破面值。但是，从1996年1月1日起，宝安集团股票按面值1元兑付现金，债券到期之前的每一年，宝安集团还要按年付3%的利息。这实际上是宝安公司为投资者保了底，减少了投资风险。

3. 成本低廉，操作容易

宝安集团可转债在交易中只收取0.3%的费用，交易成本比股票低一半。这使得债券的进出比较容易，可转债在购买后只要上涨1分钱就可以获利，因为每张债券买卖的手续费加在一起只有6厘钱。同时，债券走势稳定，风险较小。

从以上分析看，宝安集团的债券有其投资价值，它是成功的筹资计划，用了较低的筹资成本9%。如果宝安集团后来经营良好，资金宽裕，证券市场繁荣，该公司既可永久占用这笔资金（投资者实行转换），也可以9%的年息赎回。但事实上，宝安集团的可转债转换失败。请讨论，为什么宝安集团发行可转换债券成功，而转换失败呢？

分析提示：可从以下三个方面考虑：

（1）债券本身的设计

（2）国家宏观经济环境

（3）证券市场环境

本章小结

本章介绍了长期筹资的方式：发行普通股、发行优先股、长期负债、融资租赁、认股权证和可转换债券。发行普通股是公司最常用的筹资方式。公司发行股份一般分为公开发行和非公开发行。公开发行由于要面向广大的不特定投资者，为了使股票能够被投资者接受，实现成功发行，因此在公开发行中要引入承销商。根据发行公司是否能够避免发行失败的风险，承销方式分为包销和代销。包销可以使发行公司解除对发行失败的担忧，因为承销商在包销中承诺按约定价格买下所有剩余股份；而代销由于不包含承销商的此种承诺而面临着发行失败的风险。股票发行中最重要的环节是发行价格的确定。我们介绍了三种发行价格确定方式。可能读者会奇怪：为什么没有具体的数字举例？在现代资本市场中，发行股票是一个非常复杂的工作，涉及投资银行、会计师、律师等很多机构。具体的定价过程是各牵涉机构共同工作的结果。同时，发行定价可以作为专门的学问来单独研究，限于本书的编写目的，故不做深入探讨。

优先股是一种混合型有价证券，它与普通股有许多相似之处，同时具有债券的某些特征。相对于普通股而言，优先股股东具有优先分配股利、优先分配剩余财产的权利，但是却没有表决权。发行优先股融资不会分散公司控制权，但其筹资成本较高，且发行的限制比较多。

债务筹资分为长期借款和债券筹资两种方式。在我国，长期借款的贷款人主要为商业银行，公司可以与贷款银行商定具体的贷款细节，这也是长期借款相对于债券的灵活之处。债券则不然，发行债券，由于牵涉到数量巨大的不特定投资者，监管部门对债券发行做出了严格的规定，这使得债券的发行成本要高于长期借款。债务筹资的一个好处就是，相对于股票而言，债务的利息是可以在税前扣除的。这样，合理限度内的债务有利于降低资本成本。

融资租赁是一种较为灵活的融资方式，为企业融资开拓了新的渠道。融资租赁的租金主要由设备价款、融资成本和租赁手续费三部分构成，租金的计算采用等额年金法。

认股权证和可转换债券都是重要的公司融资工具，二者的标的都是公司普通股股票，而且都相当于一种买权。认股权证是一种长期看涨期权，它赋予持有者在确定的时期内以确定的价格购买一定数量普通股股票的权利。认股权证一般随债券一起配售，上市后，二者可以分开，各自单独交易。持有者行使认股权，可以给公司带来新资金，但债务仍然保留。可转换债券是纯债券和看涨期权的结合，其持有者可以将债券转换成普通股。当债券转换成普通股时，不会给企业带来新资金。

关键概念

普通股　　首次公开发行　　股票上市　　优先股　　融资租赁
认股权证　　可转换公司债券

综合训练

一、单项选择题

1. 从发行公司的角度看，股票包销的优点有____。
   A. 可获得部分溢价收益　　　　　B. 降低发行费用
   C. 可获得一定佣金　　　　　　　D. 不承担发行风险

2. 长期借款筹资与长期债券筹资相比，其特点是____。
   A. 利息能抵税　　B. 筹资弹性大　　C. 筹资费用大　　D. 债务利息高

3. 从筹资的角度看，下列筹资方式中筹资风险较小的是____。
   A. 债券　　　　B. 长期借款　　　　C. 融资租赁　　　D. 普通股

4. 某公司发行期限为15年的可转换债券，面值1,000元，规定在15年内每张债券可转换为25股普通股票，则可转换债券的转换价格为____。
   A. 50元　　　　B. 25元　　　　　C. 60元　　　　　D. 40元

5. 某公司发行认股权证筹资，每张认股权证可按10元/股的价格认购2股普通股，假设股票的市价是12元/股，则认股权证的理论价值是____元。
   A. 10　　　　　B. 14　　　　　C. 5　　　　　D. 4

二、多项选择题

1. 以公开、间接方式发行股票的特点是____。
   A. 发行范围广，易募足资本　　　B. 股票变现能力强，流通性好
   C. 有利于提高公司知名度　　　　D. 发行成本低

2. 对于企业而言，发行普通股筹集资金的优点有＿＿＿。
 A. 增强公司筹资能力　　　　　　　B. 降低公司财务风险
 C. 降低公司资本成本　　　　　　　D. 没有使用约束
3. 发行优先股融资的优点有＿＿＿。
 A. 财务风险较低　　　　　　　　　B. 不会分散公司控制权
 C. 便于调整资本结构　　　　　　　D. 有利于提高公司信誉
4. 认股权证的基本要素包括＿＿＿。
 A. 认购数量　　　B. 认购价格　　　C. 认购期限　　　D. 赎回条款
5. 可转换债券设置合理的回售条款，可以＿＿＿。
 A. 保护债券投资人的利益
 B. 促使债券持有人转换股票
 C. 使投资者具有安全感，因而有利于吸引投资者
 D. 使发行公司避免因利率下滑后继续向债券持有人支付较高的债券票面利率而蒙受损失

三、思考题

1. 搜集几个公司公开发行股份并上市的例子，讨论：公司上市的时机选择、发行价格的确定方式以及发行后公司的资本结构，公司发行股份的目的。

2. 可转换债券的价值包括哪几个部分？企业在什么情况下会选择可转换债券筹资？

3. 股票上市对公司有哪些影响？

4. 某公司在 2012 年 1 月发行 5 年期债券，面值 1,000 元，票面利率 10%，于每年 12 月 31 日付息，到期后一次还本。

要求：

（1）假定 2012 年 1 月 1 日金融市场上与该债券同类风险投资的利率是 9%，那么该债券的发行价格应定为多少？

（2）假定一年后该债券的市场价格为 1,049.06 元，那么该债券于 2013 年 1 月 1 日的到期收益率为多少？

5. 某公司为了开辟新市场，打算采用配股筹资，每两股配一股，配股价为每股 10 元。公司现有股票量为 100 万股，每股价格为 40 元，假定新筹集的资金能够获得良好的回报，分别计算：

（1）新股的数量
（2）新投资总量
（3）发行后公司的总价值
（4）发行后股票的总数
（5）发行后股票的价格

本章参考文献

1. 李心愉：《公司理财学》，北京：北京大学出版社，2008

2．胡元木，姜洪丽：《中级财务管理》，北京：经济科学出版社，2008

3．蒋屏：《公司财务管理》，北京：对外经济贸易大学出版社，2001

4．中国注册会计师协会：《财务成本管理》，北京：经济科学出版社，2008

5．［美］小唐纳德·H. 丘等著，宋莘等译：《新公司理财：理论与实践》，北京：中信出版社，2007

6．卢家仪，蒋冀：《财务管理》，北京：清华大学出版社，2006

7．白蔚秋，潘秀丽：《财务管理学》，北京：经济科学出版社，2005

8．肖翔，刘天善：《企业融资学》，北京：清华大学出版社，北京交通大学出版社，2007

第6章 资本结构决策（Ⅰ）
——基本概念和方法

导读

公司的资本来源有多种渠道，其获得方式也多种多样。任何一家公司的长期资本来源不可能是唯一的，而是由债务和权益资本的不同比例所构成的。由于每种资本的成本和风险各不相同，这就要求公司合理安排各种资本的比例，以实现资本成本最小化，即合理安排资本结构。资本结构涉及公司筹资、经营和利益分配等各个方面，同时也是衡量公司财务风险和整体风险的重要指标。本章介绍公司资本结构决策的第一部分，主要研究如何根据公司的理财目标确定最优资本结构。

资本成本是公司选择筹资方式的重要依据，而杠杆收益也是资本结构决策中必须考虑的重要因素之一。本章首先介绍资本成本的估算和杠杆原理，在此基础上学习确定最优资本结构的三种方法：资本成本比较法、每股利润分析法和公司价值比较法。

§6.1　资本成本

无论公司采用何种筹资方式，都不可能无偿使用所筹措的资金。企业只有树立起资本成本的观念，才能正确地进行筹资与投资决策，合理安排资本结构。

6.1.1　资本成本的概念和作用

1）资本成本的概念

资本成本（也称为资金成本）是指在一定时期内，企业为了筹集和使用资金而付出的代价。资本成本有广义和狭义之分。广义的资本成本是指企业全部资金的成本；狭义的资本成本是指企业筹集和使用长期资金（包括长期负债和权益资本）的成本。本章主要讨论狭义的资本成本。原因在于，短期负债的数量、时间和利息率都不确定，而且通常是暂时性的，或者可以由公司所持有的短期投资相抵，因此忽略短期负债成本对公司整体的资本成本影响不会很大。

从作为筹资方的公司的角度讲，资本成本是使用资金的代价；从资金所有者的角度来看，提供资本需要获得必要的报酬。资本成本是资金所有者预期的（或要求的）收益率。理解资本成本这一概念时要注意以下几点：

首先，资本成本是投资的机会成本，一旦将投资于某企业（或某项目），就失去了获取其他投资报酬的机会。因此，只有当资本投入该企业（或项目）预期能获得的收益率等于或超过投入其他风险相似的企业（或项目）所能得到的收益率时，才应该用所有者的资金进行投资。因此，资本成本是一种机会成本。

其次，企业的资本成本并不是一成不变的。企业筹集和使用资金要受到外部环境和内部条件变化的影响。由于企业的外部环境和内部条件都处于不断发展变化中，所以资本成本也会随着客观环境和企业内部条件的变化而变化。实际工作中，债务资本的使用成本通常有一个较长的固定期，但权益资本变动性较大，所以也较难确定。

最后，资本成本是企业的税后成本，即扣除所得税以后的成本。

2）资本成本的构成

资本成本包括资金的使用费用和资金的筹集费用两部分，简称为用资费用和筹资费用。

（1）用资费用

用资费用是指企业在生产经营、投资过程中因使用资金而付出的代价，如向股东支付的股利、向债权人支付的利息等。用资费用是资本成本的主要构成部分。长期资金的用资费用，因用资数量的多少和用资时间的长短而变动，属于变动性费用。

（2）筹资费用

筹资费用是指企业在筹措资金的过程中为获取资金而支付的费用，如向银行支付的借款手续费，因发行股票、债券而支付的发行费等。筹资费用与用资费用不同，它通常是在筹集资金时一次性支付的，在用资过程中不再发生，与用资数量多少和用资时间长短没有直接关系，属于固定性费用，可视为筹资数额的一项扣除。

3）资本成本的作用

资本成本是企业财务管理中的重要概念，对于企业的投融资过程具有重要意义。

（1）资本成本是拟定筹资方案的依据

企业资金可以通过各种渠道、采取不同的筹资方式获得。各种筹资方式因其资金提供者面临的风险不同而有不同的资本成本，最佳筹资方案是实现综合资本成本最低的各种筹资方式的最优组合。

（2）资本成本是评价投资方案的经济标准

确定资本成本是进行投资决策的重要条件。资本成本的性质、决定了它是一个投资方案必须达到的最低报酬率。只有投资方案的预期收益率高于资本成本，才是可行的。

4）资本成本的表示方法

资本成本可以用绝对数表示，也可以用相对数表示。在财务管理中，为了便于比较，一般用相对数表示，即用一定时期（1 年）内资金的使用费用与实际使用资金数额的比值来表示。其计算公式为：

$$资本成本 = \frac{用资费用}{实际用资额} \times 100\% = \frac{用资费用}{筹资数额 - 筹资费用} \times 100\%$$

用字母表示为：

$$K = \frac{D}{P - F} \times 100\% = \frac{D}{P \cdot (1 - f)} \times 100\%$$

式中，K 为资本成本，以百分率表示；D 表示用资费用；P 表示筹资数额；F 表示筹资费用；f 表示筹资费用率，即筹资费用与筹资数额的比率：$f = \frac{F}{P} \times 100\%$ 。

这一基本公式应结合各种筹资方式的特点加以运用，下面介绍企业主要筹资方式的资本成本的计算方法。

6.1.2 个别资本成本

个别资本成本是某种单一长期资本的成本，如长期借款成本、长期债券成本、优先股成本、普通股成本和留存收益成本等。个别资本成本主要用来比较和评价各种筹资方式的利弊，在其他条件相同的情况下，我们总是选择资本成本最低的筹资方式。因此，个别资本成本是计算综合资本成本，确定最优资本结构的基础。

1）债务资本成本

（1）长期借款成本

长期借款的用资费用主要是使用资金所支付的利息，筹资费用主要是取得长期借款时所支付的手续费等。一般利息费用在所得税前列支，所以企业实际负担的利息费用为：

实际负担的利息费用 = 利息 ×（1-所得税税率）

由于利息的这种抵税作用，长期借款的资本成本可按如下公式进行计算：

$$K_l = \frac{I_l \cdot (1 - T_C)}{L \cdot (1 - f_l)}$$

式中，K_l 表示长期借款的资本成本；I_l 表示长期借款的年利息；L 表示长期借款筹资总额；T_C 表示公司的所得税税率；f_l 表示长期借款筹资费率。

【例 6-1】某企业从银行获得一笔长期借款 400 万元，年利率为 8%，期限 5 年，每年付息一次，到期一次还本。假定筹资费用率为 0.2，公司的所得税税率为 33%，试计算这笔长期借款的成本。

$$K_l = \frac{400 \times 8\% \times (1-33\%)}{400 \times (1-0.2\%)} = 5.37\%$$

如果长期借款的手续费很低，则公式中的 f_l 可以忽略不计，这时长期借款成本的公式可简化为：

$$K_l = r_l \cdot (1-T_C)$$

式中，r_l 表示借款的利息率。

如果将筹资费用忽略不计，则例 6-1 中长期借款的成本为：

$$K_l = 8\% \times (1-33\%) = 5.4\%$$

由于贷款机构在签订贷款合同时，往往要规定一年内付息的次数、时间以及一些特定的信用条件，因此公司在估算资本成本时，应综合考虑这些因素的影响。

【例 6-2】某公司从银行获得一笔贷款，借款额为 1,000 万元，年利率为 5%，期限为 5 年，每年付息一次，到期一次还本。借款合同规定，公司必须保持 15% 的补偿性余额。若公司所得税税率为 33%，这笔借款的成本是多少？

由于公司必须将借款的 15% 留在银行的账户中，不得动用，因此公司的实际筹资额降低，资本成本将上升。此时，该公司借款的成本为：

$$K_l = \frac{1,000 \times 5\% \times (1-33\%)}{1,000 \times (1-15\%)} = 3.94\%$$

（2）长期债券成本

债券成本的计算与长期借款类似，应以税后的债务成本为依据进行计算。但债券的筹资费用一般较高，这类费用主要包括申请发行债券的手续费、债券注册费、印刷费、推销费和上市费等。

由于发行债券时可能按高于、低于或等于面值的价格发行，所以公司债券融资所获得的资本成本不是由债券的票面利率决定的，而是由债券的到期收益率决定的。当债券按面值发行时，其资本成本等于票面利率；当债券溢价发行时，实际资本成本下降；当债券折价发行时，实际资本成本上升。根据债券定价模型，可以得出债券成本的计算公式为：

$$P_b \cdot (1-f_b) = \sum_{t=1}^{n} \frac{I \cdot (1-T_C)}{(1+K_b)^t} + \frac{M}{(1+K_b)^n}$$

式中，K_b 表示债券的成本；P_b 表示债券的发行价格；f_b 表示债券的筹资费率；I 表示每年的利息支付；T_C 表示公司的所得税税率；n 表示债券的期限；M 表示债券的面值。

【例 6-3】公司以 940 元折价发行面值为 1,000 元、票面利率为 10%、20 年到期的债券，发行费率为 2%，公司的所得税税率为 33%。计算该债券的成本。

依据题意，有：

$$940 \times (1 - 2\%) = \sum_{t=1}^{20} \frac{100 \times (1 - 33\%)}{(1 + K_b)^t} + \frac{1,000}{(1 + K_b)^{20}}$$

解得：$K_b = 7.27\%$

为使上式的计算进一步简化，当 n 很大时，可以忽略等式右边的第二项，将债券的偿付现金流量看作利息支付的永续现金流量，于是可以得到简化的计算公式：

$$P_b \cdot (1 - f_b) = \frac{I \cdot (1 - T_C)}{K_b}$$

经过整理，可以得到债券的资本成本计算公式：

$$K_b = \frac{I \cdot (1 - T_C)}{P_b \cdot (1 - f_b)}$$

当债券的期限较长时，利用简化公式来计算债券的资本成本，不仅计算量小，而且近似效果好。将例 6-3 中的数据代入简化公式进行计算，可得：

$$K_b = \frac{100 \times (1 - 33\%)}{940 \times (1 - 2\%)} = 7.27\%$$

2）权益资本成本

（1）优先股成本

企业发行优先股，既要支付筹资费用，又要定期支付股利。与债券不同的是，优先股的股利是从税后利润中支付的，没有抵税的作用。优先股成本的计算公式为：

$$K_p = \frac{D_p}{P_p \cdot (1 - f_p)}$$

式中，K_p 表示优先股成本；D_p 表示优先股每年的股利；P_p 表示优先股的发行价格；f_p 表示优先股筹资费率。

【例 6-4】某公司发行优先股总面额为 1,000 万元，按面值发行，筹资费率为 6%，规定年股利率为 10%，计算优先股的资本成本。

$$K_p = \frac{1,000 \times 10\%}{1,000 \times (1 - 6\%)} = 10.64\%$$

企业破产时，优先股股东的求偿权位于债权人之后，优先股股东的风险大于债券持有人的风险，而且优先股股利要从税后利润中支付，不存在减税利益。所以，优先股成本通常要高于债券成本。

（2）普通股成本

普通股的计算不同于债务成本和优先股成本的计算，因为债券和优先股的用资费用（利息率和股利率）在整个合同规定的用资期内通常是固定不变的，所以其各年的资本成本也保持不变。而普通股的用资费用（股利）不是固定的，要根据企业经营业绩的好坏及股利政策而定。这使得相对于其他融资工具而言，普通股的成本最难估算，但从理论上讲，依然可以根据普通股的定价模型推导出其成本计算公式。普通股成本的估算方法有以下几种：

① 股利贴现模型

这种方式是根据公司股利的支付模式，通过相应的股票定价模型推导得到估算资本成本的公式。股票定价模型在第 3 章已经介绍过，例如，零增长股票的定价模型为：

$$P_s = \frac{D_s}{r}$$

由此可推出普通股成本的计算公式为：

$$K_s = \frac{D_s}{P_s \cdot (1-f_s)}$$

式中，K_s 表示普通股成本；P_s 表示普通股发行价格；f_s 表示普通股筹资费率；D_s 表示固定股利支付额。

【例 6-5】某公司普通股每股发行价为 10 元，筹资费率为 5%，假定每年发放股利为 0.2 元/股，则普通股成本为：

$$K_s = \frac{0.2}{10 \times (1-5\%)} = 2.11\%$$

假如公司采用固定增长股利政策，则固定增长股票的定价模型为：

$$P_s = \frac{D_1}{r-g}$$

由此推出的普通股成本的计算公式为：

$$K_s = \frac{D_1}{P_s \cdot (1-f_s)} + g$$

式中，D_1 表示第一年的股利；g 表示固定的股利增长率；其他变量的含义同前。

【例 6-6】某公司发行普通股，每股发行价格为 10 元，筹资费率为 5%，第一年末发放股利 0.2 元/股，以后每年增长 3%，则普通股成本为：

$$K_s = \frac{0.2}{10 \times (1-5\%)} + 3\% = 5.11\%$$

② 资本资产定价模型（CAPM 模型）

由于公司的资本成本实质上就是投资者所要求的必要报酬率，因此可以用资本资产定价模型来估算普通股的成本。根据资本资产定价模型，公司普通股的成本等于无风险利率加上适当的风险溢价，而适当的风险溢价等于按公司 β 值调整后的市场风险溢价，即：

$$K_s = R_f + \beta \times (R_m - R_f)$$

式中，K_s 表示普通股成本；R_f 表示无风险报酬率；R_m 表示资本市场的平均报酬率；β 表示公司股票的 β 系数。

【例 6-7】假设目前一年期国债利率为 2.5%，证券市场平均的必要报酬率为 5%。A 公司普通股的 β 系数为 1.6，则其普通股的成本是多少？

根据题目，已知 $R_f = 2.5\%$，$R_m = 5\%$，$\beta = 1.6$，将数据代入 CAPM 模型：

$$K_s = 2.5\% + 1.6 \times (5\% - 2.5\%) = 6.5\%$$

使用 CAPM 估算普通股成本,考虑了风险因素,而不需要获得公司的股利分配资料。该方法广泛应用于不分配股利或股利增长率不稳定的公司。但该方法的问题是,不同机构对同一种股票 β 值的估算往往有差异,加之这种方法主要依赖历史资料进行计算分析,与未来的预期也会有差异。因此,对用 CAPM 模型计算出的普通股成本,最好我的天更详细的分析。

③ 风险溢价法

对于股票未上市的公司或非股份制企业,以上两种方法都不适宜计算权益资本成本,这时可采用债务成本加风险报酬率的方法;若公司发行债券,债务成本为债券收益率,若公司无债券,则可用企业的平均负债成本。风险溢价法的基本思路为:根据风险收益均衡原则,普通股股票的平均收益率,应该在债券投资收益率的基础上,追加一定的风险溢价。因此,普通股资本成本可以表示为:

$$K_s = K_b + RP_s$$

式中,K_b 表示债务成本;RP_s 表示股东比债权人承担更大风险所要求的风险溢价。

公式中的 K_b 比较容易估算,而 RP_s 则没有直接的计算方法,只能从经验中获得信息。资本市场的经验表明:大多数情况下,公司普通股的风险溢价要高于债务成本 3%~5%。

【例 6-8】某公司的债券成本为 4%,经估算投资于该公司股票相对于债券投资的风险报酬率为 5%,则其普通股成本为:

$$K_s = 4\% + 5\% = 9\%$$

风险溢价法和资本资产定价模型都考虑了股东要求的风险报酬。两种方法的区别在于起点不同:资本资产定价模型是以无风险报酬率为起点的,而风险溢价法则以债券投资者要求的收益率为起点。两种方法都有一定的主观性,但资本资产定价模型的理论基础较为完善。

（3）留存收益成本

留存收益是公司税后利润中被留在公司内部用于未来发展而未作为股利发放给股东的那部分收益。留存收益作为股东权益的一部分,虽然没有筹资费用,但并不是公司无偿使用的资金。因为这部分利润如果用于发放股利,股东便可用它们进行投资赚取收益。由公司保留作为留存收益后,可以视作股东对公司的新投入,因此留存收益的成本相当于没有筹资费用的普通股成本。

当股利固定不变时,公司留存收益成本的计算公式为:

$$K_r = \frac{D_s}{P_s}$$

式中:K_r 表示留存收益成本;P_s 表示普通股发行价格;D_s 表示固定股利支付额。

当股利以固定的比率 g 增长时,公司留存收益成本的计算公式为:

$$K_r = \frac{D_1}{P_s} + g$$

式中,D_1 表示第一年的股利;g 表示固定的股利增长率;其他变量的含义同前。

【例 6-9】某公司普通股的市场价格为 10 元,第一年每股股利 0.5 元,以后每年增长

6%。该公司将当年的 400 万元净利润留作公司的留存收益。这笔留存收益的成本是多少？

$$K_r = \frac{0.5}{10} + 6\% = 11\%$$

普通股与留存收益都属于所有者权益，股利的支付不固定。企业破产后，股东的求偿权位于最后，与其他投资者相比，普通股股东所承担的风险最大，因此普通股与留存收益的资本成本最高。

6.1.3 综合资本成本

1）综合资本成本的概念

通常情况下，一个企业同时通过多种渠道、采用多种方式筹措长期资本，而不同筹资方式下资本成本各不相同。为了进行筹资和投资决策，确定最佳资本结构，还需要测算各种长期筹资方式下的综合资本成本。综合资本成本，是以各种资本占全部资本的比例为权重，对个别资本成本进行加权平均计算出来的，故又称为加权平均资本成本（Weighted Average Cost of Capital，WACC）。

$$WACC = K_W = \sum_{i=1}^{n} W_i K_i$$

式中，K_W 表示综合资本成本；W_i 表示第 i 种资本占全部资本的比例；K_i 表示第 i 种资本的成本。

2）影响综合资本成本的因素

从综合资本成本的计算公式可以看出，公司的综合资本成本由两个因素决定：一是个别资本成本，二是各类资本占总资本的比重。

（1）个别资本成本的影响因素

在市场经济环境中，多方面因素的综合作用决定着公司个别资本成本的高低，其中主要包括：总体经济环境、证券市场条件和融资规模等。

总体经济环境决定了整个经济中资本的供给和需求，以及预期通货膨胀的水平。总体经济环境变化的影响，反映在无风险报酬率上。显然，如果整个社会经济中的资金需求和供给发生变动，或者通货膨胀水平发生变化，投资者也会相应改变其所要求的收益率。具体说，如果货币需求增加，而供给没有相应增加，投资人便会提高其要求的投资收益率，企业的资本成本就会上升；反之，则会降低其要求的投资收益率，使资本成本下降。如果预期通货膨胀水平上升，货币购买力下降，投资者也会提出更高的收益率来要求补偿预期的投资损失，导致企业资本成本上升。

证券市场条件影响证券投资的风险。证券市场条件包括证券的市场流动难易程度和价格波动程度。如果某种证券的市场流动性不好，投资者想买进或卖出证券相对困难，变现风险加大，其要求的收益率就会提高；或者虽然存在对某证券的需求，但其价格波动较大，投资的风险大，要求的收益率也会提高。

融资规模是影响企业资本成本的另一个因素。企业的融资规模大，资本成本较高。比如，企业发行证券的金额很大，资金筹集费和资金占用费都会上升，而且证券发行规模的增大还会降低其发行价格，由此也会增加企业的资本成本。

（2）计算权重的不同方法

选择以不同价值基础计算权重，也会影响综合资本成本的计算结果。在计算综合资本成本时，通常有三种可供选择的权重：

① 以账面价值为基础的资本权重。以账面价值为基础，是根据各类长期资本的会计账面金额来确定各自占总金额的比重。这种方法的优点是可以直接利用会计数据，资料的获得比较容易；缺点是由于账面金额反映的是资本过去的价值，不能代表公司资本当前的市场价值。只有当公司资本的市场价值与账面价值接近时，采用以账面价值为基础的权重计算综合资本成本才是合理的。此外，账面价值的比重容易受到会计核算方法的影响。

② 以市场价值为基础的资本权重。以市场价值为基础，是指以各类长期资本当前的市场价值占全部资本市场价值的比重计算得到各类资本的权重。这种权重是计算综合资本成本时比较适合的权重。因为公司无论是发行债券股票还是借款，都是按照市场价值进行融资的。但是，一方面公司资本的市场价值不断变化，另一方面市场价值的数据不易取得，这些都使得这种方法在应用上有一定难度。

③ 以目标价值为基础的资本权重。公司根据自身特点和发展预期确定的适合公司一定时期内努力保持的资本结构即为目标资本结构。以目标价值为基础，是指以公司目标资本结构为计算综合资本成本的权重。这种方法体现了公司最优资本结构的要求，能够较好地体现公司目前和未来的融资需要，因此是理想的权重选择。但目标资本结构很难客观确定，从而使得这种方法在应用上也存在很大困难。

【例 6-10】某公司各种长期资本的账面价值、市场价值、目标价值以及个别资本成本的资料如表 6-1 所示。分别以账面价值比重、市场价值比重和目标价值比重为权重计算该公司的综合资本成本。

表 6-1　公司的资本成本及资本结构

资本种类	账面价值（万元）	市场价值（万元）	目标价值（万元）	个别资本成本（%）
长期借款	800	800	2,000	5.0
长期债券	1,500	2,000	4,000	6.5
普通股	2,500	4,800	5,000	12.0
留存收益	1,500	3,600	4,000	11.5
合计	6,300	11,200	15,000	—

（1）按账面价值计算的综合资本成本为：

$$K_w = 5\% \times \frac{800}{6,300} \times 6.5\% \times \frac{1,500}{6,300} \times 12\% \times \frac{2,500}{6,300} + 11.5\% \times \frac{1,500}{6,300}$$

$$= 5\% \times 12.7\% + 6.5\% \times 23.8\% + 12\% \times 39.7\% + 11.5\% \times 23.8\%$$

$$= 9.7\%$$

（2）按市场价值计算的综合资本成本为：

$$K_W = 5\% \times \frac{800}{11,200} \times 6.5\% \times \frac{2,000}{11,200} \times 12\% \times \frac{4,800}{11,200} + 11.5\% \times \frac{3,600}{11,200}$$

$$= 5\% \times 7.1\% + 6.5\% \times 17.9\% + 12\% \times 42.9\% + 11.5\% \times 32.1\%$$

$$= 10.4\%$$

（3）按目标价值计算的综合资本成本为：

$$K_W = 5\% \times \frac{2,000}{15,000} \times 6.5\% \times \frac{4,000}{15,000} \times 12\% \times \frac{5,000}{15,000} + 11.5\% \times \frac{4,000}{15,000}$$

$$= 5\% \times 13.3\% + 6.5\% \times 26.7\% + 12\% \times 33.3\% + 11.5\% \times 26.7\%$$

$$= 9.5\%$$

从计算结果可以看出，按照不同价值权重计算得到的综合资本成本是不同的。

6.1.4 边际资本成本

综合资本成本是企业过去筹集或当期使用资金的成本。但是，企业各种资金的成本是随时间的推移或筹资条件的变化而不断变化的，综合资本成本也不是一成不变的。企业不可能以某一固定的资本成本来筹集无限的资金，当筹集的资金超过一定限度时，原来的资本成本就会增加。企业为了扩大生产规模，常常需要追加筹资，在追加筹资时需要知道筹资额在什么数额上会引起资本成本的变化，这就需要计算边际资本成本。

边际资本成本（Marginal Cost of Capital，MCC）定义为每增加一个单位的筹资金额所增加的成本。在追加筹资时，并非每增加 1 元的资金都会引起资本成本的变动，而是有一定的范围。在原有资金的基础上，追加筹资控制在某一范围内时，其资本成本仍保持原有资本结构的平均水平；当新增资金突破某一限度时，边际资本成本将会提高。

【例 6-11】某公司目前拥有长期资本 10,000 万元，其中长期借款 2,500 万元，长期债券 2,000 万元，普通股 5,500 万元。公司为了扩大生产规模，现需要追加筹资。按目前的资本结构计算追加筹资的边际资本成本。

第一步，确定目标资本结构。应根据原有资本结构和目标资本结构的差距，确定追加筹资的资本结构。公司的财务人员进行分析后，认为公司目前的资本结构即为目标资本结构，计算目标资本结构如下：

长期借款：$\frac{2,500}{10,000} \times 100\% = 25\%$

长期债券：$\frac{2,000}{10,000} \times 100\% = 20\%$

普通股：$\frac{5,500}{10,000} \times 100\% = 55\%$

第二步，测算各种筹资方式的资本成本及其分界点。公司的财务人员在分析了目前的市场行情和公司筹资能力后，得出的具体数据如表 6-2 所示。

表 6-2　个别资本成本及其分界点

资本种类	个别资本成本（%）	新筹资额（万元）
长期借款	6	≤100
	7	>100
长期债券	8	≤200
	9	>200
普通股	14	≤330
	16	>330

第三步，计算筹资突破点。所谓筹资突破点，是指在保持其资本结构不变的条件下可以筹集到的资金总额。也就是说，在筹资突破点以内，资本成本不会改变；一旦超过了筹资突破点，即使保持原有的资本结构，资本成本也会增加。筹资突破点的计算公式为：

$$筹资突破点=\frac{可用某一特定成本筹集到的资金额}{该种资金在资本结构中所占的比重}$$

该公司筹资突破点的计算结果如表 6-3 所示。

表 6-3　筹资突破点计算表

资本种类	目标资本结构（%）	资本成本（%）	新筹资额（万元）	筹资突破点（万元）	筹资范围（万元）
长期借款	25	6	≤100	$\frac{100}{25\%}=400$	≤400
		7	>100		>400
长期债券	20	8	≤200	$\frac{200}{20\%}=1,000$	≤1,000
		9	>200		>1,000
普通股	55	14	≤330	$\frac{330}{55\%}=600$	≤600
		16	>330		>600

第四步，计算边际资本成本。根据表 6-3 的计算结果，可得到四组筹资总额范围：400 万元以下，400 万元～600 万元，600 万元～1,000 万元，1,000 万元以上。分别计算各筹资范围的边际资本成本。

筹资总额在 400 万元以下的边际资本成本为：

6%×25%＋8%×20%＋14%×55%＝10.8%

筹资总额在 400 万元～600 万元之间的边际资本成本为：

7%×25%＋8%×20%＋14%×55%＝11.05%

筹资总额在 600 万元～1,000 万元之间的边际资本成本为：

7%×25%＋8%×20%＋16%×55%＝12.15%

筹资总额在 1,000 万元以上的边际资本成本为：

7%×25%＋9%×20%＋16%×55%＝12.35%

该公司各筹资范围的边际资本成本如表 6-4 所示。

表 6-4　边际资本成本计算表

筹资范围（万元）	筹资方式	资本成本（%）	目标资本结构(%)	边际资本成本(%)
400 以下	长期借款	6	25	10.80
	长期债券	8	20	
	普通股	14	55	
400—600	长期借款	7	25	11.05
	长期债券	8	20	
	普通股	14	55	
600—1,000	长期借款	7	25	12.15
	长期债券	8	20	
	普通股	16	55	
1,000 以上	长期借款	7	25	12.35
	长期债券	9	20	
	普通股	16	55	

也可将边际资本成本绘制成图来反映，如图 6-1 所示。

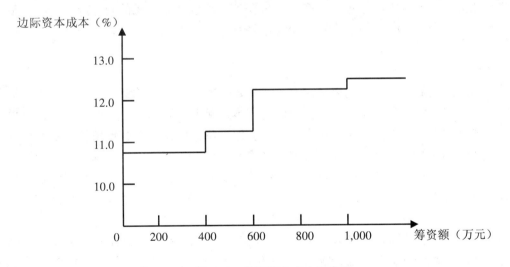

图 6-1　边际资本成本示意图

§6.2　杠杆原理

杠杆收益和风险是企业资本结构决策所必须考虑的一个重要因素。资本结构决策需要在杠杆收益与相关的风险之间进行合理的权衡。杠杆原理是物理学的一个概念。利用杠杆，人们只需要用较小的力量，就能移动较重的物体。在经济生活中，某些固定费用可起到杠杆支点的作用，当某一财务变量以较小的幅度发生改变时，另一变量会大幅变动。了解杠杆原理的目的，是利用杠杆提高经济效益，努力降低风险。

6.2.1 经营风险和经营杠杆

1）经营风险

经营风险是指企业因经营上的原因而导致利润波动的风险，也可以理解为生产经营上的不确定性带来的风险。影响企业经营风险的因素很多，主要有以下几个方面：

（1）产品需求。市场对企业产品的需求越不稳定，企业实现利润目标的可能性就越不确定，经营风险也就越大；反之，企业的经营风险就越小。

（2）产品售价。企业产品售价波动幅度越小，销售收入越稳定，实现利润的可能性越大，企业的经营风险就越小；反之，企业经营风险就越大。

（3）产品成本。若企业产品成本变动比较小，利润稳定，企业经营风险就越小；反之，企业经营风险就越大。

（4）企业调整价格的能力。当企业成本变化时，如果企业能够有较强的价格调整能力，不会因此而影响企业未来的收益，那么企业实现利润目标的可能性就越大，经营风险越小；反之，经营风险就越大。

（5）固定成本在产品成本中的比例。固定成本在企业全部成本中所占比例较大时，单位产品分摊的固定成本就越多，若产量发生变动，单位产品分摊的固定成本会随之变动，导致企业未来的经营收益发生较大变动，经营风险也就越大；反之，企业的经营风险越小。

2）经营杠杆

在上述影响企业经营风险的诸多因素中，固定成本比例的影响最为重要。成本依据其习性可分为固定成本和变动成本。由于固定成本总额并不随销售量的变化而变化，单位产品所分摊的固定成本额会随着销售量的增加而下降。因此，在其他条件不变的情况下，企业利润变动的幅度会大于销售量或者销售额变动的幅度。固定成本就相当于一个支点，由于固定成本的存在，销售量或销售额的较小变动就会引起息税前利润的较大变动，这一现象被称为经营杠杆。

（1）经营杠杆收益

企业可通过增加销售量来降低单位产品分摊的固定成本额，以此来较大幅度地提高息税前利润，这就形成了经营杠杆收益。

【例6-12】某公司的销售额在3,000万元～5,000万元间，固定成本为800万元，变动成本率为50%，该公司2006年的销售额为3,000万元，公司计划在2007年将销售额提高50%。请预测2007年的利润增长率。

利润增长率的计算过程见表6-5。

表 6-5　公司利润增长率计算表

年份	销售额 （万元）	销售额 增长率	变动成本 （万元）	固定成本 （万元）	息税前利润 （万元）	利润增长率
2006	3,000	—	1,500	800	700	—
2007	4,500	50%	2,250	800	1,450	107%

　　从表中可以看出，公司销售额在 3,000 万元～5,000 万元的范围内，固定成本保持不变，为 800 万元；当销售额增长 50% 时，利润以更快的速度增长，增长了 107%。由此可见，由于固定成本的存在，公司通过销售额的增长，使息税前利润以更快的速度增长，从而获得了杠杆收益。

　　【例 6-13】现有 A、B 两公司，它们所处的行业不同。假设这两家公司除了成本结构不同外，其他条件均相同。销售量在 20,000～30,000 件的范围内时，A 公司固定成本为100,000 元，单位变动成本为 20 元，单位产品售价为 30 元；而 B 公司固定成本为 300,000元，单位变动成本为 10 元，单位产品售价为 30 元。A 公司和 B 公司在 2007 年的销售量均为 20,000 件，预计在 2008 年销售量均增长 20%。分别计算 A 公司和 B 公司的息税前利润增长率。

　　A 公司和 B 公司的息税前利润增长率计算过程见表 6-6。

表 6-6　A 公司和 B 公司息税前利润增长率计算表

项目	A 公司	B 公司
2007 年：		
销售量（件）	20,000	20,000
销售额（元）	600,000	600,000
固定成本（元）	100,000	300,000
变动成本（元）	400,000	200,000
息税前利润（元）	100,000	100,000
2008 年（销售量增长 20%）：		
销售量（件）	24,000	24,000
销售额（元）	720,000	720,000
固定成本（元）	100,000	300,000
变动成本（元）	480,000	240,000
息税前利润（元）	140,000	180,000
息税前利润增长率	40%	80%

　　从表中可以看出，在其他条件不变的情况下，A、B 两公司的息税前利润增长幅度均大于销售量的增长幅度。同时，由于固定成本比重不同，A 公司和 B 公司在销售量都增长 20% 的情况下，息税前利润的增长幅度却有所不同。A 公司息税前利润增长了 40%；

而固定成本较高的 B 公司，息税前利润增长了 80%，获得了比 A 公司更高的杠杆收益。

（2）经营杠杆风险

经营杠杆是一把"双刃剑"，在其他条件不变的情况下，由于企业固定成本的存在，企业销售量较小幅度的下降也会引起息税前利润的较大幅度下滑，从而形成经营杠杆风险。

【例 6-14】沿用例 6-12 中的数据，假设由于市场行情的变化，该公司预计 2008 年销售额将下降到 3,000 万元。请预测 2008 年息税前利润的下降率。

表 6-7　公司利润下降率计算表

年份	销售额（万元）	销售额下降率	变动成本（万元）	固定成本（万元）	息税前利润（万元）	利润增长率
2007	4,500	—	2,250	800	1,450	—
2008	3,000	33%	1,500	800	700	52%

从计算结果可以看出，由于经营杠杆的存在，当销售额下降 33% 时，息税前利润以更快的速度下降，下降了 52%。

【例 6-15】沿用例 6-13 的数据，假设由于某种原因，A 公司和 B 公司均预计 2008 年销售量下降 20%。分别计算 A 公司和 B 公司的息税前利润下降率。

表 6-8　A 公司和 B 公司息税前利润下降率计算表

项目	A 公司	B 公司
2007 年：		
销售量（件）	20,000	20,000
销售额（元）	600,000	600,000
固定成本（元）	100,000	300,000
变动成本（元）	400,000	200,000
息税前利润（元）	100,000	100,000
2008 年（销售量下降 20%）：		
销售量（件）	16,000	16,000
销售额（元）	480,000	480,000
固定成本（元）	100,000	300,000
变动成本（元）	320,000	160,000
息税前利润（元）	60,000	20,000
息税前利润增长率	-40%	-80%

从计算结果可以看出，由于 B 公司的固定成本比重高于 A 公司，在销售量同样下降 20% 的情况下，B 公司的息税前利润下降率远远高于 A 公司，面临更大的经营风险。

（3）经营杠杆与经营风险的关系

从上面的例子中，我们可以看出，固定成本相对较高的公司，其经营杠杆也相对较高，息税前利润对销售量（额）的变动也更加敏感。但是经营杠杆本身不是企业经营风险的来源。经营风险是由企业生产经营中的不确定因素引起的，而经营杠杆只是放大了这些不确定因素对息税前利润的影响程度。也就是说，经营杠杆只显示了一种潜在的收益或风险，只有在销售和产品成本发生变动从而带来经营收益或经营风险的前提下，才会由于经营杠杆的存在，放大这种收益或风险。

作为企业的管理者，应当充分认识到经营杠杆的作用，并很好地加以利用。如果预计企业销售前景良好，那么管理者可以考虑适当提高固定成本的比重，以增大经营杠杆对息税前利润增长的促进作用；反之，如果销售前景堪忧，则应当设法减少经营杠杆的不利影响，规避经营杠杆风险。

（4）经营杠杆系数

企业经营杠杆的高低，通常用经营杠杆系数（Degree of Operating Leverage，DOL）来衡量。经营杠杆系数是企业息税前利润的变动率与销售量或销售额变动率的比值。经营杠杆系数反映了经营杠杆的作用程度，可以用来估计经营杠杆收益的大小和经营杠杆风险的高低。其计算公式如下：

$$DOL = \frac{\Delta EBIT / EBIT}{\Delta Q / Q} = \frac{\Delta EBIT / EBIT}{\Delta S / S}$$

式中，DOL 表示经营杠杆系数；$EBIT$ 表示基期的息税前利润；$\Delta EBIT$ 表示息税前利润变动额；Q 表示基期的销售量；ΔQ 表示销售量变动额；S 表示基期的销售额；ΔS 表示销售额的变动额。

【例 6-16】沿用例 6-13 中的数据，计算 A 公司和 B 公司的经营杠杆系数。

A 公司经营杠杆系数：$DOL_A = \dfrac{(140,000 - 100,000) / 100,000}{(24,000 - 20,000) / 20,000} = 2$

B 公司经营杠杆系数：$DOL_B = \dfrac{(180,000 - 100,000) / 100,000}{(24,000 - 20,000) / 20,000} = 4$

其经济含义为：A 公司的经营杠杆系数为 2，表明当 A 公司的销售量增加 1 倍时，息税前利润将增加 2 倍，表现为经营杠杆收益；当 A 公司的销售量下降 1 倍时，息税前利润会下降 2 倍，表现为经营杠杆风险。B 公司的经营杠杆系数为 4，其含义的分析与 A 公司同理。另外，B 公司的固定成本比重高于 A 公司，因此其经营杠杆系数也高于 A 公司。

DOL 的计算公式还可以有另一种表示方法。为了便于公式的推导，我们首先定义相关变量：P 表示单位销售价格；v 表示单位变动成本；Q 表示销售量；S 是销售收入 $= P \times Q$；VC 是变动成本 $= v \times Q$；FC 表示固定成本。

下面我们对 DOL 的计算公式做如下变换：

$$\because EBIT = Q \cdot (P - v) - FC, \quad \Delta EBIT = \Delta Q \cdot (P - v)$$

$$\therefore DOL = \frac{\Delta EBIT / EBIT}{\Delta Q / Q} = \frac{\dfrac{\Delta Q \cdot (P - v)}{Q \cdot (P - v) - FC}}{\dfrac{\Delta Q}{Q}} = \frac{Q \cdot (P - v)}{Q \cdot (P - v) - FC}$$

$$又 \because Q \cdot (P-v) = S - VC$$

$$\therefore DOL = \frac{Q \cdot (P-v)}{Q \cdot (P-v) - FC} = \frac{S-VC}{S-VC-FC}$$

公式中的分子是销售收入与相应的变动成本之间的差额，叫做边际贡献。

【例 6-17】某公司生产某产品的固定成本为 60 万元，变动成本率为 40%，试计算当公司的销售额为 400 万元、200 万元和 100 万元时的经营杠杆系数。

（1）当公司的销售额为 400 万元时，其经营杠杆系数为：

$$DOL_1 = \frac{400 - 400 \times 40\%}{400 - 400 \times 40\% - 60} = 1.33$$

（2）当公司的销售额为 200 万元时，其经营杠杆系数为：

$$DOL_2 = \frac{200 - 200 \times 40\%}{200 - 200 \times 40\% - 60} = 2$$

（3）当公司的销售额为 200 万元时，其经营杠杆系数为：

$$DOL_3 = \frac{100 - 100 \times 40\%}{100 - 100 \times 40\% - 60} \to \infty$$

以上计算结果说明：

第一，在固定成本不变的情况下，经营杠杆系数的含义是销售额变化所引起的利润变化的幅度。例如，DOL_1 表明其销售额为 400 万元时，销售额的变动会引起息税前利润 1.33 倍的变动；DOL_2 表明其销售额为 200 万元时，销售额的变动会引起息税前利润 2 倍的变动；DOL_3 表其销售额为 100 万元时，边际贡献刚好可以抵偿固定成本，企业处于盈亏平衡状态，经营杠杆系数趋于无穷大，经营风险非常高，此时销售额稍有减少就会导致企业亏损。

第二，在固定成本不变的情况下，销售额越大，经营杠杆系数越小，经营风险越小；反之，销售额越小，经营杠杆系数越大，经营风险也就越大。

一般而言，固定成本在短期内不会发生太大的变化，企业一般可以通过增加销售额、降低产品固定成本比例等方法使经营杠杆系数下降，以降低经营风险。由于产品价格和销量往往受市场竞争因素制约，所以企业对经营杠杆的影响是有限的。

6.2.2 财务风险和财务杠杆

1）财务风险

财务风险指企业经营活动中与筹资有关的风险，尤其是负债经营可能导致企业因资不抵债而破产的风险。由于债务利息是固定不变的，当债务资本比率较高时，投资者将负担比较多的债务成本，加大财务风险；如果债务比率很低，虽然风险小，但是没有充分利用债务利息的税收抵减作用，也是不经济的。因此，把握财务风险需要合理安排债务资本比率。

2）财务杠杆

财务杠杆是指由于固定性利息费用的存在，企业运用债务资本使得普通股每股收益的变动幅度大于息税前利润的变动幅度。不管企业盈利多少，债务利息是固定不变的，因此企业利用财务杠杆会对普通股每股收益产生某种影响。

财务杠杆与经营杠杆都有放大企业利润波动的功能，但两者有明显的区别，主要表现在以下两方面：

首先，财务杠杆更具可控性。财务杠杆是可以选择的，而经营杠杆通常情况下不能选择。经营杠杆往往由企业所属行业的特点和企业经营的客观需要所决定，企业一般无法随意做出选择；而财务杠杆却不同，因为企业可以根据实际需要选择适当的负债水平，从而对财务风险进行控制。

其次，财务杠杆与经营杠杆在放大企业利润波动中所处的环节不同。经营杠杆放大了销售量或销售额变动对息税前利润的影响；而财务杠杆在经营杠杆对息税前利润放大的基础上，进一步放大了普通股每股收益的变动。

（1）财务杠杆收益

财务杠杆收益，是指企业利用财务杠杆而给普通股股东带来的额外收益。财务杠杆收益表现在两个方面：一方面，当企业的息税前利润高于债务资本的税后利息率时，普通股股东会获得额外收益，形成财务杠杆收益；另一方面，在企业资本规模和资本结构一定的条件下，企业从息税前利润中支付的债务利息是相对固定的，当息税前利润提高时，企业的税后利润或每股收益会以更快的速度增长，从而给普通股股东带来额外的收益。

【例 6-18】有一家拟开业的公司，总共需要投资 200 万元，现有两种筹资方案可供选择。方案 A：全部资本通过发行每股面值 10 元的普通股进行融资；方案 B：50% 的资本通过发行每股面值 10 元的普通股融资，50% 的资本采用债务方式融资。假设债务资本的利息率为 6%，公司的所得税税率为 30%，预期息税前利润为 10%。计算两种筹资方案的每股收益。

两种方案的每股收益计算过程见表 6-9。

表 6-9　两种方案每股收益计算表

项　目	A 方案	B 方案
息税前利润率	10%	10%
息税前利润（元）	200,000	200,000
利息费用（元）	—	60,000
税前利润（元）	200,000	140,000
所得税（元）	60,000	42,000
税后利润（元）	140,000	98,000
每股收益（元/股）	0.7	0.98

从表中可以看出，在其他条件不变的情况下，企业通过运用财务杠杆，当息税前利润率高于债务资本的税后利息率时，普通股每股收益会增加。本例中，公司预期的息税前利润率为 10%，债务资本的税后利息率为 6%×(1-30%)=4.2%，低于息税前利润率，因此 B 方案的普通股每股收益大于 A 方案，获得了财务杠杆收益。

【例 6-19】某公司拥有长期资本 2,000 万元，其中债务资本 1,000 万元，债务资本的利息率为 8%，公司的所得税税率为 30%。公司 2007 年的息税前利润为 200 万元，预计 2008 年将增长到 300 万元。计算该公司 2008 年预计的息税前利润增长率和税后利润增长率。

具体计算过程见表 6-10。

表 6-10　息税前利润增长率和税后利润增长率计算表

年份	息税前利润（万元）	息税前利润增长率	债务利息（万元）	所得税（万元）	税后利润（万元）	税后利润增长率
2007	200	—	80	36	84	—
2008	300	50%	80	66	154	83%

从表中可以看出，在企业资本规模和资本结构一定的条件下，企业从息税前利润中支付的债务利息是相对固定的，当息税前利润提高时，企业的税后利润会以更快的速度增长，从而给普通股股东带来额外的收益。本例中，公司的息税前利润提高了 50%，在财务杠杆的作用下，公司的税后利润增长了 83%。

（2）财务杠杆风险

财务杠杆风险也表现在两个方面：一方面，当企业的息税前利润率低于债务资本的税后利息率时，企业支付的债务利息不会减少，普通股股东会遭受额外的损失；另一方面，在企业资本规模和资本结构一定的条件下，当息税前利润下降时，企业的税后利润或每股收益会以更快的速度下降，从而给普通股股东造成额外的损失。

【例 6-20】沿用例 6-18 的数据，假设预期的息税前利润率为 2%，计算两种方案的每股收益。

表 6-11　两种方案每股收益计算表

项目	A 方案	B 方案
息税前利润率	2%	2%
息税前利润（元）	40,000	40,000
利息费用（元）	—	60,000
税前利润（元）	40,000	−20,000
所得税（元）	12,000	—
税后利润（元）	28,000	−20,000
每股收益（元/股）	0.14	−0.2

从表中可以看出，当息税前利润率低于债务资本的税后利息率（4.2%）时，B 方案非但不能获得财务杠杆收益，反而出现亏损，使股东遭受了额外损失。

【例 6-21】沿用例 6-19 的数据，假设公司 2008 年的息税前利润下降到 100 万元，计算其息税前利润下降率和税后利润下降率。

表 6-12　息税前利润下降率和税后利润下降率计算表

年份	息税前利润 （万元）	息税前利润 下降率	债务利息 （万元）	所得税 （万元）	税后利润 （万元）	税后利润 下降率
2007	200	—	80	36	84	—
2008	100	50%	80	6	14	83%

从该计算结果可以看出，当公司息税前利润下降 50% 时，在财务杠杆的作用下，税后利润下降了 83%。

（3）财务杠杆系数

企业财务杠杆的高低通常用财务杠杆系数（Degree of Financial Leverage，DFL）来衡量。财务杠杆系数是企业税后利润或每股收益的变动率与息税前利润变动率的比值。财务杠杆系数反映了财务杠杆的作用程度，可以用来估计财务杠杆收益的大小和财务杠杆风险的高低。其计算公式如下：

$$DFL = \frac{\Delta EPS / EPS}{\Delta EBIT / EBIT} = \frac{\Delta EAT / EAT}{\Delta EBIT / EBIT}$$

式中，DFL 表示财务杠杆系数；$EBIT$ 表示基期的息税前利润；$\Delta EBIT$ 表示息税前利润变动额；EPS 表示基期的每股收益；ΔEPS 表示每股收益变动额；EAT 表示基期的税后利润；ΔEAT 表示税后利润的变动额。

为了便于计算，上述公式也可以进行转换，我们先定义相关变量：I 表示债务利息额；N 表示公司流通在外的普通股股数；T_C 表示公司的所得税税率。

$$\because EPS = \frac{(EBIT - I) \times (1 - T_C)}{N}, \ \Delta EPS = \frac{\Delta EBIT \times (1 - T_C)}{N}$$

$$\therefore DFL = \frac{\Delta EPS / EPS}{\Delta EBIT / EBIT} = \frac{EBIT}{EBIT - I}$$

同理：

$$\because EAT = (EBIT - I) \times (1 - T_C), \ \Delta EAT = \Delta EBIT \times (1 - T_C)$$

$$\therefore DFL = \frac{\Delta EAT / EAT}{\Delta EBIT / EBIT} = \frac{\frac{\Delta EBIT \times (1 - T_C)}{(EBIT - I) \times (1 - T_C)}}{\frac{\Delta EBIT}{EBIT}} = \frac{EBIT}{EBIT - I}$$

若公司存在优先股，则财务杠杆系数的计算公式为：

$$DFL = \frac{EBIT}{EBIT - I - \frac{D_p}{1 - T_C}}$$

式中，D_p 表示优先股股利，其他变量的含义同前。

【例 6-22】某公司的长期资本共计 600 万元，负债比率为 40%，债务的利息率为 10%，该年公司实现息税前利润 70 万元，公司每年还将支付 4 万元的优先股股利，所得税率为

33%。该公司的财务杠杆系数是多少？

公司年利息额 $=600\times40\%\times10\%=24$（万元）

$$DFL=\frac{70}{70-24-4/(1-33\%)}=1.75$$

其经济含义是：公司息税前利润每增加（或减少）1 倍，普通股每股收益增加（或减少）1.75 倍。

通过分析财务杠杆，有利于企业把握财务风险的大小，根据自身情况做出控制财务风险的决策。首先，企业在制定筹资决策时，通过财务杠杆的分析，可以测定债务资本给企业带来财务杠杆收益的成本范围，确保企业预期的息税前利润率高于债务资本的税后利息率。其次，降低财务杠杆风险，除了采用减少债务资本的方法外，还可以通过提高息税前利润来实现。

6.2.3　总风险和复合杠杆

1）总风险

总风险是企业经营风险和财务风险联合作用的结果。在企业的生产经营过程中，一般同时存在着固定成本和固定性财务费用，因此也就同时存在着经营风险和财务风险。经营杠杆会放大销售量变动对息税前利润变动的影响，而财务杠杆会进一步放大息税前利润变动对每股收益或税后利润变动的影响。经营杠杆和财务杠杆联合作用，放大了销售量变动对每股收益或税后利润变动的影响，即总风险。因此，经营风险较小的企业，可以使用较大的财务杠杆，取得财务杠杆收益；而经营风险较大的企业，则不适宜使用较大的财务杠杆，以免企业面临较高的总风险。

2）复合杠杆

复合杠杆，也称总杠杆或联合杠杆，指经营杠杆和财务杠杆的联合作用。在复合杠杆的作用下，企业销售量或销售额的较小变动会造成每股收益或税后利润的较大幅度变动。因此，企业应分析复合杠杆的作用，权衡风险与收益，使企业的风险保持在合理水平上。

3）复合杠杆系数

企业复合杠杆的高低，通常用复合杠杆系数（Degree of Combined Leverage，DCL）来衡量。复合杠杆系数是企业税后利润或每股收益的变动率与销售量或销售额变动率的比值。复合杠杆系数反映了经营杠杆和财务杠杆综合作用程度的大小，它是经营杠杆系数与财务杠杆系数的乘积。用公式表示如下：

$$DCL=DOL\times DFL$$
$$=\frac{\Delta EPS/EPS}{\Delta Q/Q}=\frac{\Delta EPS/EPS}{\Delta S/S}$$

还可以表示为：

$$DCL=\frac{Q\cdot(P-v)}{Q\cdot(P-v)-FC-I} \quad 或 \quad DCL=\frac{S-VC}{S-VC-FC-I}$$

【例 6-23】某公司年产销量为 80,000 件，单位产品售价为 100 元，单位产品变动成本为 50 元，固定成本总额为 2,100,000 元，利息费用为 300,000 元。计算该公司的复合杠杆系数。

$$DCL = \frac{Q \cdot (P-v)}{Q \cdot (P-v)-FC-I}$$

$$= \frac{80,000 \times (100-50)}{80,000 \times (100-50)-2,100,000-300,000} = 2.5$$

其经济含义为：企业的销售量每增加（或减少）1 倍，会使每股收益增加（或减少）2.5 倍。

§6.3 最优资本结构的确定

6.3.1 资本结构的含义

1）资本结构的概念

资本结构是指公司长期资本来源的构成与比例关系。由于短期资本的需要量和筹集是经常变化的，而且在公司资本总量中所占的比重不稳定，所以不列入资本结构的管理范围，而作为营运资金管理。通常情况下，公司资本结构的构成项目主要分为两大类：一类是长期债务，包括企业债券、银行长期借款等；另一类是权益资本，包括优先股、普通股和留存收益等。不同的筹资方式决定了不同的资本结构，资本结构合理与否会影响企业资本成本的高低、财务风险的大小以及投资者的收益，因此是企业筹资决策的核心问题。

2）资本结构中债务资本的作用

资本结构决策，实质上就是确定权益资本与债务资本的关系，最重要的是确定债务资本的比例。合理安排债务的比率，对企业具有重要的意义。

（1）一定程度的负债有利于降低企业的综合资本成本

企业利用债务资本要定期支付利息并按时还本，所以债权人的风险相对较小，企业利用债务资本的利息率可以略低于股息率。另外，债务利息从税前支付，可以减少缴纳所得税的数额。以上因素使得债务资本的成本明显低于权益资本的成本。在一定限度内增加负债，可以降低企业的综合资本成本。

（2）债务资本具有财务杠杆作用

无论企业有多少利润，债务的利息通常都是固定不变的。当息税前利润增加时，每1 元盈余所负担的债务利息就会相应地减少，也就给每 1 股普通股带来更多的收益。这就是上一节讲到的财务杠杆作用。因此，在企业息税前利润增多、增长幅度较大时，适当地利用债务资本，发挥财务杠杆作用，可以增加每股收益，从而增加公司的价值。

（3）债务资本会加大企业的财务风险

财务杠杆作用增加了普通股每股收益大幅度提升的机会，同时也会增加企业的财务风险。企业为取得财务杠杆利益而增加债务资本，必然会增加利息等固定财务费用，增加企业的财务负担，甚至可能导致企业破产；另外，由于财务杠杆的作用，当息税前利润下降时，普通股每股收益下降得更快。这些风险都是利用债务资本带来的。

3）最优资本结构

从上述分析可知，债务资本具有双重作用。适当利用负债，可以降低企业的综合资本成本；但当负债比率过高时，也会带来较大的财务风险。因此，企业必须权衡资本成本和财务风险的关系，确定最优资本结构。最优资本结构是指在一定时期财务风险适当的情况下，使公司预期综合资本成本最低，同时又使公司价值最大的资本结构。最优资本结构应当作为公司的目标资本结构，如何确定公司的目标资本结构就成为一个重要问题。下面将介绍公司目标资本结构的确定方法以及在确定资本结构时应考虑的因素。

6.3.2 最优资本结构的确定方法

公司融资的一个重要目标，就是用最经济的方法筹集到公司必需的资金，并使公司的资本成本相对最低。所以，不同融资方案的比较，实际上就是不同资本结构的比较。根据资本结构原理，确定公司最优资本结构的方法主要有资本成本比较法、每股收益分析法和公司价值比较法。

1）资本成本比较法

资本成本比较法是指公司在做出筹资决策之前，先拟订若干备选方案，分别测算各备选方案的综合资本成本，并以此为标准确定最优资本结构。公司筹资可以分为初始筹资和追加筹资两种情况，与此对应，公司的资本结构决策可以分为初始筹资的资本结构决策和追加筹资的资本结构决策。我们分别举例说明资本成本比较法在这两种情况下的应用。

（1）初始筹资的资本结构决策

在初始筹资时，公司一般根据需要筹集的资本总额选择采用多种筹资方式。不同筹资方式的资本成本不同，通过确定不同的资本构成比例，可以比较计算不同资本结构下的综合资本成本，综合资本成本最低的资本结构即为最优资本结构。

【例 6-24】某公司初创时有以下三个筹资方案可供选择，有关资料如表 6-13 所示。

表 6-13　公司初创待选筹资方案表

单位：万元

筹资方式	筹资方案 1		筹资方案 2		筹资方案 3	
	筹资额	资本成本（%）	筹资额	资本成本（%）	筹资额	资本成本（%）
长期借款	400	6.0	500	6.5	800	7.0
债券	1,000	7.0	1,500	8.0	1,200	7.5
优先股	600	12.0	1,000	12.0	500	12.0
普通股	3,000	15.0	2,000	15.0	2,500	15.0
合计	5,000		5,000		5,000	

根据表 6-13 所提供的资料，分别测算三个筹资方案的综合资本成本，并比较其高低，

从而确定最优的筹资方案。

方案 1：

第一步，计算各种筹资方式占筹资总额的比重。

长期借款：$\dfrac{400}{5,000}\times100\%=8\%$；　债券：$\dfrac{1,000}{5,000}\times100\%=20\%$

优先股：$\dfrac{600}{5,000}\times100\%=12\%$；　普通股：$\dfrac{3,000}{5,000}\times100\%=60\%$

第二步，计算综合资本成本。

$$K_{w1}=8\%\times6\%+20\%\times7\%+12\%\times12\%+60\%\times15\%=12.32\%$$

方案 2：

第一步，计算各种筹资方式占筹资总额的比重。

长期借款：$\dfrac{500}{5,000}\times100\%=10\%$；　债券：$\dfrac{1,500}{5,000}\times100\%=30\%$

优先股：$\dfrac{1,000}{5,000}\times100\%=20\%$；　普通股：$\dfrac{2,000}{5,000}\times100\%=40\%$

第二步，计算综合资本成本。

$$K_{w2}=10\%\times6.5\%+30\%\times8\%+20\%\times12\%+40\%\times15\%=11.45\%$$

方案 3：

第一步，计算各种筹资方式占筹资总额的比重。

长期借款：$\dfrac{800}{5,000}\times100\%=16\%$；　债券：$\dfrac{1,200}{5,000}\times100\%=24\%$

优先股：$\dfrac{500}{5,000}\times100\%=10\%$；　普通股：$\dfrac{2,500}{5,000}\times100\%=50\%$

第二步，计算综合资本成本。

$$K_{w3}=16\%\times7\%+24\%\times7.5\%+10\%\times12\%+50\%\times15\%=11.62\%$$

将以上三种筹资方案的综合资本成本进行比较，方案 2 的综合资本成本最低，因此在适度财务风险的条件下，方案 2 是最优的筹资方案，其形成的资本结构为公司的最优资本结构。

（2）追加筹资的资本结构决策

公司在持续经营中总是不断地发展和壮大，随着经营规模的扩大，公司的资本需要量也不断增加，因此需要追加筹资。追加筹资不仅会使公司的资本总量发生变化，也可能使各种筹资方式的资本成本发生变化；尤其是在增加负债筹资时，由于财务风险增大，投资者要求的投资报酬率也会随之提高，这必然引起各种筹资方式资本成本的上升。原来的最优资本结构在扩大的经营规模下可能不再是最优，这就需要在追加筹资时重新确定公司的最优资本结构。

追加筹资的资本成本是公司的边际资本成本，通过比较不同的追加筹资方案的边际资本成本，可以确定追加筹资时的最优资本结构。

【例 6-25】沿用例 6-24 的数据，假设该公司因投资需要拟追加筹资 500 万元，可采用普通股、优先股、长期借款三种方式筹资，现有两个追加筹资方案可供选择。有关资料如表 6-14 所示。

表 6-14　公司追加筹资方案的资本结构及资本成本

单位：万元

筹资方式	方案 I			方案 II		
	追加筹资额	比重	资本成本（%）	追加筹资额	比重	资本成本（%）
长期借款	200	0.4	9	300	0.6	10
优先股	50	0.1	13	50	0.1	13
普通股	250	0.5	15	150	0.3	16
合计	500	1.0		500	1.0	

根据表 6-14 的资料，分别计算两种追加筹资方案的边际资本成本：

方案 I 的边际资本成本 $= 9\% \times 0.4 + 13\% \times 0.1 + 15\% \times 0.5 = 12.4\%$

方案 II 的边际资本成本 $= 10\% \times 0.6 + 13\% \times 0.1 + 16\% \times 0.3 = 12.1\%$

比较两个追加筹资方案的边际资本成本，显然，方案 II 的边际资本成本低于方案 I，应选择方案 II 作为追加筹资时的最优资本结构。将例 6-24 和例 6-25 的数据结合起来，可知公司在追加筹资以后的最优资本结构为：长期借款 800 万元，债券 1,500 万元，优先股 1,050 万元，普通股 2,150 万元，总资本为 5,500 万元。

资本成本比较法由于通俗易懂，计算过程也比较简单，因此成为确定最优资本结构的一种常用方法。但因为拟订的方案数量有限，所以有可能把最优方案遗漏。而且，该方法仅以资本成本率最低为决策标准，没有具体测算财务风险因素，其决策目标实际上是利润最大化而不是企业价值最大化，一般只适用于资本规模较小、资本结构较为简单的非股份制企业。

2）每股收益分析法（EBIT—EPS 分析法）

判断资本结构是否最优，最一般的方法是通过分析每股收益的变化来评价，能使每股收益达到最大的资本结构是最优的。每股收益分析法也称为无差别点分析法，具体做法是利用每股收益无差别点来进行资本结构决策。所谓每股收益无差别点，指的是两种或两种以上的筹资方式下普通股每股收益相等时的息税前利润点，又称息税前利润平衡点。依据每股收益无差别点，可以分析在公司息税前利润一定的条件下，采用何种资本结构可以提高公司的每股收益，进而提高公司的价值。每股收益无差别点的计算公式如下：

$$EPS = \frac{(EBIT - I) \times (1 - T_C) - D_p}{N}$$

其中，I 表示债务利息；D_p 表示优先股股利；T_C 表示公司所得税税率；N 表示流通在外的普通股股数；$EBIT$ 表示息税前利润。

在每股收益无差别点上，无论是采用债务融资还是采用权益融资，每股收益都是相等的。若以 EPS_1 代表负债融资，EPS_2 代表权益融资，则有 $EPS_1=EPS_2$。只要求出使等式成立的 $EBIT$，即每股收益无差别点，将计算结果与预测的 $EBIT$ 进行比较，分析方案的优劣，就可以确定最优资本结构。下面用实例说明此方法的应用。

【例 6-26】某公司原有资本 1,000 万元，其中债务资本 400 万元（利率为 10%），普通股资本 600 万元（发行普通股 12 万股，每股面值 50 元），并且不存在优先股。为了扩大业务，公司需要追加筹资 300 万元，有如下两个备选的筹资方案：

方案 1：全部发行普通股，增发 6 万股，每股面值 50 元。

方案 2：全部举借长期债务，债务利率仍为 10%。

公司所得税率为 40%。

首先，计算每股收益无差别点处的息税前利润：

$$\frac{\left(\overline{EBIT}-I_1\right)\times\left(1-T_C\right)-D_{p1}}{N_1}=\frac{\left(\overline{EBIT}-I_2\right)\times\left(1-T_C\right)-D_{p2}}{N_2}.$$

代入数据，得：

$$\frac{\left(\overline{EBIT}-400\times10\%\right)\times(1-40\%)-0}{12+6}=\frac{\left(\overline{EBIT}-400\times10\%-300\times10\%\right)\times(1-40\%)-0}{12}$$

解得：$\overline{EBIT}=130$（万元）

此时的每股收益为：$EPS=\dfrac{(130-40)\times(1-40\%)}{12+6}=3.0$（元）

根据上述每股收益无差别点分析，可绘制出图 6-2。

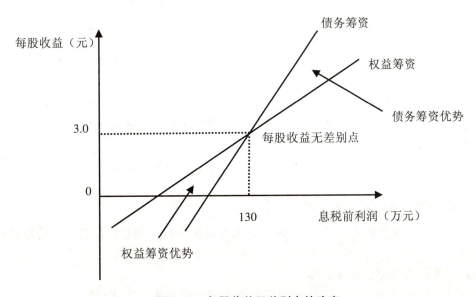

图 6-2　每股收益无差别点的确定

从图中可以明显看出，当 $EBIT>130$ 万元时，利用债务筹资较为有利；当 $EBIT<130$ 万元时，利用权益筹资（即发行普通股）较为有利；当 $EBIT=130$ 万元时，两种方式无差别。

运用每股收益分析法进行资本结构决策，计算过程比较简单，原理也容易理解。但是这种方法只考虑了资本结构对每股收益的影响，并假定每股收益越大，公司的价值也越大，具有一定的局限性。这种方法只考虑了负债对公司的好处，尤其是在公司息税前利润足够大时。按照这种方法的思路，公司负债越高，会使每股收益越大，完全忽视了负债的财务风险，其决策目标实际上是每股收益最大化而不是公司价值最大化。事实上，公司负债的增加将会导致财务风险的增大，从而降低公司的价值。忽略负债的财务风险是该方法在应用中的主要缺陷。

3）公司价值比较法

采用资本成本比较法和每股收益分析法确定公司的最优资本结构，其主要缺陷是没有充分考虑企业的财务风险。随着负债比重和企业规模的扩大，公司的财务风险也会相应地增大，从而影响企业价值。在进行资本结构决策时，应综合考虑资本成本和财务风险对企业价值的影响，通过比较不同资本结构下的公司价值，选择公司价值最大时的资本结构作为最优资本结构。公司价值比较法全面考虑了资本成本和财务风险对公司价值的影响，以公司价值最大化作为确定最优资本结构的标准，符合企业财务管理的基本目标。

公司价值比较法的基本原理和计算过程包括以下几个步骤：

（1）测算公司价值

公司的市场总价值 V 应该等于其债券的总价值 D 加上其股票的总价值 E，即：

$$V = D + E$$

为简化起见，假设债券的市场价值等于它的面值。股票的市场价值则可通过下式计算：

$$E = \frac{(EBIT - I) \times (1 - T_C)}{K_E}$$

式中，I 表示债务年利息额；T_C 表示公司所得税税率；K_E 表示权益资本成本；$EBIT$ 表示息税前利润。

该式建立在这样的假设之上：公司未来各年的息税前利润是一个常数，未来各年的负债利息和所得税税率不变，未来各年的税后净利全部用于发放现金股利，而且是一个永续年金。

权益资本成本 K_E 实际上也是股东所要求的投资报酬率，可采用资本资产定价模型计算：

$$K_E = R_f + \beta \times (R_m - R_f)$$

式中，R_f 表示无风险报酬率；R_m 表示资本市场的平均报酬率；β 表示公司股票的 β 系数。

（2）测算公司的综合资本成本

在公司价值测算的基础上，公司的综合资本成本应当按照下式进行计算：

$$K_W = K_D \times \left(\frac{D}{V}\right) \times (1 - T_C) + K_E \times \left(\frac{E}{V}\right)$$

式中，K_W 表示公司的综合资本成本；K_D 表示债务的税前成本；K_E 表示权益资本成本。

（3）确定公司的最优资本结构

根据上述计算原理和方法，分别测算不同资本结构下的公司价值和综合资本成本，选择公司价值最大、综合资本成本最低的资本结构作为最优资本结构。

【例 6-27】某公司目前的资本结构全部由普通股组成，股票的账面价值为 3,000 万元，预计年息税前利润为 800 万元，公司适用的所得税税率为 40%。公司的决策者认为目前的资本结构不合理，准备通过发行长期债券回购部分普通股予以调整。经过调查和测算，目前长期债务的税前成本和普通股的资本成本如表 6-15 所示。

表 6-15　不同负债规模下的债务税前成本和普通股资本成本

D（万元）	K_D（%）	β	R_f（%）	R_m（%）	K_E（%）
0	—	1.10	10	15	15.50
400	10	1.20	10	15	16.00
800	10	1.25	10	15	16.25
1,200	12	1.35	10	15	16.75
1,600	14	1.50	10	15	17.50
2,000	16	1.80	10	15	19.00

表 6-15 中，不同债务规模下普通股的资本成本 K_E 需要根据资本资产定价模型进行计算。例如，当长期债券为 400 万元时，普通股的资本成本 K_E 为：

$$K_E = 10\% + 1.2 \times (15\% - 10\%) = 16\%$$

其他债务规模下的普通股的资本成本可根据相同原理计算。

根据表 6-15 的资料，运用前述计算公司价值和综合资本成本的方法，可计算不同债务规模下的公司价值和综合资本成本。计算结果如表 6-16 所示。

表 6-16　不同债务规模下的公司价值和综合资本成本

D（万元）	E（万元）	V（万元）	K_D（%）	K_E（%）	K_W（%）
0	3,097	3,097	—	15.50	15.50
400	2,850	3,250	10	16.00	14.77
800	2,658	3,458	10	16.25	14.26
1,200	2,350	3,550	12	16.75	13.52
1,600	1,975	3,575	14	17.50	13.42
2,000	1,515	3,515	16	19.00	13.65

表 6-16 中，股票价值 E 可根据前面讲述的方法进行计算。例如，当负债为 400 万元时，股票价值为：

$$E = \frac{(800 - 400 \times 10\%) \times (1 - 40\%)}{16\%} = 2,850（万元）$$

相应地，可以求出公司的总价值 V：

$$V = 2,850 + 400 = 3,205（万元）$$

其他情况下的计算方法同理。

表 6-16 的结果表明，当公司没有负债时，公司的价值就是其普通股的价值，其综合资本成本也是普通股的资本成本。当公司在总资本中逐步增加负债的比重、降低股票的比重时，负债的增加使企业价值逐步提高，综合资本成本逐步下降。当负债资本为 1,600 万元时，公司的总价值最大，综合资本成本最低；当负债超过 1,600 万元时，总价值开始下降，综合资本成本开始上升。因此，负债为 1,600 万元时的资本结构是公司的最佳资本结构。

公司价值比较法全面考虑了资本成本和财务风险对公司价值的影响，以公司价值最大化作为确定最优资本结构的标准，符合企业财务管理的基本目标，但其测算原理及过程较为复杂，通常适用于资本规模较大的上市公司。

6.3.3 影响公司资本结构决策的因素

从理论上讲，每个企业均有其最优资本结构，但实际上企业很难准确制定最优资本结构。其原因在于：一是理论上的最优资本结构取决于各种假定条件的正确性和可靠性；二是企业生产经营过程中的情况比较复杂，很难完全符合理论上的假设条件。尽管如此，作为一个现代企业，为了降低融资成本，优化融资结构，仍然有必要确定一个适合企业发展的相对最优的资本结构。

1）税收

利息是可以作为费用扣除的项目。利息作为费用扣除，对于高税率的企业来讲是极具价值的。因此，企业的所得税税率越高，债务的优势就越大。

2）公司的资产结构

公司的资产结构对资本结构的影响表现在：（1）资产结构影响公司债务筹资的能力，拥有大量固定资产的公司较容易通过固定资产抵押而获得贷款；（2）资产结构影响公司的债务结构，拥有较多流动资产的公司比较容易获得短期债务；（3）由于实物资产在清算变现时的价值损失小于无形资产，因此无形资产比例高的公司负债率比较低，如以技术研发为主业的公司通常负债率较低。

3）销售收入的稳定性

如果企业的销售收入相对稳定，那么企业负担债务利息的能力就越强；如果销售呈现周期性，那么固定的利息负担将成为一个很大的包袱，财务风险将增大。例如，制药公司的负债率一般很低，因为研发过程中存在的高风险使制药公司的销售收入具有很大的不确定性。而公用事业企业的经营收入一般很少有不确定性，相比于其他行业，公用事业企业常使用大量债务。

4）企业的财务状况和成长能力

企业财务状况良好、盈利能力强、未来有较强的成长能力，一般容易利用负债融资；

特别是那些发展迅速的企业，也需要较多地利用债务融资。而财务状况较差、盈利水平低、发展潜力不大的企业，则不容易利用负债融资；就这些企业本身而言，也不宜增加负债，因为财务风险的增大可能导致企业陷入财务困境。

5）企业的信用等级与债权人的态度

企业的信用等级直接影响债权人的投资选择。债权人一般不愿意将资金投向信用等级较低的企业。也就是说，信用等级越高的企业，越容易利用负债筹资，而企业负债比重的高低又会影响企业的信用等级。在其他条件相同的情况下，负债比重越高，企业的信用等级越低；负债比重越低，信用等级越高。如果企业的总资本中已经有较高比重的负债，那么将难以进一步利用负债融资；反之，债权人会更愿意将资金投向负债比重较低的企业。

6）控制权

发行新股会稀释股东的股权，因此拥有控制权的股东往往很重视股权问题。通常情况下，为了防止控制权旁落，有控制权的股东会尽量避免通过发行新股筹资，而更多地采用发行优先股或发行债券的方式筹资。

7）经营者的态度

公司的资本结构在一定程度上取决于经营者的态度。由于负债会产生双向效应，财务杠杆运用得好，企业可以利用债务资金扩大销售，并在全部资金利润率大于债务利息率的情况下，使税前利润和税后收益共同提高；但如果债务资金利用不好，势必会加重企业的债务负担，加大财务风险。因此，冒险型经营者可能会较多地利用负债融资；如果经营者追求稳健经营，则会较多地利用股权融资。

除上述因素外，国家的法律政策、经济发展状况、资本市场发展水平、利率等因素，也会对企业的资本结构决策产生影响。

【知识拓展】

从杠杆投资看美国次贷危机的爆发

以 2008 年 9 月 15 日美国第四大投资银行雷曼兄弟控股公司宣布破产为标志，持续一年多的美国次贷危机升级为金融危机，并迅速演变为一场波及全球的金融风暴。从目前的情况看，此次危机不仅波及面广，而且传播速度很快，已扩散至欧洲、美洲、亚洲、非洲等全球大部分区域，世界大部分国家和地区都受到这次金融危机的波及，形成了国际性的金融危机。

众所周知，这次金融危机始于美国的房地产市场及相关证券产品的交易。危机的直接导火索——次级房贷，是指对那些信用评级较低的个人发放的住房抵押贷款，其特点是首付比例低且月供占收入的比例较高，此类贷款约占到美国房地产贷款市场的 15%。而所谓的次级房贷证券，则大多是基于这些次级房贷的资产证券化产品。应该说，与房地产贷款有关的这些金融产品曾经极大地推动了美国房地产市场的繁荣，并为投资者带来了更多的投资选择。但由于相关金融衍生品的内在设计缺陷和集中过快增长，导致其在宏观利率上调、房市走弱的背景下价格暴跌，并最终引发了这次危机。次贷危机产生后，各类研究者和分析人士都对其产生的内在原因进行了讨论，人们认为，其中一个重要原因就是过高的财务杠杆。

美国的金融产品体系像个倒置金字塔，底层是基础资产，如住房贷款、信用卡贷款、工商企业贷款、消费贷款、教育贷款等，在此基础上构造出金融衍生产品的大厦。伴随着近十年来的金融创新浪潮，以住房贷款等为基础资产，美国的金融衍生产品市场发展迅猛，产品设计得越来越复杂，这些产品的真实价值和风险等方面的信息透明度也随之下降。"9·11"事件后，为了刺激经济增长，美国政府不断降低利率，2001 年至 2004 年间，利率降到了历史低点。为了争取更多的客户和资金，投资经理们不得不选择高风险的投资策略，大幅提高杠杆水平，或者收购高风险的资产，次贷及其相关衍生产品自然受到热捧。在这一背景下，有限的次级贷款风险被金融创新机制无限放大了，其放大路径如下：

第一步是将全部住房次级贷款集合打包，放置于专门设立的特定目的公司名下发行债券，把住房贷款的现金流收入依风险高低进行划分，那些持有高风险品种债券的投资者享受较高的利率回报。同时，评级机构的高评级令其中风险相对较低的按揭抵押债券显得更加安全，以吸引高度厌恶风险的企业年金基金和保险机构对其投资。住房次级贷款规模的第二轮放大是在美国房价上涨周期内，次级贷款债券价值的不断提升及其较高的利率回报，诱惑华尔街国际大投行及其他金融机构的自营部门借助高倍数财务杠杆纷纷买入次级债券。次级债券的最后一轮放大是保险机构的加入。为了吸引更多的资金买入次级债券，美国保险公司对评级较低的债券予以担保，允许投资者购买债券发行人违约保险，以消除投资者对次级债券违约风险的最后疑虑，所谓的信用违约担保（CDS）应运而生。

也正是在此背景下，美国证券公司平均的总财务杠杆（总资产/股东权益）超过 20 倍，而净财务杠杆（（总资产-低风险资产）/有形股东权益）达到 15 倍左右。投资银行的杠杆更高。从已经宣布破产的雷曼兄弟公司可以管窥到华尔街投行和其他金融机构千方百计提高财务杠杆、盲目追求最大利益的商业冲动。雷曼 2007 年年报显示，其财务杠杆比例从 2006 年的 26.2 倍上升至 30.7 倍，公司管理层此时不但没有意识到财务杠杆攀升至高位所蕴含的潜在风险，反而辩称按通常的资产除以股东权益方式计算出来的财务杠杆不具有实际意义，确信以净财务杠杆对证券行业资本充足性的考察才有价值。

雷曼兄弟公司赖以判断自身资本是否充足的净财务杠杆指标，是经过系列会计调整后计算出来的。会计调整的目的是尽可能缩小其总资产规模，具体调整项目包括：剔除现金、有价证券及法律规定的其他目的的存款；扣除协议抵押贷款；剔除可确认的无形资产和商誉。经过如此处理，雷曼的财务杠杆从 30.2 倍降低至 16.1 倍，这在心理上给雷曼兄弟公司的管理层带来了莫大的安全感。然而随后的事实表明，其高财务杠杆遗留下的风险并没有因计算方式的调整而有丝毫降低，最终坠入万劫不复的破产深渊。

金融衍生品投资的不断扩张在最近几年表现得非常明显，尤其是利用杠杆投资可以将交易额放大到自有资本的数十倍。当资产收益率高于杠杆融资的成本时，杠杆投资就会极大地提高资本的收益率；反之，若资产收益率小于杠杆融资成本时，则会加剧资本的损失。杠杆投资在全球大量应用、却没有良好的制度和秩序去保障时，一旦风险暴露出来，就会被迅速地放大，加剧了损失。次贷衍生品数万亿乃至十几万亿美元的市值，正是被杠杆交易方式放大的虚拟财富，是被虚拟货币托起的泡沫。据统计，全球最大的 8 家投资银行的财务杠杆比例平均在 25 倍以上，也就是说，如果市场价格发生负面波动平均达到 4% 时，将导致这些投资银行集体破产。但是，如果市场价格发生正向波动，投资银行的收益也将放大 25 倍。多数金融业高管薪酬与利润挂钩的体制激励了投资银行的冒险冲动，从而导致 1929 年以来最大的金融危机，数十万亿美元"虚拟财富"归零。

表 6-17　主要投资银行财务杠杆比例

金额单位：百万美元

投资银行	国家	最新年报日	资产总额	上年资产总额	权益	上年权益	杠杆比例	上年杠杆比例
瑞士信贷集团	瑞士	2007 年 12 月	1,201,855	1,028,882	38,157	35,706	31.5	28.8
高盛集团	美国	2007 年 11 月	1,119,796	838,201	42,800	35,786	26.2	23.4
美菱集团	美国	2007 年 12 月	1,020,050	841,299	31,932	39,038	31.9	21.6
雷曼兄弟	美国	2007 年 11 月	691,063	503,545	22,490	19,191	30.7	26.2
野村控股	日本	2008 年 3 月	264,217	303,819	19,974	18,513	13.2	16.4
三菱 UFJ 证券	日本	2008 年 3 月	192,799	115,724	7,179	6,219	26.9	18.6
福冈理财集团	日本	2008 年 3 月	114,170	—	5,141	—	22.2	—
日兴花旗	日本	2008 年 3 月	44,788	50,962	2,028	1,786	22.1	28.5
平均值	—	—	581,092	526,062	21,213	22,320	25.6	23.4

高杠杆虽然提高了资本回报率，却也对风险的估算提出了更高的要求。一旦金融机构低估了风险，导致拨备额不足，就会使单一业务的风险在 20 倍甚至 30 倍的杠杆作用下，放大至整个集团，并且在全球化加速的背景下将这种风险迅速传染给世界各主要金融市场。

本章小结

资本成本是长期筹资、投资决策的一个基本依据。从融资角度看，资本成本是指企业筹措资金所需支付的代价，也是资本提供者预期获得的报酬；从投资角度看，资本成本是企业投资所要求的最低可接受的报酬。资本成本的计算主要涉及个别资本成本、综合资本成本和边际资本成本三种。个别资本成本是衡量单一筹资方式的尺度，综合资本成本是企业进行资本结构决策的基本依据，边际资本成本是比较追加筹资方案的依据。

资本结构决策需要在杠杆收益与相关风险之间进行合理的权衡。杠杆原理所涉及的内容包括经营杠杆、财务杠杆和复合杠杆。经营杠杆利益，是指企业在扩大销售量或销售额的条件下，由于运用固定成本这个支点，带来息税前利润的变动大于产销量变动的现象。经营杠杆系数可以评价经营杠杆作用的大小和经营风险的高低。财务杠杆利益，是指在一定的资本结构下，企业运用债务资本的固定利息费用这个支点，带来可分配给企业所有者的利润的变动大于息税前利润变动的现象。财务杠杆系数可以用来评价财务杠杆的作用，衡量财务风险的大小。复合杠杆，是指企业对经营杠杆和财务杠杆的综合利用。

资本结构决策是企业筹资决策的核心内容。资本结构是指公司长期资本来源的构成和比例关系。企业研究资本结构的目的，在于权衡资本成本和财务风险的关系，确定最优资本结构。最优资本结构是指在一定时期财务风险适当的情况下，使公司预期综合资本成本最低，同时又使公司价值最大的资本结构。实践中确定公司最优资本结构的方法主要有资本成本比较法、每股收益分析法和公司价值比较法。资本成本比较法和每股收益分析法没有充分考虑企业的财务风险；而公司价值比较法全面考虑了资本成本和财务风险对公司价值的影响，以公司价值最大化作为确定最优资本结构的标准。另外，公司在确定最优资本结构时，往往要考虑若干因素的影响。

关键概念

资本成本　　综合资本成本　　边际资本成本　　筹资突破点　　经营杠杆系数
财务杠杆系数　　复合杠杆系数　　资本结构　　每股收益无差别点

综合训练

一、单项选择题

1. 资本成本的主要构成部分是＿＿＿。
  A. 筹资费用　　　　B. 管理费用　　　C. 用资费用　　　D. 财务费用

2. 下列描述中正确的是＿＿＿。
  A. 长期债券的资本成本高于普通股　　B. 普通股和留存收益的成本最高
  C. 普通股的资本成本最低　　　　　　D. 长期债券的资本成本高于优先股

3. 企业安排资本结构的依据是＿＿＿。
  A. 综合资本成本　　　　　　　　　　B. 边际资本成本
  C. 个别资本成本　　　　　　　　　　D. 普通股成本

4. 企业追加筹资需要参照的依据是＿＿＿。
  A. 个别资本成本　　B. 综合资本成本　　C. 普通股成本　　D. 边际资本成本

5. 在确定最优资本结构的方法中，全面考虑了资本成本和财务风险对公司价值影响的是＿＿＿＿。
  A. 资本成本比较法　　　　　　　　　B. 每股收益分析法
  C. 公司价值比较法　　　　　　　　　D. 筹资突破点法

二、多项选择题

1. 可能影响公司综合资本成本的因素有＿＿＿。
  A. 总体经济环境　　　　　　　　　　B. 证券市场条件
  C. 融资规模　　　　　　　　　　　　D. 税收

2. 下列关于资本成本的叙述，正确的是＿＿＿。

　　A. 资本成本是一定时期内企业为了筹集和使用资金而付出的代价

　　B. 从资金所有者的角度来看，资本成本是资金所有者预期的（或要求的）收益

　　C. 企业的资本成本是固定不变的

　　D. 资本成本是投资的机会成本

3. 在计算综合资本成本时，可供选择的权重包括＿＿。

　　A. 以账面价值为基础的资本权重　　　　B. 以目标价值为基础的资本权重

　　C. 以市场价值为基础的资本权重　　　　D. 以股东权益为基础的资本权重

4. 影响企业经营风险的因素包括＿＿。

　　A. 产品需求　　　　　　　　　　　　B. 产品售价

　　C. 固定成本在产品成本中的比例　　　D. 企业调整价格的能力

5. 资本结构中债务资本的作用是＿＿。

　　A. 降低公司的财务风险

　　B. 一定程度的负债有利于降低企业的综合资本成本

　　C. 具有财务杠杆作用

　　D. 会加大公司的财务风险

三、思考题

1. 简述杠杆原理，并解释经营杠杆、财务杠杆和复合杠杆在资本结构决策中的作用。

2. 影响企业资本结构的因素有哪些？

3. 某公司 2007 年实现销售收入 300 万元，变动成本总额为 150 万元，固定成本为 80 万元，计算该公司的经营杠杆系数。

4. 某公司筹资规模确定为 1,000 万元，有如下三个备选筹资方案，如表 6-18 所示。

表 6-18　某公司初始筹资方案资料测算表

单位：万元

筹资方式	甲方案		乙方案		丙方案	
	筹资额	资本成本（%）	筹资额	资本成本（%）	筹资额	资本成本（%）
长期借款	200	8	100	9	350	10
债券	300	10	300	7	250	11
普通股	500	12	600	12	400	12
合计	1,000		1,000		1,000	

　　分别计算三种筹资方案的综合资本成本，并选出最优筹资方案。

5. 某企业目前拥有资本 1,000 万元，其结构为：债务资本 20%（年利息为 20 万元），普通股权益资本 80%（发行普通股 10 万股，每股面值 80 元）。现准备追加筹资 400 万元，有两种筹资方案可供选择：

方案 1：全部发行普通股（增发 5 万股，每股面值 80 元）。

方案 2：全部举借长期债务（利息率为 10%，年利息为 40 万元）。

企业追加筹资后，息税前利润预计为 160 万元，所得税率为 30%。

计算：（1）每股收益无差别点；（2）无差别点的息税前利润。在此基础上，进行筹资决策。

6. 某公司年息税前利润为 600 万元，资本全部由普通股组成，股票的账面价值为 2,400 万元，公司所得税率为 40%。该公司认为目前的资本结构不合理，准备用发行债券回购部分股票的办法予以调整。经咨询调查，目前的债务利率和权益资本成本情况如表 6-19 所示。

表 6-19   不同债务水平对公司债务资本成本和权益资本成本的影响

债券的市场价值 D（万元）	税前债务资本成本 K_D（%）	股票 β 值	无风险利率 R_f（%）	股票市场的平均收益率 R_m（%）	权益资本成本 K_E（%）
0	—	1.00	10	12	12.0
200	8	1.20	10	12	12.4
400	8	1.40	10	12	12.8
600	10	1.80	10	12	13.6
800	12	2.40	10	12	14.8
1,000	14	3.00	10	12	16.0

根据表 6-19 的有关资料，运用公司价值比较法确定公司的最优资本结构。

本章参考文献

1. 陈惠锋：《公司理财学》，北京：清华大学出版社，2005
2. 薛玉莲，李全中：《财务管理学》，北京：首都经济贸易大学出版社，2006
3. 李心愉：《公司理财学》，北京：北京大学出版社，2008
4. 孙琳，徐晔：《财务管理》，上海：复旦大学出版社，2006
5. 陈志斌：《财务管理学导论》，南京：南京大学出版社，2006
6. 白蔚秋，潘秀丽：《财务管理学》，北京：经济科学出版社，2005
7. 肖翔，刘天善：《企业融资学》，北京：清华大学出版社，北京交通大学出版社，2007

第7章 资本结构决策（Ⅱ）
——理论综述

导读

　　本章将讨论公司资本结构决策的第二部分——资本结构理论。资本结构理论是公司财务理论的核心内容，它研究的是公司融资方式及结构与公司价值之间的关系。公司债务与权益资本的比率是否会影响其价值？如果对这一问题的回答是肯定的，那么是什么因素决定了债务与权益资本的最佳比率？要解决这些问题，我们必须了解资本结构理论，特别是资本结构理论中有着深远影响的 MM 理论。MM 理论首次以严格的理论推导出了资本结构与公司价值的关系，推动了公司财务理论的发展。可以说，有了 MM 理论，才有了现代意义上的公司理财学。

　　本章通过介绍各时期资本结构理论研究的成果，让读者对资本结构理论的演变过程有一个大致的认识，主要涉及早期资本结构理论、MM 理论、权衡理论、米勒模型以及新资本结构理论。通过理论的学习，读者可以从不同假设条件下多角度地理解资本结构对公司价值的影响。

§7.1 资本结构理论的演变

资本结构理论是关于公司资本结构、公司价值和综合资本成本三者之间关系的理论。它是资本结构决策的重要理论基础，也是公司财务理论的重要内容。资本结构理论的产生和发展经历了漫长的过程。

20 世纪 50 年代以前的资本结构理论被美国财务学者归纳为"早期资本结构理论"，这些理论是建立在经验和判断基础之上的，缺乏严格的推理和论证。50 年代以后，以 MM 理论为代表的资本结构理论被称为"现代资本结构理论"。MM 理论是由在美国麻省理工学院任教的诺贝尔奖获得者 Modigliani 和他的学生 Miller 一同创立的，首次以严格的理论推导得出了资本结构与公司价值的关系，为公司财务理论的发展做出了重大贡献。现代资本结构理论以 MM 理论为中心，后来的理论研究主要建立在 MM 理论的基础之上，放松 MM 理论中的假设条件来考虑资本结构对公司价值的影响，这一系列的研究主要沿着两条主线发展：一条是以 Farrar、Selwyn、Brennan 和 Stapleton 等为代表的"左翼"，主要探讨税收差异对资本结构的影响，这个学派至于 Miller 而达到顶峰，形成著名的 Miller 均衡；另一条是以 Baxter、Stiglitz、Altman 和 Warner 等为主的"右翼"，重点研究破产成本与资本结构的关系问题，之后再将破产成本扩展到财务困境成本。这两大主线最后再归结到 Robichek、Myers、Scott、Kraus 和 Litzenberger 等人所倡导的权衡理论。

到了 20 世纪 70 年代后期，在 1976～1979 年间，现代资本结构理论的框架出现了重大变化，以信息不对称理论为中心思想的新资本结构理论取代了现代资本结构理论，并开始登上学术舞台。新资本结构理论以信息不对称为核心，与现代信息经济学相衔接，形成信号传递理论和委托代理理论两大思潮。现代资本结构理论历来只注重税收、破产等外部因素对企业最优资本结构的影响，而新资本结构理论力图通过信息不对称理论中的信号、契约、动机和激励等概念，从企业的内部因素方面展开对资本结构问题的分析。这样一来，新资本结构理论就把现代资本结构理论的权衡难题成功地转化为结构或制度设计问题，从而给资本结构理论研究开辟了新的方向，极大地丰富了资本结构理论的内容。

经过 20 世纪 70 年代初的迅猛发展之后，新资本结构理论到了 70 年代中期却难以为继，究其根本原因，在于新资本结构理论赖以为核心的信息不对称理论在发展上出现颓势。在这种形势下，新资本结构理论急于寻找一个新的理论核心。新理论应既能巩固新资本结构理论各学派已取得的成果，对各派观点兼容并蓄，又能突破信息不对称理论框架的束缚，从新的学术视野来分析与解释资本结构难题，从而使资本结构理论能够一脉相承，得以延续。在这一学术背景下，后资本结构理论应运而生。后资本结构理论包括两大分支：资本结构管理控制学派和资本结构产品市场学派。其中，资本结构管理控制学派的产生还另有一层背景。自 20 世纪 70 年代初以来，公司间的收购活动愈演愈烈，到 1977 年更是达到顶峰。与之相适应，自 Manne（1965）以来的公司控制权市场理论得到了学术界的空前重视，产生了一大批有重大影响的经典文献。公司控制权市场理论很快成为西方财务学的一大主流理论，财务学文献开始考察公司控制权市场和资本结构之间的联系，于是诞生了建立在公司控制权市场理论基础上的资本结构管理控制学派。

§7.2 早期资本结构理论

早期资本结构理论是由美国财务学家大卫·杜兰德（David Durand）于 1952 年发表的《企业债务和股东权益资本：趋势和计量问题》中系统阐述的[①]，其总结了资本结构的三种理论：净收益理论、净营业收入理论和传统理论。

7.2.1 净收益理论

净收益理论有一定的假设条件，包括：（1）投资者以一个固定不变的比率 K_E 要求投资回报，即公司股权融资成本固定；（2）公司能以一个固定利率 K_D 筹集所需债务资金，且债务成本 K_D 低于权益成本 K_E。

在上述前提条件下，该理论认为，负债可以降低公司的资本成本。因为债务利息和权益资本成本均不受财务杠杆的影响，所以负债程度越高，公司的价值就越大。在公司的资本成本中，只要债务资本成本低于权益资本成本，那么负债越多，公司综合资本成本就越低，公司的净收益或税后利润就越多，公司的价值就越大。当负债比率达到 100% 时，公司的综合资本成本最低，公司的价值最大。用 K_E 表示公司的权益成本，K_D 表示公司的债务成本，K_W 表示公司的综合资本成本（加权平均资本成本），则净收益理论可以用图 7-1 表示。

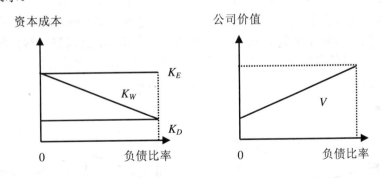

图 7-1 净收益理论图示

7.2.2 净营业收入理论

净营业收入理论与净收益理论的假设截然不同。净营业收入理论假设投资者所要求的回报并不固定，即公司股权融资成本 K_E 是变化的，而且是随着公司负债的增加而增加

---

① David Durand, Cost of Debt and Equity Funds for Business Trends and Problems of Measurement, National Bureau of Economic Research, Conference on Research on Business Finance, New York, 1952.

的。公司利用财务杠杆时，虽然负债资本的成本较低，但负债增加了公司风险，这会使投资者要求更高的回报，使得权益资本成本上升，因此公司综合资本成本不会因为负债比率的提高而降低，而是保持不变。不论财务杠杆如何变化，公司的综合资本成本都是固定的，因而公司的总价值也是固定不变的，即资本结构与公司价值毫无关系，决定公司价值的是净营业收入。该理论表明，公司不存在最佳资本结构，不同的筹资决策对公司的价值不会产生影响，这与净收益理论得出的结论完全相反。图 7-2 表示了净营业收入理论下资本成本与公司总价值的关系。

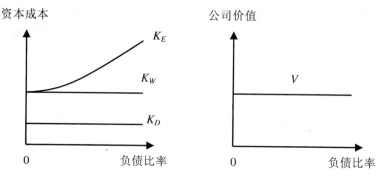

图 7-2   净营业收入理论图示

7.2.3 传统理论

传统理论，又称折中理论，它介于净收益理论和净营业收入理论之间。该理论认为，债务资本成本、权益资本成本以及综合资本成本都可以随着资本结构的变化而变化。权益资本成本 K_E 随着财务杠杆作用的增强而递增，负债成本 K_D 要等到财务杠杆作用明显后才上升，综合资本成本 K_W 最初随着财务杠杆作用的加强而下降，因为 K_E 的提高还没有抵消成本较低的债务资本所带来的好处。然而，超出一定范围之后，K_E 的上升幅度已经抵消了债务的低成本带来的好处，K_W 上升的趋势也增强。公司资本结构的最优点处于 K_W 的最低点，这时的负债比率就是公司的最佳资本结构。该理论如图 7-3 所示。

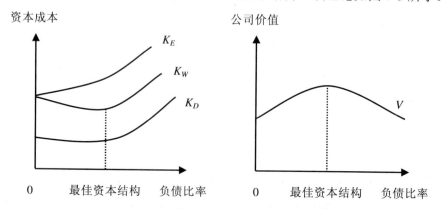

图 7-3   传统理论图示

早期的资本结构理论在评价公司价值时仅考虑综合资本成本这一单一因素。并且，其理论基础是一些有关投资者行为的假设，主要依靠的是经验判断，缺乏严格的推理和论证。

§7.3　MM 理论

现代资本结构研究的新开端始于莫迪林尼（Modigliani）和米勒（Miller）于 1957 年在《美国经济评论》上发表的论文《资本成本、公司财务和投资理论》[①]。该文章以科学严谨的方式研究了资本结构，对企业价值与资本结构的关系进行了严密的剖析，总结出了著名的 MM 理论，并在随后的几年中不断加以修正改进。MM 理论被后人称为"整个现代企业资本结构理论的奠基石"，它使公司理财学成为一门真正的学科。

7.3.1 MM 理论的假设条件

早期的 MM 理论建立在一系列严格的假设基础上，包括：

1）资本市场是完善的。这意味着债券和股票的交易没有交易成本，投资者和公司以相同的利率借款，并且信息是对称的，公司管理者和投资者都可以无成本地获得相同的公司信息。

2）公司只有两项长期资本：长期负债和普通股。

3）企业和个人的债务均为无风险债务，所有债务的利率为无风险利率，并且不会因为债务的增加而改变。

4）所有投资者对企业未来收益和收益风险的预期都是相同的。

5）企业每年产生的预期现金流量是固定不变且无限期的，即公司的息税前利润是一种永续年金，企业处于零增长状态。

6）企业的经营风险可以由息税前利润（*EBIT*）的标准差衡量，相同经营风险的企业处于同一风险级别上。

MM 理论首先分析了无公司所得税条件下公司的资本结构与公司价值之间的关系，然后再考虑有公司所得税时的情况，下面将分别做详细的介绍。

7.3.2 无公司所得税条件下的 MM 理论

该理论的基本观点是：企业的总价值取决于它的基本获利能力和风险程度，只要这两点不变，无论将公司的资本在债务和权益之间如何划分，公司的总价值总是恒定的。

1）无公司税的 MM 第一定理

根据 MM 理论的假设，公司价值可以通过一个适用于公司风险等级的固定折现率（资本化率）将公司的期望收益加以资本化来确定，即：

$$V = \frac{EBIT}{\rho_k}$$

[①] Franco Modigliani & Merton Miller, The Cost of Capital, Corporation Finance and the Theory of Investment, *American Economic Review*, June 1958, pp.261-297.

式中，V 表示公司价值；$EBIT$ 表示公司的息税前收益；ρ_k 表示公司在风险等级 k 下的资本化率。

MM 第一定理认为，如果两个公司处于相同的风险等级 k，并且具有相同的息税前利润，那么无负债公司的价值等于有负债公司的价值。用公式表示为：

$$V_U = V_L = \frac{EBIT}{\rho_k} = \frac{EBIT}{K_W}$$

式中，V_U 表示无负债公司的价值；V_L 表示有负债公司的价值。

说明 MM 第一定理的简单方法是利用饼图模型。假设有两家公司，它们的资产和经营模式完全相同，但是筹集资金的方式不同，我们通过饼图来分析两家公司的财务结构问题。由资产负债表可知，从资金来源的角度看，公司因投资、营运所创造的价值（用 V_L 表示），应该等于公司所发行的有价证券之和：

$$V_L = D + E$$

式中，D 为债务的市场价值；E 为股东权益的市场价值。

债务权益比（产权比率）D/E 决定圆饼的切分方式。不同的资本结构对 V_L 有不同的切法，图 7-4 显示的是两种可能的切法，因为已经假设两家公司的资产价值是相等的，那么它们的饼图大小就应该相同。因此，饼图的大小并不会因为切法不同而改变。这就是 MM 第一定理要表述的内容：不管公司用来筹资的债务和权益的组合如何变动，公司的综合资本成本是不变的。也就是说，在不同的资本结构下，企业的总价值总是相同的。

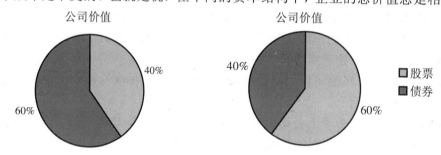

图 7-4   资本结构与饼图模型

莫迪林尼和米勒利用无套利分析法对无公司税的 MM 第一定理进行了证明。假设有两家公司——公司 U 和公司 L，它们除了资本结构以外，各方面的情况均相同。公司 U 为无负债公司，其公司价值就等于其权益资本的价值，即有 $V_U = E_U$；L 为负债公司，其公司价值是权益资本和债务的价值之和，即有 $V_L = D_L + E_L$。设两家公司拥有永续的息税前利润（$EBIT$），负债的利率为 K_D。显然，投资者可以选择表 7-1 中的任一方案进行投资，其投资的价值与收益如表 7-1 所示。

表 7-1   投资者的投资选择

投资方案	投资额	投资收益
（1）购买 α 比例的公司 U 的股票	$\alpha E_U = \alpha V_U$	$\alpha EBIT$
（2）购买 α 比例的公司 L 的普通股和债券	$\alpha E_L + \alpha D_L = \alpha V_L$	$\alpha(EBIT - K_D D_L) + \alpha K_D D_L = \alpha EBIT$

　　两个投资方案的投资收益和风险相同，在完美的资本市场上，其投资价值必然相等，否则就会出现套利机会，因此有：

$$\alpha V_U = \alpha V_L$$

　　即：$V_U = V_L$

　　对于无负债的公司来说，其资本化率应该等于投资者对其要求的回报率，即公司的权益资本成本；对于有负债的公司来说，资本化率应该等于公司的综合资本成本，于是有：

$$V_U = \frac{EBIT}{K_E} = V_L = \frac{EBIT}{K_W}$$

　　式中，K_E 表示权益资本成本；K_W 表示综合资本成本。

　　2）无公司税的 MM 第二定理

　　尽管改变公司的资本结构不会改变公司的总价值，但是它会引起公司债务和权益组合的变动。如果不考虑公司所得税，公司的综合资本成本（K_W）可以表示为：

$$K_W = \left(\frac{E}{V}\right) \times K_E + \left(\frac{D}{V}\right) \times K_D$$

　　式中，D 为债务的市场价值；E 为股东权益的市场价值；V 表示公司的价值，$V=D+E$，K_E 表示权益成本；K_D 表示债务成本。

　　在这里，我们把综合资本成本理解为公司总体资产的必要报酬率，并用 K_A 表示，重新整理上式可以求出权益资本成本 K_E：

$$K_E = K_A + (K_A - K_D) \times \left(\frac{D}{E}\right)$$

　　这就是 MM 第二定理：它揭示出了公司权益成本的大小取决于三个因素，即公司资产的必要报酬率 K_A（在这里就是综合资本成本）、公司的债务成本 K_D 和公司的债务权益比（D/E）。图 7-5 显示了权益资本成本 K_E 与债务权益比（D/E）之间的关系。

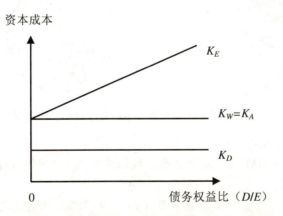

图 7-5　权益资本成本与债务权益比关系图

　　如图 7-5 所示，根据 MM 第二定理，权益成本 K_E 是一条斜率为（K_A-K_D）的直线。y 轴截距对应的是公司的零债务权益率，因此 $K_A=K_E$。从图中可以看出，公司的综合资本成本不会随债务权益比的提高而改变，当公司提高它的债务权益比时，财务杠杆的加大提高了权益风险，从而提高了必要报酬率，即提高了权益成本（K_E）。

MM 第二定理表明，公司的权益成本可以由两部分组成。第一部分是 K_A，即公司总体资产的必要报酬率，其大小取决于公司经营活动的性质，不受财务结构的影响。公司经营所固有的风险叫做公司权益的经营风险。公司的经营风险越高，K_A 越大。权益成本中的第二部分 $(K_A-K_D)\times(D/E)$，是由公司的财务结构决定的。当公司完全用权益资本筹集资金时，$D=0$；当公司开始利用债务筹资时，权益的必要报酬率就会上升，这是因为债务筹资增加了股东的风险。用债务筹资所产生的额外风险，叫做公司权益的财务风险。财务风险完全由公司的财务政策决定。

7.3.3 有公司所得税条件下的 MM 理论

由于绝大多数国家都存在公司所得税，因此无公司所得税条件下的 MM 定理显然不符合实际。存在公司所得税的情况下，公司债务资本的好处是负债的利息可以在税前扣除。莫迪林尼和米勒在 1963 年对 MM 理论做了改进[①]，提出由于负债利息可以在所得税前列支而具有抵税作用，企业可以通过增加负债筹资改变原有的资本结构，享受税收上的优惠，从而提高公司价值。修正后的 MM 定理对公司改善资本结构具有重大启示。

由于公司的债务利息可以在税前扣除，所以公司的价值与其债务正相关。图 7-6 显示了这一关系。图中左右两个圆饼的面积相等，左边的圆饼表示无负债公司的价值由股东和政府税务部门分别享有，其中税务部门是依据税法而取得部分公司价值，对公司股东而言，可将这部分公司价值视为成本（或费用）。右图中的圆饼表示有负债公司的价值，它由债权人、股东和政府税务部门所共享。公司管理者选择资本结构的目标，是使公司价值最大化，即使 $D+E$ 的值最大。

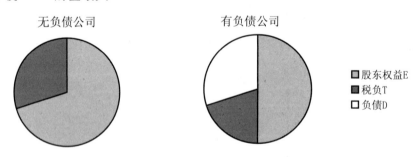

图 7-6 有公司所得税条件下的资本结构饼图模型

1）有公司税的 MM 第一定理

在阐述有公司税的 MM 第一定理之前，我们先引入一个例子，看债务筹资如何提高公司价值。

【例 7-1】假设某公司现行所得税税率（T_C）为 30%，每年息税前利润（$EBIT$）为 1,000 万元。现有两种资本结构可供选择：（1）无任何负债，公司的税后利润全部发放

---

① Franco Modigliani & Merton Miller, Corporate Income Taxes and the Cost of Capital: A Correction, *American Economic Review*, June 1963, pp.433-443.

给股东；（2）发行 500 万元的公司债，每年付息 7%。两种资本结构的相关计算如表 7-2 所示。

表 7-2 两种资本结构下的公司现金流量

单位：万元

项目	资本结构（1）：无负债	资本结构（2）：有负债
(1) 息税前利润 EBIT	1,000	1,000
(2) 利息费用	0	40
(3) 税前盈余 = (1)-(2)	1,000	960
(4) 所得税 = (3)×30%	300	277
(5) 税后盈余 = (3)-(4)	700	672
(6) 流向股东的现金流= (5)	700	672
(7) 流向债权人的现金流=(2)	0	40
(7) 合计 = (6)+(7)	700	712

由表 7-2 中的数据可以看出，在有负债的资本结构下，债权人和股东所收到的现金流量最多，比无负债的资本结构多 12 万元。存在这一差异的原因是，在无负债的资本结构下税务部门多征收了 12 万元的税。现行税法将利息视为费用，所以利息不需要缴纳公司所得税，但税前盈余必须先缴纳公司所得税，然后才能发放给股东。

情况（1）：无负债情况下公司的应纳税所得额为 $EBIT$，应缴纳的公司所得税为 $EBIT \times T_C$，税后利润就是公司的股利，股东收到的现金流量为：

$$EBIT \times (1 - T_C)$$

情况（2）：有负债情况下公司的应纳税所得额为 $EBIT - K_D \times D$。D 为债务的市场价值，K_D 表示债务成本（即借款利率），此时债权人收到的利息为 $K_D \times D$，股东所收到的现金股利为 $(EBIT - K_D \times D) \times (1 - T_C)$，因此债权人和股东收到的现金流量总和为：

$$EBIT \times (1 - T_C) + T_C \times K_D \times D$$

通过比较可以看出，两种情况下，支付给公司投资人（股东和债权人）的现金流量的差异为 $T_C \times K_D \times D$，这一部分被称为债务利息的税收抵减。我们再看例 7-1，如果直接利用公式计算两种资本结构所导致的现金流量总和的差异：

$$T_C \times K_D \times D = 0.3 \times 0.08 \times 500 = 12（万元）$$

计算结果与表 7-2 中列出的数值完全吻合。

接下来我们用公式推导出资本结构对公司价值的影响。在无负债情况下，公司股东获得的现金流为 $EBIT \times (1 - T_C)$，用 K_U 表示公司不利用财务杠杆的资本成本，那么它应该等于公司没有债务时的资本成本，则无负债公司价值 V_U 为：

$$V_U = \frac{EBIT \times (1 - T_C)}{K_U}$$

同理，在有负债情况下，公司支付给债权人和股东的总现金流量为：

$$EBIT \times (1 - T_C) + T_C \times K_D \times D$$

因此，有负债公司的价值等于股东所获得的现金流（股利）和债权人所获得的现金流（债务利息）分别折现后的和，则有负债公司的价值 V_L 为：

$$V_L = \frac{EBIT \times (1 - T_C)}{K_U} + \frac{T_C \times K_D \times D}{K_D} = V_U + T_C \times D$$

这就是有公司所得税条件下的 MM 第一定理：有负债公司的价值等于无负债公司的价值加上负债的节税利益。即：

$$V_L = V_U + T_C \times D$$

在例 7-1 中，假定公司无负债时的资本成本 K_U=10%，则无负债情况下公司的价值为：

$$V_U = \frac{EBIT \times (1 - T_C)}{K_U} = \frac{1,000 \times (1 - 0.3)}{0.1} = 7,000（万元）$$

有负债情况下公司的价值为：

$$V_L = V_U + T_C \times D = 7,000 + 0.3 \times 500 = 7,150（万元）$$

我们用图 7-7 描述该公司资本结构与公司价值之间的关系。根据有公司税的 MM 第一定理，公司价值最大化的资本结构就是全部资本通过负债来获取，即公司的最优资本结构为 100%的负债。

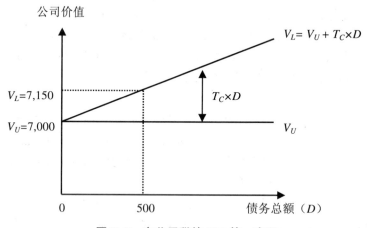

图 7-7　有公司税的 MM 第一定理

2）有公司税的 MM 第二定理

在不考虑公司税的情况下，MM 第二定理揭示出了公司权益成本的大小取决于三个因素，即公司资产的必要报酬率 K_A（综合资本成本）、公司的债务成本 K_D 和公司的债务权益比（D/E）。进一步地看，权益的风险取决于公司的经营风险和财务风险，经营风险决定 K_A，财务风险则由 D/E 决定。在考虑公司所得税时，由于税收并未改变风险状况，只是改变了价值的分配，因此，有公司所得税的情况下，权益成本 K_E 为：

$$K_E = K_U + (K_U - K_D) \times \left(\frac{D}{E}\right) \times (1 - T_C)$$

这里，K_U 是未举债资本成本，即公司没有债务时的资本成本。

【例 7-2】沿用例 7-1 的资料，有负债情况下公司的价值 V_L=7,150 万元，其中债务的价值是 500 万元，因此权益的价值是 6,650 万元，可以算出有负债情况下公司的权益成本为：

$$K_E = 0.1 + (0.1 - 0.08) \times \frac{500}{6,650} \times (1 - 0.3) = 0.1011 = 10.11\%$$

此时的综合资本成本为：

$$K_W = \left(\frac{E}{V}\right) \times K_E + \left(\frac{D}{V}\right) \times K_D \times (1 - T_C) = \frac{6,650}{7,150} \times 10.11\% + \frac{500}{7,150} \times 8\% \times (1 - 0.3) = 9.8\%$$

如果没有债务，K_W=10%；有债务时，K_W=9.7%，所以有债务时公司的综合资本成本降低。

存在公司所得税的情况下，公司有关成本的相互关系如图 7-8 所示。随着公司财务杠杆的增大，权益资本风险随之增大，所要求的必要收益率也增大。由于负债资本的利息费用具有抵税的作用，当企业的债务权益比增加时，这一效应使得综合资本成本逐渐下降。

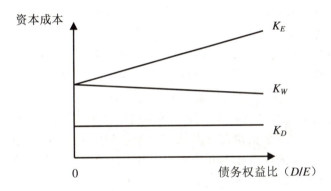

图 7-8　资本结构对资本成本的影响

§7.4　MM 理论的发展

无税的 MM 理论认为，利用杠杆的公司价值和不利用杠杆的公司价值相等，即不论公司用来筹资的债务和权益的组合是怎样的，公司的综合资本成本不变。有税的 MM 理论认为，由于债务利息具有税收抵减的作用，因此公司最优的资本结构是 100% 的负债。但是在现实中，债务达到 100% 的公司几乎没有，而且公司在举债时都非常谨慎，这对 MM 理论的合理性提出了严峻的挑战。

7.4.1　权衡理论

负债是一把双刃剑，它一方面减轻了公司的税收负担，另一方面却加大了公司发生财务危机的可能性。MM 理论的一个重大缺陷是只考虑了负债带来的税收节约价值，却忽略了负债带来的风险和额外费用。

1）早期权衡理论

罗比切克（Robichek, 1967）、梅耶斯（Mayers, 1974）、考斯（Kraus, 1973）、鲁宾斯坦（Rubinmstein, 1973）、斯科特（Scott, 1976）等针对 MM 理论的缺陷提出了"税负利益—破产成本"的权衡理论。他们认为，企业最佳资本结构就是在债务利息的税收抵减优势和破产成本现值之间的权衡。

（1）破产成本

破产成本可以分为两类：一类是直接破产成本，即破产过程中的法律费用和管理费用；另一类是间接破产成本，即财务困境公司为了避免提出破产而发生的成本，以及公司在财务困境中进行营运所损失的销售额和商誉，或在被迫清算的情况下以低于市场价格的价格出售资产的损失等。例如，破产阻碍了客户和供应商的经营行为，有价值的员工离职，潜在的投资方案被迫放弃等，都是间接破产成本。破产成本是债务筹资的一种制约。如果公司破产，那么公司的价值就会减少，因此公司面临一个权衡：举债可以节省公司所得税上的支出，但是公司所借债务越多，破产的可能性就越大，公司价值下跌的风险也就越大。由于破产成本的作用，公司的杠杆比率在达到 100% 以前就终止了。

（2）早期权衡理论的含义

如果综合考虑财务杠杆增大带来的税收抵减和高财务杠杆下的破产风险，同样可以找到最优资本结构，如图 7-9 所示。其中，TD 表示债务利息的税收抵减现值，FA 表示破产成本现值，V_U 表示无负债时的公司价值，V_L' 表示实际的公司价值，V_L 是不考虑破产成本的公司价值。当完全采用权益融资的公司逐步利用财务杠杆时，由于债务利息的税收抵减效应不断增强，公司的价值也在逐渐增加。当债务额超过一定水平（图中的 D_1）后，破产成本出现，因此公司的权益成本开始较快上升，以补偿股东所面临的破产风险，权益成本的上升抵消了税收抵减的利益。当负债水平调整到 D^* 时，税收抵减带来的边际收益恰好等于高破产风险导致的边际权益成本，此时公司价值达到最大（图中的 V_L^*）。D^* 为最优的债务水平，超过该点后，虽然更高的杠杆水平可以增加税收抵减的利益，但是它所导致的破产成本的增加会抵消税收抵减的收益，因此使得公司的价值下降。

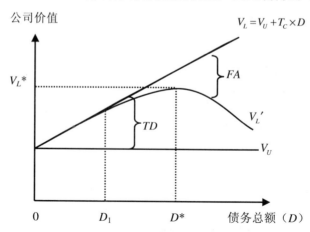

图 7-9　考虑破产成本时的最优资本结构

2）后权衡理论

后权衡理论的代表人物是迪·安吉罗（De Angelo, 1974）、梅耶斯（Mayers, 1974）等，他们将负债的成本从破产成本进一步扩展到了财务困境成本、代理成本和非负债税收利益损失等方面，同时又将税收利益从原来所讨论的负债收益引申到非负债税收收益，实际上是扩大了成本和利益所包括的内容，把企业融资看成是在税收收益和各类负债成本之间的权衡。

（1）财务困境成本

财务困境成本是一个比破产成本更具有普遍意义的概念，是指公司不能履行对债权人的承诺或出现偿付困难导致的成本。财务困境有时会导致公司破产，有时虽不会导致公司破产，但却会使公司因此而付出额外的代价。比如，在面临财务困境时，公司往往急于出售公司的部分资产以清偿到期债务，导致公司资产大幅贬值；一些客户和供应商意识到公司出现问题时，往往不再购买产品或提供原料，使公司的生产经营状况出现恶化；公司面对巨大的偿债压力，可能会选择回报快的短期项目，而拒绝了可能给公司带来更大收益的长期项目，即出现"投资短视"的行为等。这些都会导致大量的额外费用和机会成本，从而构成公司的财务困境成本。

（2）代理成本

公司负债引起的风险不仅会给公司带来财务困境成本，而且还会增加公司的代理成本，即由于公司的委托代理问题而产生的相关成本。

（3）非负债税收利益损失

公司为了在资本市场上保持良好的形象，往往会通过调整会计政策来高估负债期内的利润，低估成本，从而产生非负债税收利益损失。

（4）非负债税收利益

先前所涉及的税收利益是指因债务利息的税收抵减作用而增加了公司的价值。但是非负债也会产生节税利益，这也是后权衡理论与早期权衡理论的不同之处。例如，折旧减少了税前利润，从而起到了税收抵减的作用，被称为"非负债税收利益"。

（5）后权衡理论的含义

后权衡理论的含义与早期权衡理论类似，只是扩展了有关成本和收益的范围。将财务困境成本、代理成本等因素考虑进来，杠杆公司和无杠杆公司的价值关系可表示为：

$$V_L = V_U + 税收抵减现值 - 财务困境成本现值 - 代理成本现值$$

可以看出，后权衡理论在公司价值实现最大化的过程中，提出了更多约束条件。

权衡理论成功地解释了很多资本结构行业差异的存在原因。根据权衡理论，考虑到财务困境成本的存在，在其他条件相同时，高风险等级的公司比低风险等级的公司更少使用负债。如高科技成长性公司，由于其面临的风险较大而且大多是无形资产，因此负债率较低；而房地产公司拥有较多的有形资产，即使发生破产，有形资产通常具有较高的清偿价值，因此这类公司的风险较小，负债率一般较高。

另外，权衡理论还可以解释为什么杠杆收购的目标公司通常是一些成熟的、现金充裕但缺乏成长机会的公司，因为这些公司有能力承担高负债，而且能够充分利用债务利息的税收抵减优势。

7.4.2 米勒模型

有公司所得税条件下的 MM 理论更贴近现实，但对于税收的考虑仍然是片面的。在实际环境中，税务部门除了对企业征收企业所得税，还将对个人征收个人所得税（包括股利分配和债券利息所得税），这会影响到股东和债权人对公司经营成果的分享程度。因此，米勒在 1977 年将个人所得税效应引入了 MM 模型，其结果就是米勒模型（该模型没有考虑破产成本和代理成本）[1]。

1）米勒模型的推导

投资者通常都需要缴纳个人所得税。许多国家的个人所得税制度往往具有这样的特点：资本利得税的税率一般低于普通收入税（如利息的税率），并且递延至收入实现时缴纳。个人所得税的这一特点，往往要求债务的税前报酬 K_D 高于股权资本的税前报酬 K_E；而投资者关心的，是债务的税后收益与股权资本税后收益的大小。

假设公司股利所得的个人所得税税率为 T_S，在此情形下，股东的最后所得为：

$$(EBIT - K_D \times D) \times (1 - T_C) \times (1 - T_S)$$

设个人利息税率为 T_D，则债权人的税后所得为：

$$K_D \times D \times (1 - T_D)$$

所以，公司的投资者（股东和债权人）获得的总现金流量为：

$$(EBIT - K_D \times D) \times (1 - T_C) \times (1 - T_S) + K_D \times D \times (1 - T_D)$$

将上式进行变换，可重新写为：

$$EBIT \times (1 - T_C) \times (1 - T_S) + K_D \times D \times (1 - T_D) \times \left[1 - \frac{(1 - T_C) \times (1 - T_S)}{1 - T_D} \right]$$

上式中，第一项为无负债公司在所有税收之后的现金流量，该现金流量的现值即为存在公司所得税和个人所得税情况下的无杠杆公司价值 V_U。$K_D \times D \times (1-T_D)$ 为债权人税后所得，因此上式中第二项的现值应该为：

$$D \times \left[1 - \frac{(1 - T_C) \times (1 - T_S)}{1 - T_D} \right]$$

两项之和表示杠杆公司的股东和债权人获得的总现金流量，所以其现值即为杠杆公司的价值，用公式表示为：

$$V_L = V_U + D \times \left[1 - \frac{(1 - T_C) \times (1 - T_S)}{1 - T_D} \right]$$

2）米勒模型的含义

米勒模型表明，有负债公司的价值等于无负债公司的价值加上负债所带来的税收抵减利益，而债务利息的税收抵减利益由 T_S、T_D 和 T_C 共同决定。

（1）当 $T_S = T_D$ 时，杠杆公司的价值可简化为：$V_L = V_U + T_C \times D$。这正是在无个人所得税情况下的杠杆公司价值计算公式。该情况说明只要权益分配的所得税税率与个人获得利息收入的所得税税率相同，个人所得税的引入不影响公司价值的计算。

---

[1] Merton Miller, Debt and Taxes, *Journal of Finance*, May 1977, pp.261-275.

（2）当 $T_S < T_D$ 时，来自财务杠杆的收益减少，此时杠杆公司的个人所得税支出高于无杠杆公司。

（3）当 $1-T_D=(1-T_C)(1-T_S)$ 时，杠杆公司的价值 $V_L=V_U$，表明此时的财务杠杆并未带来任何收益，杠杆公司的价值等于无杠杆公司的价值。这种情形的产生是因为公司债务利息的税收抵减优势被较高的个人所得税抵消。

（4）当 $1-T_D<(1-T_C)(1-T_S)$ 时，杠杆公司的价值 $V_L<V_U$。

上述结论说明，同时考虑公司所得税和个人所得税后，公司负债的杠杆利益并不总是大于零。图 7-10 展示了所有可能的情况。

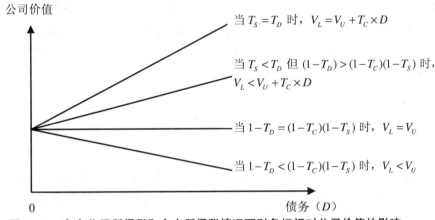

图 7-10 存在公司所得税和个人所得税情况下财务杠杆对公司价值的影响

3）米勒模型中的债券市场均衡

米勒模型还描述了债券市场的均衡状况。由于债务利息的税收抵减利益由 T_S、T_D 和 T_C 共同决定，当 $1-T_D=(1-T_C)(1-T_S)$ 时，增加负债而获得的节税收益与公司所增加的对个人利息的补偿相等，无论公司使用债务融资还是权益融资，都无法获得税收上的利益。这时，公司会停止发行债券，债券市场可以看作是一个均衡市场。将市场上所有的公司当作一个整体看待，市场上有一个最优的负债总量，但对每一个个别公司而言，不存在最优的资本结构。米勒模型的市场均衡如图 7-11 所示。

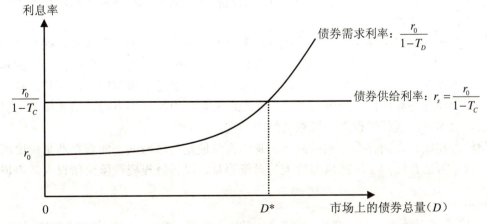

图 7-11 米勒模型中的债券市场均衡

市场上投资者对债券的需求是一条向上弯曲的曲线，这是因为个人所得税是累进的，为吸引更多高税收等级的投资者，债券利率必须不断提高。r_0 表示完全免税债券（如国库券）的均衡利率。从纵轴往右水平延伸的一段曲线表示完全免税的个人和机构对应税公司债券的需求，投资者对应税公司债券的需求利率为 $r_0/(1-T_D)$。债券的需求曲线与水平的债券供给曲线相交时，市场债券总量达到 D^*，债券市场达到均衡。如果公司债券的发行数量超过 D^* 点，则公司必须为其过度负债融资多付出部分利率；反之，公司可以继续利用增加负债获得节税收益。

正如米勒在其论文（1977）中所述："就公司整体而言，存在一个所有公司总负债的均衡水平，也就是说，存在一个均衡的负债—权益比率，但是对任何一个单独的公司来讲，没有最优的负债比率。在均衡状态下，虽然债务利息可以抵减公司所得税，任何一个公司的价值与其资本结构无关的理论仍然是成立的。"可以说，米勒模型从一般市场均衡角度论证了 1957 年最初的 MM 理论。

§7.5   新资本结构理论

新资本结构理论区别于现代资本结构理论的突出特点，是引入了信息经济学中有关不对称信息的分析框架。这一理论流派众多，本节将对其中有代表性的学说做一简要介绍。

7.5.1 代理成本理论

完全信息条件下，委托人实施代理是无成本的，代理成本存在的主要原因是信息的不对称。现代企业中，存在着股东和经理之间、债权人和股东之间的利益冲突，为解决这些冲突而付出的代价和冲突本身引起的公司价值的损失称为代理成本。美国著名经济学家詹森和麦克林（Jensen and Meckling）于 1976 年用代理成本来解释现实的资本结构问题[①]，把资本结构的安排作为解决代理问题的一种手段，认为最优资本结构是使代理成本最低的资本结构。他们分析了公司存在的两种代理关系：经理和股东的代理关系、股东和债权人的代理关系。

经理和股东的冲突是由现代公司所有权和控制权分离引起的。只要经理拥有的剩余索取权低于 100%，那么经理付出的努力就不能获得全部的回报，而所有努力的成本都是由经理承担的，经理为追求自身利益的最大化，就不会总是根据股东的利益行动。这种低效率和经理持股比例呈反方向变化。在经理所持绝对股份不变时，增加债务可提高经理人持股比例，缓解经理人和股东之间的冲突。

债权人和股东之间存在着利益冲突，是因为负债是有风险的。随着企业负债比例的上升，股东可能会倾向于选择风险更大的投资项目，以转嫁投资风险给债权人，但理性

① Jensen, M. & Meckling, W., Theory of the Firm: Managerial Behavior, Agency Cost and Capital Structure, *Journal of Financial Economics*, 1976(3), pp.305-360.

的债权人会合理地预期这一风险，当企业负债比例上升时将通过负债成本来约束股东的举债行为。

7.5.2　信号传递理论

1977 年，美国经济学家罗斯（Ross）首次将不对称信息理论引入资本结构理论的分析中，建立了信号传递模型[①]。罗斯假定企业经理人和外部投资者之间存在不对称信息，也就是说，企业经理人掌握有关企业未来收益和投资风险情况的内部信息，而投资者没有内部信息。因此，投资者只能通过经理人输送出来的信息间接地评价企业市场价值。企业债务比例或资产负债结构就是一种把内部信息传递给市场的工具。负债比例上升是一个积极的信号，它表明经理人对企业未来的收益有较高的期望，传递着经理人对企业的信心。因为举债会使经理人努力工作，同时也使潜在的投资者对企业市场价值的前景充满信心，所以发行债券可以降低企业资金的总成本，企业的市场价值也随之增加。

7.5.3　优序融资理论

1974 年，梅耶斯（Myers）在罗斯信号传递理论的基础上，进一步考察了不对称信息对企业融资成本的影响，提出了融资的"啄食顺序"理论（Pecking Order Theory），也称为"优序融资理论"[②]。优序融资理论认为，企业所有权与经营权的分离会导致经营管理者和外部投资者之间的信息不对称。企业经营管理者比外部投资者拥有更多关于企业未来收益和投资风险的内部信息。外部投资者只能根据企业经营者所传递的信息来进行投资决策。如果企业经营者代表现有股东利益，只有当股价被高估时，经营者才会发行股票来为新项目融资。这时就会出现逆向选择的问题，外部投资者会把企业发行新股当作一个"坏消息"，股权融资会使股价下跌。如果企业被迫发行新股为项目进行融资，股价过低可能严重影响新项目的筹资效率，即使新项目净现值为正，也会被投资者拒绝。正是因为这种信息不对称的存在，使得公司的融资政策成为传递公司经营状况的信号，导致负债融资优于权益融资。因此，优序融资理论的核心观点是：企业偏好内部融资；如果需要外部融资，企业偏好债权融资，最后才考虑采用股权融资。随后，梅耶斯在与迈基里夫（Myjluf）共同合作建立的梅耶斯—迈基里夫模型中系统地论证了这一观点[③]。

优序融资理论指出，公司融资存在选择顺序，而不是像权衡理论描述的那样以一种平衡的方式融资。因此，它能够解释权衡理论所不能解释的一些现象。例如，为什么在一些行业中，盈利最多的公司通常都是负债率最低的公司呢？这显然与权衡理论不符。用优序融资理论来理解，首先，盈利高的公司之所以负债率低，不是由于它们有很低的目标负债率，而是因为它们不需要外部资金；其次，盈利低的公司由于没有足够的内部资金，只得依靠外部融资，而外部融资的首选是债务融资，因此负债率高。

---

① Ross, Stephen A., The Determination of Financial Structure: The Incentive-Signaling Approach, *Bell Journal Economics*, 1977(8), pp.23-40.

② Stewart C. Myers, The Capital Structure Puzzle, *Journal of Finance*, July 1984, pp.575-592.

③ Stewart C. Myers & Nicholas S. Majluf, Corporate Financing and Investment Decisions When Firms Have Information That Investors Do Not Have, *Journal of Financial Economics*, June 1984, pp.187-222.

根据优序融资理论，企业需要资金，应先从内部筹集（来源于留存收益及固定资产折旧），这可能降低资本结构中债务资本的比重，由于项目从内部来筹集资金，会使所有者权益的账面价值和市场价值都增加。而当内部筹集的资金不够时，再采用负债的方式筹集，从而增加企业的负债水平。企业财务杠杆的总额根据可利用的项目随机决定，企业不寻求债务权益比的目标值，因此该理论下企业没有明确的目标资本结构。

由于篇幅所限，无法对所有资本结构理论进行逐一评述。综合以上对资本结构理论发展的介绍，可以看出，在现代企业经营环境中，运用负债经营有利于提高企业价值，但由于财务风险的存在，负债的运用必须适度。尽管从理论上讲，最优资本结构是存在的，但由于公司外部环境的复杂性多变性，使得寻找最优资本结构在实际操作中存在很大困难。因此，公司在制定融资决策时除了根据现有的理论，还需要根据经验和行业、市场的环境变化等多方面因素来进行判断。

【案例分析】
清华同方的资本结构和筹资方式选择

1. 案例资料

清华同方股份有限公司是经国家体改委、国家教委批准，由北京清华大学企业集团作为主要发起人，以社会募集方式设立的股份有限公司。公司于 1997 年 6 月 12 日首次向社会公众发行了普通股，每股发行价 7.27 元，所发行的股票于 1997 年 6 月 27 日在上海证券交易所挂牌交易。发行后，公司总股本为 11,070 万股，其中已流通股占 37.94%；以后有过配股、送股、资本公积转股。公司于 2000 年 12 月向机构投资者和老股东增发 2,000 万股，发行价格为 46 元。增发后，公司总股本为 37,307.4634 万股，其中已流通股占 42.19%。该次增发前后的资本结构状况如下：

（1）负债情况

表 7-3　清华同方资本结构指标列表

资本结构指标	2001 年中期	2000 年末期	2000 年中期	1999 年末期	1999 年中期	1997 年末期
资产负债比率（%）	33.71	34.19	40.41	37.54	50.76	51.70
股东权益比率（%）	47.57	47.65	40.72	51.31	41.21	45.72
固定资产比率（%）	19.03	14.60	17.45	21.20	23.10	19.55

注：由于表中的指标是根据合并报表计算所得，股东权益中不包括少数股东权益，所以股东权益比率与资产负债比率之和并不等于整数 1。

表 7-4　清华同方负债结构

指标名称	2001 年末期	2000 年末期	1999 年末期
流动负债（万元）	214,153.52	154,255.29	70,423.69
长期负债（万元）	23,514.72	26,116.97	17,367.17
负债合计	237,122.74	170,773.57	97,791.76

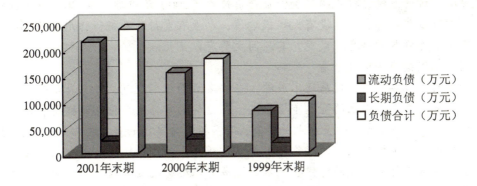

图 7-12　清华同方 1999～2001 年负债结构

表 7-5　清华同方长期负债结构列表（2000 年年报数据）

指标名称	金额（元）
长期借款	267,576,200.00
应付债券	0
长期应付款	7,616,456.21
住房周转金	-15,023,002.74
其他长期负债	0
长期负债合计	261,169,653.37

（2）股权情况

清华同方的股本呈高速扩张态势，随着配股、送股和资本金转增股本而不断增加，并且流通股在总股本中所占的比重也呈现出增长趋势，从 1997 年的 37.94%增长到 2000 年的 43.09%。但由于清华同方上市以来的业绩增长保持了较快速度，所以收益状况一直良好，每股收益指标一直较高，上市以来均在每股 0.6 元以上。

2. 案例分析

清华同方的资产负债率从 1997 年末以来呈现为下降的趋势，到 2001 年中期已经下降到 33%，相比于上市公司平均约 50%的资产负债率，显示了较高的资产安全性。股东权益比率一直保持在 40%以上，在 1999 年末期更是达到了 50%强。另外，在比较低的资产负债率的前提下，清华同方的长期负债在负债总额中所占的比例也不大，基本上是流动负债（如表 7-4、图 7-12 所示）。而且长期负债中，长期借款又几乎占了全部的份额（见表 7-5）。

由于投资者拥有的企业信息远少于公司的经营者和管理者，所以对于投资者来说，公开披露的企业筹资决策在很大程度上是一种企业发展前景的信号。通常来讲，发行股票被认为是企业分散未来风险的表现，会引起股价的下跌。所以企业发展前景较好时，一般不选择股票筹资，而是首先使用内部资金，其次是负债；只有在发行股票的收益大于股价下跌带来的损失和其他成本时，企业才会选择股票筹资。清华同方在具有良好的发展前景、经营业绩、投资项目和低资产负债率（2000 年中期只有 40.41%）的时候，为什么没有依靠内部积累，没有大规模举债，也没有发行具有抵税作用的债券，而是选择了不断扩充股本的筹资方式呢？其原因主要有以下几点：

（1）从宏观市场环境来看

由于我国证券市场的发展还不成熟，在许多方面还不规范，并不具备西方资本结构理论中要求的半强式以上的资本市场状态。在这样的市场中，信息的披露和传递机制都不完善，而且中小投资者的素质也并不高，很多投资者考虑的是"投机"而不是"投资"。在这种情况下，市场对企业的评价并不是以企业披露的各项决策所暗含的信号为依据，因此企业在选择筹资方式的时候也就不会过多考虑公司决策的信号传递问题。同时，我国的债券市场也很不完善。债券市场基本被国债垄断，金融债券和其他企业债券的数量和种类都非常少，难以形成规模，所以也就不会成为企业筹资的首选。

（2）从委托代理关系来看

不论是债权人还是投资者，相对于企业来说都是委托人，从性质上看是一样的，但在我国的实际经济生活中，这两种委托人的地位明显不同。我国企业中发行债券的比较少，所以企业债权人多数是银行或其他金融机构。清华同方的长期借款基本上来自工商银行、建设银行和中国银行等国有商业银行，这些银行都具有比较雄厚的经济实力，对企业也比较了解，可以在一定程度上影响企业的经营管理。近年来，金融资产管理公司的成立和"债转股"规模不断扩大，都体现了这类委托人对企业的影响能力。中小投资者由于股权分散，对企业来说基本上没有约束力。

（3）从成本和收益来看

企业的负债有固定的财务费用支出，不会因企业的经营状况而有所改变，这样通过负债方式筹集资金就隐含了一部分未来固定费用的支出，使筹集的资金出现漏损。虽然负债筹资有杠杆效应，在企业的回报率高于资金成本率的时候会带来超额收益，但像清华同方这样的高新企业，未来的发展也存在着很大的不确定性，一旦经营失败，杠杆效应就成了一杯苦酒，会产生巨额损失。相比之下，企业的股权成本则没有固定的财务费用支出，发行新股筹集的资金几乎是无偿使用的。通过扩充股本筹集来的资金扣除一部分发行成本外，可以在未来时间全部为企业所用。

本章小结

如何确定最优资本结构是现代公司理财的重要课题。早期资本结构理论是建立在经验和判断基础之上的，包括净收益理论、净营业收入理论和传统理论。

现代财务理论开创的标志是莫迪林尼和米勒于 1957 年提出的 MM 理论。MM 理论首先分析了无公司所得税条件下公司的资本结构与公司价值之间的关系，然后再考虑有公司所得税时的情况。无公司税的 MM 理论：MM 第一定理说明了公司的资本结构不会影响其市场价值；MM 第二定理则说明权益的风险取决于经营风险和财务风险。有公司税的 MM 理论：MM 第一定理认为债务利息具有税收抵减的作用，因此公司最优资本结构为 100% 的负债；MM 第二定理说明由于权益的风险随财务杠杆而增大，权益成本随财务杠杆而增加。

MM 理论经历了不断的完善和发展。MM 理论只考虑了负债带来的税收节约价值，却忽略了负债带来的风险和额外费用。针对 MM 理论的这一缺陷，产生了权衡理论。早期的权衡理论认为，企业最佳资本结构就是在债务利息的税收抵减优势和破产成本现值之间的权衡。后权衡理论将负债的成本从破产成本进一步扩展到了财务困境成本、代理成本和非负债税收利益损失等方面，同时又将税收利益从原来所讨论的负债收益引申到非负债税收收益，把企业融资看成是在税收收益和各类负债成本之间的权衡。米勒模型是米勒在 1977 年将个人所得税的效应引入了 MM 理论得出的，说明不同个人所得税税率和公司所得税税率下的公司价值问题，并提出了债券市场均衡。

新资本结构理论引入了信息经济学中有关不对称信息的分析框架。代理成本理论把资本结构的安排作为解决代理问题的一种手段，认为最优资本结构是使代理成本最低的资本结构。信号传递理论认为企业债务比例或资产负债结构是一种把内部信息传给市场的工具。负债比例上升是一个积极的信号，所以发行债券可以降低企业资金的总成本，企业的市场价值也随之增加。优序融资理论认为企业在融资过程中有优先次序：企业偏好内部融资；如果需要外部融资，企业偏好债权融资，最后才考虑采用股权融资。

关键概念

MM 理论　　破产成本　　财务困境成本　　代理成本　　优序融资理论

综合训练

一、单项选择题

1. 无公司所得税条件下的 MM 第一定理说明____。
    A. 公司的最优资本结构是 100% 的负债
    B. 公司的资本结构与公司的市场价值无关
    C. 权益成本随财务杠杆而增加
    D. 权益的风险取决于经营风险和财务风险

2. 早期权衡理论是在 MM 理论的基础上引入了____。
    A. 个人所得税　　B. 公司所得税　　C. 信息不对称理论　　D. 破产成本

3. 下列属于直接破产成本的是____。
    A. 破产过程中的法律费用和管理费用
    B. 公司在财务困境中营运所损失的销售额和商誉
    C. 有价值的员工离职
    D. 代理成本

4. 根据米勒模型，当公司股利所得的个人所得税税率 T_S、个人利息税率 T_D、公司所得税税率 T_C 满足怎样的条件时，财务杠杆不会带来任何收益____。
    A. $T_S = T_D$　　　　　　　　　　　B. $T_S < T_D$ 且 $(1 - T_D) > (1 - T_C)(1 - T_S)$

C. $(1-T_D)=(1-T_C)(1-T_S)$ D. $(1-T_D)<(1-T_C)(1-T_S)$

5. 优序融资理论认为公司筹资时应首先考虑____。

    A. 内部融资   B. 权益融资   C. 优先股   D. 债务融资

二、多项选择题

1. 公司资本的构成项目包括____。

    A. 长期债务   B. 普通股   C. 优先股   D. 短期资本

2. 早期资本结构理论包括____。

    A. MM 理论   B. 净收益理论

    C. 净营业收入理论   D. 传统理论

3. 根据 MM 第二定理，公司权益成本的大小取决于____。

    A. 公司资产的必要报酬率   B. 公司的债务权益比

    C. 公司股票的市场价值   D. 公司的债务成本

4. 后权衡理论将负债的成本从破产成本扩展到____。

    A. 代理成本

    B. 财务困境成本

    C. 非负债税收利益损失

    D. 监督成本

5. 下列叙述属于 MM 理论假设条件的是____。

    A. 公司只有两项长期资本：长期负债和普通股

    B. 所有投资者对企业未来收益和收益风险的预期都是相同的

    C. 企业的经营风险是可以衡量的，相同经营风险的企业处于同一风险级别上

    D. 公司的经营者和股东之间存在信息不对称

三、思考题

1. MM 理论的假设条件和基本内容是什么？

2. MM 理论的缺陷有哪些？

3. 一家完全权益企业的公司所得税税率是 30%，股东要求的收益率为 20%。企业的初始市场价值是 350 万元，流通在外的股票有 175,000 股。企业发行利率为 10%的债券 100 万元，并用此收入回购普通股。根据 MM 理论，该企业权益的新市场价值将是多少？

4. 早期权衡理论和后权衡理论的区别是什么？

5. 请用优序融资理论解释下列现象：

（1）为什么公司增加负债的行为，如股票回购、债权与股权置换等通常会提高公司股价，从而增加股东收益；而公司降低负债比率的行为，如发行新股却往往导致股票价格下降？

（2）为什么公司发行债券是经常性的，发行股票却是非经常性的？

本章参考文献

1. 陈惠锋：《公司理财学》，北京：清华大学出版社，2005

2. ［美］斯蒂芬·A. 罗斯著，方红星译：《公司理财（精要版）》（原书第 7 版），北

京：机械工业出版社，2007

　　3．戴书松：《财务管理》，北京：经济管理出版社，2006

　　4．薛玉莲，李全中：《财务管理学》，北京：首都经济贸易大学出版社，2006

　　5．陈小林：《财务管理》，大连：东北财经大学出版社，2007

　　6．李心愉：《公司理财学》，北京：北京大学出版社，2007

　　7．余华茂，何进日：《从现代西方资本结构理论的发展看其对我国的政策启示》，载《理财理论与实践》，2007 年第 11 期

　　8．林伟，邵少敏：《现代资本结构理论》，载《中央财经大学学报》，2004 年第 4 期

第 8 章　股利政策

导读

　　从传统意义上讲，公司财务主要包括两大决策：投资决策和筹资决策。投资决策主要涉及投资项目的评估和选择；而筹资决策主要是筹集资金，使所选择的投资项目付诸执行。作为筹资管理部分的最后一章，本章所要介绍的股利政策是联系筹资管理和投资管理的桥梁，它主要考虑有多少盈余保留在公司，有多少盈余分配给股东，因此股利分配既关系到股东财富的积累，也关系到公司经营者和职工的利益。此外，公司的股利政策还能够向股东传递关于公司经营业绩的信息。本章主要介绍股利政策的理论及股利政策的实施。通过本章的学习，要求掌握股利的支付方式、股利政策的类型和相关理论，以及影响股利政策的各种因素。

§8.1　股利的支付

8.1.1　利润和股利分配概述

股利（Dividend）是股息和红利的统称，是股东依据其拥有的公司股份（或投资额）从公司分得的利润，也是董事会正式宣布从公司净利中分配给股东的、作为股东投资回报的一种报酬。股利分配是指公司制企业向股东分派股利，是企业利润分配的一部分。股利分配涉及的内容很多，如股利支付程序中各日期的确定、股利支付比率的确定、股利支付形式的确定、支付现金股利所需资金的筹集方式的确定等。其中最主要的是确定股利的支付比率，也就是用多少盈余发放股利，将多少盈余留存在公司内部，因为股利支付比率可能会对公司股票的价格产生影响。换句话说，股利分配的实质就是在股票吸引力与公司财务负担之间寻求一种合理的均衡，即探寻股利与留存收益之间的比例关系。它们的基本关系如下：

股利＝税后利润−留存收益

从上式中可以看出，当税后利润一定时，问题的焦点就在于留存收益与股利之间的比例确定上。

1）利润分配的项目

支付股利是一项税后净利的分配，但并不是利润分配的全部。按照我国《公司法》的规定，公司利润分配的项目包括以下部分：

（1）盈余公积金

盈余公积金从利润中提取形成，用于弥补公司亏损、扩大公司生产经营或者转为增加公司资本。盈余公积金分为法定盈余公积金和任意盈余公积金。公司分配当年税后利润时要按照 10%的比例提取法定盈余公积金。当盈余公积金累计额达到公司注册资本的 50%时，可不再继续提取。任意盈余公积金的提取由股东大会根据需要决定。

（2）公益金

公益金也从净利润中提取形成，专门用于职工集体福利设施建设。公益金按税后利润 5%～10%的比例提取形成。

（3）股利

公司向股东支付股利，要在提取盈余公积金、公益金之后。股利的分配应当以各股东持有的股份数额为依据，每一股东取得的股利与其持有的股份数成正比。股份有限公司原则上应从累计盈利中分派股利，无盈利不支付股利。但如果公司用盈余公积金抵补亏损后，为维持其股票信誉，经股东大会特别决议，也可以用盈余公积金支付股利，但按此办法支付股利后留存的法定盈余公积金不得低于注册资本的 25%。

2）利润分配的顺序

按照我国《公司法》的有关规定，利润分配应按照如下顺序进行：

（1）计算可供分配的利润。将本年利润（或亏损）与年初未分配利润（或亏损）合并，计算出可供分配利润。如果可供分配利润为负，则不能进行后续分配；如果其数值为正，则进行后续分配。

（2）按抵减年初累计亏损后的本年利润计提法定盈余公积金。其计提比例在介绍盈余公积金时已经给出，这里不再赘述。

（3）计提公益金。公益金计提基数与法定盈余公积金相同，计提比例或金额由公司章程或董事会确定。

（4）计提任意盈余公积金。

（5）向股东支付股利。

从利润分配顺序可以看出，我国《公司法》对公司的股利分配做了严格的限制，公司只有按照要求进行相应的利润分配后，剩余的部分才能用于股利分配。这是因为我国目前的金融市场尚处于发展阶段，相关的法律法规还不完善，严格的利润分配制度一方面可以保障债权人的利益，另一方面也可以促进公司的资金积累，保障公司的持续经营，最终使股东得到最大回报。

8.1.2 股利的支付形式

1）现金股利

现金股利（Cash Dividend）是最常见的股利支付形式，它是指公司将股东应得到的股利以现金形式支付给股东。该支付方式不会改变每个股东的股权比率，但是会减少公司的现金资产。对于现金股利，股东要支付较高的所得税款。大部分投资者乐于接受现金股利这种形式的收益，并且股利分配的多少会直接影响到公司的股票价格，对公司的筹资能力产生间接影响。因此，公司在保证其现金正常周转的情况下，会尽可能保持一定的现金股利支付水平。

2）股票股利

股票股利（Stock Dividend）是指公司以增发股票的方式代替现金发放股利的一种形式。在我国，大部分股份有限公司都将其视为最主要的股利分配方式。例如，"10 送 3"就是指股东每持有 10 股股票将得到 3 股股票作为投资回报。"10 送 3 派 0.6"则是指在"10 送 3"的基础上，再每股分发 0.6 元人民币的现金股利。

（1）股票股利的特点

股票股利具有以下特点：

① 股票股利的发放只改变所有者权益各项目的结构，而不影响所有者权益总额。

【例 8-1】某上市公司 A 的股东权益如表 8-1 所示。

表 8-1　A 公司发放股票股利前的股东权益情况

单位：万元

股东权益项目	金额
普通股（每股面值 1 元，100 万股）	100
资本公积	100
留存收益	300
股东权益合计	500

假定该公司宣布发放 10%，即 10 万股的股票股利，股票当前市价为 10 元，则股票股利发放后的所有者权益如表 8-2 所示。

表 8-2　A公司发放股票股利后的股东权益情况

单位：万元

股东权益项目	金额
普通股（每股面值 1 元，110 万股）	110
资本公积	190
留存收益	200
股东权益合计	500

从表 8-1 和表 8-2 的对比可以看出，公司发放 10% 的股票股利，实际上意味着将 100 万元（100×10%×10=100）的留存收益转成了资本，其中相当于面值的 10 万元（100×10%×1=10）部分增加为股本，溢价部分的 90 万元（100-10=90）增加为资本公积，公司的净资产总额在股利发放前后是一致的。可见，公司发放股票股利的实质是股东权益的重新分配，即股票股利按股票市值从留存收益账户转移到普通股股本和资本公积账户中。

② 从理论上讲，当企业的盈余总额以及股东的持股比例不变时，每位股东所持股票的市场总值保持不变。

【例 8-2】假定某公司当年盈余为 77 万元，某股东持有 5 万股普通股，则发放股票股利对该股东的影响如表 8-3 所示。

表 8-3　股票股利对股东持股比例的影响

单位：万元

项目	发放股票股利前	发放股票股利后
每股收益（EPS）	77÷100=0.77	77÷110=0.77
每股市价	10	10÷(1+10%)=9.09
持股比例	(5÷100)×100%=5%	(5.5÷110)×100%=5%
所持股总市值	5×10=50	5.5×9.09=50

从表 8-3 的数据可以看出，在企业盈余总额及股东持股比例一定的情况下，发放股票股利会导致每股收益和每股市价下跌，但企业的股票总币值和每位股东所持股票市值保持不变。

（2）股票股利的利弊

尽管股票股利不会直接增加股东财富，也不会增加公司的价值，但它对股东和公司都有好处。

① 对股东的意义

首先，股票股利可以使股东获得股票价格相对上涨的收益。虽然从理论上分析，公司发放股票股利会导致股价等比例下跌，但事实上由于分发股票股利通常意味着公司有良好的获利潜力和发展前景，因而其股价下跌的幅度相对有限，即股价下跌的比例通常低于发放股票股利的比例。特别是在公司分发少量股票股利（如2%～3%）的情况下，股票价格不会立即随之变化，股东可以得到股票价值相对上升的好处。

其次，股票股利可以使股东获得节税收益。在公司分发股票股利的情况下，若股东需要现金，则可以将其分得的股票股利出售。由于一些国家的税法规定，对出售股票所获得的资本利得征收所得税的税率低于对现金股利收益征收的所得税的税率，所以股票股利能够减少所得税支付。

② 对公司的意义

首先，股票股利有利于公司保留现金。股票股利作为一种分配方式，首先，它具有与现金股利类似的市场效应，如向市场传递公司发展良好的信息，稳定或提升股票价格。其次，它能使公司保留现金用于再投资，有利于公司的长期发展。再者，股票股利有利于增强公司股票的流动性。发放股票股利能够在一定程度上降低股票价格，从而吸引中小投资者，活跃企业股票的市场交易，增强股票的流动性。

当然，股票股利也存在着一些不可避免的缺陷，如发放股票股利的手续和程序复杂，公司的成本增加；同时，发放股票股利后，公司的股本总额扩大，如果企业的收益水平没有相应提高，将会导致每股盈余下降，存在引发股价下跌的风险。

（3）股票分割与股票回购

① 股票分割

公司如果要降低股票价格，除了可以发放股票股利外，还可以采取股票分割的方法。股票分割（Stock Split）又叫拆股，是指将面额较高的一股股票交换成数股面额较低的股票的行为。例如，2对1股票分割是指股票面值减少1/2，股数增加1倍。股票分割不属于股利，但它所产生的效果和发放股票股利类似。二者的相同之处在于，股票分割后，公司发行在外的股份数增加，每股盈余下降，但公司价值总额不变。二者的区别在于发放股票股利要改变公司资本与留存盈余间的相对结构，股票分割不会改变所有者权益各项目的金额及其相互间的比例。发放股票股利是为了避免支付现金股利，而股票分割则纯粹是为了刺激股票交易，不会影响公司的留存盈余和股利的金额。

【例8-3】假设B公司发行在外的普通股股票每股面值6元，公司管理层决定按3股换1股的比例进行股票分割，则股票分割前后的股东权益如表8-4所示。

表8-4   股票分割前后B公司股东权益对比

单位：万元

项目	股票分割前	股票分割后
普通股	300（每股面值6元，50万股）	300（每股面值2元，150万股）
资本公积	700	700
未分配利润	700	700
股东权益合计	1,700	1,700

公司进行股票分割的主要目的是降低公司股票的市场价格，提高公司股票的流动性。

因为较低的股票价格有利于股票的交易和转让，可以吸引中小投资者；同时，股票分割有利于公司新股的顺利发行，有利于公司兼并、合并的实施等。

　　② 股票回购

　　股票回购（Stock Repurchase）是指上市公司购回部分流通在外的股票，使其成为库藏股而退出流通。股票回购之所以被视作股利分配的一种形式，是因为它和现金股利有相同的效果，即通过股票回购或发放现金股利都能使股东得到相应的投资报酬。

　　【例 8-4】某公司有发行在外的普通股股票 200 万股，目前公司有 400 万元的多余现金可用于发放额外现金股利（每股 2 元）或回购股票。根据公司的预测，向股东分配这400 万元现金后，公司的净利润将保持为每年 1,000 万元。按照 200 万股股票计算，每股收益为 5 元。考虑到同类公司的市盈率为 6 倍，预计公司发放 400 万元额外现金股利后公司股票的市场价格为每股 30 元。除发放额外现金股利外，公司还可以通过股票回购的方式向股东支付这 400 万元现金。由于进行股票回购后公司的年净利润预测不变，仍为 1,000 万元，但公司发行在外的股票数量将减少，每股收益 EPS 将增大，这将导致公司股票价格的上升。为了保证股票回购价格合理，公司要预测回购后股票的市场价格，并按照这一价格回购股票。如果假设回购股票前后公司股票的市盈率不变，仍为 6 倍，则可算出回购后公司股票的价格：

　　设回购价格为 P_1，回购股票数量为 N_1，回购后的每股收益为 EPS_1，则有：

$$EPS_1 = 1,000 / (200 - N_1)$$

　　根据要求，回购前后的市盈率不变，因此有：

$$\frac{P_1}{EPS_1} = \frac{P_1}{1,000 / (200 - N_1)} = 6$$

　　由于用于股票回购的资金为 400 万元，所以：

$$P_1 N_1 = 400$$

　　联立方程，可解得：P_1=32（元），N_1=12.5（万股）。

　　因此，公司可以按照每股 32 元的价格回购 12.5 万股股票，即向公司股东支付 400万元现金。发放现金股利和股票回购后公司的相关财务数据如表 8-5 所示。

表 8-5　发放现金股利与股票回购的比较

单位：元

	公司整体	每股股票
发放现金股利		发行在外 200 万股
现金股利	4,000,000	2.00
发放现金股利后预计年净利润	10,000,000	5.00
发放现金股利后的股票价值	60,000,000	30.00
股票回购		发行在外 177.5 万股
股票回购额	4,000,000	
股票回购后预计年净利润	10,000,000	5.33
股票回购后的股票价值	60,000,000	32.00

由例 8-4 可知，如果忽略税收和交易成本的影响，公司股东通过现金股利和股票回购两种方法得到这 400 万元现金的结果相同。在现金股利的方式下，每个股东得到 2 元的现金股利，同时持有价值 30 元的股票，每股股票的价值是 32 元（30+2）。在股票回购的方式下，向公司回售每股价值是 32 元，继续持有公司股票的每股价值也是 32 元，同领取现金股利的每股股票价值完全相同。这一事例告诉我们，如果市场是完美的，公司采用发放现金股利和股票回购两种方式向股东支付现金是没有区别的。

总结起来，股票回购的作用体现在以下几个方面：

首先，股票回购可以提高每股收益和股票价格。公司进行股票回购后，由于市场上所流通的股票将减少，如果回购不会对公司产生不良影响，那么在总收益不变的情况下，在外流通的股票的每股收益额将会有所增加，从而导致股价上涨。

第二，股票回购可以调整公司的资本结构。当公司资本结构中权益资本比重过高时，公司的综合资本成本会提高，不利于财务杠杆作用的发挥。公司通过举债回购股票，可以优化公司的资本结构。

第三，股票回购可以用于反收购策略。股票回购可以提高公司股票的价格，给收购方增加收购难度，从而作为反收购策略使用。

当然，股票回购也存在一些负面影响。例如有些投资者会把股票回购行为看成是公司没有好的投资机会进行再投资，因而对公司前景产生怀疑，导致公司股价下跌。此外，股票回购有时会被怀疑为公司有意借股票回购操纵股市，处理不当就会受到证券监管机构的调查，影响公司的形象。

西方国家法律允许公司出资购回本公司的股票。近年来，西方国家尤其是美国的股票回购活动相当活跃，而且数额巨大。如 1995 年美国菲利普石油公司进行了一项 44 亿美元的股票回购；1997 年通用汽车公司完成了 50 亿美元的股票回购计划；1997 年 IBM 回购了价值 35 亿美元的股票。

《中华人民共和国公司法》（2006 年 1 月 1 日施行）第 143 条规定，允许股份公司在四种情况下回购公司股份：减少公司注册资本；与持有本公司股份的其他公司合并；将股份奖励给本公司职工；股东因对股东大会做出的公司合并、分立决议持异议，要求公司收购其股份。针对上述第三种情况，《公司法》同时还规定，奖励给公司职工的回购股份，不得超过本公司已发行股份总额的 5%；用于收购的资金应当从公司的税后利润中支出；所收购的股份应当在一年内转让给职工。

3）财产股利

财产股利（Property Dividend）是指公司以现金以外的资产支付股利的形式，主要是以公司持有的债券、股票等有价证券支付股利。

4）负债股利

负债股利（Liability Dividend）是公司以负债形式支付股利，如公司的应收票据、公司发行的债券等。

财产股利和负债股利实际上是现金股利的替代，这两种股利支付方式目前在我国公司实务中很少使用，但并非被法律所禁止。

8.1.3 股利分配程序

股利分配程序是指股东大会审议通过股利分配方案后，董事会对外发布分配公告，股东在规定时间内登记股权，最后公司将股利划入股东账户的过程。整个过程应经过四个日期：

1）股利宣告日（Declaration Date）

即公司董事会对外公告股利分配方案的日期。在每一个股利分配阶段，首先应由公司董事会根据公司的盈利情况及股利分配政策，拟订本次的股利分配方案（包括配股方案），然后提交公司股东大会审议通过，再由公司董事会以各种方式对外发布公告。公告内容包括：本期股利分配的形式、股利支付率、股权登记日、除息日和股利支付日。

2）股权登记日（Date of Record）

即有权领取股利的股东的的资格登记截止日期。也就是说，只有在这一日登记在公司股东名册上的股东才有权领取本期的股利，在这一日后购入公司股票的新股东无权参与本次股利分配。股权登记日一般在股利宣告日后的 2～3 周内。

3）除息（权）日（Ex-dividend Date）

即指领取股利的权利与股票相分离的日期，也就是除去股利的日期。除息日前，股利包含在股票的价格中，持有股票就享有领取股利的权利，此时，股利权与股票是一致的。除息日开始，股利权与股票相分离，在除息日当天及以后购买股票的新股东将不能享有这次股利，此时的股票称为除息股或除权股。之所以要规定除息日，主要是因为股票的交易从买卖开始到完成过户手续需要一定的时间（如 T+1 或 T+2），如果股票交易日期离股权登记日太近，虽然新老股东已完成了股票交接，但不一定能及时办理过户手续，公司将无法在股权登记日得知股东变更的信息。由于公司发放本次股利是以股权登记日的在册股东为依据的，公司只能以原登记股东为对象分配股利。因此，为了避免可能发生的冲突，证券业一般规定在股权登记日的前 4 日（或前 3 日）为除息日。从该日起的股票交易也称为无息交易，其股票称为无息股。这意味着，如果一个新股东想获得领取本次股利的权利，就必须在股权登记日的 4 日之前购买股票，其名字才会在股权登记日出现在股东名册上，新股东才有权凭其手中的股票领取本次股利。否则，该股票上的股利仍属于原股东。当然，如果股票交易采用"T+0"交易方式，则除息日为股权登记日的下一个工作日（节假日不算）。

4）股利支付日（Date of Payment）

即公司向股东发放股利的日期。从该日起，公司将在其后的几天内向已经登记在册的股东分派股利。

中国上市公司支付股利的流程及几个重要日期的含义与美国基本相似；不同的是，在我国，除息日是指股权登记日后的第二个交易日。美国与中国股利分配过程的四个日期的关系如图 8-1 所示。

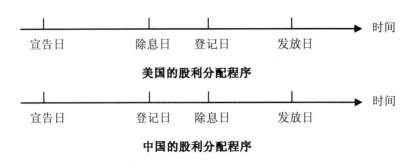

图 8-1 股利分配程序图

【例 8-5】某上市公司于 2006 年 4 月 12 日公布 2005 年度的最后分红方案，其发布的公告如下："公司于 2006 年 4 月 10 日在天津召开了股东大会，通过了 2006 年 4 月 3 日董事会关于每股分派 0.3 元的 2005 年股息分配方案。股权登记日为 4 月 27 日，除息日为 4 月 28 日，股东可在 5 月 10 日至 25 日之间通过深圳交易所按交易方式领取股息。特此公告。"

那么，该公司的股利支付程序如图 8-2 所示。

图 8-2 公司的股利支付程序

§8.2 股利政策理论

股利政策理论是关于公司股利政策和公司股票价格之间关系的研究。西方财务理论界在探讨股利政策与公司股价的关系时存在两大观点：一类观点是股利无关论，即认为公司是否发放股利、发放的比率高低对公司的股票价格没有影响；另一类观点是股利相关论，即认为公司的股利政策会影响公司的股票价格。本节将对这两类观点分别做简单的介绍。

8.2.1 股利无关论

股利无关论是由美国经济学家莫迪林尼（Modigliani）和财务学家米勒（Miller）于 1961 年在《股利政策、增长和股票估价》一文中提出的（下文称"MM 股利无关论"）[1]。

MM 股利无关论的基本观点是：在给定企业投资政策和资本结构的前提下，公司的价值完全由投资政策所决定的获利能力决定，而与盈利的分割方式无关，股利政策只影

---

[1] Merton H. Miller & Franco Modigliani, Dividend Policy, Growth, and the Valuation of Shares, *Journal of Business*, 34 (October 1961), pp.411-433.

响公司的筹资方式。

MM 股利无关论是建立在以下假设之上的，具体为：

1）公司的投资决策和融资决策已经确定，不受股利政策的影响。

2）投资者对股利收益与资本利得收益具有同样的偏好。

3）没有交易费用与交易成本。

4）在完善的资本市场上，信息均匀地分布在股东、管理者和投资人之间，所有投资者都能公平、免费地获得所有影响公司股票价格的相关信息。

5）没有公司税和个人所得税。

在这些前提假设下，就可以很好地理解为什么股利政策和公司的股票价值无关。对于投资者来说，他们并不关心公司是否会分配股利，因为只要公司有盈利，他们就都能从中获得收益：如果公司分配股利，他们可以获得现实的股利收入，并且可以将获得的股利再投资以获取更多的收益；但如果公司不分配股利，公司可以将节省下来的资金再投资，公司的股票价格也会因此上升，投资者如果需要现金，可以通过股票市场出售其所持有的股票，以此获得资本利得收入。因此，在完善的资本市场上，投资者对股利和资本利得并无偏好。对于公司而言，既然投资者不关心股利的分配，公司的股票价值就与公司的股利政策无关，它只与公司的投资决策和盈利能力有关。

对于现实中股票价格会随股利发放额的增减而变动这一事实，MM 股利无关论的解释是，股利增减所引起的股价变动，并不能归因于股利政策，而应归因于股利发放所包含的有关公司未来盈利状况的信息。股利增发传递给市场的信息是公司未来的盈利会更高，而股利减发传递的信息是公司未来的盈利会下降，是这种信息效应影响了股票价格，而不是股利支付模式本身。另外，MM 股利无关论还指出，投资政策与股利政策相互交织，使人们很难分辨股票价格变动是由投资政策变动而引起的，还是由股利政策引起的。如果企业撤掉不盈利的项目，将收回的资金用于发放股利，在这种情况下，股价上升与其说是股利政策的影响，不如说是投资政策的影响。

尽管 MM 股利无关论对认识股利问题十分有用，但它的正确性是建立在完善的资本市场、理性行为等严格的假设条件基础之上的，因此忽视了许多实际因素。现实中，交易费用不仅存在而且很高，存在公司税和个人所得税，投资者与公司管理者之间存在信息不对称等。

8.2.2　股利相关论

与 MM 股利无关论相对照，另一学派认为公司的股利政策与其股票价值是相关的。股利相关论在莫迪林尼和米勒发表论文时就比较普遍，其中具有代表性的包括如下几种理论：

1）"在手之鸟"论

该理论源于西方的一句谚语"一鸟在手，胜于双鸟在林"。约翰·林特纳（John Lintner, 1962）认为[1]，在投资者心目中，当前的股利收益是确定的，而留给公司形成未来资本

---

① John Lintner, Dividends, Earnings, Leverage, Stock Prices and the Supply of Capital to Corporations, *The Review of Economics and Statistics*, Aug. 1962, pp.243-269.

利得具有不确定性，每位股东都是风险厌恶者，偏好于获得现金股利收入，所以股利支付率高的股票价格常高于股利支付率低的股票价格。

在第 3 章介绍股票估价模型时，我们曾推导出股票预期收益率（r）的计算公式：

$$r = \frac{D_1}{P_0} + g$$

式中，D_1 表示持有股票期间第一年获得的股利；P_0 表示股票在 0 时刻的市价；g 表示股利增长率。

投资者认为股利收益率 D_1/P_0 的风险小于股利增长率 g，当公司降低股利支付率时，其股票必要报酬率 r 会紧跟着上升，以作为投资者承担风险的额外补偿，此时公司的权益资本成本上升，公司的股票价格将会下降；相反，当公司提高股利支付水平时，投资者对该股票的必要报酬率的要求会降低，从而使公司的权益资本成本下降，公司的股票价格将会上升。从该理论的阐述可以看出，公司股利政策对股票价格产生了实际的影响，二者之间呈正相关关系。因此，公司在制定股利政策时必须采取较高的股利支付，才能使公司价值最大化。

"在手之鸟"论为实务界人士所广泛接受，而且在该理论的发展完善过程中，也被很多研究人员的实证结论所支持。但是，该理论并不能解释所有的关于股利政策与公司价值之间关系的现象。莫迪林尼和米勒批判该理论的观点属于"一鸟在手荒谬"（Bird-in-the-hand Fallacy）[1]，现实中很多投资者往往把到手的股利重新再投资于同一家或相似公司的股票，因此公司的现金流量对投资者的长期风险取决于公司的经营风险等级，而不是公司的股利支付政策。从长期来看，不论是股利收益还是资本利得收益都取决于公司的预期经营现金流量，如果公司的投资政策和融资政策不受股利政策的影响，股利政策也就不能影响公司的预期经营现金流量。既然股利政策对公司整体现金流量的变动没有影响，当然就不会影响公司的风险水平。

2）税差理论

Litzenberger 和 Ramaswamy 在 1979 年从现实税收差异的角度提出了税差理论[2]，认为由于股利收益税与资本利得税在缴纳的数额和时间上存在着差异，使投资者偏好较低的股利政策。具体来说，有两方面原因：

（1）现实中股利收益税一般高于资本利得税，投资者更偏好于公司留存收益，留存收益的增加会导致股价上升，能在一定程度上减轻他们的税收负担。

（2）资本利得税的缴纳是在股票被出售时，因此投资者可以自由选择其实现的时间。而对于股利，投资者对其产生的时间没有直接的选择权。也就是说，投资者可以决定什么时间为资本利得纳税，但不能决定什么时间为股利纳税。这样，从资金时间价值的角度而言，投资者可以自由推后资本利得税产生的时间，享受延迟纳税带来的好处。

综合以上两方面原因，在其他条件相同的情况下，投资者更偏好资本利得收入而不

---

① Merton H. Miller & Franco Modigliani, Dividend Policy and Market Valuation: A Reply, *Journal of Business*, Jan.1963, pp.116-119.

② Litzenberger, Robert H. & Krishna Ramaswamy, The Effect of Personal Taxes and Dividends on Capital Asset Prices, *Journal of Financial Economics*, 1979(7), pp.163-195.

是股利收入。而持有高股利支付率股票的投资者，为了取得与低股利支付率股票相同的税后净收益，必须要求更高的税前预期回报，因此导致资本市场上股票价格与股利支付率呈反向变化关系，而权益资本成本与股利支付率呈正向变化关系。

根据美国 1992 年的税法，对现金股利所得征收的所得税最高税率为 31%，对资本利得征收的所得税税率为 27%。我国尚未建立起针对资本利得征收个人所得税的税收体制，按照税法的规定，股东得到现金股利必须缴纳个人所得税，而如果股东靠出售股票获取资本利得，则须支付必要的交易费用和印花税，不必缴纳个人所得税。

MM 股利无关论、"在手之鸟"论和税差理论三种学派的观点完全不同：MM 股利无关论认为股利对公司价值或股票价格没有影响，也不存在最优的股利政策；"在手之鸟"论主张支付高股利；税差理论则支持低股利政策。很多研究人员利用资本市场数据，分别采用不同方法进行了大量的实证分析，但并未得出一致的结论。实证结论随着所选样本和假设条件的不同而变化，使三种理论都不同程度地得到支持。

3）信号揭示理论

MM 股利无关论得以成立的重要假设之一是：所有投资者都能公平、免费地获得所有影响公司股票价格的相关信息。也就是说，外部投资者和公司内部高管层对公司未来发展和收益状况有相同的了解和预期。但实际上，公司内部高管人员往往比外部投资者拥有更多的关于公司的信息。长久以来，人们已经观察到，每当公司提高股利的发放水平时，公司的股票价格就会上涨，反之亦反。这就是信息不对称所引起的。

信号揭示理论认为，股利实际上是在向投资者传播公司经营状况、盈利能力和未来发展前景等信息，而这种信息会立刻反映在公司的股票价格上，因此公司的股利政策与股票价格是相关的。1975 年，M. Miller 和 K. Rocker 在 *Journal of Finance* 上发表的《不对称信息下的股利政策》阐述了股利的信号揭示作用[①]。在 Miller 和 Rocker 的模型中，股利的信号传递作用来自投资者的信心。他们认为，管理者拥有关于公司目前经营状况和前景的权威信息，在这种情况下，股利的高低就成了股东和潜在投资者获取公司信息的一个途径。公司提高股利支付率，意味着向股东和潜在投资者传递公司稳定发展、前景良好的信息，从而导致股票价格上升；反之，若公司降低股利支付率，表明公司在向市场传递收益可能下降或前景不佳的信息，从而引起股价下跌。因此，市场上股价对股利发放变化的反应不是说明投资者偏好股利，而是对股利分配所蕴含的信息的反应。

§8.3　影响股利政策的因素

公司的财务活动是在一定的财务环境中进行的，各项财务政策的制定都会受到公司内外各种因素的影响和制约，股利政策的制定也不例外。公司在制定股利政策时，除考虑对公司价值的影响外，还要考虑法律、企业、股东等诸多实际因素。

---

① Merton H. Miller & Kevin Rocker, Dividend Policy under Asymmetric Information, *Journal of Finance*, 1985(40), pp.1031-1051.

8.3.1 法律因素

法律因素是指有关法律法规对股利分配的限制。为了保障债权人和股东的利益，各国都出台了一系列法律法规，如《公司法》、《证券法》和《税法》等，对公司的股利分配做出一定的限制：

1）资本保全限制

资本保全限制规定不能用资本发放股利。我国《公司法》规定，公司分配股利的资金来源只能是当期利润和历年累积的利润，而不能用股本或资本公积发放股利。资本保全限制是为了保障股东权益资本的完整，以保障债权人的利益。

2）公司积累限制

这一限制要求公司在弥补亏损之后、发放股利之前，还必须按法定程序提取各项公积金。我国《公司法》规定，公司分配当年税后利润时要按照 10% 的比例提取法定盈余公积金，当盈余公积金累计额达到公司注册资本的 50% 时，可不再继续提取；并鼓励公司在发放普通股股利前提取任意盈余公积。这种限制的目的主要是维护公司的发展能力，提高公司的抗风险能力。

3）净利润限制

净利润限制规定，公司年度累计净利润为正数时才能发放股利，以前年度亏损必须足额弥补。

4）无偿债能力限制

无偿债能力限制是指禁止缺乏偿债能力的公司支付现金股利。这里的"无偿债能力"有两层含义：一是公司负债总额超过了资产价值总额；二是公司不能向债权人支付到期债务。该项规定目前主要见于美国一些州的法律中，我国尚没有将此规定纳入法律范围，但在公司长期债券合同、贷款合同、优先股合同以及租赁合约中已有限制股利发放的相关条款。如规定：公司支付的股利不能超过公司利润一定的百分比；支付优先股股利之前不能支付普通股股利等。

5）超额累积利润限制

超额累积利润限制规定，当股利收益税高于资本利得税时，公司不得因税收考虑而超额累积利润，一旦公司的保留盈余超过法律许可的水平，将被加征额外税收。目前，我国法律尚未对公司累积利润做出限制性规定。

8.3.2 公司因素

公司自身的经营状况、财务活动、投资决策等因素都会影响股利政策，制定股利政策时应考虑的公司自身因素包括：

1）盈余的稳定性

一般来说，盈余相对稳定的公司可以支付相对较高的股利，而盈余不稳定的公司则宜采用低股利政策。这是因为，对于盈余不稳定的公司来说，采取低股利政策，可以降低因盈余不足而无法支付股利的风险，维持公司股票价格的稳定，并且还可以将更多的盈余用于投资，促进公司健康良好地发展。

2）资产的流动性

公司的资产流动性决定现金支付能力的强弱，因而成为影响股利政策的重要因素。一般情况下，资产流动性越强，其现金支付能力就越强，可适当提高股利支付率；反之，则应控制现金股利的分配，减少财务风险。

3）举债能力

举债能力也会影响公司的现金支付能力。对于具有较强举债能力的公司来说，由于能够及时地筹措到所需资金，因而可采取相对宽松的股利政策；反之，如果企业举债能力较弱，则应当采取低股利政策，以保持必要的支付能力。

4）投资机会

如果公司目前有良好的投资机会，通常需要有强大的资金支持，因而应适当控制现金股利，将大部分盈余留存下来进行再投资；对于缺乏良好投资机会的公司来说，为避免资金闲置，可支付较高的现金股利。因此，处于成长期的公司往往多采取低股利政策，而进入成熟期的公司则多采取高股利政策，可见公司的股利政策与公司所处的发展阶段密切相关。

5）资本成本

与增发普通股相比，保留盈余不需要花费筹资费用，其资本成本较低，是一种比较经济的筹资渠道。所以，从资本成本的角度考虑，如果企业需要扩大规模，需要增加权益资本，则可以采取低股利政策。

6）偿债需要

公司既可以通过举借新债、发行新股筹资来偿还债务，也可以用保留的盈余来偿还债务。当需要偿还债务的数额较大，或举借新债的成本过高时，公司可以考虑适当减少股利支付以增加盈余。

8.3.3　股东因素

公司理财的目标是股东财富最大化，因此公司进行股利分配时应考虑的股东因素有：

1）稳定的收入

如果公司大部分股东具有较高的收入，则这些股东一般不会依赖企业发放的股利维持生活，所以对股利的发放要求不会十分迫切；相反，如果公司的绝大多数股东属于低收入阶层，那么这部分股东就会特别关注现金股利，尤其是稳定的现金股利的发放。

2）避税

税负也是影响股东财富的一个重要因素，不同的股东由于税负差异，对待股利收入和资本利得的态度也会不同。在国外，现金股利属于个人收入范畴，并按照累进递增税率缴纳个人所得税，因此高收入阶层为了避税往往反对公司多发放现金股利。如果公司中这部分股东占大多数，公司应采取低股利政策。相反，如果公司的大部分股东是低收入阶层，由于其适用的个人所得税税率较低甚至未达到个人所得税的起征点，他们就更愿意取得现金股利，获得无风险的当期收益，而不愿意冒险等待以后的资本利得，此时公司适合采取高股利政策。

3）规避风险

在某些股东看来，通过增加留存收益引起股价上涨而获得的资本利得是有风险的，而目前所得的股利是确定的，即便现在获得较少的股利，也强于未来不确定性较大的资本利得，因此这部分股东往往要求较多地支付股利。

4）股权稀释

股东的股权会因为公司发行新股而被稀释。如果公司支付的股利较高，公司的留存收益就会相应减少，那么公司就有可能通过发行新股筹集资金，导致现有股东的股权被稀释。随着流通在外的普通股股数的增加，普通股的每股盈余和每股市价将会下降，最终会损害现有股东的利益。如果股东对现有的股利政策不满意，他们就会出售所持股份，公司的控制权就有可能旁落。

8.3.4 其他因素

1）债务合同约束

为保护贷款人的利益，公司的债务合同特别是长期债务合同，往往有限制公司现金股利支付的条款，只有在流动比率、利息保障倍数和其他安全比率超过其规定的最小值后，才能支付股利。

2）通货膨胀

在通货膨胀的情况下，公司固定资产折旧的购买力水平下降，会导致没有足够的资金来源重置固定资产。这时，较多地留存盈余就会成为弥补固定资产折旧、购买力水平下降的资金来源。因此，在通货膨胀时期，公司股利政策往往偏紧。

§8.4　股利政策类型

在前三节内容中，我们已经介绍了股利的支付、股利政策的相关理论及其影响因素，在此基础上，我们将要进一步学习股利政策的不同类型。

8.4.1 剩余股利政策

不考虑通货膨胀，影响股利政策的外部因素主要是投资机会和资本成本。为了保持理想的资本结构，使资本成本最低，许多公司认为股利应当是资本投资过程中的利润剩余。因此，剩余股利政策（Residual Dividend Policy）就是在资本预算和最佳资本结构目标确定后，公司的盈余首先要满足投资机会对权益资金的需求。如有剩余，则公司将剩余部分作为股利分配给股东；如果没有剩余，公司就不分配股利。剩余股利政策在确定股利支付率时是服从于公司的投资决策和融资决策的。执行剩余股利政策的公司一般按以下步骤制定策略：

1）根据投资决策确定投资需要的资金量。

2）确定公司的目标资本结构，使资本成本最低，同时计算出所需的权益资本额。

3）用公司的留存收益先满足投资项目所需的权益资金数额。

4）在留存收益有剩余时，发放股利。

【例 8-6】某公司 2007 年净利润为 2,000 万元，2007 年度投资计划所需资金 3,000 万元，公司的目标资本结构为自有资金占 60%，借入资金占 40%，则按照目标资本结构的要求，公司投资方案所需的自有资金数额为：

$$3,000 \times 60\% = 1,800（万元）$$

按照剩余股利政策的要求，该公司 2007 年度可向投资者分配的股利数额为：

$$2,000 - 1,800 = 200（万元）$$

剩余股利政策的优点是充分利用留存收益这一资金来源进行再投资，有助于降低再投资的资金成本，保持理想的资本结构，实现公司价值的长期最大化。其缺点是股利发放额每年随投资机会和盈利水平的波动而波动，不利于投资者安排收入与支出。在盈利水平不变的情况下，股利与投资机会的多少呈反向变动关系：投资机会越多，股利越少；反之，投资机会越少，股利越多。而在投资机会维持不变的情况下，股利发放额将因公司每年盈利的波动而同向变动。这种股利发放的波动性会给投资者一种公司经营状况不稳定的印象，也不利于公司树立良好的形象。因此，剩余股利政策一般适用于公司初创或衰退阶段。

8.4.2　固定或稳定增长股利政策

固定或稳定增长股利政策（Constant or Steadily Dividend Policy）是指公司每年发放的每股股利额都固定在某一特定水平上，并在较长的一段时期内保持不变。不论公司的经营状况发生怎样的改变，都不会轻易改变其每股股利支付额。只有当公司认为未来收益的增加能够维持更高的股利水平时，才提高股利的发放额。在发生通货膨胀的情况下，由于公司的盈余会随之提升，故大多数以往采用稳定股利支付政策的公司，会转而实施稳定增长的股利政策。

公司采用这种股利政策的理由有：

1）稳定的股利向市场传递公司稳健发展的信息，有利于树立公司的良好形象，增强投资者对公司的信心，从而稳定公司的股票价格。

2）稳定的股利政策有利于投资者安排股利收入和支出。

3）股利稳定的股票有利于吸引机构投资者购买。由于西方国家的法律规定，诸如养老金、信托基金和人寿保险公司等机构投资者只能投资于具有稳定股利记录的公司股票，因此采用稳定的股利政策有利于吸引这类机构投资者。

尽管这种股利政策有利于股利的稳定支付，但也存在一些缺陷。由于支付的是固定股利，导致股利支付与公司盈余脱节，使股利分配水平不能反映企业的绩效水平。特别是当公司盈余较低时仍然要支付固定股利，可能会使公司面临财务困难，影响公司的正常发展。因此，采用固定或稳定增长股利政策，要求公司对未来的盈利和支付能力做出准确的判断。一般来说，公司确定的稳定股利额不应太高，要留有余地，以免陷入无力支付股利的被动局面。

8.4.3 固定股利支付率政策

固定支付率政策（Constant Pay-out Ratio Dividend Policy）是指在一个较长的时期内，不管盈利情况是好是坏，公司都按每股收益的固定比率支付股利。在这种政策下，每股股利的多少会随每股利润的变化而变化，每股收益越高，则支付的股利越多。它与剩余股利政策的顺序正好相反，是先考虑派发股利，后考虑保留盈余。股利支付率一经确定，一般不得随意改变。

主张这种股利政策的理由在于它体现了股利和盈余的关系，即多盈多分、少盈少分、不盈不分，这就有利于公平地对待每一位股东。但是在政策的实施中，同样会遇到以下问题：

1）传递对公司不利的信息。固定股利支付率政策的缺陷同剩余股利政策一样，即支付的股利会随企业盈余的波动而波动，向投资者传递公司经营业绩不稳定的信息，不利于树立公司的良好形象。

2）财务压力大。因为公司实现的盈利越多，一定支付比率下派发的股利就越多，但公司实现的盈利多并不代表公司有充足的现金派发股利，如果公司的现金流量状况不好，却还要按盈利比率派发股利，很容易给公司造成较大的财务压力。

3）确定股利支付率难度较大。如果固定股利支付率确定得过低，就不能满足投资者对投资收益的要求；而支付率定得过高，没有足够的现金派发股利时会给公司造成巨大的财务压力。另外，当公司发展需要大量资金时，也会受到制约。

由于公司每年面临的投资机会、融资需求、筹资渠道和方式等都会发生变化，而这些都会影响到公司的股利分派。所以，一成不变的按固定比率发放股利的政策在公司的实际政策制定中并不多见，固定股利支付率适用于那些处于稳定发展阶段且财务状况良好的公司。

8.4.4 低正常股利加额外股利政策

低正常股利加额外股利政策（Lower Normal Plus Extra Dividend Policy）是公司事先设定一个较低的经常性股利额，一般情况下，公司每期都按此金额支付正常股利，只有公司盈利较多时，才能再根据实际情况发放额外股利。

由于公司每年固定派发的股利维持在一个较低的水平上，在盈利较少或需要较多地保留盈余进行再投资时，公司仍能按照既定承诺的股利水平派发股利，使投资者有一个固定的收益保障。这有助于维持公司股票价格的稳定。而当公司盈利状况较好且有剩余现金时，就可以在正常股利的基础上再派发额外股利，而额外股利信息的传递有助于公司股票价格的上涨。所以，这种政策赋予公司一定的灵活性，使公司在股利发放上留有余地并且有较大的财务弹性，每年可以根据公司的具体情况选择不同的股利发放水平。对于投资者来说，既可以使投资收益得到一个最低保障，又可以分享公司繁荣发展带来的好处。

当然，这种股利政策也存在一些弊端。额外股利的支付容易使股东将其视为正常股利的一部分，一旦公司由于各种原因不能在正常股利基础上增发额外股利，股东很有可能将其视为公司财务或经营状况不佳的信号，对公司信心下降，使公司股票价格随之下跌，影响公司的再筹资能力。因此，在实践中，支付额外股利的次数不应太频繁。对于盈利水平随着经济周期而波动较大的公司，该股利政策可能是一种较好的选择。

以上介绍的四种股利政策各有利弊，公司在制定股利政策时应结合公司目前所处的发展阶段、公司的财务状况、投资策略以及市场行情等多方面因素综合考虑，才能制定出适宜的股利政策。公司在不同成长与发展阶段所采用的股利政策一般可用表 8-6 来描述。

表 8-6　公司股利分配政策的选择

公司发展阶段	特点	适用的股利政策
初创阶段	公司经营风险高，有投资需求，但融资能力差	剩余股利政策
快速发展阶段	产品销售收入急剧上升，投资需求大	低正常股利加额外股利政策
稳定增长阶段	产品销售收入稳定增长，公司的市场竞争力增强，行业地位已经巩固；公司扩张的投资需求减少，净现金流入量稳步增长，每股收益呈上升趋势	固定股利政策
成熟阶段	盈利水平稳定，公司已经积累了相当的盈余和资金	固定股利支付率政策
衰退阶段	产品销售收入锐减，公司获利能力和流动性大幅下降	剩余股利政策

【案例分析】

我国的股份回购案例

1. 豫园股份合并回购案

1992 年小豫园并入大豫园可以看作中国股市第一例为合并而实施股份回购的成功个案。依据《中华人民共和国公司法》并经股东大会批准，大豫园作为小豫园的大股东，采用协议回购方式把小豫园的所有股份（包括国家股、法人股、社会公众股）悉数回购并注销，合并后新公司再发行股票，小豫园股东享有优先认股权。这为我国国有企业的股份制改造提供了一条新的可行途径。

2. 云天化公司现金回购案

1999 年 4 月 1 日，云天化公司发布公告，宣布回购云天化公司集团持有的 2 亿股国有法人股，并于 2000 年 9 月获准实施。云天化公司以每股 2.73 元的价格，向该公司第一大股东云天化公司集团协议回购该公司持有的国有法人股 20,000 万股。此次回购完成后，云天化公司股份总额大幅缩减，从 56,717.17 万股减少至 36,717.17 万股。整个回购支付资金总额为 56,600 万元，资金来源主要有：（1）截至 2000 年 7 月 31 日的未分配利润 430,143,509.05 万元；（2）2000 年 9 月至 10 月预计实现的未分配利润 26,700,700 元；（3）其他自有资金 110,050,352.29 元。全部股份回购资金为一次性支付。云天化公司实施股份回购，收缩股本，有利于公司在现有经营规模的基础上，最大限度地发挥资金的杠杆作用，遏制公司每股收益下滑的趋势，从而稳定公司的股票价格。此次股份回购也可以看作公司将原本应向外投资的资金投向了自身现有的资产。

3. 长春高新公司的资产回购案

根据临时股东大会决议，长春高新公司于 2000 年 7 月 26 日决定以每股 3.44 元的价格向第一大股东长春高新技术产业发展总公司协议回购，并注销国家股 7,000 万股。回购价格是以公司 1999 年 12 月 31 日经审计确认的每股净资产 3.4 元为基础，同时考虑自 2000 年年初至回购实施期间的公司经营收益而确定的。回购后，公司总股本由 20,132.657 万股降至 13,132.657 万股，其中国家股占 34.63%，募集法人股占 4.61%，社会公众股占 60.76%。回购资金为 2.407 亿元，资金来源于管委会（系长春高新技术产业发展总公司的母公司）归还长春高新公司的 2.4 亿元欠款。这次股份回购不仅可以改善长春高新公司的资产结构，减少 2.4 亿元的应收款项，提高公司资产的营运质量，而且还可以提升公司的经营业绩。2000 年长春高新公司每股收益为 0.23 元，远远高于 1999 年的 0.069 元。

本章小结

股利政策涉及的内容主要是，公司对其利润进行分配或留存用于再投资的决策问题。股利政策是公司融资决策的组成部分，在公司投资既定时，股利政策的选择即是公司融资政策的选择。

股利的支付方式主要包括现金股利、股票股利、财产股利和负债股利等。在这些支付方式中，现金股利和股票股利是常见的形式，财产股利和负债股利在我国公司实务中很少使用。

应注意股票分割、股票回购与股票股利的联系和区别。股票分割是指将面额较高的一股股票交换成数股面额较低的股票的行为。股票回购是指上市公司购回部分流通在外的股票，使其成为库藏股而退出流通。

股利政策理论是关于公司股利政策和公司股票价格之间关系的研究。股利政策理论主要分两派：股利无关论和股利相关论。股利无关论由莫迪林尼和米勒于在 1961 年提出，被称为 MM 股利无关论。该理论认为，在一定的假设前提下，股利政策与公司的股票价值无关。尽管 MM 股利无关论对认识股利问题十分有用，但它忽视了许多实际因素。股利相关论认为公司的股利政策与其股票价值是相关的，其中具有代表性的理论包括"在手之鸟"论、税差理论和信号揭示理论。"在手之鸟"论认为投资者是厌恶风险的，因此更偏好于股利而非风险较大的资本利得；税差理论认为股利收益税一般高于资本利得税，因而降低股利分配能够给股东带来税收好处；信号揭示理论认为由于存在信息不对称，股利发放在很大程度上反映了公司的盈利能力和发展前景。

影响公司股利政策的因素有很多，包括法律因素、公司因素、股东因素和其他因素。

实践中的股利政策主要分为剩余股利政策、固定股利或稳定增长股利政策、固定股利支付率政策和低正常股利加额外股利政策。剩余股利政策是指公司的净利润应首先满足公司盈利性投资项目对权益资本的需要，如果还有剩余，再用于发放股利。固定股利或稳定增长股利政策是将每年发放的股利固定在某一特定水平上，并在较长时期内保持不变，只有当公司认为未来收益将会显著地、不可逆转地增长时，才提高年度的股利发放额。固定股利支付率政策是公司确定一个股利占收益的比率，长期按此比率支付股利的政策。低正常股利加额外股利政策是指一般情况下公司每年只支付金额较低的正常股利，在公司经营非常好时，除正常股利外，再附加额外股利，但额外股利并不固定。

关键概念

现金股利　股票股利　股票分割　股票回购　剩余股利政策
固定股利或稳定增长股利政策　固定股利支付率政策
低正常股利加额外股利政策

综合训练

一、单项选择题

1. 按照我国《公司法》的有关规定，利润分配程序中，第一步应当是____。

 A. 计提公益金   B. 向股东支付股利

 C. 计算可供分配的利润   D. 计提法定盈余公积金

2. 在股利的支付形式中，最常见的是____。

 A. 股票股利 B. 现金股利 C. 股票分割 D. 股票回购

3. 在股利分配程序的四个日期中，表示领取股利的权利与股票相分离的日期是____。

 A. 股利宣告日 B. 股权登记日 C. 除息（权）日 D. 股利支付日

4. 下列表述中不属于 MM 股利无关论假设内容的是____。

 A. 没有交易费用与交易成本

 B. 没有公司税和个人所得税

 C. 公司的投资决策和融资决策已经确定，不受股利政策的影响

 D. 投资者更偏好股利的确定性，而不喜欢资本利得的不确定性

5. 在下列股利政策中，哪一种表示公司每年发放的每股股利额都固定在某一特定水平上，并在一段时期内保持不变____。

 A. 剩余股利政策   B. 固定股利支付率政策

 C. 低正常股利加额外股利政策   D. 固定股利或稳定增长股利政策

二、多项选择题

1. 公司利润分配的项目包括____。

 A. 盈余公积金 B. 公益金 C. 股利 D. 权益资本

2. 股利支付的形式包括____。

 A. 现金股利 B. 股票股利 C. 财产股利 D. 负债股利

3. 股票股利对股东的意义是____。

 A. 能够直接增加股东财富

　　B. 可以使股东获得股票价格相对上涨的收益

　　C. 可以使股东获得节税收益

　　D. 保证股东在每期获得固定的股利

4. 下列理论中，属于股利相关论的是＿＿＿。

　　A. "在手之鸟"论　　　　B. 信号揭示理论　　C. 税差理论　　D. MM 理论

5. 股利政策类型包括＿＿＿。

　　A. 剩余股利政策　　　　　　　　　　　B. 固定股利或稳定增长股利政策

　　C. 固定股利支付率政策　　　　　　　　D. 低正常股利加额外股利政策

三、思考题

1. 影响股利政策的因素有哪些？

2. 为什么说股利支付的频繁波动是传递对公司不利的信息？

3. 不同类型股利政策的利弊是什么？公司应如何选择恰当的股利政策？

4. 某公司 2007 年已提取公积金、公益金之后的税后净利为 5,000 万元，公司目前的资本结构（权益资本占 70%，债务资本占 30%）是最优资本结构，公司流通在外的普通股为 4,000 万股。公司在 2009 年有一个很好的投资项目，预计项目投资总额为 6,000 万元。问：公司如果采用剩余股利政策，每股普通股应发放多少股利？

5. 某公司计划发放现金股利 550,000 元，现有流通在外的普通股 275,000 股，每股盈余为 6 元，股票在除权后的价格为 45 元。如果公司不发放现金股利，而改为股票回购，试计算：

　　（1）回购价格为多少？

　　（2）回购股票数量为多少股？

本章参考文献

1. 陈惠锋：《公司理财学》，北京：清华大学出版社，2005

2. 王晋中，徐加根：《公司理财》，武汉：武汉大学出版社，2005

3. ［英］登齐尔·沃森著，何瑛等译：《公司理财理论与实务》，北京：经济管理出版社，2007

4. 钱海波，贾国军：《公司理财》，北京：人民邮电出版社，2003

5. 李心愉：《公司理财学》，北京：北京大学出版社，2007

6. 陈玉菁，宋良荣：《财务管理》，北京：清华大学出版社，2007

7. 刘力：《公司财务》，北京：北京大学出版社，2007

第三篇　公司的投资管理

第 9 章　确定条件下的投资决策分析

导读

　　公司筹资的目的是进行投资，将资金投放于可获利的项目才能赚取收益，增加公司价值。从本章开始，我们将学习公司理财活动中最重要的内容——投资管理。

　　公司的投资决策包括很多内容：是否要新增投资项目；是否对现有生产项目进行扩建，以增加产能；是否要用新设备来代替旧设备，等等。解决这些问题的目的是使企业在不断变化的市场中发展壮大。投资决策的正确与否关系到公司经营状况和财务状况的好坏。面对复杂多变的市场环境，企业如何判断哪些项目是可行的，哪些又不可行的？这就是本章所要学习的内容。

　　在对投资项目进行评价时，有两项内容尤为重要：一是预期项目的现金流量；二是对现金流量进行折现的折现率，即项目的必要收益率。在本章中，我们假定预期的现金流量是可以唯一确定的，因而项目的必要收益率也是给定的。在此条件下，我们分析投资决策的原理和方法。

§9.1 投资概述

对于一个企业来说,投资往往是指企业投入一定的财力,以期望在未来获取收益的行为。企业能否把筹集到的资金投放到收益高、回收快、风险适度的项目上去,对于企业的生存和发展都是十分重要的。本节主要介绍投资的特点、意义、种类以及投资决策的程序等内容。

9.1.1 投资的特点

1)投资回收时间长

投资项目有长期项目,也有短期项目。但一般来说,即使短期项目,也要经过一段相当长的时期,不可能一次就对投资额进行回收。项目投资决策一经做出,就会在今后很长一段时期内影响公司的经济效益,投资额的回收也要经历一段相当长的时期。因此,公司在进行项目投资时必须小心谨慎,对投资项目的可行性进行认真研究。

2)投资的资金耗费大

对公司而言,投资项目一般是一些比较大的项目,所需资金数额比较多,对公司的现金流量和财务状况有着很大的影响。由于投资涉及的金额相当大,因此公司要合理安排资金的预算,适时筹措资金,尽可能减轻财务负担。

3)投资对象的变现能力较差

公司的基本投资一般是一些固定资产,如厂房、机器设备等的投资。这些投资的变现能力较差,难以瞬时转变为现金流量。公司一旦完成了这些资产的投资,即使想要改变其投资方向,也要付出相当大的代价。因此,从某种程度上说,投资项目具有不可逆转性。

4)投资具有高风险性

投资所提供的经济效益,只能在今后的长时期内逐步实现。而在未来时期各种影响投资效益的因素,诸如市场需求、原材料供应、国家政策等,都有可能发生变化。这意味着公司进行一项投资必然冒一定风险,如果缺乏承担风险的能力,就有可能遭受巨大损失。因此,公司在进行投资时,应当对投资项目的各种因素进行全面分析,采取有效方法将风险控制在最低范围内。

9.1.2 投资的意义

虽然投资有风险,但对于公司而言,投资是其获取利益的最基本方法。公司进行投资有如下意义:

1)投资是公司实现财务管理目标的基本前提

公司财务管理的目标是提高公司价值,实现公司价值的最大化。为此,公司就要在生存的基础上统筹安排长、短期规划,有效筹措资金,合理选择投资方案,并正确权衡投资报酬与风险,促使公司资产的保值增值,在保证长期稳定发展的基础上使公司价值达到最大。可见，投资是公司实现财务管理目标的基本前提。

2）投资是公司发展生产和增强盈利能力的必要手段

公司无论是从事简单再生产还是实现扩大再生产，都必须进行一定的投资。公司要维持简单再生产，就必须及时对使用的机器设备进行更新，对产品和生产工艺进行改革，不断提高职工的科学技术水平等；要实现扩大再生产，扩大经营规模，谋求企业的长远发展，就必须新建或扩建厂房，增添机器设备，提高现有生产工艺水平，寻找更多的原材料等。公司只有通过一系列的投资活动，不断改善投资结构，增强盈利能力，才能实现长远的发展。

3）投资是公司增强抗风险能力的重要方法

公司把资金投向生产经营的关键环节或薄弱环节，可以使公司各种生产经营能力配套、平衡，形成更大的综合生产能力。公司如果把资金投向多个行业和领域，实现多角化经营，则更能增强企业销售和盈余的稳定性，实现收益来源的多元化，进而降低经营风险，增强抗风险能力。

4）有效利用闲置资金

公司用正常经营过程中的闲置资金购入可以随时变现的股票、债券或其他证券，可以使闲置资金得到充分利用，增加公司的投资收益。

9.1.3 投资的种类

根据不同的标准，投资可以有不同的分类方法：

1）按投资回收期限的长短，可划分为短期投资与长期投资

短期投资是指可以在一年内收回的投资，因此又称为流动资产投资，它具有时间短、变现能力强、周转快和流动性强等特点。短期投资主要指对现金、应收票据、应收账款、存货和短期内到期的有价证券等的投资。

长期投资是指在一年以上的时间里才能收回的投资，主要指对厂房、机器设备等固定资产的投资，也包括对无形资产和长期有价证券的投资。一般来说，长期投资具有发生次数少、投资所需金额大、回收时间长、变现能力差、风险大、对公司影响时间长等特点。长期投资是否合理，不仅影响到公司当期的财务状况，而且对以后各期损益及经营状况都会产生重要影响。由于长期投资中固定资产所占比重最大，所以长期投资一般多指固定资产投资。

2）按投资与公司生产经营的关系，可分为直接投资与间接投资

直接投资是指把资金直接投放于生产经营性资产，以便获取利润的投资。直接投资依投资对象的不同又可分为固定资产投资、流动资产投资、无形资产投资以及其他资产投资等。一般而言，在非金融性公司中，直接投资所占的比重较大。

间接投资，又称证券投资，是指把资金投放于证券等金融性资产，以便获取股利或利息收入的投资。根据具体对象的不同，间接投资又可分为股票投资、债券投资、证券基金投资以及其他证券投资等。随着我国金融市场和证券市场的日益完善，这类投资将越来越普遍。

3）按照投资方向，可分为对内投资与对外投资

对内投资是指公司将资金投放到公司内部购置各种生产经营性资产或投放到总公司下属子公司等的投资行为，如购买原材料、机器设备、厂房等的投资。

对外投资是指投资人将资金投放于其他企业或购买各类理财资产。对外投资不受投资人直接控制，不确定性较大，故投资风险较高。对外投资主要是间接投资，也可以是直接投资。

4）按照投资在生产过程中的作用，可分为初创投资与后续投资

初创投资是指建立新公司时所进行的各种投资。初创投资形成公司的原始投资，是公司开展生产经营活动的必备条件。

后续投资是指巩固和发展公司再生产而进行的各种投资，主要包括为维持公司简单再生产所进行的更新性投资、为实现公司扩大再生产所进行的追加性投资以及为调整公司生产经营方向所进行的转移性投资等。

5）按照投资项目的独立程度，可分为独立项目投资与互斥选择投资

独立项目投资是指决定是否投资于某一项目的决策。独立项目投资通常涉及一个项目，对于这个投资项目的决策只有接受或放弃两种选择。即使独立项目投资涉及两个或两个以上的投资项目，这些投资项目也互不影响，对其中某一项目的接受或拒绝均不会影响其他项目的投资决策。

互斥选择投资是指在两个或两个以上的投资项目中，只能选择其中一个投资项目的决策。互斥选择投资通常涉及两个或两个以上的投资项目，并且这些投资项目相互排斥，对某一项目的接受或拒绝会影响其他项目的投资决策。因此，面对互斥选择投资时，公司往往要对投资项目进行比较分析。

9.1.4 投资决策的程序

1）投资方案的提出

在公司的生产经营过程中，会不断地产生投资需要，也会出现很多的投资机会，如吸收新科技、开发新产品等，这些都需要公司做出投资决策。当出现新的投资机会或产生投资需要时，公司的员工和经理都可以提出新的投资项目。公司应当从提出的投资方案中进行初步筛选、分类，同时结合企业自身的具体情况及长期发展目标，制定初步的投资计划。

2）投资项目评价

公司初步确定的投资方案可能有多个，也可能只有一个。受资金、技术、环境、人力等的限制，投资项目之间往往是互斥的，因而只能从中选择一个或优先发展其一，再逐渐发展其他。但不论投资项目是一个还是多个，都要对其可行性进行全方位评价，具体评价内容包括：

（1）估计投资项目的预期现金流量；

（2）估计预期现金流量的风险水平；

（3）确定资本成本的一般水平；

（4）确定投资项目的现金流量现值；

（5）采用一定的方法，决定接受或拒绝投资项目。

由此可见，估算投资项目的预期现金流量是投资项目评价的首要环节。

3）做出投资决策

投资项目能否实施，要由公司的决策者综合技术人员、财务人员、市场研究人员等的评价结果，在全面考核之后最终做出。

4）投资的实施

投资项目被批准或采纳后，要筹集资金并付诸实施。大项目一般交由提出部门或由原设计人员组成专门小组，拟订具体的实施计划并负责具体实施。各个部门必须密切配合，才能保证项目保质保量地完成。项目投产后要严格管理，保证实现预期收益。

5）投资项目的再评价

投资实施以后，要对投资项目进行跟踪审计，考察原来做出的投资决策是否合理。一旦出现新的情况，就要根据变化的情况做出新的评价。如果情况发生重大变化，使原来的投资决策变得不合理，那么就要进行是否终止投资或怎样终止投资的决策，以避免更大的损失。

§9.2　投资项目现金流量的确定

投资项目现金流量（Cash Flows）是投资项目的有效持续期内因资本循环而可能或应该发生的与投资项目相关的各项现金流入量和现金流出量的统称，它是进行项目投资评价时必须事先计算的基础数据。这里的"现金"是广义的现金，不仅包括各种货币资金，而且还包括项目需要投入的非货币资源的变现价值。例如，一个项目需要使用原有的厂房、设备和材料等，那么相关的现金流量是指它们的变现价值，而不是其账面成本。能否准确确定投资项目现金流量，关系到项目投资决策评价的正确性。因此，对投资项目未来现金流入和现金流出的确定是项目投资决策的关键，也是项目投资决策过程中的难点。

9.2.1 现金流量的构成

根据现金流动的方向，现金流量可分为现金流出量、现金流入量和净现金流量。

1）现金流出量

现金流出量是指一项资本投资所引起的现金支出的增加额，主要包括：

（1）直接投资支出

直接投资支出是指形成生产经营能力的各种直接支出，包括固定资产的购入或建造成本、运输成本、安装成本以及其他有关支出（如职工培训支出、技术购入支出等）。这类支出一般会在会计上表现为固定资产、无形资产和其他资产的增加。这部分现金流出是随着投资的进行而发生的，可能是一次性支出（如购置一台设备），也可能是分几次支出（如分期预付工程款）。

（2）垫支的流动资金

项目投入使用后会扩大公司的生产能力，引起对流动资金需求的增加，这应当列入项目投资的现金流出量。垫支的流动资金在决策项目报废不能使用时，才能被收回。垫支的流动资金和直接投资支出一般合称为原始投资。

（3）付现成本

付现成本是指项目投产后生产经营期内为满足正常生产经营需要而动用现实货币资金支出的成本费用，又称付现营业成本，如材料费用、人工费用等。它是生产经营阶段最主要的现金流出项目。

（4）各项税金

各项税金指投产后依法缴纳的、单独列示的各项税金，包括营业税、所得税等。

（5）其他现金流出

其他现金流出是指不包括在以上内容中的现金流出项目，如营业外净支出等。

2）现金流入量

现金流入量是指一项投资引起的现金收入的增加额，主要包括：

（1）营业收入

营业收入是指项目投产后每年实现的全部销售收入或业务收入，是投资项目最主要的现金流入。

（2）固定资产出售或报废时的残值收入

投资项目有效期结束后，残余固定资产经过出售或报废会形成一笔现金流入，这部分现金流入扣除一定的清理费用后的净额，构成了投资的现金流入。

（3）垫支流动资金的收回

投资项目有效期结束后，原先垫支的流动资金可以收回移作他用，因此应当将其视为现金流入的一项构成。

（4）其他现金流入

主要指不包括在以上内容中的现金流入项目。

3）净现金流量

净现金流量（Net Cash Flows, NCF）是指一定时期内现金流入量与现金流出量的差额，用公式表示为：

净现金流量（NCF）= 现金流入量 − 现金流出量

净现金流量可以按一年计算，也可以按整个项目的持续寿命来计算。当现金流入量大于现金流出量时，净现金流量为正值；反之，则为负值。净现金流量是进行投资项目决策的重要依据。

净现金流量具有以下两个特征：第一，无论是经营期内还是建设期内都存在净现金流量；第二，由于项目有效期内不同阶段里现金流入和现金流出的可能性不同，使得建设期内的净现金流量一般小于或等于零，经营期内的净现金流量则多为正值。

一个投资项目，从准备投资到项目结束，要经历项目准备及建设期、生产经营期和项目终结期三个阶段。因此，根据现金流量发生的时间，有关项目现金流量也可以分为项目投资建设期的初始现金流量、项目建成投产期的经营现金流量和项目到期报废处置期的终结现金流量三部分。

1）初始现金流量

初始现金流量是投资开始时（主要指项目建设过程中）发生的现金流量，主要包括：

（1）固定资产投资支出，如设备购置费、运输费、安装费等。

（2）垫支的营运资本，指项目建成投产后分次或一次投放于流动资产上的资本增加额。

　　　某年营运资本增加额＝本年流动资本需要额－上年流动资本

（3）原有固定资产的变价收入，指固定资产重置、旧设备出售的净现金流量。

（4）所得税效应，指固定资产重置时变价收入的税负损益。按规定，出售资产（如旧设备）时，如果出售价高于原价或账面净值，应缴纳所得税，多缴的所得税构成现金流出量；出售资产时发生的损失（出售价低于账面价值）可以抵减当年所得税支出，少缴的所得税构成现金流入量。类似这样的由投资引起的税负变化，应在计算项目现金流量时予以考虑。

（5）其他费用，指不属于以上各项的投资费用，如投资项目的筹建费、职工培训费等。

2）经营现金流量

经营现金流量是指项目建成后投入生产经营的过程中所发生的现金流量，这种现金流量一般是按年计算的。经营现金流量包括：

（1）增量税后现金流入量，指投资项目投产后增加的税后现金收入（或成本费用节约额）。

（2）增量税后现金流出量，指与投资项目有关的以现金支付的各种税后成本费用（不包括固定资产折旧费以及无形资产摊销费等），也称经营成本。

（3）各种税金支出。

经营净现金流量的确认可以根据有关损益表的资料分析得出，其基本计算公式为：

　　　经营净现金流量＝销售收入－付现成本－所得税

在公司全部的成本费用中，一部分是付现成本，一部分是非付现成本。付现成本是指需要支付现金的成本；非付现成本是指成本中每年不需要支付现金的部分，主要包括固定资产折旧等。所以，付现成本可以用成本减折旧来估计。

　　　付现成本＝成本－折旧

因此，经营净现金流量的计算公式可以变为：

$$经营净现金流量＝销售收入－付现成本－所得税$$
$$＝销售收入－（成本-折旧）－所得税$$
$$＝税前利润+折旧－所得税$$
$$＝税后净利+折旧$$

在估计投资项目的预期现金流量时，往往不知道整个企业的利润以及有关的所得税，因此需要对上式进一步展开，可以得到：

$$经营净现金流量＝税后净利+折旧$$
$$＝（销售收入－成本）×（1－所得税税率）+折旧$$
$$＝[销售收入－（付现成本+折旧）]×（1-所得说税率）+折旧$$

采用该式计算经营净现金流量，不需要知道整个企业的利润和所得税，应用更加广泛。

3）终结现金流量

终结现金流量是指投资项目结束时所发生的现金流入和流出量，包括两项内容：

（1）固定资产残值变价收入以及出售时的税负损益。该项的处理方法与初始现金流量相同。如果预计固定资产报废时残值收入大于税法规定的数额，就应计缴所得税，形成一项现金流出量；反之，则可抵减所得税，形成现金流入量。

（2）垫支营运资本的回收。这部分资本不受税收因素的影响，税法把它视为资本的内部转移，就如把应收账款换成现金一样。因此，回收的营运资本仅仅是终结期现金的增加。

9.2.2　现金流量的估计

在确定投资项目的现金流量时，应遵循的最基本原则是：只有增量现金流量才是与项目投资相关的现金流量。所谓增量现金流量，是指接受或者拒绝某个投资方案后，公司整体未来现金流量的改变量。具体而言，只有因为采纳某个项目引起的现金支出增加额，才是该项目的现金流出；只有因为采纳某个项目引起的现金流入增加额，才是该项目的现金流入。因此，对现金流量进行估算时，首先应对增量现金流量和非相关的现金流量加以区分。

1）估计现金流量时应当注意的问题

增量现金流量是与投资决策相关的现金流量，是投资决策中的一个重要概念。虽然它的定义非常简单，但是在实际的计算中却很容易发生错误，因此我们必须明确与增量现金流量有关的问题，并加以重视。概括地讲，在估计现金流量的时候应注意以下问题：

（1）应当剔除沉没成本

沉没成本是指已经发生的、在投资决策中无法改变的成本，它属于无关成本。例如，某企业在新产品投放市场前花费5万元进行市场调查，这笔开支是企业的现金流出，但是不应该在投资决策中加以考虑。因为在投资决策时，该市场调查已经付诸实施，不管决策结果如何，与市场调查相关的5万元支出已经发生并且无法改变，成为沉没成本。

（2）应当重视机会成本

机会成本是指在投资方案的选择中，因放弃次优的投资机会而发生的损失，或者说因放弃次优决策而丧失的次优决策所带来的好处。例如，某公司准备兴建一座厂房，需要使用自己拥有的一块土地。进行投资分析时，由于公司不必动用资金去购置土地，是否意味着可以不考虑土地成本呢？答案是否定的。因为公司若不利用土地兴建厂房，则可以将其出售或出租，获取一定的收入，这笔收入就是兴建厂房的机会成本。机会成本一般不是实际发生的，而是潜在的。机会成本在投资决策中的意义在于它有助于全面考虑可能采取的各种方案，以便为既定资源寻求最优的使用途径。因此，在投资决策中应当重视机会成本。

（3）要考虑投资方案对公司其他部门的影响

当一个投资项目被采纳后，该项目可能对公司的其他部门造成有利或不利影响。例如，新投资项目生产的产品或提供的服务可能会挤占公司现有产品或服务的市场份额，从而减少现有产品或服务给公司带来的现金流量。虽然这部分现金流量很难计量，但在进行投资决策时应当予以考虑。

（4）对净营运资本的影响

一般情况下，当公司开办一项新业务并使销售额扩大后，对于存货和应收账款等流动资产的需求也会增加，公司必须筹措新的资金以满足这种额外需求；另一方面，公司扩充也会导致应付账款与一些应付费用等流动负债的增加，从而降低公司流动资金的实际需要。所谓净营运资本，是指增加的流动资产与增加的流动负债之间的差额。当投资方案的寿命期快要结束时，公司将与项目有关的存货出售，应收账款变为现金，应付账款和应付费用也随之偿付，净营运资本恢复到原有水平。通常，在进行项目投资分析时，假定开始投资时筹措的净营运资本在项目结束时收回。

（5）忽略利息支付

在估算项目的现金流量时，往往将融资决策分开考虑，即假设项目所需全部资金都来自权益资本，因此，并不考虑利息费用。也就是说，即便为接受该项目而不得不发行债券融资，其利息费用和债券本金的偿还也不必从项目现金流量中扣除。忽略利息支付并不是说投资预算中不必考虑融资成本。实际上，无论是债务融资还是权益融资，都需要付给投资者一定的回报，因而都是有成本的。但是，在投资预算中对融资成本的考虑不体现在现金流量中，而是体现在计算项目现金流量现值时所采用的贴现率上。

（6）注意通货膨胀的影响

在通货膨胀期间，项目的收入与支出都会发生很大变化。因此，在投资预算中应该反映通货膨胀的影响。例如，可以利用预期的通货膨胀率调整预期的现金流量。需要注意的是，如果现金流量反映了通货膨胀的影响，则所用的贴现率也应是包含了通货膨胀率预期的名义贴现率，即在处理通货膨胀影响时要保持一致性。

2）折旧和税收对现金流量的影响

折旧是对固定资产在使用过程中的损耗的价值补偿。折旧将固定资产的原始价值在规定使用年限内转化为费用计入成本，它并不是企业实际的资金支出，因此折旧属于非现金费用，不能作为现金流出而从流入的销售额中减去。但在应税收入中应减去折旧费，故折旧是免税的。项目折旧费的大小和所得税税率的高低直接影响项目经营净现金流量的大小。

目前我国大多数企业采用直线法（或称年限平均法）计算年折旧额，在国家规定的折旧年限或折旧率下，按下式进行计算：

$$年折旧额 = \frac{固定资产原值 - 固定资产预计残值}{折旧年限}$$

或者

$$年折旧额 = 固定资产原值 \times 折旧率$$

在直线折旧法下，所得折旧额每年相等。若折旧年限缩短或折旧率提高，则年折旧额增大，项目税前收入减少，上缴所得税也减少。我国 1993 年实行《企业会计准则》和《企业财务通则》后，对折旧制度也做了改革，提高固定资产折旧率或降低折旧年限。这样企业所得税减少，年折旧额增加，投资项目的净现金流量也随之增加。

改革后的折旧制度还允许一些企业试行加速折旧法，即在规定的折旧年限内，前期计提较多的折旧费，后期计提较少的折旧费，从而相对加快了折旧速度。加速折旧法在发达国家被普遍采用，一般在固定资产使用期的前三分之一时间里已提取了占总额一半以上的折旧费，这有利于企业的技术进步和设备更新。加速折旧法提取的折旧总额和直线折旧法一样，但前期折旧费大，使企业税前收入相应减少，早期所得税减少，而后期折旧费少又使所得税增加。加速折旧法推迟了所得税的缴纳，相当于企业从国家财政获得一笔长期无息贷款。由此可见，加速折旧法对企业是极为有利的。

3）现金流量估算实例

下面通过一个案例，对以上所讲的内容进行复习和巩固。

【例9-1】某公司支付了6,000元咨询费做A项目投资的市场调查，公司决定对A项目投资进行成本效益分析，有关预测资料如下：

公司原有一间厂房可用于A项目，如果该厂房如出售，当前市价为50,000元。A项目设备购置费为110,000元，使用年限5年，直线法计提折旧，税法规定残值10,000元，预计5年后公司不再生产时该设备可售出，售价为30,000元。预计A项目各年销量（件）分别为500、700、1,200、1,000、600；投资期垫付营运资本10,000元；第一年售价200元/件，付现成本为100元/件，垫付营运资本10,000元；考虑通货膨胀因素和原材料价格的上涨，以后售价每年上涨2%，单位成本每年上涨10%，垫付营运资本按销售收入的10%估计支出，公司所得税税率为30%。试测算A项目投资的现金流量。

首先，分析投资项目所需的投资支出：

（1）购置机器设备。这项购买在第0年产生了110,000元的现金流出。当机器设备在第5年卖出时，公司能实现一笔现金流入。这些现金流量如表9-2第1行所示。设备投资中第5年的现金流入为设备残值出售时的资本利得。根据预测，设备5年后的出售价格为30,000元，而账面价值为10,000元，出售价格超过账面价值的差额应缴纳所得税6,000元（20,000×30%），出售设备的税后净收入为24,000元（30,000-6,000）。

（2）不出售厂房的机会成本。如果公司接受了A项目，它将使用一个原本可以出售的厂房，因此厂房的当前市价应该作为机会成本，正如表9-2第4行所示。机会成本应该作为投资决策时须加以考虑的现金流量。但市场调查的6,000元支出则不予考虑，这项调查与是否接受该项目无关，应看作沉没成本。

（3）营运资本投资。所需营运资本如表9-2第5行所示。营运资本在项目早期因业务扩张而有所增加。按照投资预算的一般性假设，最后所有的营运资本可假定为完全收回。这些现金流量均如表9-2第6行所示。

以上三部分投资的总现金流量如表9-2第7行所示。

表 9-1　公司的经营收入与成本预测

年 份	销量（件）	单价（元/件）	销售收入（元）	单位成本（元/件）	经营成本（元）
1	500	200.00	100,000	100.00	50,000
2	700	204.00	163,200	110.00	77,000
3	1,200	207.07	249,696	121.00	145,200
4	1,000	212.24	212,240	133.10	133,100
5	600	216.49	129,794	146.41	77,746

注：价格每年增长 2%，单位成本每年上涨 10%。

表 9-2　公司的投资现金流量预测表（所有的现金流量在年末发生）

单位：元

项目	第 0 年	第 1 年	第 2 年	第 3 年	第 4 年	第 5 年
投资：						
(1) 设备投资	-110,000					24,000
(2) 累计折旧		20,000	40,000	60,000	70,000	100,000
(3) 年末设备折余价值		90,000	70,000	50,000	30,000	10,000
(4) 机会成本	-50,000					
(5) 年末营运资本	10,000	10,000	16,320	24,970	21,220	0
(6) 垫付营运资本	-10,000		-6,320	-7,650	3,750	21,220
(7) 投资现金流量合计=(1)+(4)+(6)	-170,000		-6,320	-7,650	3,750	45,220
损益表：						
(8) 销售收入		100,000	163,200	249,696.0	212,240	129,794.0
(9) 经营付现成本		50,000	77,000	145,200.0	133,100	77,746.0
(10) 折旧		20,000	20,000	20,000.0	20,000	20,000.0
(11) 税前利润=(7)-(9)-(10)		30,000	55,200	74,496.0	59,140	22,047.0
(12) 所得税（30%）		9,000	16,560	25,347.7	17,742	6,614.4
(13) 税后净利=(11)-(12)		21,000	37,640	59,147.2	41,397	15,433.6
(14) 经营现金流量合计=(13)+(10)		41,000	57,640	79,147.2	61,397	35,433.6
(15) 净现金流量=(7)+(14)	-170,000	41,000	52,320	70,497.2	65,147	70,653.6

　　然后，分析经营现金流量：

　　（1）销售收入和经营成本。表 9-2 的第 8、9 行分别列示了销售收入和经营成本。这两行的数字来源于表 9-1 第 4 列和第 6 列计算的销售收入和经营成本。对收入和成本的估计是根据产品价格预计每年增长 2%、成本预计每年增长 10%的假设。

　　（2）折旧。设备购置费 110,000 元，减去税法规定的残值 10,000 元，按直线法计提折旧，年限为 5 年，因此每年的折旧为 20,000 元，列于表 9-2 第 10 行。

（3）所得税。用销售收入减去经营成本和折旧便可得出税前利润，进而可以计算出所得税，如表 9-2 的第 12 行所示。

（4）经营现金流量。经营现金流量等于税后净利加折旧，列于表 9-2 的第 14 行。

最后，计算出项目的净现金流量。净现金流量等于投资现金流量与经营现金流量之和，列于表 9-2 的最后一行。

9.2.3 投资预算使用现金流量的原因

现金流量的分析确定了投资项目现金流量的数额和时间，它是进行投资预算决策的基础和前提。投资预算中应使用现金流量、而不是会计收益对项目进行评价，其原因是：

1）项目投资期内，净现金流量等于利润总额

在整个投资项目有效年限内，项目所实现的利润总额与净现金流量的总量是相等的，所以，以净现金流量替代利润是可能的。

【例 9-2】某公司计划建设一条生产线，原始投资为 6,000 万元，分 3 年平均支付工程款；从第 3 年开始投产，有效使用年限为 4 年，每年销售收入为 5,000 万元，付现成本为 3,000 万元；为保证该项固定资产的日常运转，于第 3 年初投入流动资金 1,000 万元，于项目结束时如数收回。则该项目的现金流量（不考虑货币时间价值）和利润如表 9-3 所示。

表 9-3　生产线现金流量和利润计算表

单位：百万元

	第 1 年	第 2 年	第 3 年	第 4 年	第 5 年	第 6 年	合计
投资	-20	-20	-20				-60
销售收入			50	50	50	50	200
直线法折旧时：							
付现成本			30	30	30	30	120
折旧			15	15	15	15	60
税前利润			5	5	5	5	20
加速法折旧时：							
付现成本			30	30	30	30	120
折旧			20	20	10	10	60
税前利润			0	0	10	10	20
经营现金流量：			20	20	20	20	70
流动资金			-10			10	0
净现金流量	-20	-20	-10	20	20	30	20

从表 9-3 中可以看出，尽管每年的现金流量和利润不等，但是在整个项目计算期内，利润合计数与净现金流量合计数是相等的。因此，现金流量具备替代利润作为评价指标的功能。

2）评价客观、公平

会计利润的核算是建立在权责发生制基础上的，因而利润在各年的分布受折旧方法、存货计价、费用摊销等成本计算中人为因素的影响。现金流量则建立在现金收付实现的基础上，因此现金流量的分布不受人为因素的影响，从而保证了对项目评价的客观性。从表 9-3 可以看出，采用直线折旧法和加速折旧法的利润分布是不同的，而它们的经营现金流量和净现金流量却是相同的。因此，采用现金流量作为评价指标可以保证项目评价的客观性和公平性。

3）考虑资金的时间价值

采用现金流量有利于科学地体现收付现金发生时点的时间价值差异；而利润是根据权责发生制原则计算的，并不考虑现金收付的时间。在表 9-3 中我们没有考虑现金流量的货币时间价值。但是在实际的投资决策中，既要考虑现金流入量的货币时间价值，又要考虑现金流出量的货币时间价值，这样使得现金流入量和现金流出量具有可比性。在项目评估时，一般将现金流入量的现值和现金流出量的现值进行比较，以净现值来判断备选方案的优劣。

4）投资决策分析中，现金流量的状况比企业盈亏状况更为重要

有利润的年份不一定有多余的现金用于其他项目的再投资，例如，表 9-3 中第 3 年按照直线法折旧，企业有利润 500 万元，而企业不但拿不到现金，还需要再拿出 1,000 万元投入该项目。一个项目是否能维持下去，不是取决于一定期间是否盈利，而是取决于有没有足够的现金用于各种支付。因此，在投资决策分析中，应该更重视现金流量的分析。

§9.3　投资项目的评价方法

投资项目的评价指标是用于衡量和比较投资项目可行性、进行投资方案决策的定量指标与尺度，由一系列综合反映投资收益、投入产出关系的量化指标构成。对投资项目进行评价时，使用的指标一般分为两类：一类是考虑了资金时间价值的贴现指标，主要包括净现值、内含报酬率、获利指数等；另一类是没有考虑资金时间价值的非贴现指标，主要包括投资回收期、会计收益率等。根据评价指标的类别，投资项目评价的方法也分为贴现分析法和非贴现分析法两种。

9.3.1　贴现评价分析法

1）净现值法

净现值（Net Present Value, NPV）是指，对于项目有效期内投资方案的未来预期现金流量，按一定的折现率折算的现金流入现值减去全部现金流出现值后的差额。也就是说，把与投资项目有关的现金流入量都按现值系数折算成现值，然后同初始投资额比较，就能求得净现值。净现值的计算公式如下：

$$NPV = \sum_{t=1}^{n} \frac{NCF_t}{(1+i)^t} - C$$

式中，NPV 表示净现值；NCF_t 表示第 t 年的净现金流量；n 表示项目预计使用年限；i 表示预定的折现率；C 表示初始投资额。

运用净现值评价和分析投资方案时，要合理确定折现率。在项目评价中，正确地选择折现率是至关重要的，它直接影响项目评价的结论。如果选择的折现率过低，则会导致一些经济效益较差的项目得以通过，从而浪费有限的社会资源；如果选择的折现率过高，则会导致一些经济效益好的项目不能通过，使企业失去好的投资机会。在实务中，通常以投资项目的资本成本或投资者要求的报酬率作为折现率。确定折现率之后，如果求得的净现值为正数，说明折现后现金流入大于现金流出，该投资项目的报酬率大于预定的折现率；如果净现值为零，说明折现后现金流入等于现金流出，该投资项目的报酬率等于预定的折现率；如果净现值为负数，说明折现后现金流入小于现金流出，该投资项目的报酬率小于预定的折现率。

利用净现值进行投资决策时，对于独立方案，当投资方案的净现值为正时才能接受；否则拒绝；对于多个互斥方案，则应该选择净现值最大且为正的方案。

【例 9-3】某公司拟购置一套机器设备用于新产品的生产，现有 A、B 两种设备可以选择，有关资料如表 9-4 所示。

表 9-4　公司的投资项目

项目	A	B
购入成本（万元）	100	80
寿命年限（年）	5	5
年产销量（件）	10,000	9,000
单位售价（元）	100	100
单位付现成本（元）	60	60
期终残值（元）	0	4,000

公司必要的投资报酬率为 10%，根据上述资料，计算两种投资方案的净现值并评价其优劣。

设备 A：

初始现金流出：$1,000,000$（元）

第 1 年～第 5 年的年金现金净流入：$(100 - 60) \times 10,000 = 400,000$（元）

$$NPV_A = 400,000 \times (P/A, 10\%, 5) - 1,000,000$$
$$= 400,000 \times 3.7908 - 1,000,000$$
$$= 516,320（元）$$

设备 B：

初始现金流出：$800,000$（元）

第 1 年～第 5 年的年金现金净流入：$(100 - 60) \times 9,000 = 360,000$（元）

第 5 年的残值：4,000（元）

$$NPV_B = 360,000 \times (P/A, 10\%, 5) + 4,000 \times (P/F, 10\%, 5) - 800,000$$
$$= 360,000 \times 3.7908 + 4,000 \times 0.6209 - 800,000$$
$$= 567,171.60（元）$$

从结果来看，两种方案都能带来正的净现值，都是可行方案，但是采用 B 设备的净现值更大，因此应购买 B 设备。

净现值法的主要优点是：（1）净现值是衡量一项投资决策是否为股东创造了价值的准则。从财务管理的角度讲，好的投资项目就是能够提高公司权益市场价值从而能为股东创造价值的项目，而净现值正是衡量一项投资决策是否为股东创造价值的准则。（2）它充分考虑了资金的时间价值，使项目的现金流入量和现金流出量具有可比性，可以较好地反映各方案的投资经济效果。（3）净现值的计算考虑了投资的风险性。折现率的大小与风险有关，风险越大，折现率越高。正是由于以上优点，净现值法在实际工作中具有很强的实用性，在理论上也比其他方法更为完善。

净现值法也有其自身的缺陷。净现值是一个绝对数指标，不能正确揭示各个投资方案本身可能达到的实际报酬率是多少；对于不同寿命期的互斥项目，往往不能用净现值进行直接比较。另外，净现值是根据预期现金流量和相对应的资本成本估计得到的。项目资本成本是对项目风险的衡量，预期现金流量则有赖于相关信息的获取及其准确性，包括产品的生产能力、售价、生产技术、宏观经济变动等多方面的信息。倘若不能获得完全、准确的信息，对项目预期现金流量和资本成本的估计就会有偏差，从而影响净现值准则的应用。

2）内含报酬率法

内含报酬率（Internal Rate of Return, IRR）亦称内部报酬率，是指投资项目投入使用后产生的未来现金流入现值和未来现金流出现值相等的折现率，或者说是使项目投资方案净现值为零的折现率。之所以称其为"内含的"报酬率，是因为它只依赖于来自该项投资的现金流量，而不受任何其他报酬率的影响，因此内含报酬率与净现值密切相关。

内含报酬率法是以内含报酬率为标准来评价和分析投资方案的方法。内含报酬率是根据方案的现金流量计算出的，是方案本身的投资报酬率。其计算公式如下：

$$\sum_{t=1}^{n} \frac{NCF_t}{(1+IRR)^t} - C = 0$$

式中，IRR 表示内含报酬率；NCF_t 表示第 t 年的净现金流量；n 表示项目预计使用年限；C 表示初始投资额。

运用内含报酬率法进行决策分析时，往往要与企业投资的必要报酬率相比较。若一项投资项目的内含报酬率高于企业的投资必要报酬率，则说明其效益要比企业期望的更好。一般来说，投资项目的内含报酬率越高，其效益越好。

内含报酬率的计算方法比较复杂，实践中一般利用专业的理财计算器或 Excel 软件等进行计算。如果手算，则应利用试错和内插的方法解决。试错和内插法在第 3 章介绍债券到期收益率的计算时已经提及，在计算内含报酬率时，原理是相同的，即找出接近于零的正、负两个净现值，然后再利用内插的方法求出相对准确的内含报酬率。具体步骤如下：

第一步，先预估一个折现率，并按此折现率计算投资的净现值。如果计算出的净现值为零，则此时所采用的折现率即为该项目的内含报酬率；如果计算出的净现值为正数，则表示估计的折现率小于该项目的实际报酬率，这时，应该提高折现率再进行测算；如果计算出的净现值为负数，则表明估计的折现率大于该项目的实际内含报酬率，应该降低折现率再进行测算。经过反复的测算，找到使净现值由正到负并且比较接近于零的两个折现率。

第二步，根据上述邻近的两个折现率再使用插值法计算出该投资项目的内含报酬率。插值法是将净现值与折现率近似地视为线性关系来进行计算，所以，为保证计算的准确性，一般规定，两个折现率之差不应大于 5 个百分点，最好是在 1~2 个百分点。

【例 9-4】某公司拟进行一项投资，初始投资总额为期初一次性投入 500 万元，资本成本为 7%，预计寿命期为 5 年，期满无残值。寿命期内各年的现金流入量分布情况如表 9-5 所示。

表 9-5 投资项目的现金流量

单位：万元

项目的财务数据	年度					
	0	1	2	3	4	5
原始投资	-500					
各年净现金流量		130	160	170	150	70

根据上述资料，假设公司投资必要报酬率为 10%，计算该投资项目的内含报酬率并判断其是否可行。

采用逐次测试法，第一次先用 12%，算得其净现值为 12.47 万元，说明应再提高折现率。第二次改用 14% 计算，得到的净现值等于-21.64 万元。测试结果如表 9-6 所示。

表 9-6   内含报酬率的逐次测试法结果

年份	各年 NCF	折现率为 12%		折现率为 14%	
		现值系数	现值	现值系数	现值
1	130	0.7929	116.07	0.7772	114.04
2	160	0.7972	127.55	0.7695	123.12
3	170	0.7117	127.12	0.6750	121.50
4	150	0.6355	95.33	0.5921	77.15
5	70	0.5674	45.39	0.5194	41.55
现金流量总现值（万元）			512.47		477.36
原始投资（万元）			500.00		500.00
净现值（万元）			12.47		-21.64

根据测试结果可知，该项目的内含报酬率一定是介于 12%~14% 之间。净现值和折现率之间可以近似看成线性关系（如图 9-1 所示），运用插值法：

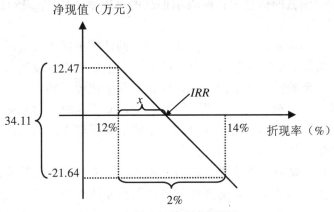

图 9-1　内插法计算内含报酬率

$$\frac{x}{2} = \frac{12.47}{34.11}$$

解之得：$x = 0.73$

该投资项目的内含报酬率为：$IRR = 12\% + 0.73\% = 12.73\%$

根据结果，该项目的内含报酬率高于 10%，因此是可行的。

为了使计算更加快捷，我们可以根据例 9-4 的计算总结出计算内含报酬率的一般公式：

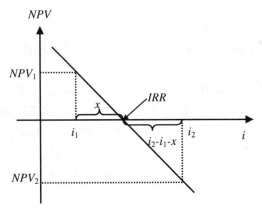

图 9-2　内插法计算内含报酬率的一般化表示

如图 9-2 所示，设折现率为 i_1 时，$NPV_1 > 0$；折现率为 i_2 时，$NPV_2 < 0$，因此有：

$$\frac{NPV_1}{\left| NPV_2 \right|} = \frac{x}{i_2 - i_1 - x}$$

$$x = \frac{NPV_1}{NPV_1 + \left| NPV_2 \right|}(i_2 - i_1)$$

由此可以得到内含报酬率的计算公式：

$$IRR = i_1 + x = i_1 + \frac{NPV_1}{NPV_1 + \left| NPV_2 \right|}(i_2 - i_1)$$

式中，i_1 表示偏低的折现率；i_2 表示偏高的折现率；NPV_1 表示正的净现值；NPV_2 表示负的净现值。

内含报酬率法的优点在于：（1）内含报酬率的计算考虑了资金时间价值，能从动态角度直接反映投资项目的实际收益水平。（2）内含报酬率表示投资项目内在报酬率，所以能从一定角度上反映投资效率的高低，这就克服了比较基础不一（如初始投资或项目寿命期不同）时评价备选方案的困难，比较客观，易于理解。（3）内含报酬率的计算只与项目的现金流量有关，不需要估计资本成本或必要报酬率，因此，在特定情况下，内含报酬率法比净现值法更具有实践上的优势。

内含报酬率法的缺点主要表现在：（1）内含报酬率的计算比较复杂，特别是投资项目每年现金流量不等的情况下，需要经过多次测算才能求得。（2）当经营期内大量追加投资，项目的现金流量出现正负交替的时候，可能导致出现多个内含报酬率，从而使其缺乏实际意义。（3）在比较互斥投资方案时，可能会导致错误的决策。这些问题我们将在下一节做更为系统的介绍。

3）获利指数法

获利指数（Profitability Index, PI），亦称现值指数、现值比率等，它是指投资项目投入使用后产生的未来现金流入现值与现金流出现值的比率。获利指数法就是通过计算获利指数来反映投资报酬水平，并据此选择投资方案的方法。其计算公式为：

$$PI = \frac{\sum_{t=1}^{n} \frac{NCF_t}{(1+i)^t}}{C}$$

式中，PI 表示获利指数；NCF_t 表示第 t 年的净现金流量；n 表示项目预计使用年限；i 表示预定的折现率；C 表示初始投资额。

应用获利指数法进行投资决策时，若一项投资的获利指数小于 1，表明投资效益不能达到必要的报酬率水平；若等于 1，表明其效益等于必要的报酬率水平；若大于 1，表明投资的效益高于必要的报酬率水平。运用该方法选择投资方案的标准是：对于独立方案，投资的获利指数应大于或等于 1；对于互斥方案，应选择获利指数最大的方案。

【例 9-5】某项目初始投资 1,000 万元，当年收益。项目寿命期 4 年，每年净现金流量 400 万元，若资本成本为 10%，求项目的获利指数。

$$PI = \frac{\sum_{t=1}^{n} \frac{NCF_t}{(1+i)^t}}{C} = \frac{400 \times (P/A, 10\%, 4)}{1,000} = \frac{1,267.92}{1,000} = 1.268$$

由于该项目的获利指数大于 1，因此是可行方案。

获利指数法的主要优点是：（1）考虑了资金时间价值，可以进行独立投资机会获利能力的比较。（2）与净现值相比，获利指数是一个相对数，可以表明项目单位投资的获利能力。（3）该方法反映了项目的相对盈利性，更便于投资额不等的多个项目之间的比较和排序。因此，该方法经常被用来计量政府或其他非营利投资的业绩。并且，当资金稀少时，先把资源分配给获利能力高的项目也是合理的。

获利指数法的缺点是不能直接比较对股东财富的贡献，在比较互斥项目投资时，可能会导致错误的决策。对这一问题我们同样放在下一节做详细讲述。

9.3.2 非贴现评价分析法

1）投资回收期法

投资回收期（Payback Period, PP）是指一项投资的现金流入累计至等于现金流出总额，即收回全部初始投资所需要的时间。投资回收期是以投资项目经营后的净现金流量抵偿初始投资，亦即累计净现金流量等于零的时间，它是反映项目财务上的投资回收能力的重要指标。一般来说，投资回收期越短，收回投资的速度越快，投资方案承担的风险越小；反之，投资回收期越长，收回投资的速度越慢，投资方案所承担的风险越大。因此，投资回收期法是根据投资回收期的长短来评估有关投资方案优劣的决策方法。根据年净现金流量是否相等，计算投资回收期的方法分为两种：

（1）如果每年净现金流量相等，则回收期为：

$$投资回收期（PP）= \frac{初始投资额}{每年的净现金流量}$$

【例 9-6】某公司拟扩大生产规模，需要购建一项固定资产，投资额为 1,000 万元，预计投产后能够使用 5 年，每年产生的净现金流量为 400 万元。该公司需要多久才能回收投资额？

$$PP = \frac{1,000}{400} = 2.5（年）$$

（2）如果每年的净现金流量不等，投资回收期可按逐期累计净现金流量计算，累计净现金流量与初始投资达到相等所需的时间，即为投资回收期。

【例 9-7】某项目投资金额 1,000 万元，预计投产后能够使用 5 年，每年产生的净现金流量分别为 300 万元、350 万元、250 万元、300 万元、400 万元。试计算其投资回收期。

在本例中，由于各年的净现金流量不等，应先计算各年尚未收回的投资额，然后确定项目的投资回收期。具体如表 9-7 所示。

表 9-7　项目每年产生的净现金流量及投资回收情况

单位：万元

年份	每年的净现金流量	累计收回的投资额	年末尚未收回的投资额
1	300	300	700
2	350	650	350
3	250	900	100
4	300	1,000	0
5	400	—	—

从表 9-7 中可以看出，前 3 年一共收回投资额 900 万元，与初始投资的 1,000 万元仅相差 100 万元，加上第 4 年的净现金流量 300 万元，已经超过了初始投资额，因此投

资回收期在 3~4 年之间。第 4 年需要收回的投资额为 100 万元，而该年产生的净现金流量为 300 万元，只需 0.33 年（100/300）就可收回全部投资。因此，该项目的投资回收期为：

$$PP = 3 + \frac{100}{300} = 3.33（年）$$

利用投资回收期法进行投资决策时，首先要确定一个回收期标准。若投资方案回收期不超过此标准，则可以接受该方案；当投资回收期超过此标准时，拒绝接受该方案。对多个互斥方案进行选择时，应选择回收期最短的方案。

投资回收期法的主要优点是能够直观反映原始投资的返本期限，计算简单，便于理解，可以简略地判断一个投资项目的风险性和流动性。现金流入的时间越早，速度越快，说明项目的流动性越强，风险也越小。但这种方法也存在一定问题，下面举例说明：

【例 9-8】现有 A、B、C 三个投资项目，预计未来现金流量如表 9-8 所示。

表 9-8　项目 A、B、C 预期现金流量

单位：万元

项目	第 0 年	第 1 年	第 2 年	第 3 年	第 4 年
A	-100	20	30	50	60
B	-100	50	30	20	60
C	-100	50	30	20	100

根据表 9-8 中的资料可以很容易算出，这三种方案的投资回收期都是 3 年。如果单纯用投资回收期法进行决策，三种方案没有差别，这是因为投资回收期法忽略了以下两个因素：

第一，回收期内现金流量的发生时间。我们先比较 A 和 B 两个项目，项目寿命期内两个项目的现金流量总额相等，但 B 项目的大额现金流量发生时间早于 A 项目，因而其净现值相对较高。从回收期的计算来看，二者的回收期相同，体现不出现金流量发生在时间上的差异，即回收期法不考虑回收期内现金流量的发生时间。

第二，回收期以后的现金流量。比较 B 项目和 C 项目，二者回收期内的现金流量完全相同，回收期相等。但 C 项目在第 4 年的现金流量明显高于 B 项目，因此 C 项目优于B 项目。回收期法存在的另一个问题是它忽略了所有回收期以后的现金流量。

尽管存在这些问题，但是回收期法在一些特定的投资决策问题中仍然能表现出一定的优越性。首先，由于计算简便，许多大公司常常用该指标对不太重要的决策进行评价。因为在实务中，并非所有的投资决策都要做准确、全面的分析，对于规模小而具有重复性的投资决策，如果进行全面的分析，其成本甚至会高于决策错误所带来的损失。在大机构中，每天所要做的小投资决策数以百计，回收期法简便直观的优势在此时可以得到充分体现。其次，回收期法更适合于既缺乏资金，筹资能力又弱，并且偏好流动性的企业。这类企业主要依靠内部资金积累为经营活动和扩大再生产提供资金。另外，回收期也常常作为净现值的辅助指标而应用。例如，当两个项目净现值相同时，若回收期不同，就可以利用回收期辅助决策。

2）会计收益率法

会计收益率（Accounting Rate of Return, ARR）是指一项投资方案平均每年获得的收益与其账面投资额之比，是一项反映投资获利能力的相对数指标。

利用会计收益率进行决策，其方法与回收期法类似。首先要确定一个会计收益率标准，若投资方案会计收益率高于此标准，则接受该方案；否则拒绝该方案。对多个互斥方案进行选择时，应选择会计收益率最高的方案。会计收益率有两种不同的计算方法。

（1）以原始投资额为基础计算会计收益率，计算公式如下：

$$会计收益率（ARR）= \frac{投资获得的年平均净利}{初始投资额} \times 100\%$$

【例 9-9】某公司拟进行一项投资，有两个方案可供选择，有关资料如表 9-9 所示。

表 9-9 投资方案比较

项目	方案 I	方案 II
初始投资额（万元）	100	80
预计终了残值（万元）	20	10
预计寿命（年）	10	10
年平均净利（万元）	15	10

依据上述资料，计算两方案的投资报酬率为：

方案 I：$ARR_I = \frac{15}{100} \times 100\% = 15\%$

方案 II：$ARR_{II} = \frac{10}{80} \times 100\% = 12.5\%$

假设公司预先确定的收益率标准为 10%，那么 I、II 两个方案都是可行方案。若两个方案是互斥的，根据计算结果，方案 I 的会计收益率高于方案 II，故应选择方案 I。

（2）以平均投资额为基础计算会计收益率。用这种方法计算出的收益率称为平均收益率，它是一项投资在整个寿命期内年平均净利与平均资金占用额之比。其计算公式如下：

$$会计收益率（ARR）= \frac{投资获得的年平均净利}{（初始投资额+净值）\div 2} \times 100\%$$

依照这种计算方法，例 9-9 中两个方案的会计收益率为：

方案 I：$ARR_I = \frac{15}{(100+20) \div 2} \times 100\% = 25\%$

方案 II：$ARR_{II} = \frac{10}{(80+10) \div 2} \times 100\% = 22.2\%$

根据计算结果，方案 I 优于方案 II。

会计收益率在计算时使用会计的收益和成本观念，数据易从会计账目中获得，计算简便，容易理解。这种方法与回收期法相比，虽然考虑了回收期后的收益，但仍然没有考虑资金的时间价值；而且，这种方法使用会计上的成本与收益概念，容易受人为因素的影响。此外，在使用该方法时要确定会计收益率标准，而该标准的确定在实践中存在一定难度。

§9.4　投资决策指标的比较

在上一节中我们曾指出，内含报酬率法和获利指数法在评价投资项目时存在一些问题，特别是在评价互斥项目时可能会导致错误的决策。本节我们将用案例对这些问题做更详细的说明。本节最后，还将对前面所学的所有投资决策指标的使用做一个小结。

9.4.1　净现值与内含报酬率的比较

1）净现值与内含报酬率的相同点

净现值与内含报酬率都是考虑资金时间价值因素的评价指标，前者反映的是资本投资项目实际获得财富的多少，后者反映投资报酬率的高低。若内含报酬率高于必要报酬率，则净现值为正，此时，无论使用哪种指标对项目进行评价，我们都会接受该项目；反之，若内含报酬率低于必要报酬率，净现值为负，无论使用哪种指标做判断，我们都会拒绝该项目。因此，在多数情况下，运用净现值和内含报酬率这两种方法得出的结论是相同的。

【例 9-10】假设某公司一项投资的现金流出为 10,000 元，当年投产，每年的现金流入为 4,000 元，期限 5 年，期末无残值。具体的现金流量及折现率资料见表 9-10。

表 9-10　投资项目现金流量

单位：万元

折现率	项目每年现金流入	5 年 i% 年金现值指数	现金流入现值	现金流出	净现值
0%	4,000	5.0000	20,000.0	10,000	10,000.0
5%	4,000	4.3295	17,317.0	10,000	7,317.0
10%	4,000	3.7907	15,163.2	10,000	5,163.2
15%	4,000	3.3522	13,407.7	10,000	3,407.7
20%	4,000	2.9906	11,962.4	10,000	1,962.4
25%	4,000	2.6793	10,757.2	10,000	757.2
30%	4,000	2.4356	9,742.4	10,000	257.6
35%	4,000	2.2199	7,779.6	10,000	-1,120.4

根据表 9-10 中的数据，可以绘出图 9-3。

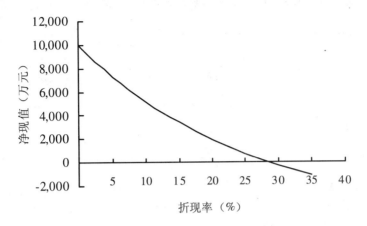

图 9-3 净现值与资本成本的关系

从图 9-3 中可以看出，资本成本越低，投资方案的净现值就越大；反之，资本成本越高，投资方案的净现值就越小。当资本成本高到等于内含报酬率时，投资方案的净现值为零；当资本成本超过内含报酬率时，投资方案的净现值为负。因此，在一般情况下，就同一投资方案而言，无论是运用内含报酬率法还是净现值法进行投资决策分析，都可以得出相同的结论。

2）净现值与内含报酬率的区别

（1）评价投资项目经济效益的指标形式不同

净现值是用绝对指标的形式来分析、评价投资项目的经济效益；而内含报酬率是用相对数指标来评价投资项目。当投资项目的初始现金流量不等或现金流入不一致时，采用净现值法进行决策分析得出的结论，可能会与内含报酬率法的评价结论发生冲突。

（2）两种指标假设的再投资利率不同

再投资问题是投资决策考虑的重点问题。所谓再投资，就是投资所产生的每期现金流入如何有效地再利用。两种评价指标都假设投资所实现的每期现金流入都能够进行再投资，但是这两种评价指标假设的再投资利率是不同的。净现值法假设投资的现金流入量能够以企业的必要报酬率进行再投资；而内含报酬率法假设现金流入以投资本身所具有的内含报酬率进行再投资。

3）净现值与内含报酬率的决策分析

（1）两种方法的决策冲突

在某些情况下，采用净现值法和内含报酬率法评价互斥投资方案的效益时，会产生差异。下面分情况加以说明。

① 投资项目的规模差异

【例 9-11】假设某公司有两个互斥投资项目，它们的初始投资不一致，有关的现金流量资料如表 9-11 所示。

表 9–11 项目 A 和项目 B 的现金流量

单位：元

时间	净现金流量	
	项目 A	项目 B
0	−26,000	−55,000
1	10,000	20,000
2	10,000	20,000
3	10,000	20,000
4	10,000	20,000

根据表 9-11 的资料，可以计算出项目 A 和项目 B 的内含报酬率分别是 19.77% 和 16.79%。假设公司必要报酬率为 12%，则项目 A 的净现值为 4,373 元，项目 B 的净现值为 5,746 元。如果按照内含报酬率法进行决策，则应当选择项目 A；但如果按照净现值法来评价，则应该选择项目 B。显然，决策结果出现了冲突。

因为内含报酬率是以百分比的形式给出的，所以投资的规模被忽略了。相反，净现值是以公司财富增加的绝对数额表示的，净现值最大符合公司价值最大化原则。所以，当两种指标的决策结论不一致时，一般以净现值的结论为准。考虑到收益的绝对数额，项目 B 显然优于项目 A，原因是项目 B 的投资规模更大，能提供更大的净现值。

② 现金流量的模式不同

【例 9-12】假设某公司有两个投资项目，它们的初始投资额相同，但现金流量的模式不同，具体资料如表 9-12 所示。

表 9–12 公司投资项目现金流量

单位：元

时间	项目 C	项目 D
0	−1,200	−1,200
1	1,000	100
2	500	600
3	100	1,070

从表 9-12 中可以看出，项目 C 和项目 D 的初始现金流量相等，项目寿命期也相同，但它们的现金流量模式不同：项目 C 的现金流量随时间递减，而项目 D 的现金流量却随时间递增。

根据表中数据可算出，项目 C 和项目 D 的内含报酬率分别为 23% 和 17%。对于任何大于 10% 的折现率，项目 C 的净现值大于项目 D；而对于任何小于 10% 的折现率，项目 D 的净现值大于项目 C。如果假定企业的必要报酬率等于 10%，两个项目将具有相同的净现值 197 元。图 9-4 形象地表示了上述情况。

图 9-4 给出了两个项目的净现值曲线，它们与横轴的交点分别代表各自的内含报酬率，与纵轴的交点则代表各自在贴现率为 0 时的净现值。单从内含报酬率来看，无论资本成本或必要报酬率为多少，项目 C 总是优于项目 D。然而，如果按照净现值法进行评

价，其结果与所选择的折现率有关。两条净现值曲线的交点所对应的折现率，即 10%，表示两个项目具有相同净现值时的折现率。当公司的必要报酬率高于或低于这一利率时，按净现值进行决策与按内含报酬率进行决策就会得出相冲突的结论。

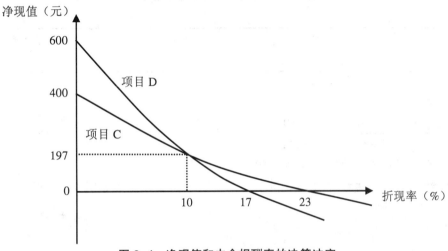

图 9-4　净现值和内含报酬率的决策冲突

在例 9-12 中，项目 C 和项目 D 的现金流出量和项目寿命期都是相同的，因此产生冲突的原因不是规模方面的问题，而是两种方法所隐含的再投资利率不同。内含报酬率法隐含的假定是，在剩下的项目寿命期内，资金可以以内含报酬率进行再投资；而净现值法隐含的假定是，资金以必要报酬率进行再投资。

在内含报酬率法下，隐含的再投资利率随着项目现金流模式的不同而变化。对于一个有较高内含报酬率的项目，假设的再投资利率也较高；对于内含报酬率较低的项目，假设的再投资利率也较低。只有当两个投资项目的内含报酬率相等时，它们才会有相同的再投资利率。而对于净现值，隐含的再投资利率就是必要报酬率，对每个项目都是一样的。从本质上说，这个再投资利率反映了公司增加投资，预期能赚取的边际收益率。所以，当互斥项目因为现金流量模式不同而出现决策不一致，应该选择根据净现值来进行决策。采用净现值法，能够找出最大限度增加股东财富的项目。

（2）多重内含报酬率

之前我们所涉及的都是规则投资方案，即一个现金流出后伴随一个或多个现金流入，换句话说，现金流量的符号只改变一次，这就保证了内含报酬率是唯一的。如果一项投资所产生的预期现金流量是不规则的，即在其寿命期的不同时点或在项目终了时产生大量的现金流出，这种投资方案称为不规则的投资方案。例如，有些项目在终结时，可能需要将环境恢复到原来的状态。这种情况经常出现在采掘工业中，当项目终结时必须使土地恢复到初始状态，这就存在大量的清理费用。这些费用会导致现金流量序列的符号改变多次。在这种情况下运用内含报酬率法对项目进行评价，就可能会产生一系列问题，最常见的问题就是一项投资方案可能会出现多重内含报酬率。最早注意该现象存在的是罗利亚（Lorie）和赛维奇（Savage）。下面用一个实例来说明这个问题。

【例 9-13】某公司正在考虑投资 1.6 亿元开发一个露天煤矿,该矿将在第 1 年年末产生现金流入 10 亿元,然后在第 2 年年末须支出 10 亿元以恢复地貌原形。该项目的现金流量如表 9-13 所示。

表 9-13 开发煤矿的现金流量表

单位: 亿元

	第 0 年	第 1 年	第 2 年
现金流量	-1.6	10	-10

计算该项目的内含报酬率:

$$NPV = \frac{10}{(1+IRR)^1} + \frac{-10}{(1+IRR)^2} - 1.6 = 0$$

解得: $IRR = 25\%$ 或 $IRR = 400\%$

计算结果表明,该投资方案有两个内含报酬率,这种关系如图 9-5 所示。

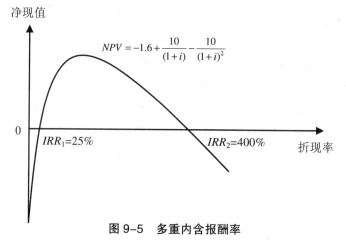

图 9-5 多重内含报酬率

图 9-5 显示,当折现率在 25% ~ 400% 之间时,项目的净现值为正;当折现率低于 25% 或高于 400% 时,项目的净现值为负。当出现多重内含报酬率的问题时,没有一个内含报酬率具有经济意义,而使用净现值对方案进行评价时不会产生这类问题。

9.4.2 净现值与获利指数的比较

获利指数是一个折现的相对量指标,反映投资的效率。容易验证,净现值与获利指数有如下关系:

$$PI = \frac{\sum_{t=1}^{n} \frac{NCF_t}{(1+i)^t}}{C} = \frac{NPV+C}{C} = 1 + \frac{NPV}{C}$$

因此,当净现值大于 0 时,获利指数就大于 1;当净现值小于 0 时,获利指数就小于 1。对于独立方案进行可行性分析的时候,采用净现值法与获利指数法所得的结论是相同的;但是在评价互斥方案时,两种方法可能会得出不同的结论。

【例 9-14】有两个项目 E 和 F，它们的初始投资不一致，具体资料如表 9-14 所示。

表 9-14　项目 E 和项目 F 的资料对比

单位：元

指标	年度	项目 E	项目 F
初始投资	0	110,000	10,000
	1	50,000	5,050
经营现金流量	2	50,000	5,050
	3	50,000	5,050
NPV		6,100	1,726
PI		1.06	1.17
折现率		14%	14%

根据表 9-14 中的数据，如果用净现值法进行决策，应当选择项目 E；而如果用获利指数法决策，则应该选择项目 F。由此可见，当初始投资不同时，净现值和获利指数的评价结论会产生差异。由于净现值是用各期现金流量的现值减初始投资，而获利指数是用现金流量现值除以初始投资，因而评价的结论可能会产生不一致。

最高的净现值符合公司的最大利益。也就是说，净现值越高，企业的收益越大。而获利指数只反映投资回收的程度，不反映投资回收的多少。因此，当两种方法的决策结果出现冲突时，应以净现值法为准。

9.4.3　小结

至此，我们已经对各种投资决策指标进行了详尽的介绍和比较，读者也许会产生困惑：是不是对所有的投资项目都应该用净现值法进行评价？答案是否定的。上述的讨论表明，相比较而言，净现值法是选择理想投资方案的最好标准。净现值是对进行一项投资所创造或增加的价值进行计量的尺度，既然公司的目标是为股东创造价值，那么投资决策过程可以看作是在寻找正的净现值的投资。但是这并不意味着其他的投资决策指标毫无意义。事实上，并非所有的公司都只运用净现值法进行投资项目评价，更多情况下是将几种决策指标结合起来应用。总体来看，大公司最经常使用的是内含报酬率或净现值，而回收期则通常被作为第二选择。内含报酬率虽然有不少缺陷但仍然能够得到广泛的应用，主要原因在于它比净现值更好理解。相对于绝对指标，人们也更习惯用收益率测度收益，而且在计算内含报酬率时也不需要一开始就确定贴现率。回收期法强调早期的现金流量，且早期现金流量也是比较容易确定的现金流量。因此，从某种意义上看，人们应用回收期来控制投资风险。另外，投资决策指标的应用也会因行业不同而异。那些有可能精确地预测未来现金流量的行业往往倾向于使用净现值法或内含报酬率法；相反，难以预测未来现金流量的行业则很少考虑净现值法，而倾向于采用回收期法。

§9.5　寿命期不等的互斥项目评价方法

在本章第三节和第四节中，涉及的互斥项目都具有相同的寿命期。实际中，企业进行投资决策时经常会在多个寿命期不同的互斥项目中做选择。对于寿命期不等的投资项目，难以直接用净现值或其他投资决策指标进行评价，这时一般使用等值年金法进行决策。

【例 9-15】现有两个投资项目——项目 1 和项目 2，寿命期分别为 3 年和 6 年，其现金流量如图 9-6 所示。设公司的资本成本为 10%，试对两个项目进行评价。

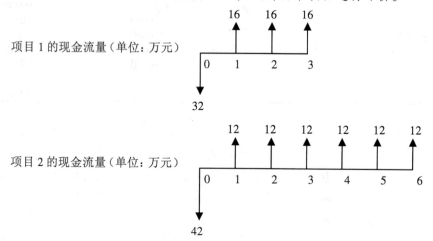

图 9-6　项目 1 和项目 2 的现金流量图

如果直接计算两个项目的净现值，则有：

$$NPV_1 = -32 + 16 \times (P/A, 10\%, 3)$$
$$= -32 + 16 \times 2.487 = 7.792 (万元)$$
$$NPV_2 = -42 + 12 \times (P/A, 10\%, 6)$$
$$= -42 + 12 \times 4.355 = 10.26 (万元)$$

项目 2 的净现值大于项目 1，那么是否应该选择项目 2 呢？答案是否定的。因为这两个互斥项目在时间上不可比，所以不能直接用净现值法进行比较。解决这一问题的方法就是要让两个项目在寿命期上具有可比性，即运用等值年金法进行计算。

9.5.1　等值年金法的原理

等值年金法是将互斥项目的净现值按资本成本等额分摊到每年，求出每个项目的等值年金，然后再进行比较。由于都转化成年金，项目在时间上是可比的，而且从净现值转化为年金，只是做了资金时间价值的一种等值变换。这种方法计算简便，应用较为广泛。

【例 9-16】沿用例 9-15 中的数据，运用等值年金法进行项目决策。

如果将净现值的等值年金记为 NEA，则两个项目的等值年金分别为：

$$NEA_1 = \frac{NPV_1}{(P/A, 10\%, 3)} = \frac{7.792}{2.487} = 3.133 (万元)$$

$$NEA_2 = \frac{NPV_2}{(P/A, 10\%, 6)} = \frac{10.26}{4.355} = 2.356 (万元)$$

根据计算结果，项目 1 的等值年金更大，应选择项目 1。这与直接比较两个项目净现值得出的结论是相反的。

9.5.2 等值年金法的应用——固定资产更新决策

固定资产是否应更新的决策，是企业投资决策中的一个重要问题。随着科学技术的不断进步，固定资产的更新周期大大缩短。尽管旧设备使用一段时间后还能继续使用，但由于旧设备往往消耗大、维修费用多、利用效率低，因而容易导致后续支出加大，也可能造成产品不合格率增加，这就需要对旧设备进行更新。固定资产更新主要是将技术上或经济上不宜继续使用的旧资产更换为新的资产，或用先进的技术对原有设备进行局部改造。固定资产更新决策主要研究两个问题：一是决定是否更新，是继续使用旧资产还是更换新资产；二是选择什么样的资产来更新。事实上，这两个问题是结合在一起考虑的，如果市场上没有比现有设备更适用的设备，那么就应当继续使用旧设备。由于旧设备总可以通过修理继续使用，所以更新决策是继续使用旧设备与购置新设备的选择。在实际中，由于新、旧设备未来使用年限一般是不同的，所以可以运用等值年金法的思路进行比较。

【例 9-17】某企业有一旧设备，技术人员提出更新要求，有关数据见表 9-15。

表 9-15 新、旧设备的相关资料

	旧设备	新设备
原值（元）	3,400	4,000
预计使用年限	10	10
已经使用年限	4	0
最终残值（元）	600	500
变现价值（元）	1,200	4,000
年运行成本（元）	700	600

假设该企业要求的最低报酬率为 15%，问企业是否应当更新设备？

继续使用旧设备与更换新设备的现金流量如图 9-7 所示。

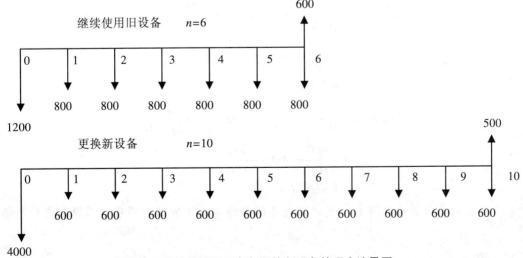

图 9-7 继续使用旧设备与更换新设备的现金流量图

由于旧设备尚可使用 6 年，而新设备可以使用 10 年，两个方案的"产出"并不相同，因此不能通过比较两个方案的总成本来判断二者的优劣。在这种情况下，较好的分析方法是运用等值年金法的思路，比较继续使用旧设备和更换新设备的平均年成本，平均年成本较低的方案是最优方案。固定资产的平均年成本，是指该资产引起的现金流出的年平均值。在使用固定资产平均年成本法进行决策时，应注意以下两个问题：

第一，平均年成本法是将继续使用旧设备与购置新设备看成两个相对独立的互斥方案，而非一个更新设备的特定方案。因此，不能将旧设备的可变现净值作为购置新设备的一项现金流入处理。

第二，平均年成本法的假设前提是将来设备再更新时，依然可以按原来的平均年成本寻找到可代替的设备。

下面我们就用平均年成本法分析例 9-17，有两种不同的方法：

方法一：计算现金流出的总现值，然后依年金现值系数分摊到每一年。

$$旧设备平均年成本 = \frac{1,200 + 800 \times (P/A,15\%,6) - 600 \times (P/F,15\%,6)}{(P/A,15\%,6)}$$

$$= \frac{1,200 + 800 \times 3.784 - 600 \times 0.432}{3.784}$$

$$= 1,049(元)$$

$$新设备平均年成本 = \frac{4,000 + 600 \times (P/A,15\%,10) - 500 \times (P/F,15\%,10)}{(P/A,15\%,10)}$$

$$= \frac{4,000 + 600 \times 5.019 - 500 \times 0.247}{5.019}$$

$$= 1,372(元)$$

方法二：由于各年已经有相等的运行成本，只要将原始投资额和残值摊销到每年，然后求和，就可以计算出每年平均的现金流出量，即平均年成本。计算公式为：

$$旧设备平均年成本 = \frac{1,200}{(P/A,15\%,6)} + 800 - \frac{600}{(F/A,15\%,6)}$$

$$= \frac{1,200}{3.784} + 800 - \frac{600}{8.754}$$

$$= 1,049(元)$$

$$新设备平均年成本 = \frac{4,000}{(P/A,15\%,10)} + 600 - \frac{500}{(F/A,15\%,10)}$$

$$= \frac{4,000}{5.019} + 600 - \frac{500}{20.304}$$

$$= 1,372(元)$$

通过以上计算分析可知，使用旧设备的平均年成本较低，不应该对设备进行更新。

【知识拓展】

投资决策的相关讨论（一）
——投资收益（净现值）的来源

经济学原理告诉我们，在完全竞争的市场中各项生产要素得到各自应得的回报，资本所有者无法得到超额利润，也就是说，投资项目的净现值为零，资本所有者得到的投资收益率恰好与他们要求的投资回报率相等。其原因是，由于没有必要的进入壁垒，任何投资者都可以进入市场，一旦有好的投资机会出现，便会有大量投资者蜂拥而入，使可能存在的超额利润迅速消失。因此，尽管我们可以通过有关投资分析方法计算出某些投资项目存在着正的净现值，但是由于未来存在着不确定性，项目分析得出的大于零的净现值可能是确实存在的，也可能源于预测误差，甚至可能是人为编造的。因此，决策者必须对项目分析的结果进行更加深入的思考。这时，决策者应当注意以下两点：

（1）注意市场价值

在可能的情况下，要注意投资项目所使用的资产的市场价值，并与投资项目的净现值分析结果进行比较。特别要考虑这样两个问题："如果该资产被公允估价，其价值是多少？""是否有其他投资者可以比我们更有效地使用此项资产？"这两个问题在企业并购等投资时显得尤为重要。如果发现此项资产的市场价值高于利用这一资产所能产生的净现金流量的现值，说明存在着能够更有效率地利用此项资产的投资者。这时，最优的选择是及早退出竞争，而不是一味抬高收购价格。

（2）寻找自身的竞争优势，预测经济租金

取得超额利润（净现值）的根本条件是自身具有特殊的竞争优势，可以在某个投资领域内形成一定的垄断。因此，具有正净现值的投资机会往往与某种垄断优势相联系。垄断优势将导致投资收益超过机会成本，超过的部分为超额利润，亦称为经济租金，而净现值正是经济租金的现值。

经济租金的来源是多样的，比如产品具有成本优势，企业抓住了新的市场机会，产品的差异化，特许经营权的获得等。

产品的差异化是指企业的产品具有其他企业的产品所不具备的某种特性，这种特性可以是产品本身性能上的特殊之处，也可以是产品质量或售后服务方面的过人之处。产品的差异化使购买者对本企业产品的选择不仅仅取决于其价格与其他企业产品价格之间的差别，还取决于本企业产品所具有的特殊性质，这就为企业利用较高的售价谋取超额利润提供了可能。

通过提高管理水平和技术进步来降低企业的生产成本和经营成本，使企业的产品成本在生产同类产品的企业中保持低水平，是企业获取超额利润的另一有效途径。显然，在产品售价相同的情况下，成本低的企业利润更高。

需要注意的是，企业的某种垄断优势不可能永远保持下去，企业必须在拥有垄断优势的期限内获得足够多的超额利润才能产生正的净现值。如果垄断优势持续的时间过短，企业来不及得到足够的超额利润，这一垄断优势就已不复存在，那么企业仍然无法在这种项目中取得正的净现值。因此，决策者不但要分析企业是否存在某种垄断优势，还要进一步分析这种垄断优势能够持续的时间。

总之，当投资决策分析表明某项投资项目具有正的净现值时，不要盲目相信计算结果，而是要深入寻找这一净现值的来源。只有能够找到净现值的合理来源，投资分析的结果才是可信的。

本章小结

投资对于企业的生存和发展具有重要意义。一个完整的投资决策过程包括五个步骤：投资方案的提出、投资项目评价、做出投资决策、投资的实施与投资项目的再评价。

投资项目现金流量是指投资项目的有效持续期内因资本循环而可能或应该发生的与投资项目相关的各项现金流入量和现金流出量的统称。根据现金流动的方向，现金流量可分为现金流出量、现金流入量和净现金流量；根据现金流量发生的时间，则可分为初始现金流量、经营现金流量和终结现金流量。

确定投资项目现金流量应遵循的最基本原则是：只有增量现金流量才是与项目投资相关的现金流量。增量现金流量是指接受或者拒绝某个投资方案后，公司整体未来现金流量的改变量。

投资决策指标主要分为贴现指标和非贴现指标两大类。贴现指标包括净现值、内含报酬率和获利指数；非贴现指标包括投资回收期和会计收益率。

净现值（NPV）是指对于项目有效期内投资方案的未来预期现金流量，按一定的折现率折算的现金流入现值减去全部现金流出现值后的差额。利用净现值进行投资决策时，对于独立方案，当投资方案的净现值为正时才能接受；对于互斥方案，应该选择净现值最大且为正的方案。

内含报酬率（IRR）是使项目投资方案净现值为零的折现率。应用内含报酬率进行决策时，对于独立方案，当内含报酬率高于企业的投资必要报酬率时才可接受；对于互斥方案，应该选择内含报酬率最大的方案。

获利指数（PI）是指投资项目投入使用后产生的未来现金流入现值与现金流出现值的比率。应用获利指数法进行投资决策时，对于独立方案，投资的获利指数应大于或等于1；对于互斥方案，应选择获利指数最大的方案。

投资回收期（PP）是指一项投资的现金流入累计至等于现金流出总额，即收回全部初始投资所需要的时间。利用投资回收期法进行投资决策时，首先要确定一个回收期标准，若投资方案回收期不超过此标准，则可以接受该方案；对于多个互斥方案，应选择回收期最短的方案。

会计收益率（ARR）是指一项投资方案平均每年获得的收益与其账面投资额之比。利用会计收益率进行决策，首先要确定一个会计收益率标准，若投资方案会计收益率高于此标准，则接受该方案；对多个互斥方案进行选择时，应选择会计收益率最高的方案。

依据内含报酬率和获利指数做出的决策，在大多数情况下与依据净现值得出的结论是一致的，但在某些情况下也可能产生冲突。当产生冲突时，应当以净现值法为准。净现值法最重要的意义在于，它是衡量一项投资决策是否为股东创造价值的准则。

对于寿命期不等的投资项目，不能直接用净现值或其他投资决策指标进行评价，一般要使用等值年金法进行决策，使不同寿命期的项目在时间上具有可比性。

关键概念

增量现金流量　　　　净现值　　　内含报酬率　　　获利指数

投资回收期　　　　会计收益率　　　　固定资产的平均年成本

综合训练

一、单项选择题

1. 根据投资项目的独立程度，投资可分为____。

 A. 短期投资与长期投资　　　　　　B. 对内投资与对外投资

 C. 独立项目投资与互斥选择投资　　D. 直接投资与间接投资

2. 在确定投资项目的现金流量时，应遵循的最基本原则是：只有____才是与项目投资相关的现金流量。

 A. 净现金流量　　B. 增量现金流量　　C. 现金流出量　　D. 经营现金流量

3. 在估计项目现金流量时，应当剔除的因素是____。

 A. 机会成本　　　B. 通货膨胀因素　　C. 税收　　　　D. 沉没成本

4. 某公司新建车间，可以使用属于公司的一块土地，假设这块土地可出售获得土地转让收入 15 万元，那么这 15 万元属于____。

 A. 新建车间项目的机会成本　　　　B. 沉没成本

 C. 固定资产折旧　　　　　　　　　D. 营业收入

5. 在各种投资决策指标中，常作为辅助指标，用于控制风险的是____。

 A. 投资回收期　　B. 净现值　　　　C. 获利指数　　　D. 内含报酬率

二、多项选择题

1. 根据现金流量的发生时间，投资项目的现金流量可分为____。

 A. 现金流入量、现金流出量、净现金流量

 B. 初始现金流量、经营现金流量、终结现金流量

 C. 增量现金流量、税后现金流量

 D. 初始现金流量、经营现金流量、净现金流量

2. 投资预算使用现金流量的原因是____。

 A. 项目投资期内，净现金流量等于利润总额

 B. 使用现金流量评价客观、公平

 C. 考虑资金的时间价值

 D. 投资决策分析中，现金流量的状况比企业盈亏状况更为重要

3. 下列投资决策指标中，属于贴现指标的是____。

 A. 净现值　　　　B. 内含报酬率　　C. 会计收益率　　D. 获利指数

4. 运用投资回收期评价投资项目的缺陷是____。

    A. 忽略了回收期内现金流量的发生时间

    B. 计算复杂，不易理解

    C. 回收期以后的现金流量

    D. 评价互斥项目时，可能会与净现值法发生冲突

5. 运用获利指数评价投资项目的优点是＿＿＿。

    A. 考虑了资金时间价值，可以进行独立投资机会获利能力的比较

    B. 获利指数是一个相对数，可以表明项目单位投资的获利能力

    C. 反映了项目的相对盈利性，更便于投资额不等的多个项目之间的比较和排序

    D. 能直接比较对股东财富的贡献

三、思考题

1. 为什么说从理论上讲，净现值是选择理想投资方案的最好标准？

2. 运用内含报酬率法评价投资项目时，可能会产生哪些问题？

3. 某公司现有两个互斥项目 A、B，这两个项目的初始投资额均为 7 万元。项目 A 的期望寿命为 6 年，每年产生 3 万元的净现金流量；项目 B 的期望寿命为 5 年，每年产生 3.5 万元的净现金流量。要求：

（1）分别计算项目 A、B 的净现值。

（2）分别计算项目 A、B 的内含报酬率。

（3）画出项目 A、B 的净现值与折现率的函数图，并标出两线的交点。

4. 某公司正在考虑一个投资项目，该项目预期的现金流量如表 9-16 所示。

表 9-16　项目预期的现金流量

单位：元

	第 0 年	第 1 年	第 2 年	第 3 年	第 4 年	第 5 年
现金流量	−100,000	25,000	50,000	50,000	25,000	10,000

该项目要求的必要收益率为 14%，要求：

（1）计算该项目的净现值，并判断该项目是否可行？

（2）计算该项目的内含报酬率，并判断该项目是否可行？

（3）计算该项目的回收期。

5. 某公司因业务发展需要，准备购入一套设备。现有甲、乙两个方案可供选择，其中甲方案需要投资 20 万元，使用寿命为 5 年，采用直线法计提折旧，5 年后设备无残值；5 年中每年销售收入为 7 万元，每年的付现成本为 3 万元。乙方案需要投资 24 万元，也采用直线法计提折旧，使用寿命也是 5 年，5 年后有残值收入 4 万元；5 年中每年的销售收入为 10 万元，付现成本为第一年 4 万元，以后随着设备的不断陈旧逐年增加日常修理费 2,000 元，另须垫支营运资金 3 万元。假设所得税税率为 40%，该公司资本成本为 5%。要求：

（1）试计算两个方案的现金流量。

（2）试分别用投资回收期、会计收益率、净现值、内含报酬率和获利指数法对两个方案进行评价并做出取舍。

6. 某公司生产用的设备是 5 年前购进的，购价 160,000 元，预计可使用 10 年，当前的可变现价值为 40,000 元，期满后的残值预计为 10,000 元，每年维修费用为 12,000 元，每年的运行成本为 120,000 元。公司为了降低设备的运营成本决定购买一台新设备，新设备的购置成本为 200,000 元，预计可使用 7 年，期满残值预计为 30,000 元，每年维修费是 4,000 元，每年的运行成本是 70,000 元。该公司要求的必要报酬率为 14%。问：公司是否应当更新设备？

本章参考文献

1. 陈惠锋：《公司理财学》，北京：清华大学出版社，2005

2. [美] 斯蒂芬·A. 罗斯著，方红星译：《公司理财（精要版）》（原书第 7 版），北京：机械工业出版社，2007

3. 戴书松：《财务管理》，北京：经济管理出版社，2006

4. 薛玉莲，李全中：《财务管理学》，北京：首都经济贸易大学出版社，2006

5. 张涛：《财务管理学》，北京：经济科学出版社，2007

6. 李心愉：《公司理财学》，北京：北京大学出版社，2007

7. 卢家仪，蒋冀：《财务管理（第三版）》，北京：清华大学出版社，2006

8. 《注册项目数据分析师培训教程》编委会：《CPDA 注册项目数据分析师培训教程》，北京：中国经济出版社，2007

9. 刘力：《公司财务》，北京：北京大学出版社，2007

第 10 章　风险与收益

导读

在上一章我们介绍了评价投资项目的基本方法，这些方法的应用都是基于一个基本假设：项目的现金流量是可确定且不变的。现金流量可以唯一确定的项目，在现实中是非常罕见的。为了增强投资项目决策的实际应用性，我们在本章将放松项目现金流量可以确定这一假设。

公司的投资项目在市场经济的客观经济环境中面临着很多不能预测、经常变动的因素。这些因素的变动，往往使投资者的原有投资决策受到冲击，从而导致一些意外损益的发生。这就要求在投资过程中预先估计这些可能发生的变动，减少风险。本章将重点讨论风险的定义、风险的测量、风险的补偿等内容。

§10.1　风险与风险分类

我们在前文讨论投资时，曾假定投资收益是确定的，即可以确切地知道收益的金额及其发生时间。实际上，未来投资收益数量是受多种因素影响的，很难事先掌握准确的数值。因为：（1）外界因素不可控，经常发生变化。（2）有些信息我们无法得到或得到信息的成本太高。所以，任何投资项目都存在不定确因素。投资方案的抉择，必然要考虑一定的风险。

10.1.1　风险的定义

所谓风险，就是指未来不确定因素的变动导致投资者收益变动的可能性。可见，风险与未来可能发生事件的不确定性有关，未来事件越不确定，风险也就越大。不确定性是导致风险的基本因素。风险和不确定性是有区别的。虽然两者的结果都不能事先肯定，但风险结果的各种可能情况的发生概率事先可以掌握，而不确定性的各种结果的概率是无法事先掌握的。再则，不确定因素很多，并不是所有的不确定因素都会导致投资者收益发生变动。如果不确定因素的变动没有引起投资者收益变动，就不存在风险。但从投资的实务看，风险和不确定性又很难严格区分。所以，本书把风险和不确定性做同义词来使用。

10.1.2　风险的分类

在理解风险概念的基础上，应对风险加以分类。不同的风险具有不同的特性。为有效地实施风险管理，有必要对不同特性的风险进行分类：

1）经济周期风险。经济发展总是高峰与低谷相继出现，很难一直保持稳定的发展势头。当整个经济处于繁荣状态时，投资者会得到更多的投资收益；当处于经济萧条时期，投资者的投资收益可能下降。

2）市场利率风险。投资者的投资收益率的大小与市场利率密切相关。当市场利率上升时，企业资金成本上升，企业收益率下降；反之，市场利率下降会使企业资金成本下降，收益率升高。对证券投资来说，利率上升，会使证券价格下跌；而市场利率下降，则会使证券价格上涨。

3）购买力风险。购买力风险也称通货膨胀风险，是指由物价水平变化而导致的投资收益不确定性。物价水平连续上涨以后，货币购买力必然会降低，致使持有货币在手的投资者无形地受到损失。

4）财务风险。指由于资本结构变动导致企业支付利息额发生变化，从而使投资者最终获利水平发生变动的风险。资本结构中，债务比重越大，企业承担的财务风险越大；举债较少的企业则承担较小的财务风险。

5）经营风险。指所投资的企业由于经营状况发生变化而导致的投资收益不确定性。企业的获利能力常会因竞争、需求、成本等因素的变化，企业政策的错误，政府的新政策或其他情况的变化而变化，使投资者所获取的经营利润存在不确定性。

§10.2　风险的衡量

在投资过程中，任何决策都是根据对未来投资收益的预测做出的，而未来的情况往往不是确定的。由于不确定性的存在，将来出现的实际结果可能与我们期望的结果不一致，这种实际结果与期望结果的偏离程度往往被用来衡量风险。因此，我们必须掌握期望值、方差、标准差和标准差系数等概念。

10.2.1　概率

预期投资收益由于未来的不同客观状态可能会有各种不同的数值。

【例 10-1】某投资者计划做一项证券投资，估计未来的投资收益有三种可能，如表10-1 所示。

表 10-1　不同客观状态下预期的投资收益

单位：千元

客观状态	概率	投资收益
市场需求较高	0.3	4,000
市场需求正常	0.5	3,000
市场需求较低	0.2	2,000

表 10-1 表明，市场需求较高时投资收益产生的可能性为 30%，市场需求正常时投资收益产生的可能性为 50%，市场需求较低时投资收益产生的可能性为 20%。概率必须符合以下两规则：

（1）$0 \leqslant p_i \leqslant 1$

（2）$\sum_{i=1}^{n} p_i = 1$

也就是说，每一种客观状态以及每种状态下的投资收益，出现的概率最小为零，最大为 1。概率为零说明这种客观状态以及投资收益不可能出现，概率为 1 说明只出现某种客观状态（投资收益）。由于这些客观状态的发生都是互斥的，所以它们发生的概率值总和为 1。以上所说的投资收益可能情况的概率，就是概率分布。

10.2.2　期望值

如果把例 10-1 中投资收益每一种可能出现的结果与各自发生的概率进行加权平均，所得的平均数就是期望值。它虽然只是根据估计计算的平均数，但要比不用概率所做的估计准确得多。

【例 10-2】例 10-1 中投资方案的收益率有三种可能的情况，现在列表计算其收益的期望值，如表 10-2 所示。

表 10-2　投资收益的期望值

单位：千元

客观状态	概率 p_i	投资收益 r_i	概率调整后投资收益 $r_i p_i$
市场需求较高	0.3	4,000	1,200
市场需求正常	0.5	3,000	1,500
市场需求较低	0.2	2,000	400
合计	1.0		3,100

$E(r)$ 代表期望值，在本例中表示期望收益率。

$$E(r)=\sum_{i=1}^{n} r_i p_i$$

即：$E(r)=4,000\times0.3+3,000\times0.5+2,000\times0.2=1,200+1,500+400=3,100（千元）$

计算结果表明，每年投资收益率的期望值是 3,100（千元），它代表着各种可能的投资收益的一般水平。

10.2.3　方差和标准差

投资收益是一个变量，变量的具体数值一般不会等于期望值，但总是在期望值上下波动。在评价一个期望值的代表性强弱时，要依据投资收益的具体数值对期望值的偏离程度来确定。偏离程度越大，代表性就越小；偏离程度越小，则代表性越强。这种偏离程度就是风险程度。所以，一般来说，偏离程度越大，风险就越大；反之，则风险越小。

在概率分布中，变量值与期望值的偏离程度用方差和标准差来衡量。投资方案的风险程度，用投资收益与期望值的偏离程度来代表，这种偏离程度用方差和标准差来计算。

【例 10-3】表 10-3 是两个证券投资项目 i 和 j 的有关资料，现计算其方差和标准差。

表 10-3　项目投资收益率概率分布

投资项目	投资收益率（%）r_i	概率 p_i
投资 i 证券	5	0.2
	7	0.3
	13	0.3
	15	0.2
投资 j 证券	20	0.2
	7	0.6
	6	0.2

期望值：$E(r_i)=10.0\%$；$E(r_j)=10.0\%$

方差：$\sigma^2=\sum\left[E(r)-r\right]^2 p_i$

$\sigma_i^2=(10-5)^2\times0.2+(10-7)^2\times0.3+(10-13)^2\times0.3+(10-15)^2\times0.2=15.4\%$

$$\sigma_j^2 = (10-20)^2 \times 0.2 + (10-8)^2 \times 0.6 + (10-6)^2 \times 0.2 = 25.6\%$$

标准差：$\sigma = \sqrt{\sum \left(E(r)-r\right)^2 p_i} = \sqrt{\sigma^2}$

$$\sigma_i = \sqrt{\sigma_i^2} = \sqrt{15.4}\% = 3.9\%$$

$$\sigma_j = \sqrt{\sigma_j^2} = \sqrt{25.6}\% = 5.1\%$$

投资收益率及其期望值的波动程度，代表着投资项目风险的大小。标准差就是表示变量的各个具体数值与期望值波动程度的统计量，所以标准差的大小就代表了投资项目风险的大小。例 10-3 中证券 i 的标准差小于证券 j 的标准差，即 $\sigma_i < \sigma_j$。一般说来，证券 i 的风险小于证券 j 的风险。但标准差的大小与投资收益率绝对水平有关，必须是在期望值相等或接近相等的情况下比较标准差的大小，以便确定风险的程度。

上述两个投资项目的风险比较，也可以用直方图（见图 10-1 和图 10-2）来反映。图 10-1 和图 10-2 中的纵坐标代表概率，横坐标代表投资收益率。

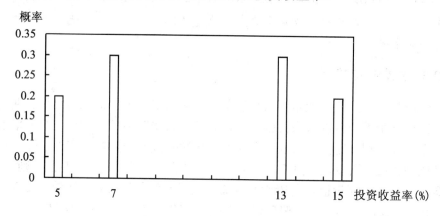

图 10-1　证券 i 的概率分布

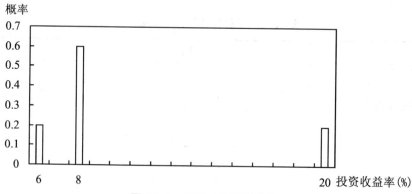

图 10-2　证券 j 的概率分布

两个证券投资项目的期望值虽然都是 10.0%，但它们的收益率与期望值的离散程度却不同。图中反映证券 j 的投资收益率比证券 i 的更分散。这表现在证券 i 收益率直方图的覆盖面比证券 j 更宽。所以，证券 j 的风险更大一些。

同样，在期望值相等的情况下，直方图可以用来比较多个证券的风险程度。

投资收益率的波动程度代表着证券投资项目风险的大小，也可以说是收益的具体数值与期望值的离散程度代表风险的大小。方差就是变量值离差的平方的平均数，标准差就是变量值与期望值离差的平均数。证券投资项目预期收益率的概率分布越集中，也就是方差和标准差越小，风险就越小；反之，则风险越大。

10.2.4 正态分布

正态分布是概率分布的一种类型。它是统计学大数法则的一般表现形态，也是大量自然现象和社会现象的典型概率分布。若把证券投资项目的收益率看作连续变量，不同的变量值有不同概率，则其概率分布就是一个正态分布，其图形很像一个对称的圆顶山丘。概率统计证明，在距离中点正负一个标准差 σ 之间的面积是整个面积的 68.46%（以正态曲线和横轴围成的图形面积为 100%），也就是收益率在 $E(r)\pm\sigma$ 之间的概率为 68.46%。在距离中点正负各两个标准差之间的面积是整个面积的 95.44%，也就是收益率在 $E(r)\pm2\sigma$ 之间的概率是 95.44%。实际上，投资的收益率概率分布不一定呈正态分布，但是对风险进行计量分析时，常常假设为正态分布，并且用概率论的数学方法进行计算。如图 10-3 所示。

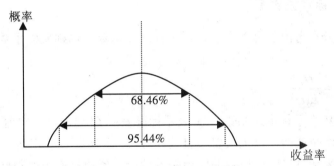

图 10-3 正态随机变量可能结果的分布

例 10-3 中 i、j 两个证券投资项目的期望收益率都是 10%，标准差分别为 3.9% 和 5.1%。证券 i 的收益率在 10%±3.9% 之间（即 6.1%~13.9%）的概率为 68.46%；证券 j 的收益率在 10%±5.1% 之间（即 4.9%~15.1%）的概率为 68.46%。如图 10-4 和图 10-5 所示。

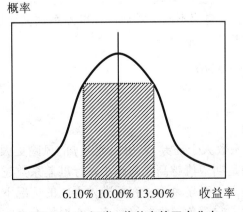

图 10-4 证券 i 收益率的正态分布

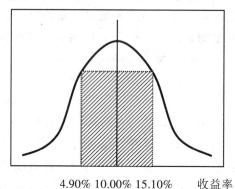

概率

4.90% 10.00% 15.10%   收益率

图 10-5   证券 j 收益率的正态分布

两个证券的收益率正态分布图中的阴影部分的面积都是整个面积的 68.46%，即都是 68.46% 的机会收益率落在这个范围内。但证券 j 的绝对离差 10.2%（15.1%-4.9%）大于证券 i 的绝对离差 7.8%（13.9%-6.1%）。这也可以说明证券 j 的风险较大。

10.2.5 标准差系数

从概率分布得出的另一个统计量是标准差系数，也称变差系数或变异系数。其计算方法为：

$$V_i = \frac{\sigma_i}{E(r_i)}$$

式中，V_i 表示标准差系数；σ_i 表示标准差；$E(r_i)$ 表示期望值。

要比较两个或两个以上投资项目的风险程度，当期望值相同，且量纲单位也相同时，利用标准差来衡量风险是适当的。但是若两个投资项目期望值不同，或是使用的量纲单位不同，只用标准差来衡量风险就不合适了。

若有 i、j 两个证券投资项目，两者的投资收益率标准差分别为 2% 和 1%，但期望值分别是 30% 和 10%。

在这种情况下比较两个项目的风险程度，就不能认为标准差为 2% 的项目比标准差为 1% 的项目风险大。由于期望值不同，需要用标准差系数来衡量风险。

上述两个投资项目的标准差系数为：

$$V_i = \frac{\sigma_i}{E(r_i)} = \frac{2\%}{30\%} = 0.067$$

$$V_j = \frac{\sigma_j}{E(r_j)} = \frac{1\%}{10\%} = 0.1$$

因为证券 j 的标准差系数大于证券 i，所以证券 j 的风险更大些。

衡量风险大小的原则是期望值越高风险越小，标准差系数越小风险越小。在标准差相同的情况下，用期望值大小衡量风险；在标准差不同的情况下，用标准差系数衡量风险。标准差系数是相对数，它避免了收益绝对值大小对标准差的影响，同时也克服了投资项目使用单位不同、不便比较的缺点。

但是，有些投资者持有不同的看法，他们宁愿冒较大的风险，以求得较高的收益率。另外一些投资者不愿意冒较大风险，宁可收益率低一些，也要选择风险较小的投资项目。

若从概率分布图上看，如图 10-6 所示，证券 A 的图像类似一座耸起的山峰，这表明它的概率分布非常密集，可能的收益与预期收益的离差很小，实际收益更有可能接近预期收益，因而它的风险比较小；而证券 B 的图像，即概率分布曲线，恰好与证券 A 相反，它像一座平缓的山丘，这意味着它的概率分布非常分散，可能的收益与预期的收益偏离很远，实际收益接近预期收益的可能性很小，因而风险也比较大。所以，可以得出这样的结论：风险越小的投资项目，其收益概率分布曲线的形态越像一座高耸的山峰，否则就越接近一个平缓的山丘。图 10-6 中证券 A 的风险就小于证券 B。

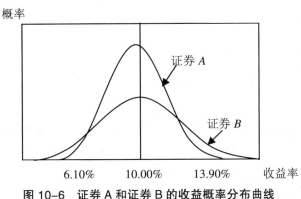

图 10-6　证券 A 和证券 B 的收益概率分布曲线

§10.3　投资组合效果

上一节我们研究的是一个投资项目的风险。实际上，很少有人只选取一个投资项目。投资者往往将不同的投资结合在一起，以减少总投资的风险程度。这种将不同投资结合在一起构成的总投资，称为投资组合（Portfolio）。

10.3.1　协方差与相关系数

当我们从事两个或两个以上项目的投资（即投资组合）时，就需要考虑总投资的收益和风险了。例如，投资人将 x_1 比例的资金投资于证券 1，x_2 比例的资金投资于证券 2，则总投资的期望收益值为：

$$E(r_\alpha) = x_1 E(r_1) + x_2 E(r_2)$$

其中 $E(r_1)$、$E(r_2)$ 分别代表证券 1 和证券 2 的期望收益。即总投资的期望收益为两项投资的期望收益按比例相加（加权平均数）。

那么这个投资组合的标准差 σ 如何计算呢？假如这两个投资的投资组合的标准差的计算与期望值计算一样，计算加权平均数，那么这个新的标准差应该为：

$$\sigma = x_1 \sigma_1 + x_2 \sigma_2$$

这样得到的 σ_p 一定大于或等于 σ_1、σ_2 中的一个。假设 σ_1 比 σ_2 小，若投资者在投资证券 1 的同时又投资证券 2，风险反而变大了。假定他和普通投资者一样不喜欢风险，那么他一定只投资证券 1 而不再扩充投资。显然，这样的分析是不正确的。一个投资组合的标准差并不是像期望值那样根据两个单独标准差的简单加权平均数计算得出，而是要考虑投资组合的相互反应。即一个投资在某种情况下收益高，而另一个却差，反过来也一样。这样，两种投资的混合才可能减少风险，使这种投资组合的标准差比其中任何一个投资的标准差要小。由概率统计知识可知，n 个投资项目组合的方差为：

$$\sigma_p^2 = \sum_{i=1}^{n}\sum_{j=1}^{n} x_i x_j \sigma_{ij}$$

那么，两个投资项目构成的投资组合的方差为：

$$\sigma_p^2 = \sum_{i=1}^{2}\sum_{j=1}^{2} x_i x_j \sigma_{ij} = (x_1\sigma_1)^2 + 2x_1x_2\sigma_{12} + (x_2\sigma_2)^2$$

故投资证券组合的标准差公式为：

$$\sigma_p = \sqrt{x_1^2\sigma_1^2 + x_2^2\sigma_2^2 + 2x_1x_2\sigma_{12}}$$

式中，σ_{12} 为协方差。

协方差是用来描述投资证券 1 与投资证券 2 之间的相互关联程度的。若二者不相关，协方差为零；若二者正相关，协方差大于零；若二者负相关，协方差小于零。

协方差可用以下公式计算：

$$\sigma_{12} = \sum [E(r_1) - r_1][E(r_2) - r_2] \cdot p$$

如果把上一节的投资 i 和投资 j 进行组合，其协方差计算结果如表 10-4 所示。

表 10-4 投资 i 和投资 j 组合的协方差计算表

$E(r_i)$	r_i	$E(r_i)-r_i$	$E(r_j)$	r_{ij}	$E(r_j)-r_{ij}$	$[E(r_i)-r_i]\cdot[E(r_j)-r_j]$	p	$[E(r_i)-r_i]\cdot[E(r_j)-r_j]p$
10%	5%	5%	10%	20%	-10%	-50%	0.2	-10.0%
10%	7%	3%	10%	7%	2%	6%	0.3	1.7%
10%	13%	-3%	10%	7%	2%	-6%	0.3	-1.7%
10%	15%	-5%	10%	6%	4%	-20%	0.2	-4%
								-14.0%

$$\sigma_{ij} = \sum [E(r_i)-r_i][E(r_j)-r_j] \cdot p = -14.0\%$$

协方差给出的是两个变量相对运动的绝对值。有时，投资者更需要了解这种相对运动的相对值，这个相对值就是相关系数 ρ。

相关系数：$\rho_{12} = \dfrac{\sigma_{12}}{\sigma_1\sigma_2}$

相关系数永远满足 $-1 \leqslant \rho \leqslant 1$ 的条件。大多数变量的相关系数在 -1 和 1 之间，图

10-7 说明了相关性的概念。图 10-7（a）中，投资证券 1 和投资证券 2 是完全正相关，其 $\rho_{12}=1$，即当投资证券 1 收益增加时，投资证券 2 的收益以同样比例增加；在图 10-7（b）中，投资证券 1 和投资证券 2 是完全负相关，$\rho_{12}=-1$，当投资证券 1 收益增加时，证券 2 的收益以同样比例减少；图 10-7（c）表示两个投资之间没有关系，$\rho_{12}=0$。

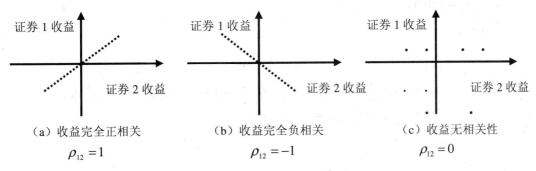

图 10-7　变量的相关性与相关系数

10.3.2　两个项目投资组合的标准差计算

两个投资项目构成的投资组合的标准差公式前面已经介绍过，即：

$$\sigma_p = \sqrt{x_1^2\sigma_1^2 + x_2^2\sigma_2^2 + 2x_1x_2\sigma_{12}}$$

或　$\sigma_p = \sqrt{x_1^2\sigma_1^2 + x_2^2\sigma_2^2 + 2x_1x_2\rho_{12}\sigma_1\sigma_2}$

下面我们用一个例子来说明其应用。

【例 10-4】投资证券 1 和投资证券 2 的有关数据如表 10-5 所示。

表 10-5　投资证券收益的概率分布

客观状态	概率 p	证券 1 收益	证券 2 收益
经济高涨	0.5	0.30	−0.05
经济正常	0.3	0.10	0.10
经济萧条	0.2	−0.15	0.20

投资证券 1：

$$E(r_i) = \sum_{s=1}^{3} r_{1s} \cdot p_{1s}$$

$$= 0.30 \times 0.5 + 0.10 \times 0.3 + (-0.15) \times 0.2 = 0.15$$

$$\sigma_1^2 = \sum_{s=1}^{3} \left[E(r_i) - r_{1s}\right]^2 \cdot p_{1s}$$

$$= (0.15 - 0.30)^2 \cdot 0.5 + (0.15 - 0.10)^2 \cdot 0.3 + (0.15 + 0.15)^2 \cdot 0.2 = 0.03$$

$$\sigma_1 = \sqrt{\sigma_1^2} = \sqrt{0.03} = 0.1732$$

投资证券 2：

$$E(r_2) = 0.045$$

$$\sigma_2^2 = 0.010225$$

$$\sigma_2 = 0.1011$$

协方差：

$$\sigma_{12} = \sum_{s=1}^{2} \left[E(r_1) - r_{1s} \right] \cdot \left[E(r_2) - r_{2s} \right] \cdot p_s$$

$$= (0.15 - 0.30)\left[0.045 - (-0.05) \right] \cdot 0.5 + (0.15 - 0.10)(0.045 - 0.10) \cdot 0.3 +$$

$$\left[0.15 - (-0.15) \right](0.045 - 0.20) \cdot 0.2$$

$$= -0.01725$$

相关系数：

$$\rho_{12} = \frac{\sigma_{12}}{\sigma_1 \sigma_2} = \frac{-0.01725}{0.1732 \times 0.1011} = -0.9851$$

投资组合的期望收益值：

$$E(r_p) = \sum_{i=1}^{2} x_i r_i = x_1 r_1 + x_2 r_2 = x_1 \times 0.15 + x_2 \times 0.045$$

设投资证券 1 的比重为 50%，则 $x_1 = 0.5$，$x_2 = 1 - 0.5 = 0.5$。

$$E(r_p) = 0.5 \times 0.15 + 0.5 \times 0.045 = 0.0975$$

投资组合的方差和标准差：

$$\sigma_p^2 = \sum_{i=1}^{2}\sum_{j=1}^{2} x_i x_j \sigma_{ij} = (x_1\sigma_1)^2 + 2x_1 x_2 \sigma_{12} + (x_2\sigma_2)^2$$

$$= (0.5 \times 0.1732)^2 + 2 \times 0.5 \times 0.5 \times (-0.01725) + (0.5 \times 0.1011)^2 = 0.00143$$

$$\sigma_p = \sqrt{\sigma_p^2} = \sqrt{0.00143} = 0.038$$

$\sigma_p < \sigma_1$，同理 $\sigma_p < \sigma_2$，可见投资组合的风险大大降低。

从期望值公式和方差公式可知，投资组合的期望收益与不同投资项目间的相关程度无关，投资组合标准差的大小取决于不同投资项目各自标准差的大小和它们之间相关系数的大小。因此，投资组合风险的大小，不仅与不同投资项目风险的大小有关，而且与这些投资项目风险间相互影响、相互联系的方式有关。

根据公式：

$$\sigma_p = \sqrt{(x_1\sigma_1)^2 + 2x_1 x_2 \rho_{12} \sigma_1 \sigma_2 + (x_2\sigma_2)^2}$$

可知：

当 $\rho_{12} = 1$，即完全正相关时

$$\sigma_p = \sqrt{(x_1\sigma_1)^2 + 2x_1 x_2 \rho_{12} \sigma_1 \sigma_2 + (x_2\sigma_2)^2} = \sqrt{(x_1\sigma_1 + x_2\sigma_2)^2} = x_1\sigma_1 + x_2\sigma_2$$

当 $0 < \rho_{12} < 1$，即不完全正相关时

$$\sigma_p = \sqrt{(x_1\sigma_1)^2 + 2x_1x_2\rho_{12}\sigma_1\sigma_2 + (x_2\sigma_2)^2} < \sqrt{(x_1\sigma_1 + x_2\sigma_2)^2} = x_1\sigma_1 + x_2\sigma_2$$

当 $\rho_{12} = 0$，即无相关性时

$$\sigma_p = \sqrt{(x_1\sigma_1)^2 + (x_2\sigma_2)^2} < x_1\sigma_1 + x_2\sigma_2$$

当 $-1 < \rho_{12} < 0$，即不完全负相关时

$$\sigma_p = \sqrt{(x_1\sigma_1)^2 - 2x_1x_2\rho_{12}\sigma_1\sigma_2 + (x_2\sigma_2)^2} < x_1\sigma_1 + x_2\sigma_2$$

当 $\rho_{12} = -1$，即完全负相关时

$$\sigma_p = \sqrt{(x_1\sigma_1)^2 - 2x_1x_2\sigma_1\sigma_2 + (x_2\sigma_2)^2} = \sqrt{(x_1\sigma_1 - x_2\sigma_2)^2}$$
$$= x_1\sigma_1 - x_2\sigma_2 \text{或} x_2\sigma_2 - x_1\sigma_1$$

从而可以得出结论：$\rho_{12} = 1$ 时，不减少风险；$\rho_{12} < 1$ 时，投资组合风险可以减少；$\rho_{12} = -1$ 时，投资组合风险可以减少，如果投资比例合适，可使风险等于零。

例如，在例 10-4 中，证券 1 的期望收益率为 0.15，标准差为 0.1732；证券 2 的期望收益率为 0.045，标准差为 0.1011。设两项投资相关系数为 ρ_{12}，若将 3/7 的资金投入证券 1，4/7 的资金投于证券 2，投资组合的期望收益率为：

$$E(r_p) = \frac{3}{7}E(r_1) + \frac{4}{7}E(r_2) = \frac{3}{7} \times 0.15 + \frac{4}{7} \times 0.045 = 0.09$$

投资组合的方差和标准差为：

$$\sigma_p^2 = (x_1\sigma_1)^2 + 2x_1x_2\rho_{12}\sigma_1\sigma_2 + (x_2\sigma_2)^2$$
$$= (3/7 \times 0.1732)^2 + (4/7 \times 0.1011)^2 + 2 \times \frac{3}{7} \times \frac{4}{7}\rho_{12} \times 0.1732 \times 0.1011$$
$$= 0.006 + 0.003 + 0.009\rho_{12}$$
$$= 0.009 + 0.009\rho_{12}$$
$$\sigma_p = \sqrt{\sigma_p^2} = \sqrt{0.009 + 0.009\rho_{12}}$$

当 $\rho_{12} = 1$ 时

$$\sigma_p = \sqrt{0.009 + 0.009} = \sqrt{0.018} = 0.134$$

当 $\rho_{12} = 0.5$ 时

$$\sigma_p = \sqrt{0.009 + 0.009 \times 0.5} = \sqrt{0.0135} = 0.116$$

当 $\rho_{12} = 0$ 时

$$\sigma_p = \sqrt{0.009 + 0} = 0.095$$

当 $\rho_{12} = -0.5$ 时

$$\sigma_p = \sqrt{0.009 + 0.009 \times (-0.5)} = \sqrt{0.0045} = 0.067$$

当 $\rho_{12} = -1$ 时

$$\sigma_p = \sqrt{0.009 + 0.009 \times (-1)} = 0$$

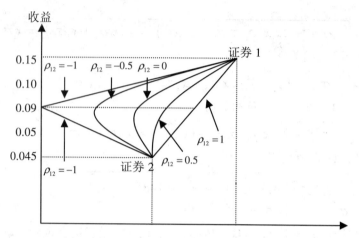

图 10-8   不同相关系数下投资组合收益与风险的关系

图 10-8 显示了当 $\rho_{12}=1$，$\rho_{12}=0.5$，$\rho_{12}=0$，$\rho_{12}=-0.5$，$\rho_{12}=-1$ 时投资组合收益与风险间的关系。

从图 10-8 和相应的计算可以看出，投资组合的风险程度随相关系数 ρ_{12} 的减小而降低。当 $\rho_{12}=1$ 时，投资组合的标准差为 0.134；当 $\rho_{12}=-0.5$ 时，投资组合的标准差减少为 0.067；当 $\rho_{12}=-1$ 时，投资组合的标准差减少为 0。与此同时，投资组合收益的期望值仍保持为 0.09。这表明，投资者可以通过将不完全正相关的投资证券组合在一起而减少风险。当投资收益变化不完全正相关时，某一证券收益的大幅度减少可以为其他证券收益的较小幅度减少（不完全正相关）或一定幅度的增加（负相关）所缓和或抵消，从而使总投资收益保持一定程度的稳定。

10.3.3 多个项目投资组合期望收益与风险的计算

对于三个或更多投资项目的组合，同样可以应用概率统计方法求得总投资组合的期望收益和标准差，从而对其风险状况做出评价。

两个投资项目构成的投资组合的期望收益为：

$$E(r_p)=x_1E(r_1)+x_2E(r_2)$$

三个投资项目构成的投资组合的期望收益为：

$$E(r_p)=x_1E(r_1)+x_2E(r_2)+x_3E(r_3)$$

同理，N 项投资组成的投资组合的期望值为：

$$E(r_p)=\sum_{i=1}^{N}x_iE(r_i)$$

式中，x_i 为投资项目 i 在总投资中所占的比例；$E(r_i)$ 为投资项目 i 的期望收益。

两个投资项目构成的投资组合的方差为：

$$\sigma_p^2=\sum_{i=1}^{2}\sum_{j=1}^{2}x_ix_j\sigma_{ij}=x_1^2\sigma_1^2+x_1x_2\sigma_{12}+x_1x_2\sigma_{21}+x_2^2\sigma_2^2$$

$$=x_1^2\sigma_1^2+2x_1x_2\sigma_{12}+x_2^2\sigma_2^2=x_1^2\sigma_1^2+2x_1x_2\rho_{12}\sigma_1\sigma_2+x_2^2\sigma_2^2$$

注：当 $i=j$ 时，σ_{ij} 正好是某投资项目的方差，否则是两个对应投资项目的协方差。如果用一方阵来表示，可得表 10-6。

表 10-6　投资证券 1 与投资证券 2

投资证券 1	$x_1^2\sigma_1^2$	$x_1x_2\sigma_{12}=x_1x_2\rho_{12}\sigma_1\sigma_2$
投资证券 2	$x_1x_2\sigma_{12}=x_1x_2\rho_{12}\sigma_1\sigma_2$	$x_2^2\sigma_2^2$

从表 10-6 可以看出，两个投资证券的投资组合的方差是由 4 个（2×2）空格中的数据组成的，只要按一定的规则填好四个空格并把其数据加起来，即可得到投资组合的方差，从而得到标准差。填空的规则为：（1）从左上方到右下方的对角线空格（同一投资项目的交叉点）用所对应的投资证券的方差和其占总投资比例的平方乘积填入；（2）其他空格用其一一对应的每对投资证券的协方差与其分别占总投资的比例的乘积填入。

三个投资证券构成的投资组合的方差为：

$$\sigma_p^2 = \sum_{i=1}^{3}\sum_{j=1}^{3} x_i x_j \sigma_{ij}$$
$$= x_1^2\sigma_1^2 + x_1x_2\sigma_{12} + x_2x_1\sigma_{21} + x_2^2\sigma_2^2 + x_2x_3\sigma_{23} + x_3x_2\sigma_{32} + x_3x_1\sigma_{31}$$
$$+ x_1x_3\sigma_{13} + x_3^2\sigma_3^2$$
$$= x_1^2\sigma_1^2 + x_2^2\sigma_2^2 + x_3^2\sigma_3^2 + 2x_1x_2\sigma_{12} + 2x_2x_3\sigma_{23} + 2x_1x_3\sigma_{13}$$

用表 10-7 表示如下：

表 10-7　投资证券 1、证券 2、证券 3

投资证券 1	$x_1^2\sigma_1^2$	$x_1x_2\sigma_{12}=x_1x_2\rho_{12}\sigma_1\sigma_2$	$x_1x_3\sigma_{13}=x_1x_3\rho_{13}\sigma_1\sigma_3$
投资证券 2	$x_1x_2\sigma_{12}=x_1x_2\rho_{12}\sigma_1\sigma_2$	$x_2^2\sigma_2^2$	$x_2x_3\sigma_{23}=x_2x_3\rho_{23}\sigma_2\sigma_3$
投资证券 3	$x_1x_3\sigma_{13}=x_1x_3\rho_{13}\sigma_1\sigma_3$	$x_2x_3\sigma_{23}=x_2x_3\rho_{23}\sigma_2\sigma_3$	$x_3^2\sigma_3^2$

从表 10-7 中可以看出，三个投资证券的投资组合的方差是由 9 个（3×3）空格中的数据组成的。同理，由 N 个投资证券构成的投资组合的方差是由 N^2 个空格中的数据组成的，其公式为：

$$\sigma_p^2 = \sum_{i=1}^{N}\sum_{j=1}^{N} x_i x_j \sigma_{ij}$$

其方阵图如图 10-9 所示。

图 10-9 中，涂黑对角线空格用各自证券投资比例的平方和其方差的乘积填入，因此共有 N 个方差项，其余的空格由投资证券的各自投资比例和每对投资之间的协方差的乘积填入，因此共有（N^2-N）个协方差项。

从图 10-9 中我们可看出，协方差对于多个投资证券构成的投资组合是非常重要的。在两个投资证券构成的投资组合中，其方差项的项目与协方差项的项目数量相同（都是两项）。但随着投资证券数的增加，协方差项的数量要比方差项的数量多。可见，一个完全多样化的投资组合的方差主要取决于协方差。

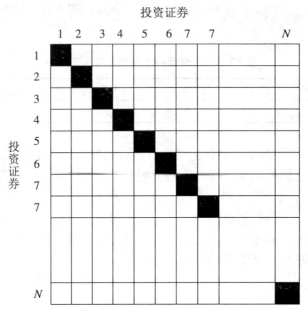

图 10-9　N 项投资构成的投资组合的方差

假设我们用相同的投资比例投入 N 个证券组成投资组合,那么每个证券的投资比例(权数)就是 $\frac{1}{N}$,所以每个方差空格里填入 $\left(\frac{1}{N}\right)^2$ 乘以方差,在协方差的空格填入 $\left(\frac{1}{N}\right) \times \left(\frac{1}{N}\right)$ 乘以协方差。共有 N 个方差项和(N^2-N)个协方差项。因此,该组合的方差公式为:

$$投资组合方差\ \sigma_p^2 = N \cdot \left(\frac{1}{N}\right)^2 \times 平均方差 + \left(N^2-N\right) \cdot \left(\frac{1}{N}\right)^2 \times 平均协方差$$

$$= \frac{1}{N} \times 平均方差 + \left(1-\frac{1}{N}\right) \times 平均协方差$$

从上式中可以看出,当 N 增加时,投资组合方差的值就越接近平均协方差的值。

因为当 $N \to \infty$ 时,公式的第一项 $\frac{1}{N} \times$ 平均方差 $\to 0$,这表明当投资证券增多时,各投资证券的方差项趋向于零,这部分与个别投资证券相联系的风险将逐渐消失,即当 $N \to \infty$ 时,公式的第二项 $\left(1-\frac{1}{N}\right) \times$ 平均协方差,却由于 $\left(1-\frac{1}{N}\right) \to 1$,而使协方差项趋于其平均协方差。如果平均协方差等于零,通过掌握足够的投资证券的数量就可以消除所有的风险,即投资组合的方差等于零。但不幸的是,各投资证券之间并不是毫无联系的,投资证券的大多数都是以正相关的关系紧密地联系着,平均协方差一般不会等于零,所以投资组合总要保留一部分风险,它等于一个平均协方差。

10.3.4　系统风险与非系统风险

从上面的论述中我们知道，投资组合可以减少投资风险，但不能完全消除风险。哪些风险能够消除，哪些不能消除，取决于风险的性质。一般来讲，随着投资项目的增加，投资组合的风险先是迅速减小，然后减小的速度逐渐减慢，当投资项目数增加到一定程度时，投资组合的风险趋于一个常数，基本不再变化，如图 10-10 所示。

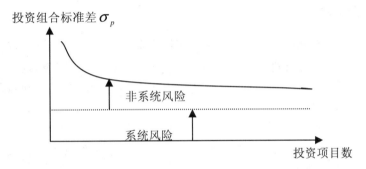

图 10-10　系统风险与非系统风险

那些随着投资项目增加而最终可被消除的风险称为非系统风险。非系统风险只与个别上市企业和个别证券相联系，由上市企业投资项目本身的种种不确定性所引起。例如，可能是另一家上市企业推出新产品影响了该上市企业的产品销售，也可能是原材料价格上涨、政府政策变化影响到该家上市企业的经营。这些变化不是对所有上市企业或所有投资项目产生普遍的影响。非系统风险包括经营风险和财务风险。而那些最终不能消除的风险称为系统风险，或称市场风险。系统风险是由上市企业外部因素变化引起的，是上市企业无法控制的。系统风险将对所有企业、所有投资项目产生相似的影响，比如，战争、通货膨胀、经济萧条、利率升高等会使所有企业的经营状况和投资者的收益向同一方向变化。系统风险主要包括经济周期风险、购买力风险和市场利率风险。

由于非系统风险只与个别上市企业或个别投资证券相联系，因此，当投资的证券增加时，不同投资证券的变化相互抵消，彼此制约，从而使总投资的非系统风险减小。而系统风险反映了由所有投资活动构成的总的经济活动的运动状况和运动趋势，是无法通过增加投资证券数来消除的。可见，投资的总风险可用下列公式表示：

总风险=非系统风险+系统风险

在一个投资分散的投资组合中，非系统风险将接近于零。这个公式的意义也可从投资组合的方差公式中清楚地看出：

由 N 项投资证券构成的投资组合的方差公式为：

$$\sigma_p^2 = \frac{1}{N} \times 平均方差 + \left(1 - \frac{1}{N}\right) \times 平均协方差$$

式中，第一项为各投资证券方差，反映它们各自的运动状况，即非系统风险。当投资证券增多时，即随着 N 的增加，非系统风险将逐渐消失。第二项为投资证券间的协方差，反映了它们之间的相互关系和共同运动，为系统风险。随着 N 的增加，第二项并不完全消失，而是趋于其平均值。这个平均协方差就是所有投资活动的共同运动趋势，因此，作为协方差项的系统风险是无法消除的。

§10.4 风险与收益的关系

10.4.1 收益的定义

投资者进行各种投资活动，根本目的是获得收益。衡量一项投资获取收益能力的大小，一般有两个互相联系的指标，即净现值和投资收益率。其中，投资收益率即利润率，是单位投资获得的利润。投资收益率对盈利能力大小的衡量，便于不同数额的投资进行比较，作用和地位尤为重要。

【例 10-5】A 先生年初购买了某公司的股票，价格为每股 100 元，年末每股分得红利 5 元，分红后每股市价为 120 元，则不管 A 先生是继续持有或是卖掉其投票，如果不计交易费用，其投资收益率为：

$$r_A = \frac{120 - 100 + 5}{100} = 25\%$$

【例 10-6】B 先生年初购得某公司的股票，价格为每股 100 元，年末该公司未派发现金红利，却代之以 1/10 股票股利，即每 10 股配给 1 股。配股后年末股价为每股 90 元。若也不考虑交易费用，则 B 先生的投资收益率为：

$$r_B = \frac{90 \times (1 + 1/10) - 100}{100} = -1\%$$

以上两个简例都是关于普通股股票投资的。若是债券投资，则收益率一般是指到期收益率。短期债券多为政府发行，例如国库券，其到期收益率即为无风险利率 r_f，而长期债券的到期收益率 r_D 由下式确定：

$$P_0 = \sum_{i=1}^{N} \frac{C \times r_C}{(1 + r_D)^i} + \frac{C}{(1 + r_D)^N}$$

式中，P_0 为债券发行价；C 为面值；r_C 为票息率；N 为债券期限，以年为单位计。

其他证券的收益率也基本上大同小异。总而言之，某项投资的收益率就是单位货币在单位时间内获得的利润。它当然既可为正数，又可为负数。注意，在上述单位时间内，不考虑货币的价值在时间上的差别，即不考虑货币的时间价值。

10.4.2 风险与收益的关系

一项投资的投资收益率与该项投资的风险息息相关。由于大部分投资者对风险都比较谨慎，所以他们投资有风险的证券会要求较高的投资收益率来弥补该投资的风险。这并不是说投资者不愿承担风险，而是他们要求对担负的风险给予补偿。例如，股票的投资比银行存款的投资收益要高，高出的部分代表了风险的补偿。我们当然不能确定是否会得到所要的收益，但是至少我们一开始就会要求较高的收益来补偿可能会面临的较高风险。

不同的投资需要有不同的收益。收益率通常由三个部分组成：转让资金使用权的收益、预期通货膨胀率补偿和风险补偿。

1）转让资金使用权的收益

转让资金使用权的收益是投资者在一个特定时期内将资金转让给其他人使用所要求的收益。这种收益代表着对投资者放弃立即的消费的补偿。这个收益是不包括通货膨胀因素和风险因素在内的真实收益。它和资金的供求关系有着直接的联系，当资金紧缺时，投资者往往要求较高的转让资金使用权的收益率。

2）预期通货膨胀率补偿

预期通货膨胀率补偿是对因通货膨胀造成的购买力水平下降的补偿。现实中，因为无法将转让资金使用收益和预期通货膨胀率补偿区分开来，所以对通货膨胀的预期需要与转让资金使用权收益合并考虑。假设转让资金使用权收益率为 5%，而预期通货膨胀率补偿为3%，那么收益率约为8%，而转让资金使用权收益率和预期通货膨胀率补偿两部分共同组成无风险收益率。因此，我们可以定义，无风险收益率为：

无风险收益率（r_f）＝（1+转让资金使用权收益率)(1+通货膨胀率)-1

以上述的例子而言，$r_f = (1+0.05)(1+0.03)-1 = (1.05)(1.03)-1 = 0.0815$或8.15%

除了用以上公式计算无风险收益率外，我们也可以直接将转让资金使用权收益率5%和预期通货膨胀率补偿 3%相加，而得到 8%，并不一定要用较精确的上式来计算得8.15%。这两种方法都被使用。

这个无风险收益率（r_f）基本上适用于任何投资项目，这是调整物价因素以后应得到的最低收益率。当然，投资者实际上可能得不到这个最低收益率，他的实际收益率可能很低，甚至成为负数。例如，投资者在5%通货膨胀率的条件下只得到4%的收益，那么他的实际收益率为－1%。这种情况下，投资者不必进行投资，不必在物价上升 5%的情形下赚 4%的收益。由于转让资金使用权的收益率和预期通货膨胀率会随着对未来预期的不同而不断发生变化，所以无风险收益率也会随之改变。

我们已讨论了投资收益率中的转让资金使用权收益和预期通货膨胀率补偿两个部分，接下来考虑第三部分内容——风险补偿。三者的关系如图 10-11 所示。

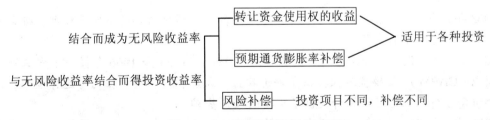

图 10-11　投资收益率的构成要素

3）风险补偿

风险补偿因投资项目的不同而有所不同。例如，银行存款或购买国债等的投资风险补偿趋近于零，投资者所得的收益即是无风险收益率（转让资金使用权的收益率加上通货膨胀因素补偿）。对于普通股而言，投资者所要求的收益率可能比无风险收益率要高5%～6%。如无风险收益率为8%，投资者在股票上的投资将要求13%～14%的收益率。

转让资金使用权的收益率	5%
+预期通货膨胀率补偿	3%
=无风险收益率	8%
+风险补偿	5%～6%
=投资收益率	13%～14%

不同投资项目的投资收益是随其风险的变化而变化的，如图10-12所示。

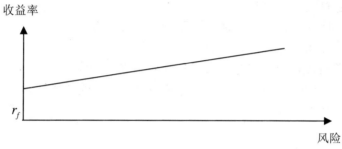

图10-12　风险—收益关系

【知识拓展】

公司投资活动的相关讨论（二）

——投资组合管理

1. 现代投资组合理论的产生与发展

现代投资组合理论主要由投资组合理论、资本资产定价模型、APT模型、有效市场理论以及行为理财理论等组成。它们的发展极大地改变了过去主要依赖基本分析的传统投资管理实践，使现代投资管理日益朝着系统化、科学化、组合化的方向发展。

1952年3月，美国经济学哈里·马科维茨（Markowitz）发表了论文《证券组合选择》，成为现代证券组合管理理论的开端。马科维茨对风险和收益进行了量化，建立的是均值方差模型，提出了确定最佳资产组合的基本模型。由于这一方法要求计算所有资产的协方差矩阵，严重制约了其在实践中的应用。

1963年，威廉·夏普提出了可以对协方差矩阵加以简化估计的单因素模型，极大地推动了投资组合理论的实际应用。

20世纪60年代，夏普、林特和莫森分别于1964、1965和1966年提出了资本资产定价模型（CAPM）。该模型不仅提供了评价收益—风险相互转换特征的可运作框架，也为投资组合分析、基金绩效评价提供了重要的理论基础。

1976年，针对CAPM模型存在不可检验性的缺陷，罗斯提出了一种替代性的资本资产定价模型，即APT模型。该模型直接导致了多指数投资组合分析方法在投资实践中的广泛应用。

2. 投资组合管理的目的

投资组合管理的目的是按照投资者的需求，选择各种各样的证券和其他资产组成投资组合，然后管理这些投资组合，以实现投资的目标。投资者需求往往是根据风险来定义的，而投资组合管理者的任务则是在承担一定风险的条件下，使投资回报率实现最大化。

投资组合管理由三类主要活动构成：

（1）资产配置；

（2）在主要资产类型间调整权重；

（3）在各资产类型内选择证券。

资产配置的特征是把各种主要资产类型混合在一起，以便在风险最低的条件下，使投资获得最高的长期回报。投资组合管理者以长期投资目标为出发点，为提高回报率时常审时度势改变各主要资产类别的权重。例如，若一个经理判断在未来年份内权益的总体状况要比债券的总体状况对投资者更加有利的话，则极可能要求把投资组合的权重由债券向权益转移。而且，在同一资产类型中选择那些回报率高于平均回报率的证券，经理便能改善投资组合回报的前景。

3. 投资组合的构建

投资组合的构建就是选择纳入投资组合的证券并确定其适当的权重，即各证券所占该投资组合的比例。马科维茨模型表明，构建投资组合的合理目标应是在给定的风险水平下形成一个具有最高回报率的投资组合。具有这种特征的投资组合叫做有效的投资组合，它已经被广泛地接受为最优投资组合构建的典范。

此外，马科维茨模型还为构建能最有效实现目标的投资组合提供了一种明确的过程（这种过程被称为最优化），这种最优化过程已经被广泛地应用于大型计划的投资者确定投资组合中各主要资产类型的最佳组合的活动中。这种过程通常被称为资产配置（asset allocation），因为实际中可考虑的主要资产类型是有限的，所以它是可操作的。但当考虑的证券总体数目超过某一限度时，马科维茨最优化过程是难以实践的。

投资组合的构建过程是由下述步骤组成的：

第一步，需要界定适合的证券范围。对于大多数计划投资者而言，其注意的焦点集中在普通股票、债券和货币市场工具这些主要资产类型上。近来，这些投资者已经把诸如国际股票、非美元债券也列入了备选的资产类型，使得投资具有全球性质。有些投资者把房地产和风险资本也吸纳进来，进一步拓宽了投资的范围。虽然资产类型的数目仍是有限的，但每一种资产类型中的证券数目可能是相当巨大的。

第二步，投资者还需要求出各个证券和资产类型的潜在回报率的期望值及其承担的风险。此外，更重要的是，要对这种估计予以明确说明，以便比较众多的证券和资产类型之间哪些更具吸引力。进行投资所形成投资组合的价值，很大程度上取决于这些所选证券的质量。

构建过程的第三步，即实际的最优化，必须包括各种证券的选择和投资组合内各证券权重的确定。在把各种证券集合到一起形成所要求的投资组合的过程中，不仅有必要考虑每种证券的风险—回报率特性，而且还要估计到这些证券随着时间的推移可能产生的相互作用。

4. 投资组合管理的要求

管理投资组合是一个持续的过程，同时涵盖了对静态资产和动态资产（比如项目等）的管理。在实际运作过程中，管理投资组合的真正难点在于它需要时刻保持高度的商业敏感，不断地进行分析和检讨，考察不断出现的新生机会、现有资产的表现以及企业为了利用现有机遇而进行的资源配置活动等。

在瞬息万变的现实环境中，那些影响投资组合的资产和项目的价值往往都处在一种随时波动变化的状态之下。造成这种波动的原因可能是来自外部的影响，如市场的变化或者公司本身竞争地位的变化；同时，这种波动也可能归因于内部的某些力量，比如公司战略、产品组合、分销渠道的调整或者诸如成本和质量等竞争基础发生变化。

（1）成本角度

在投资组合引入阶段，对每一个组件都需要从技术、运营、人力成本等方面着手进行成本分析，预先确定一个可接受的成本浮动范围。在投资组合运行过程中，投资组合管理应将各个组件的成本努力控制在这一范围内，同时根据需要及时调整各个组件在投资组合中的成本比重，以实现投资组合整体的成本效益最大化。

（2）收益角度

在投资组合的实际运行环境下，组合成本结构的调整、组件表现、股东权益、客户及关系、内部流程、组织学习和提升能力等众多因素，会对投资组合产生方方面面的影响，投资组合管理要确保在这些影响下各组件仍然能够保证预计的收益。就"收入"来讲，在投资组合引入阶段，要考虑到资金的时间价值。我们往往预期某项收入能够在特定的时间产生，也就是说我们会给某项投资组合预设一个"收益实现轨迹"，而投资组合管理就要保证各个组件收益获得时间的确定性，也就是要尽量使收益符合这个"收益实现轨迹"。在投资组合整体收益的管理上，我们也有必要把外部市场环境、法律法规、时间、竞争力等影响组件价值的因素考虑在内。

（3）风险管理角度

投资组合的组件必须多样化，而且要被控制在企业能够承受的风险范围之内。投资组合的组件可以根据产出或风险划分为几个等级。风险因素需要和达到预期收益的可能性、稳定性、技术风险等结合起来考虑。组件的风险等级决定了对其管理的紧密程度——包括审查的频繁程度和资本更新的模式。

现有资产的投资组合需要从上文提及的各个角度进行管理，这些都是静态的。我们还有必要从一种互动的角度出发来进行管理，也就是说，还要仔细考察这些组件之间如何互动、组件和企业如何互动。

本章小结

风险的概念可表示为将来实现的收益相对于期望值的离散程度。离散度越大，则风险越大。反映风险的变量，有方差、标准差和准差系数。

在这一章，我们考察了单个投资项目是如何结合成投资组合的，并在投资组合特性的基础上确定期望收益率与方差（或标准离差）。

投资组合期望收益率是各投资项目期望收益率的简单加权平均。权数即是我们投资于投资组合每种项目的比例。

投资组合方差是在投资组合单个项目协方差矩阵基础上确定的。对矩阵中的每一协方差因子，以有联系的两种投资的组合权数乘以协方差，然后加总所有的乘积，就得出投资组合的方差。投资的风险可分为两类：一是系统风险，它起因在于市场的波动并且无法通过投资多样化消除；二是非系统风险，它可通过投资的多样化组合加以消除。

风险与收益的关系可以表示为：投资收益率=无风险收益率+风险补偿。

关键概念

风险　　投资组合　　协方差　　相关系数　　系统风险　　非系统风险

综合训练

一、单项选择题

1. 投资收益率的大小与市场利率有关。当市场利率上升时，投资收益将____。
   A. 上升　　　　　B. 下降　　　　　C. 保持不变　　　　　D. 不能确定

2. 衡量投资收益的具体数值对期望值的偏离程度的指标是____。
   A. 概率　　　　　B. 期望值　　　　　C. 方差和标注差　　　　　D. 相关系数

3. 若两个投资项目期望值不同，则应当用____来衡量项目风险的大小
   A. 方差　　　　　B. 标准差　　　　　C. 相关系数　　　　　D. 标准差系数

4. 用来描述投资证券 1 与投资证券 2 之间的相互关联程度的指标是____。
   A. 协方差　　　　　B. 方差　　　　　C. 标准差　　　　　D. 概率分布

5. 下列投资项目中，风险最小的是____。
   A. 股票　　　　　B. 国库券　　　　　C. 公司债　　　　　D. 基金

二、多项选择题

1. 风险可以分为哪几类____。
   A. 经济周期风险 　　　　　　　　B. 市场利率风险
   C. 购买力风险 　　　　　　　　　D. 财务风险和经营风险

2. 下列说法中正确的是____。
   A. 每一种客观状态以及每种状态下的投资收益的出现概率最小为零、最大为 1
   B. 两个项目如果期望收益相同，则方差较大的项目风险较大
   C. 当两个项目的期望收益不同时，可以直接比较方差或标准差
   D. 现实中，大多数投资者只选取一种证券进行投资

3. 下列关于相关系数的描述，正确的是____。
   A. 相关系数用来描述两个证券投资收益率的高低
   B. 相关系数永远满足 $-1 \leqslant \rho \leqslant 1$ 的条件
   C. 相关系数衡量两个证券风险的高低
   D. $\rho_{12} = 1$ 表示投资证券 1 和投资证券 2 是完全正相关的

4. 下列有关系统风险和非系统风险的叙述中，正确的是＿＿。

    A. 非系统风险只与个别上市企业和个别证券相联系，由上市企业投资项目本身的种种不确定性所引起

    B. 随着投资项目增加，非系统风险最终可被消除

    C. 随着投资项目增加，非系统风险和系统风险最终都可被消除

    D. 系统风险是由上市企业外部因素变化引起的，是上市企业无法控制的

5. 投资收益率由哪三部分组成＿＿。

    A. 转让资金使用权的收益　　　　　B. 期望收益率

    C. 预期通货膨胀率补偿　　　　　　D. 风险补偿

三、思考题

1. 什么是投资者要求的收益率？收益率各组成部分的关系为何？

2. 怎样理解风险的度量法？怎样度量投资证券的风险？

3. 什么是非系统风险和系统风险？

4. 假定你面临两种选择：1）获得100元；2）投掷硬币决定所得，如果正面向上，可得200元，否则一无所获。试分析：

（1）第二种选择的期望收益是多少？

（2）你会做出哪一种选择？是100元的确定收益，还是掷硬币一赌输赢？

（3）如果你选择100元的确定收益，那么你是风险厌恶者还是冒险家？

（4）假定你已取得100元的收入，你可以将它投资于政府债券,这样年终时可得107.5元，或是投资于50%的概率在年底得230元、50%的概率一无所得的普通股票。请回答：

a. 股票投资的期望收益率是多少？（债券的期望收益率是7.5%）

b. 你会选择哪种投资，是债券还是股票？

c. 如果100万元可用来购买100种股票，每种股票的风险—收益特性相同，即50%的概率收回23,000元、50%的概率一无所获。这对股票收益相关系数会产生什么影响？

5. 两种证券A和B的收益率，概率分布如表10-8所示。

表 10-8　证券 A 和证券 B 收益率的概率分布

状况＼概率 收益率	繁荣	正常	萧条
	0.4	0.4	0.2
证券 A	25%	15%	20%
证券 B	30%	10%	-5%

（1）计算证券 A、证券 B 各自的期望收益率和收益率的方差。

（2）找出使 A、B 证券组合具有最小方差的投资组合的权重。

（3）上述投资组合的无风险报酬率是什么？

本章参考文献

1. ［美］博迪著，朱宝宪译：《投资学》（原书第六版），北京：机械工业出版社，

2005

2．戴书松：《财务管理》，北京：经济管理出版社，2006

3．卢家仪，蒋冀：《财务管理》（第三版），北京：清华大学出版社，2006

4．薛玉莲，李全中：《财务管理学》，北京：首都经济贸易大学出版社，2006

5．李心愉：《公司理财学》，北京：北京大学出版社，2007

6．刘力：《公司财务》，北京：北京大学出版社，2007

第11章　投资项目的不确定性分析

导读

在上一章，我们介绍了投资项目的风险与收益分析。实际中，除了要衡量投资项目风险的大小，我们必须还进一步找出风险的来源，即项目的不确定性因素，然后利用有效的决策方法进行项目评价。这些方法包括盈亏平衡分析法、敏感性分析法、概率分析法和决策树法。学习这些方法的目的是找出项目风险的主要来源，评价项目的抗风险能力，从而使投资项目评价更加全面、可靠。

§11.1　投资项目的不确定性因素

在现实的投资决策过程中，有一些因素是主要的不确定性因素，许多投资项目都是由于这些因素的变化才导致效益的不确定。在投资项目的不确定性分析中，应当度量不确定因素对项目财务效益和项目整体经济效益的影响程度，在此基础上研究预防和应变的措施，减少和消除这些不确定性因素对项目的不利影响，保证项目的顺利实施。投资项目的不确定性因素主要涉及：

11.1.1　价格

项目的产品价格或原材料价格，即项目产出物和投入物的价格，是影响经济效益的最基本因素。它通过投资费用、生产成本和产品售价反映到经济效益指标上来。投资项目的寿命期一般较长，在这一时期内，受供求、经济周期等因素的影响，各种原材料或产品价格必然会发生波动。因此，价格因其变动的不确定性而成为投资项目决策中重要的不确定性因素。

11.1.2　投资费用

投资预算中项目的总投资额没有打足，或者是由于其他原因延误了项目的建设速度，都会引起投资项目费用效益的变化，导致项目的投资规模、总成本费用和利润总额等经济指标发生变化。

11.1.3　项目计算期

项目经济效益分析中的许多指标，都是以项目整个寿命期为基础计算的，但是随着科学技术的进步，建设项目所采用的一些工艺、技术、设备等很可能提前老化，从而使整个项目的技术寿命周期缩短。另外，随着科学技术的进步和经济的发展，项目的产品生命周期也日趋缩短，从而会影响项目的收益。

11.1.4　项目的生产能力

项目的生产能力能否达到预期的要求，受到种种因素的制约，例如原材料供应，能源、动力的保证程度，运输条件，劳动者对技术的掌握程度，管理者的管理水平等。如果项目达不到设计生产能力，将难以实现预期的经济效益。

11.1.5　经济形势

投资项目的财务数据估算，是受国家现行法规制约或影响的。其中，税收制度、金融制度、价格体制和经济管理体制等对投资项目的经济效益起着不可忽视的作用。宏观经济形势的变化会影响国家的货币政策和财政政策，从而对投资活动产生影响。并且，经济形势的变化往往在事前很难预见，因而对投资项目经济效益的影响更为巨大。

虽然我们给出了影响项目不确定性的主要因素，但是不同类型的投资项目，其不确定性因素也各不相同，不同的因素对项目的影响程度也有差异。因此，在进行投资项目评价时，评价人员应该根据所评价项目的特点以及客观情况的变化特点，做出合理的判断，选择关键性的因素进行分析，从而提高项目评价的准确度和可靠性。

§11.2 盈亏平衡分析

盈亏平衡分析（Break-even Analysis）是分析项目不确定性的基本方法，亦称损益平衡分析或保本分析，指销售量（或销售额）达到一定程度时，收入刚好弥补所有的生产经营成本，企业实现盈亏相抵，达到盈亏平衡。该分析法可以为决策者提供在何种业务量下企业将盈利，以及在何种业务量下会出现亏损等信息。在实际操作中，可以从会计利润盈亏平衡和净现值盈亏平衡两个角度进行分析。

11.2.1 会计利润盈亏平衡分析

1）盈亏平衡点的确定

会计利润的盈亏平衡点是指当总收入等于总支出，即会计利润为零时的销售量水平。为了推导出成本、销售量和会计利润之间的关系，我们首先定义以下变量：P 表示单位销售价格；v 表示单位变动成本；Q 表示总销售量；S 为总销售收入 $=P \times Q$；VC 为总变动成本 $=v \times Q$；FC 表示固定成本；D 表示折旧；T_C 表示公司的所得税税率。

项目净利润可以通过下式求出：

净利润 =（销售收入 – 变动成本 – 固定成本 – 折旧）×（1 – 所得税税率）

$$= (S - VC - FC - D) \times (1 - T_C)$$

如果令净利润等于零，就可以得到：

$$(S - VC - FC - D) \times (1 - T_C) = 0$$

因此，当净利润为零时，税前净利和税自然也是零。从会计的角度看，收益等于成本，自然没有应税所得额。将上式进行整理可得到：

$$S - VC = FC + D$$

因为 $S = P \times Q$，且 $VC = v \times Q$，那么有：

$$P \times Q - v \times Q = FC + D$$

$$(P - v) \times Q = FC + D$$

解出 Q：

$$Q = \frac{FC + D}{P - v}$$

上式中，分母表示的是销售价格与单位变动成本间的差额，叫做单位边际贡献，是产品扣除自身变动成本后对企业利润所做的贡献。它首先用于弥补企业的固定成本，如果还有剩余，就成为利润；如果不足以弥补固定成本，则发生亏损。而在盈亏平衡点，企业是没有利润的，即边际贡献正好弥补固定成本。

【例 11-1】某企业的新产品需要投资 500,000 元，预计寿命 5 年，按直线法折旧，残值为 0。企业的所得税税率为 33%，项目合适的贴现率为 10%。预计新产品的市场售价为每件 10 元，单位变动成本为每件 6 元，固定成本（不包括投资额的折旧）为 20,000元。试估计该项目的会计利润盈亏平衡点。

依题意，每年的折旧额为 100,000 元，按照公式计算出盈亏平衡点的销售量为：

$$Q = \frac{FC + D}{P - v} = \frac{20,000 + 100,000}{10 - 6} = 30,000（件）$$

即要保证该产品实现盈亏平衡，销售量必须达到 30,000 件。图 11-1 反映了该项目在不同销售量下的盈利情况。

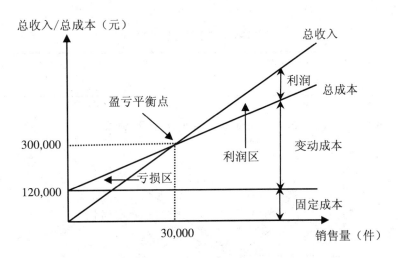

图 11-1　会计利润盈亏平衡图

由于该项目包括折旧在内的固定成本为 120,000 元，即便产量为零，其固定成本也是不可避免的支出，此时，其总成本为 120,000 元，而总收入为零。当销售量为 30,000件时，其总收入和总成本均为 300,000 元，实现了盈亏平衡。只要销售量能够超过 30,000件，总收入就大于总成本，项目开始盈利。

2）安全边际和安全边际率

确定盈亏平衡点是为了分析项目在什么样的销售水平下将出现亏损。进一步，我们还要分析项目的抗风险能力，这就涉及安全边际和安全边际率两个概念。

安全边际是指正常销售额超过盈亏平衡点销售额的差额，它表明销售额下降多少企业仍不致亏损。安全边际的计算公式如下：

安全边际 = 正常销售额 – 盈亏平衡点销售额

【例 11-2】在例 11-1 中，企业盈亏平衡点的销售量为 30,000 件，假定企业经过市场调研，预计正常情况下的年销售量为 50,000 件。那么，可以计算出安全边际为：

安全边际 = 10×(50,000 – 30,000) = 200,000（元）

有时企业为了考察当年的生产经营安全情况，还可以用本年实际订货额代替正常销售额来计算安全边际。

企业生产经营的安全性，还可以用安全边际率来表示。安全边际率是安全边际与正常销售额（或当年实际订货额）的比值，其计算公式如下：

$$安全边际率 = \frac{安全边际}{正常销售额（或实际订货额）} \times 100\%$$

可以根据例 11-1 和例 11-2 的数据计算出安全边际率为：

$$安全边际率 = \frac{200,000}{10 \times 50,000} \times 100\% = 40\%$$

安全边际和安全边际率的数值越大，企业发生亏损的可能性越小，抗风险能力也就越强。安全边际率是相对指标，便于不同企业和不同行业的比较。企业安全性的经验数据如表 11-1 所示。

表 11-1　安全性检验标准

安全边际率	40%以上	30%～40%	20%～30%	10%～20%	10%以下
安全等级	很安全	安全	较安全	值得注意	危险

盈亏平衡点和安全边际的关系可以进一步用图 11-2 表示。

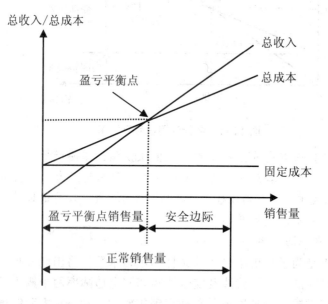

图 11-2　盈亏平衡点和安全边际

根据图 11-2 可以看出，盈亏平衡点把正常销售分为两部分：一部分是盈亏平衡点销售额，另一部分是安全边际。只有安全边际才能为企业提供利润，而盈亏平衡点销售额扣除变动成本后只能为企业收回固定成本。

11.2.2 净现值盈亏平衡分析

在项目决策中我们一再强调，与利润相比，我们更关注的是项目的现金流量和净现值。因此，可以利用盈亏平衡分析的基本原理，找出使得净现值为零时的盈亏平衡点。

实际操作中，我们首先要确定项目的经营现金流量，当经营现金流量的现值等于初始投资额时，项目的净现值就为零。

【例 11-3】用净现值盈亏平衡分析法计算例 11-1 中企业的盈亏平衡销售量；假定正常情况下企业的年销售量为 50,000 件，计算安全边际和安全边际率。

由题意可知，当经营现金流量的现值等于初始投资的 500,000 元时，这个项目的净现值就为零。因为每年的现金流量都一样，我们可以将它视为标准年金，来解出经营现金流量：

经营现金流量×年金现值系数＝初始投资额

因此有：

经营现金流量×(P/A,10%,5)＝500,000

解得：经营现金流量 $=\dfrac{500,000}{3.7908}=131,898.28$（元）

求出经营现金流量后，就可以进一步确定盈亏平衡点的销售量 Q。

经营现金流量＝税后净利＋折旧
$$=（销售收入－成本）×(1-所得税税率)+折旧$$
$$=\big[销售收入－（付现成本＋折旧）\big]×(1-所得说税率)+折旧$$
$$=（销售收入－变动成本－固定成本－折旧）×(1-所得税税率)+折旧$$
$$=(S-VC-FC-D)×(1-T_C)+D$$
$$=[(P-v)×Q-FC-D]×(1-T_C)+D$$

代入数据，可得：

$$[(10-6)×Q-20,000-100,000]×(1-0.33)+100,000=131,898.28（元）$$

解得：$Q≈41,902$（件）

可见，如果该项目只实现会计利润平衡点所要求的销售量 30,000 件，实际上公司还是亏本的，原因是会计利润盈亏平衡分析忽视了初始投资的机会成本。

进一步，可以计算净现值盈亏平衡分析下的安全边际和安全边际率：

安全边际 $=10×(50,000-41,902)=80,980$（元）

安全边际率 $=\dfrac{80,980}{10×50,000}×100\%=16.20\%$

对比在会计利润盈亏平衡下计算的结果，可以发现企业的安全边际和安全边际率都大大降低。

11.2.3 对盈亏平衡分析法的评价

盈亏平衡分析计算简单，并能直接对项目的盈亏进行分析，因此成为不确定性分析中被广泛采用的方法。该分析方法虽然能对项目的风险进行定性分析，但在分析中，我们假定产品的价格在任意销量下都是不变的，并且单位变动成本、固定成本等因素也都保持稳定，因此难以分析某一变量的变化（如产品的价格发生波动）对企业盈利能力或抗风险能力的影响，是一种比较粗糙的分析方法。盈亏平衡分析必须和其他方法结合使用，才能进一步提高分析的效果。

§11.3   敏感性分析

在盈亏平衡分析中，我们在假定产品价格不变的条件下求得使企业达到收支相抵的销售量。但实际上，由于市场的变化（原材料价格、产品价格、供求数量等波动）和企业技术条件的变化（原材料消耗和工时消耗水平波动），会使原来计算出的盈亏平衡点、目标利润或目标销售量失去可靠性。敏感性分析正是解决这一问题的有效工具。

11.3.1 敏感性分析的基本原理

敏感性分析（Sensitivity Analysis）是一种有广泛用途的分析技术，它分析与投资项目有关的一个或多个主要因素发生变化时，导致项目经济指标发生变动的程度。这些可能变化的因素称为不确定因素。通过敏感性分析，就能在诸多不确定因素中，找出对项目经济指标反应敏感的因素，并确定其影响程度，计算出这些因素在一定范围内变化时，经济指标变动的数量，从而建立主要变量与经济指标的对应量关系。敏感性分析可以使决策者了解不确定因素对项目经济指标的影响，从而提高决策的准确性，还可以启发评价人员对那些较为敏感的因素重新进行分析研究，以提高预测的可靠性。

11.3.2 敏感性分析的步骤

敏感性分析一般要先明确项目的不确定因素有哪些，然后通过计算分析各个不确定因素的变动对项目的影响程度。为了便于读者理解，下面通过一个例子来介绍敏感性分析的步骤。

【例 11-4】某企业只生产一种产品，单价（P）2 元，单位变动成本（v）1.2 元，预计明年固定成本（FC）为 40,000 元，产销量（Q）计划达 100,000 件。（注：分析过程中不考虑企业所得税）

预计明年的利润为：

$$利润 = 100,000 \times (2 - 1.2) - 40,000 = 40,000(元)$$

将利润作为项目的经济指标，通过敏感性分析研究其他因素的变化对利润的影响，有关的分析步骤如下：

1）临界点的计算

单价、单位变动成本、产销量和固定成本的变化，会影响利润的高低。这种变化达到一定程度时，会使利润消失，进入盈亏平衡状态，使企业的经营状况发生质变。敏感性分析的目的之一，就是提供能引起项目发生质变的各变量变化的界限，即找出不确定性因素的变化使项目由可行变为不可行的临界点。进行敏感性分析时，可以一次只变动一个因素，使其他因素保持不变，来研究项目经济指标的变化，这时称为单因素敏感性分析；也可以一次同时变动几个因素，而使其余因素保持不变，来研究项目经济指标的变化，这时称为多因素敏感性分析。由于多因素敏感性分析较为复杂，本节只介绍单因素敏感性分析。

根据例 11-4 的数据，计算各因素的临界点：

（1）单价的最小值

单价下降会使利润下降，下降到一定程度，利润将变为零，此时的单价是企业能忍受的最小值。设单价的最小值为 $P_{\min}$：

$$100{,}000 \times (P_{\min} - 1.2) - 40{,}000 = 0$$

解得：$P_{\min} = 1.6$（元）

单价降至 1.6 元，即降低 20%（0.4÷2）时，企业由盈利转为亏损。

（2）单位变动成本的最大值

单位变动成本上升会使利润下降，并逐渐趋近于零，此时的单位变动成本是企业能忍受的最大值。设单位变动成本的最大值为 $v_{\max}$：

$$100{,}000 \times (2 - v_{\max}) - 40{,}000 = 0$$

解得：$v_{\max} = 1.6$（元）

单位变动成本由 1.2 元上升至 1.6 元时，企业利润由 40,000 元降至零。此时，单位变动成本上升了 33%（0.4÷1.2）。

（3）固定成本最大值

固定成本上升也会使利润下降，并趋近于零。设固定成本的最大值为 $FC_{\max}$：

$$100{,}000 \times (2 - 1.2) - FC_{\max} = 0$$

解得：$FC_{\max} = 80{,}000$（元）

固定成本增至 80,000 元时，企业由盈利转为亏损。此时，固定成本增加了 100%（40,000÷40,000）。

（4）销售量最小值

销售量最小值，是指使企业利润为零的销售量，它就是盈亏平衡点销售量，其计算方法在上一节已介绍过。设销售量的最小值为 $Q_{\min}$：

$$Q_{\min} = \frac{FC + D}{P - v} = \frac{40{,}000}{2 - 1.2} = 50{,}000（件）$$

销售计划如果只完成 50%（50,000÷100,000），则企业利润为零。

2）敏感度系数的计算

各个变量的变化都会引起利润的变化，但其影响程度各不相同。有的变量发生微小变化，就会使利润发生很大的变动，利润对这些变量的变化十分敏感，这类变量称为敏感因素。与此相反，有些变量发生变化后，利润的变化不大，这类变量则称为不敏感因素。反映敏感程度的指标是敏感度系数，它是项目经济指标变化的百分率与不确定因素变化的百分率的比值。敏感度系数越高，表示项目的经济指标对不确定因素的敏感程度越高。可按下式计算敏感度系数：

$$敏感度系数 = \frac{目标值变动百分比}{变量值变动百分比}$$

【例 11-5】以例 11-4 的数据为基础，进行敏感程度的分析：

（1）单价的敏感程度

设单价增长 20%，即 $P' = 2 \times (1 + 20\%) = 2.4$（元）

按此单价计算，利润为：

利润 $= 100,000 \times (2.4 - 1.2) - 40,000 = 80,000$（元）

利润原来是 40,000 元，因此可以计算出利润变动的百分比和单价的敏感度系数：

$$目标值变动百分比 = \frac{80,000 - 40,000}{40,000} \times 100\% = 100\%$$

$$单价的敏感度系数 = \frac{100\%}{20\%} = 5$$

这就是说，单价对利润的影响很大，从百分率来看，利润以 5 倍的速率随单价变化。涨价是提高盈利的最有效手段，价格下跌也将是企业的最大威胁。经营者根据敏感度系数可以知道，每降价 1%，企业将失去 5% 的利润，必须格外关注产品价格。

（2）单位变动成本的敏感程度

设单位变动成本增长 20%，即 $v' = 1.2 \times (1 + 20\%) = 1.44$（元）

按此单位变动成本计算，利润为：

利润 $= 100,000 \times (2 - 1.44) - 40,000 = 16,000$（元）

计算单位变动成本的敏感度系数：

$$目标值变动百分比 = \frac{16,000 - 40,000}{40,000} \times 100\% = -60\%$$

$$单位变动成本的敏感度系数 = \frac{-60\%}{20\%} = -3$$

由此可见，单位变动成本对利润的影响比单价要小，单位变动成本每上升 1%，利润将减少 3%。但是，单位变动成本的敏感度系数的绝对值大于 1，说明单位变动成本的变化会造成利润更大的变化，仍属于敏感因素。

（3）固定成本的敏感程度

设固定成本增长 20%，即 $FC' = 40,000 \times (1 + 20\%) = 48,000$（元）

按此固定成本计算，利润为：

利润 $= 100,000 \times (2 - 1.2) - 48,000 = 32,000$（元）

计算固定成本的敏感度系数：

$$目标值变动百分比 = \frac{32,000 - 40,000}{40,000} \times 100\% = -20\%$$

$$固定成本的敏感度系数 = \frac{-20\%}{20\%} = -1$$

这说明固定成本每上升 1%，利润将减少 1%，利润对固定成本的变动不是很敏感。

（4）销售量的敏感程度

设销量增长 20%，即 $Q' = 100,000 \times (1 + 20\%) = 120,000$（件）

按此销售量计算，利润为：

利润 $= 120,000 \times (2 - 1.2) - 40,000 = 56,000$（元）

计算销售量的敏感度系数：

$$目标值变动百分比 = \frac{56,000 - 40,000}{40,000} \times 100\% = 40\%$$

$$销量的敏感度系数 = \frac{40\%}{20\%} = 2$$

说明销量每上升 1%，利润将上升 2%，利润对销售量的变动比较敏感。

（5）结论

就本例而言，影响利润的诸因素中，最敏感的是单价（敏感度系数为 5），其次是单位变动成本（敏感度系数为-3），再次是销量（敏感度系数为 2），最后是固定成本（敏感度系数为-1）。其中，敏感度系数为正值的，表明它们与利润同向增减；敏感度系数为负值的，表明它们与利润反向增减。

3）编制敏感性分析表

敏感度系数提供了各因素变动百分比和利润变动百分比之间的比例，但不能直接显示变化后的利润值。为了弥补这种不足，有时需要编制敏感性分析表列示各因素变动百分率及相应的利润值，如表 11-2 所示。

表 11-2　单因素变动敏感性分析表

利润　　　变动百分比 项目	-20%	-10%	0	+10%	+20%
单价	0	20,000	40,000	60,000	70,000
单位变动成本	64,000	52,000	40,000	27,000	16,000
固定成本	47,000	44,000	40,000	36,000	32,000
销量	24,000	32,000	40,000	47,000	56,000

敏感性分析表中，各因素变动百分比通常以±20%为范围，便可以满足实际需要。表 11-2 以 10%为间隔，也可以根据实际需要改为 5%。

4）绘制敏感性分析图

列表法的缺点是不能连续表示变量之间的关系。为此，人们又设计了敏感性分析图，如图 11-3 所示。图中横轴代表单位变动成本、固定成本、销量、单价等各因素变动百分比；纵轴代表利润。根据原来的目标利润点（0，40,000）和单位变动成本变化后的点（+20%，16,000），画出单位变动成本线。这条直线反映了单位变动成本不同变化水平下，所对应的利润值和利润变动百分比。其他因素的直线画法与单位变动成本线类似。直线与利润线的夹角越小，表明利润对该因素的敏感程度越高。

11.3.3　敏感性分析的评价

1）敏感性分析的优点

（1）敏感性分析使用了项目寿命期内的单价、销量、固定成本、单位变动成本等其他经济数据，在一定程度上就各种不确定因素的变动对项目经济效果的影响做出了定量描述。我们可以从不确定因素中找出项目经济评价敏感的因素，以及在项目可行的前提下敏感因素的允许变动范围，从而考察项目的风险程度或承受风险的能力。

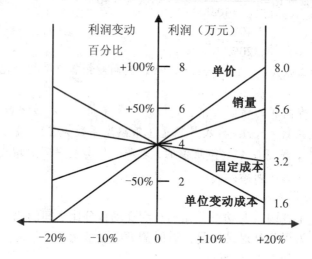

图 11-3   各因素对利润的敏感性分析

（2）提供了在决策前重点对项目的敏感因素进一步进行精确预测、估算和研究的机会，减少敏感因素的不确定性，把敏感因素可能引起的项目风险尽量降低。

（3）有利于在未来项目的实施中采取有力措施控制敏感因素的变动，降低项目风险，以保证项目实现预期的经济效果。

2）敏感性分析的缺点

敏感性分析并没有考虑各种不确定因素在未来发生变动的概率，因而一定程度上影响了分析结论的准确性。例如，在分析的过程中，也许某一因素并不属于敏感因素，但其未来对项目产生不利影响的概率却可能很大，甚至超过了敏感因素所带来的风险。这是敏感性分析无法解决的问题。

由于敏感性分析的局限性，根据项目特点和实际需要，有条件时还应进行概率分析。

§11.4   概率分析

对于项目而言，不确定是其固有的内在属性，这也是对投资项目进行不确定性分析的基础。不同的项目，其不确定性的程度是有大小区别的，不同因素的变化也不一定是等可能出现的。如果考虑到这些情况，盈亏平衡分析和敏感性分析在不确定性分析中的应用就受到了限制，此时需要用概率分析的方法来处理。

11.4.1   概率分析的基本原理

概率分析（Probability Analysis）是使用概率来预测不确定因素和风险因素对项目经济评价指标影响的一种定量分析方法。对于大型的重要骨干项目，可根据项目特点和实际需要，在有条件时进行概率分析。简单的概率分析可以计算项目净现值的期望值以及净现值大于或等于零时的累计概率。在互斥项目选择时，可只计算净现值的期望值。如果需要，有条件时可通过模拟法测算项目经济效益指标（如内含报酬率）的概率分布，为项目决策提供依据。

在概率分析中，不确定因素发生的概率是影响概率分析准确性的重要因素。概率的获得有两种方式：一是客观概率，即根据大量实验结果或历史数据得出的概率值；二是主观概率，即分析者主观预测或估计的值。主观概率要受预测者或估计者知识和经验的影响，但在缺乏充分资料的情况下，特别是对投资项目来说，主观概率同样是有效的。只是在确定主观概率时应十分慎重，否则会对分析结果产生不利的影响。

概率分析的目的，在于确定影响项目经济效益的关键变量及其可能的变动范围，并确定关键变量在此范围内的概率；然后进行概率期望值计算，得出定量分析的结果。概率分析的重点是评价统计数据和经验判断的可靠性，以及计算方法的正确性。

11.4.2 概率分析的基本方法——期望值分析法

概率分析包括的内容较广，通常需要计算净现值的期望值和净现值的累计概率。前者是以概率为权数计算出来的各种不同情况下净现值的加权平均值；后者是指在各种可能的情况下净现值大于或等于零时的累计概率。根据计算结果，可以编制净现值累计概率表和绘制净现值累计概率图。

【例 11-6】某投资项目基本方案的净现值（折现率 10%）为 22,051 元，若根据市场预测和经验判断，建设投资、营业收入和经营成本这三个不确定因素是相互独立的，它们可能发生的变化及其发生的概率如表 11-3 所示。

表 11-3　项目不确定因素发生的概率统计

概率　　变化率 不确定因素	+20%	0	-20%
建设投资	0.6	0.3	0.1
营业收入	0.5	0.4	0.1
经营成本	0.5	0.4	0.1

运用概率分析法对该项目进行分析：

1）计算净现值的期望值

（1）分别计算各种可能事件发生的概率。

第1事件发生的概率 = P_1(建设投资增加20%)$\times P_2$(营业收入增加20%)$\times P_3$(经营成本增加20%)
$$= 0.6 \times 0.5 \times 0.5 = 0.15$$

以此类推计算出其他 26 个事件发生的概率，所有 27 个事件发生概率之和应等于 1。图 11-4 清晰地展示了所有可能事件发生的概率。

（2）分别计算各可能发生事件的净现值。

这种计算一般根据全部投资现金流量表进行，将产品营业收入、建设投资各年数值分别调增 20%，另将经营成本调增 20%，再按固定程序重新计算净现值，得净现值为 32,479 万元。以此类推，计算出其他 26 个可能发生事件的净现值。

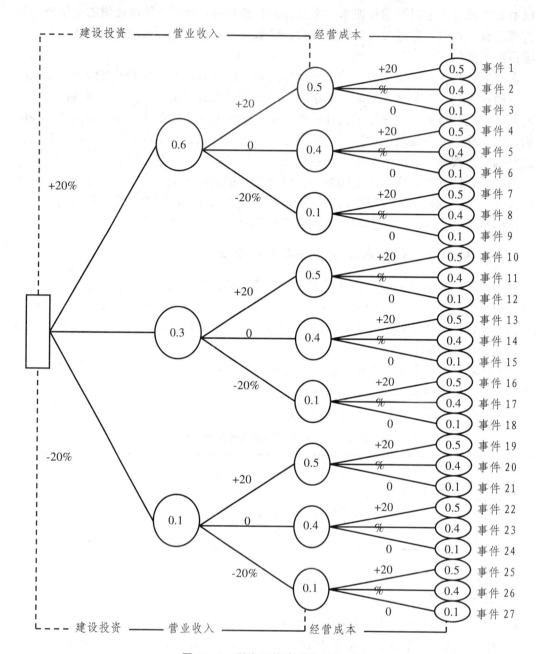

图 11-4 所有可能事件发生的概率

（3）将各事件发生的概率与其净现值分别相乘，得出加权净现值，然后将各个加权净现值相加，求得净现值的期望值。计算结果如表 11-4 所示。

表 11-4　所有事件的加权净现值计算结果

事件	发生的概率	净现值（万元）	加权净现值（万元）
1	0.6×0.5×0.5=0.15	32,479	4,773.35
2	0.6×0.5×0.4=0.12	41,133	4,935.96
3	0.6×0.5×0.1=0.03	49,777	1,493.34
4	0.6×0.4×0.5=0.12	−4,025	−473.00
5	0.6×0.4×0.4=0.096	4,620	443.52
6	0.6×0.4×0.1=0.024	13,265	317.36
7	0.6×0.1×0.5=0.03	−40,537	−1,216.11
7	0.6×0.1×0.4=0.024	−31,793	−765.43
9	0.6×0.1×0.1=0.006	−23,247	−139.49
10	0.3×0.5×0.5=0.075	49,920	3,744.00
11	0.3×0.5×0.4=0.06	57,565	3,513.90
12	0.3×0.5×0.1=0.015	77,209	1,007.14
13	0.3×0.4×0.5=0.06	13,407	704.42
14	0.3×0.4×0.4=0.047	22,051	1,057.45
15	0.3×0.4×0.1=0.012	30,696	365.35
16	0.3×0.1×0.5=0.015	−23,106	−346.59
17	0.3×0.1×0.4=0.012	−14,462	−173.54
17	0.3×0.1×0.1=0.003	−5,717	−17.54
19	0.1×0.5×0.5=0.025	67,351	1,673.77
20	0.1×0.5×0.4=0.02	75,996	1,519.92
21	0.1×0.5×0.1=0.005	74,641	423.21
22	0.1×0.4×0.5=0.02	30,737	616.76
23	0.1×0.4×0.4=0.016	39,473	631.73
24	0.1×0.4×0.1=0.004	47,127	192.51
25	0.1×0.1×0.5=0.005	−5,675	−27.37
26	0.1×0.1×0.4=0.004	2,969	11.77
27	0.1×0.1×0.1=0.001	11,614	11.61
合计 1.000			期望值 24,473.20

2）求净现值大于或等于零的概率

对单个项目的概率分析应求出净现值大于或等于零的累计概率，由累计概率值的大小可以估计项目的风险程度。该概率值越接近 1，说明项目的风险越小；反之，项目的风险则越大。可以列表求得净现值大于或等于零的累计概率，具体步骤为：将上表计算出的各可能事件的净现值按负值从大到小排列起来，到出现第一个正值为止；然后将各可能事件发生的概率按同样顺序累加起来，求得累计概率，一并列入净现值累计概率表中，如表 11-5 所示。

表 11-5　净现值累计概率表

净现值（万元）	概率	累计概率
−40,357	0.030	0.030
−31,793	0.024	0.054
−23,247	0.006	0.060
−23,106	0.015	0.075
−14,432	0.012	0.077
−5,717	0.003	0.090
−5,675	0.005	0.095
−4,025	0.120	0.215
2,969	0.004	0.219
4,620	0.096	0.315
11,611	0.001	0.316
13,265	0.024	0.340
13,407	0.060	0.400
22,051	0.047	0.447
30,696	0.012	0.460
30,733	0.020	0.470
32,479	0.150	0.630
34,641	0.005	0.635
39,473	0.016	0.651
41,133	0.120	0.771
47,127	0.004	0.775
49,777	0.030	0.705
49,920	0.075	0.770
57,565	0.060	0.940
67,209	0.015	0.955
67,351	0.025	0.970
75,996	0.020	1.000

通过表 11-5 的计算结果，可以求得净现值小于零的累计概率约为：

$$P(NPV < 0) = 0.215 + (0.219 - 0.215) \times \frac{|-4025|}{|-4025| + 2969} = 0.217$$

净现值大于或等于零的累计概率可按下式求得：

$$P(NPV \geq 0) = 1 - P(NPV < 0) = 1 - 0.217 = 0.783$$

计算得出净现值大于或等于零的可能性为 78.3%，说明项目的抗风险能力很强。进一步，可以将净现值与相应累计概率值画在一个二维坐标图中，直接从图中读出净现值小于零的概率。如图 11-5 所示。

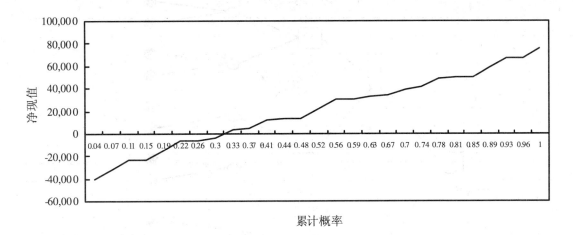

图 11-5　净现值累计概率图

§11.5　决策树分析

假如我们对未来各种情况发生的概率已经有所了解，并且已估算出在各种情况下的现金流量，那么通过计算净现值的期望值进行决策显然是一个较好的考虑风险的投资决策方法。在实际中，许多项目都是分阶段考虑问题的，财务管理人员不仅需要在项目初始投资阶段做出决策，而且还须在项目的寿命期内连续地做出一系列决策，这些决策涉及项目的投资、扩展、更新及收缩等内容。因此，假如随后的投资决策取决于目前所做的决策，那么现在的决策就必须考虑今后准备做什么。这种依次连续决策的问题可以用一种树形决策网络来表达和求解，这种树形决策方法称为决策树分析（Decision Trees Analysis）。

11.5.1　决策树

决策树是一个形象化的树形图，用于帮助人们明确与决策相关的所有现金流量及相应概率，并以此促进人们对决策过程的理解。在决策树中，为了区别决策时点与决策方案可能面临的未来状况，呈"□"状的图形称为决策点，由决策点引出的线条称为方案枝，方案枝上应标明方案的具体内容。呈"○"状的图形称为状态点，由状态点引出的线条称为概率枝或状态枝，状态枝上应标明状态出现的概率。为分析计算方便，可将各决策点和状态点依顺序编号。在概率枝末端呈"●"状的记号称为终点，在终点右侧应标出相应状态下的损益值。如果整棵树上只有一个决策点，称为单级决策；如果不止一个决策点，则称为多级决策树。图 11-6 是一个两级的多级决策树。

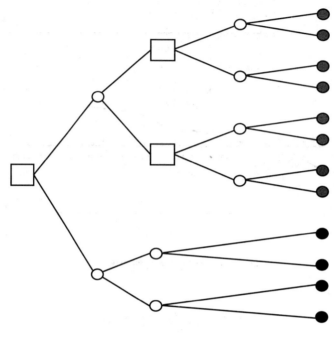

图 11-6　决策树示意图

11.5.2　决策树分析的步骤

制作决策树时应从决策点开始，按照从左向右的顺序逐步展开；利用决策树进行决策分析时，则应从终点开始，按照从右向左的顺序逐步分析计算期望现金收益。下面通过实例来讲述决策树分析法在实际中的分析步骤。

【例 11-7】某公司为生产某种新产品而设计了两种建设方案：一个方案是建大厂，另一个方案是建小厂。建大厂需要投资 300 万元，建小厂只需投资 100 万元。预计第一年销售好的概率为 0.7，而未来的销售状况取决于第一年的销售情况。如果第一年销售好，则未来销售好的概率为 0.9；如果第一年销售不好，则未来销售好的概率为 0.1。如果建大厂，销售好时每年的净现金流量为 100 万元，销售不好时每年的净现金流量为-20万元；如果建小厂，销售好时每年的净现金流量为 40 万元，销售不好时每年的净现金流量为 5 万元。如果在小厂的基础上扩建为大厂，需要再投资 100 万元。假设项目的寿命期为 10 年，无残值，合适的贴现率为 10%。试用决策树法进行决策。

用决策树法分析时，应当分以下两个步骤进行：

1）根据案例背景画出决策树，如图 11-7 所示。

2）计算各方案下的期望净现值。

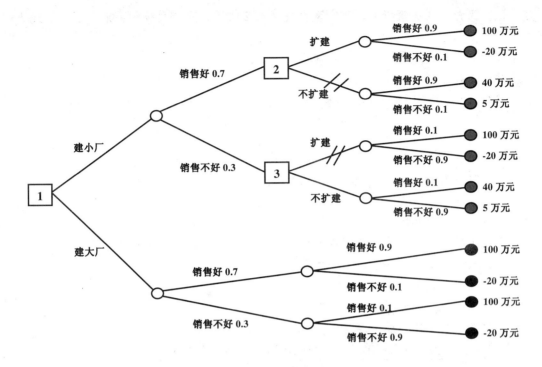

图 11-7　建设方案决策树

第一步决策：决定是否建工厂。

决策点 2 扩建方案的期望净现值为：

$$\overline{NPV_1} = (100 \times 0.9 - 20 \times 0.1) \times (P/A, 10\%, 9) - 100$$
$$= 88 \times 5.759 - 100$$
$$= 406.792（万元）$$

决策点 2 不扩建方案的期望净现值为：

$$\overline{NPV_1} = (40 \times 0.9 + 5 \times 0.1) \times (P/A, 10\%, 9)$$
$$= 35.5 \times 5.759$$
$$= 204.445（万元）$$

决策点 3 扩建方案的期望净现值为：

$$\overline{NPV_1} = (100 \times 0.1 - 20 \times 0.9) \times (P/A, 10\%, 9) - 100$$
$$= (-8) \times 5.759 - 100$$
$$= -146.072（万元）$$

决策点 3 不扩建方案的期望净现值为：

$$\overline{NPV_1} = (40 \times 0.1 + 5 \times 0.9) \times (P/A, 10\%, 9)$$
$$= 8.5 \times 5.759$$
$$= 48.952（万元）$$

根据计算结果，我们的选择是：在决策点 2 选择建工厂，在决策点 3 选择不建工厂。也就是说，如果第一年销售好，我们就选择建工厂；如果第一年销售不好，我们就选择不建工厂。因此，在决策树上，我们剪去决策点 2 的不扩建方案枝和决策点 3 的扩建方案枝。

第二步决策：决定是建大厂还是建小厂。

决策点 1 建小厂的期望净现值为：

$$\overline{NPV_0} = \frac{40 \times 0.7 + 5 \times 0.3 + 406.792 \times 0.7 + 48.952 \times 0.3}{1 + 10\%} - 100$$
$$= 199.036(万元)$$

决策点 1 建大厂，若第一年销售好，则在第一年年末有期望净现值：

$$\overline{NPV_1} = (100 \times 0.9 - 20 \times 0.1) \times (P/A, 10\%, 9)$$
$$= 88 \times 5.759$$
$$= 506.792(万元)$$

决策点 1 建大厂，若第一年销售不好，则在第一年年末有期望净现值：

$$\overline{NPV_1} = (100 \times 0.1 - 20 \times 0.9) \times (P/A, 10\%, 9)$$
$$= (-8) \times 5.759$$
$$= -46.072(万元)$$

则决策点 1 建大厂的期望净现值为：

$$\overline{NPV_0} = \frac{(100 \times 0.7 - 20 \times 0.3) + (506.792 \times 0.7 - 46.072 \times 0.3)}{1 + 10\%} - 300$$
$$= 68.121(万元)$$

对比决策点 1 建大厂与建小厂的期望净现值，由于建小厂的期望净现值（199.036 万元）大于建大厂的期望净现值（68.121 万元），所以应当选择建小厂。

将上述两项决策联系起来，决策的逻辑思路是：首先建设小厂生产新产品，如果第一年销售状况好，就进行扩建，以扩大市场规模；如果第一年销售状况不理想，则保持期初的规模继续进行产品的生产。

【知识拓展】

投资决策的相关讨论（三）
——专业化发展 v.s. 多元化经营

当企业发展到一定阶段时，其面临的投资决策也会更加复杂。企业投资时以专业化发展为主，还是以多元化经营为主，是决策者必须考虑的问题。一般来讲，专业化发展有利于企业集中精力发展，避免因人力、物力和财力分散造成的竞争力不足，并且在管理上也比较容易。专业化发展还有利于企业的生产规模达到规模经济的要求，便于企业利用自身的规模优势进行市场竞争，成为本行业中的主导企业。但是，专业化发展也有经营活动单一、风险集中的缺点。一旦主营产业出现问题，将引发整个企业的经营危机。

与专业化发展相比，多元化经营具有经营范围广泛、风险分散、经营效果稳定的优点。但多元化经营的缺点也同样明显，主要表现在如下方面：

（1）多元化经营与核心竞争力之间的矛盾

在利润、市场份额、核心竞争力等因素中，核心竞争力是对企业发展影响最深远的因素，它是企业的一项竞争优势和企业发展的长期支撑点。尽管企业之间的竞争通常表现为核心竞争力所衍生出来的核心产品的市场竞争，但其实质是核心能力之间的竞争。核心能力需要长期培植，企业必须首先有一个具有竞争力的核心产品，然后再考虑是否围绕核心产品、核心能力实行多元化经营。没有植根于核心能力而盲目选择多元化经营，容易造成企业精力分散，难以在某个领域内形成突破性发展，甚至可能把原来的竞争优势也丢掉了。

最早进入中国的正大集团在华投资曾遭重挫，业务锐减，账面亏空。有关专家在剖析其失败原因时，列举了诸多因素，其中最主要的就是"核心竞争力被稀释"。正大集团是靠发展家畜、家禽和饲料起家的，并在相当长的时间内执着地走专业化发展之路。进入中国以后，见到中国处处都有投资机会，便采取了多元化经营策略，在中国各省区投资兴建了 170 家企业，涉及农牧业、啤酒酿造、石油化工、水产养殖、通信、制造、摩托车、房地产、医疗、金融等十几个行业。由于战线拉得太长，且一些行业的相关度不高，最终导致了企业的核心竞争力被稀释。

（2）资金短缺与规模经济的矛盾

多元化经营如果没有足够的实力，就难以在多个经营项目上都达到规模经济的要求，从而使企业在该领域的竞争中处于不利地位。

（3）多元化经营与管理能力的矛盾

实行多元化经营必然会面临进入新领域的问题。由于对新领域缺乏了解和经验，容易发生种种难以预测的失败。这就需要大量精通不同行业管理的专门人才，同时也要求企业的最高管理层具有很强的多种行业管理的能力。事实上，一个企业的多元化经营程度越高，协调活动中可能造成的决策失误也就越多。随着多元化经营道路的发展，企业规模急速扩张，集团化管理成为必然。集团公司管理的主要任务是集团公司的整合，集团内部如果协调运作不好，财务失败也就在所难免。

综上所述，企业在进行投资决策时一定要认真考虑专业化发展与多元化经营两者之间的关系，处理好这一问题。

本章小结

在现实的投资决策过程中，有一些因素是主要的不确定性因素，包括价格、投资费用、项目计算期、项目的生产能力和经济形势等。

盈亏平衡分析是分析项目不确定性的基本方法，亦称损益平衡分析或保本分析，指销售量（或销售额）达到一定程度时，收入刚好弥补所有的生产经营成本，企业实现盈亏相抵，达到盈亏平衡。盈亏平衡分析具体可分为会计利润盈亏平衡分析和净现值盈亏平衡分析。会计利润盈亏平衡点是指当总收入等于总支出时的销售量水平，净现值盈亏平衡点则是指项目净现值为零时的销售量水平，两者的差别在于会计利润盈亏平衡点没有考虑初始投资的机会成本。

敏感性分析是研究与投资项目有关的一个或多个主要因素发生变化时，导致项目经济指标发生变动的程度。通过敏感性分析，就能在诸多不确定因素中，找出对项目经济指标反应敏感的因素，并确定其影响程度。反映敏感程度的指标是敏感度系数，它是项目经济指标变化的百分率与不确定因素变化的百分率的比值。敏感度系数越高，表示项目的经济指标对不确定因素的敏感程度越高。

概率分析是使用概率来预测不确定因素和风险因素对项目经济评价指标影响的一种定量分析方法。不同的项目，其不确定性的程度是有大小区别的，不同因素的变化也不一定是等可能出现的。如果考虑到这些原因，盈亏平衡分析和敏感性分析在不确定性分析中的应用就受到了限制，而概率分析可以有效地解决这一问题。

在实际中，许多项目都是分阶段考虑问题的，这些决策涉及项目的投资、扩展、更新及收缩等内容。这种依次连续决策的问题可以用决策树分析法解决。决策树是一个形象化的树形图，用于帮助人们明确与决策相关的所有现金流量及相应概率，并以此促进人们对决策过程的理解。

关键概念

盈亏平衡分析　　　安全边际　　　安全边际率　　　敏感性分析
敏感度系数　　　概率分析　　　决策树分析

综合训练

一、单项选择题

1. 在投资项目的诸多不确定性因素中，最基本的是____。
　　A. 项目的生产能力　　　　　　B. 项目投资费用
　　C. 宏观经济形势　　　　　　　D. 项目产出物和投入物的价格

2. 会计利润盈亏平衡分析与净现值盈亏平衡分析的区别在于____。
　　A. 会计利润盈亏平衡分析更可靠
　　B. 会计利润盈亏平衡分析忽视了初始投资的机会成本
　　C. 净现值盈亏平衡分析忽视了初始投资的机会成本
　　D. 会计利润盈亏平衡分析忽视了经营期内的现金流量

3. 销售价格与单位变动成本的差额叫做____。
　　A. 安全边际　　　B. 安全边际率　　　C. 单位边际贡献　　　D. 敏感度系数

4. 在敏感性分析中，反映项目经济指标对变量的敏感程度的指标是____。
　　A. 敏感度系数　　B. 安全边际　　　C. 临界点　　　D. 安全边际率

5. 在多阶段决策分析时常用的方法是____。
　　A. 概率分析　　　B. 敏感性分析　　　C. 决策树分析　　　D. 盈亏平衡分析

二、多项选择题

1. 投资项目的不确定性因素主要包括____。
　　A. 价格　　　B. 投资费用　　　C. 项目计算期　　　D. 项目的生产能力

2. 盈亏平衡点把正常销售分哪两部分____？

    A. 盈亏平衡销售额   B. 单位边际贡献

    C. 安全边际   D. 投资的机会成本

3. 在概率分析中，需要计算的量包括____。

    A. 敏感度系数   B. 安全边际

    C. 净现值的期望值   D. 净现值大于或等于零的累计概率

4. 敏感性分析的优点是____。

    A. 计算简便

    B. 考虑各种不确定因素在未来发生变动的概率

    C. 便于从不确定因素中找出项目经济评价敏感的因素

    D. 便于在未来的项目实施中采取有力措施控制敏感因素的变动，降低项目风险

5. 有关决策树分析的步骤，叙述正确的是____。

    A. 制作决策树时应从决策点开始，按照从左向右的顺序逐步展开

    B. 制作决策树时应从终点开始，按照从右向左的顺序逐步展开

    C. 利用决策树进行决策分析时，应从终点开始，按照从右向左的顺序逐步分析计算期望现金收益

    D. 利用决策树进行决策分析时，应从决策点开始，按照从左向右的顺序逐步分析计算期望现金收益

三、思考题

1. 投资项目的不确定性因素有哪些？如何才能使项目评价更加准确？

2. 简述敏感性分析的基本原理和主要步骤。

3. 某公司开发一种新产品，产品的售价为 1,000 元，单位变动成本为 300 元，工厂每年的固定费用为 200 万元，加工设备的成本为 1,000 万元，采用直线折旧，经济寿命为 10 年，残值为零。试分析：

（1）会计利润盈亏平衡点的销量。

（2）假定项目的经济寿命期为 10 年，公司所得税税率为 35%，折现率为 12%，计算净现值盈亏平衡点的销售量。

4. 某投资项目，寿命期为 10 年，初始投资为 200 万元，年度收入和年度费用（第 1～10 年）分别为 70 万元和 40 万元，期末残值为 20 万元，折现率为 10%。已知项目的项目投资、年度销售收入和年度费用三个不确定因素是相互独立的，它们可能发生的变化及其发生的概率如表 11-6 所示。试求项目净现值的期望值及净现值大于或等于零的累计概率。

表 11-6 项目不确定因素发生的概率统计

概率　　变化率 不确定因素	+20%	0	-20%
固定资产投资	0.6	0.3	0.1
销售收入	0.5	0.4	0.1
主要原材料价格	0.5	0.4	0.1

5. 某开发公司拟为一企业承包新产品的研制与开发任务，但为得到合同必须参加投标。已知投标的准备费用为 40,000 元，能得到合同的可能性是 40%。如果得不到合同，准备费用得不到补偿。如果得到合同，可采用两种方法进行研制开发：方法 1 成功的可能性为 70%，费用为 260,000 元；方法 2 成功的可能性为 50%，费用为 160,000 元。如果研制开发成功，按合同开发公司可得到 600,000 元；如果得到合同但未研制开发成功，则开发公司须赔偿 100,000 元。试分析：

（1）公司是否参加投标？

（2）如果公司中标，应用哪种方法研制开发？

本章参考文献

1. 《注册项目分析师培训教程》编委会：《CPDA 注册项目数据分析师培训教程》，北京：中国经济出版社，2007

2. 戴书松：《财务管理》，北京：经济管理出版社，2006

3. 李心愉：《公司理财学》，北京：北京大学出版社，2007

4. 中国注册会计师协会：《财务成本管理》，北京：经济科学出版社，2007

5. 刘力：《公司财务》，北京：北京大学出版社，2007

6. 齐寅峰：《公司财务学》，北京：经济科学出版社，2007

第 12 章　流动资产管理

导读

　　流动资产是指企业在现金、短期有价证券、应收账款和存货等短期资产上的投资。流动资产具有资金占用时间短、周转快和变现能力强等特点，是企业所有资产中最活跃的部分。企业拥有流动资产，能使销售、生产等各个环节得以平稳运行。合理地配置和有效地管理流动资产，对于降低公司的资本成本、加速资金周转以及提高公司利润，都具有十分重要的意义。因此，流动资产的管理在企业的投资管理中占有重要地位。本章作为投资管理部分的最后一章，主要介绍流动资产管理的主要内容和方法，包括现金、短期有价证券、应收账款和存货的管理。

§12.1 现金的管理

在所有的流动资产中，现金具有最强的流动性和最为普遍的可接受性，它可以有效地立即用来采购商品、货物、劳务或偿还债务。属于现金内容的项目，包括企业的库存现金、各种形式的银行存款和银行本票、银行汇票。

现金的流动性虽强，但收益性却最弱。企业持有过量的现金，虽然可以提高企业的支付能力，降低财务风险，但同时企业的收益也会降低；企业现金短缺，则会影响日常交易活动。因此，企业现金管理的目的就是在保证生产经营所需现金的同时，尽可能减少现金的持有量，而将闲置的现金用于投资以获取一定的投资收益。为此，必须了解企业持有现金的动机和与现金有关的成本。

12.1.1 企业持有现金的动机

企业持有现金的动机，是为了满足交易性、预防性和投机性三方面的需要。

1）交易性动机

交易性动机是指企业持有现金以便满足日常支付的需要。任何一个企业的正常经营活动都离不开大量的现金支出，这是由现金的基本特点和货币的基本职能所决定的。大量的商品交易活动需要现金，维持企业正常的生产活动需要现金，引进技术、进行投资需要现金，支付工资、管理费用、税款和股利等也需要现金。如果企业没有足够的现金储备，就无法满足上述活动对现金的需求。尽管企业会经常取得销售收入，但不可能总是在时间上和数量上恰好符合支出的需要。如果没有适当的现金余额，企业的生产经营活动就不可能正常运转下去。一般说来，公司为满足交易性需要所持有的现金余额主要取决于公司的销售水平和收回应收账款的能力。

2）预防性动机

预防性动机是指企业持有现金以便应对意外事件对现金的需求。为维护企业的正常生产经营活动，管理者必须考虑非正常的意外事件发生时所需要的现金支持。现代企业所处的经济环境日益复杂，企业受内外因素的影响越来越多，不可知的突发事件随时可能出现，企业想要正常地运作，避免意外事件给企业造成损失，持有预防性的现金储备是非常必要的。预防性现金需要量的多少，取决于现金收支预测的可靠程度、企业临时借款的能力和企业愿意承担风险的程度三个因素。

3）投机性动机

投机性动机是指企业持有现金以便在市场上出现有利机会时进行投机，从中获取收益。投机活动是企业捕捉商机的有效手段，投机性的资本运作也是确保企业获取额外收益的一种理想选择。这种投机性的资本运作离不开一定量的现金储备。企业进行投机性的资本运作通常是临时性的，捕捉那些转瞬即逝的机会，如遇到廉价物资供应的机会便适时购入，在适当时机购入价格有利的短期有价证券等以求获利。这种为了投机性需要而置存的现金，其目的在于增加企业的收益。投机性动机只是企业确定现金余额时所需考虑的次要因素，投机性现金持有量的大小往往与企业在金融市场上的投机机会及企业对待风险的态度有关。

　　企业除了出于以上三种目的而持有现金外，也会基于满足将来某一特定要求或为在银行维持补偿性余额等其他需要而持有现金。企业在确定现金余额时，一般应综合考虑各方面的持有动机。但需要注意的是，由于各种动机所需的现金可以调剂使用，企业持有的现金总额并不等于各种动机所需现金余额的简单相加，前者通常小于后者。另外，上述各种动机所需保持的现金，并不要求必须是货币形态，也可以是能够随时变现的有价证券以及能够随时融入现金的企业各种存在形式，如可随时借入的银行信贷资金等。

12.1.2　现金的持有成本

　　储备现金和储备其他资产一样，必然会发生成本。现金的持有成本通常包括机会成本、管理成本、短缺成本和转换成本四项内容。

　　1）机会成本

　　机会成本是指由于持有现金而丧失了用这部分现金去投资获利项目而所造成的损失。它不是实际发生的支出，只是一种相对意义上的成本支出。机会成本随着企业现金持有量的增加而成正比例上升。现金持有量越大，机会成本越高。现金持有量过多所造成的机会成本大幅提高，对企业是极为不利的。

　　2）管理成本

　　管理成本是指企业因持有一定数量的现金而发生的管理费用。企业储备现金，必然会发生管理费用，如管理人员工资、安全防盗措施等。这些费用是现金的管理成本。管理成本是一种固定成本，在一定范围内与现金持有量之间无明显的比例关系。

　　3）短缺成本

　　短缺成本是指因现金持有量不足而影响企业正常生产经营的需要，又无法及时通过有价证券变现加以补充，而使企业遭受的直接损失和间接损失，比如丧失的购买机会、造成信用损失和得不到折扣的好处等。短缺成本常常会给企业造成不可估量的损失，影响企业的正常生产经营活动。现金短缺成本随现金持有量的增加而下降，随现金持有量的减少而上升，即与现金持有量负相关。

　　4）转换成本

　　转换成本是指把现金转换为有价证券时发生的交易费用，如委托买卖佣金、委托手续费、证券过户费、印花税、实物交割费等。企业之所以要把现金转换为与其等价的有价证券，只是出于收益方面的临时选择，有价证券随时都可以变现，不会影响现金的持有动机。转换成本可以分为两类：一是与委托金额相关的费用，如委托买卖佣金和印花税。这些费用通常是根据委托成交金额计算的，属于变动转换成本。二是与委托金额无关，只与转换次数有关的费用，如委托手续费、过户费等。这些与证券变现次数密切相关的转换成本只包括固定性交易费用，转换成本与证券变现次数成线性关系。

　　明确与现金有关的成本及其各自的特性，有助于从现金持有总成本最低的角度出发确定现金最佳持有量。

12.1.3 最佳现金持有量的确定

现金是变现能力最强的资产，可以用来满足企业生产经营开支的各种需要，还可以用于企业还本付息和履行纳税义务。因此，拥有足量的现金对于降低企业的风险，增强资产的流动性和债务的可清偿性有着重要的意义。然而，现金属于非盈利资产，即使是银行存款，其利率也非常低。现金持有量过多，会降低企业的收益水平。因此，企业必须合理确定现金持有量，使现金不但在数量上而且在时间上相互衔接，以便在保证企业正常生产经营活动的同时，尽量减少企业闲置的现金数量，提高资金收益率。

确定最佳现金持有量的方法主要有现金周转模式、成本分析模式、存货模式、因素分析模式和随机模式。

1）现金周转模式

现金周转期是指企业从购买原材料而支付应付账款的货币资金流出时起，至成品销售而收回应收账款的货币资金流入时为止的这段时间。在企业的全年现金需求总量一定的情况下，现金周转期越短，企业的现金持有量就越小。现金周转模式的基本原理就是依据企业年现金需求总量，结合现金周转期等确定最佳现金持有量。

现金周转期大致包括以下三个方面：

（1）存货周转期，指将原材料转化为产成品并出售所需要的时间。

（2）应收账款周转期，指将应收账款转换为现金所需要的时间，即从产品销售到收回现金的时间。

（3）应付账款周转期，指从收到尚未付款的原材料到现金支出之间所用的时间。

以上三方面与现金周转期的关系，如图 12-1 所示。

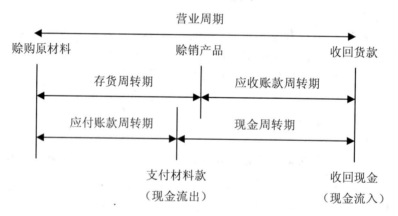

图 12-1   存货周转期、应收账款周转期、应付账款周转期与现金周转期

可见，经营周期是指从购进存货至收到现金的时间段，现金周转就是现金周转一次所需要的天数，计算公式如下：

现金周转期=存货周转期+应收账款周转期-应付账款周转期

$$现金周转率 = \frac{360}{现金周转期}$$

最佳现金余额计算公式如下：

$$最佳现金持有量=\frac{预计年现金总量}{现金周转率}=\frac{预计年现金总量}{360}\times现金周转期$$

【例 12-1】某企业的原材料采购和产品销售都采用赊销的方式，应收账款周转期为 30 天，存货周转期为 50 天，应付账款周转期为 40 天。预计 2009 年的现金需求总量为 8,100 万元。采用现金周转模式确定该企业 2009 年最佳现金持有量。

　　　现金周转期=30+50-40=40（天）

　　　现金周转率=360/40=9（次）

　　　最佳现金持有量=8,100/9=900（万元）

一般情况下，现金周转模式在以下假设的基础上才能够成立：

（1）现金流出发生在应付账款支付的时间。

（2）现金流入量等于现金流出量，即不存在资金过剩或不足。

（3）企业的供、产、销过程持续稳定进行。

（4）企业的货币资金需求不存在不确定因素。

因此，如果以上假设条件不成立的话，依此计算的企业最佳现金持有量将会发生偏差，但现金周转模式的优点是简单明了，便于理解、计算，在企业生产经营活动稳定的情况下，采用这种方法计算出的最佳现金持有量还是有一定参考价值的。

2）成本分析模式

成本分析模式是通过分析持有现金的相关成本费用，寻找使总成本最低的现金持有量。相关成本是指与储备现金的总量直接相关的成本，包括管理成本、机会成本和短缺成本，这三种成本费用的综合达到最低时的现金余额，就是最佳现金持有量。因为持有现金的机会成本为现金持有量与有价证券收益率的乘积，所以它与现金持有量成正比；管理费用具有固定成本的属性，不随现金持有量变化；而短缺成本与现金持有量成反比率变化。

机会成本、管理成本和短缺成本同现金持有量之间的关系，如图 12-2 所示：

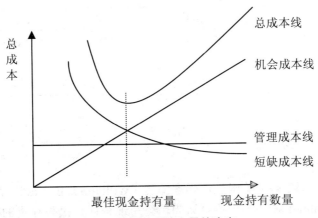

图 12-2　最佳现金持有量的决定

从图 12-2 可以看出，管理成本线为一条水平线，机会成本线向右上方倾斜，短缺成本线向右下方倾斜，由于各项成本同现金持有量的变动关系不同，使得总成本曲线呈向横轴凸出形，该抛物线的最低点是持有现金的最低总成本，它所对应的横轴上的点就是最佳现金持有量。

成本分析模式正是运用上述原理确定现金持有量的。在实际工作中，运用该模式确定最佳现金持有量的具体步骤为：

（1）根据不同现金持有量测算并确定有关成本数值。

（2）按照不同现金持有量及其有关成本资料编制最佳现金持有量测算表。

（3）在测算表中找出总成本最低时的现金持有量，即最佳现金持有量。

下面举例说明如何采用成本分析模式确定最佳现金持有量。

【例12-2】某企业有四种现金持有方案，其相应的资料如表12-1所示。

表12-1　现金持有量备选方案表

单位：元

项目	方案			
	甲	乙	丙	丁
现金持有量	10,000	20,000	30,000	40,000
机会成本率（%）	10	10	10	10
管理成本	1,000	1,000	1,000	1,000
短缺成本	6,000	4,000	2,000	—

根据表12-1的资料编制企业最佳现金持有量测算表，如表12-2所示。

表12-2　最佳现金持有量测算表

单位：元

方案	项目				
	现金持有量	机会成本	管理成本	短缺成本	总成本
甲	10,000	1,000	1,000	6,000	7,000
乙	20,000	2,000	1,000	4,000	7,000
丙	30,000	3,000	1,000	2,000	6,000
丁	40,000	4,000	1,000	—	5,000

通过比较各方案的总成本可知，丁方案的总成本最低，故该企业的最佳现金持有量为40,000元。

3）存货模式

存货模式是1952年由美国经济学家鲍莫（William. J. Baumol）首先提出来的，故又称鲍莫模型（Baumol Model）。鲍莫认为，公司现金持有量与存货的持有量有相似之处，存货经济订货批量模式可用于确定目标现金持有量，并以此为出发点建立了鲍莫模型。

存货模式的出发点也是现金持有量的相关总成本最低。在这些成本中，固定费用因其相对稳定，同现金持有量的关系不大，因此存货模式中将其视为与决策无关的成本而不予考虑。同时，由于现金是否会发生短缺、短缺多少、概率多大以及各种短缺情形发生时可能的损失如何，都存在很大的不确定性和无法计量性。由此在利用存货模式计算现金最佳持有量时，对短缺成本也不予以考虑。因此，在存货模式中，只考虑机会成本和转换成本。能够使现金管理的机会成本与转换成本之和保持最低的现金持有量，即为最佳现金持有量。

现金管理总成本与持有现金的机会成本、转换成本的关系，如图 12-3 所示。

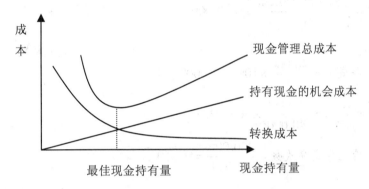

图 12-3　现金管理总成本与持有现金的机会成本、转换成本的关系

从图 12-3 可以看出，持有现金的机会成本与现金持有量成正比，现金的余额越大，持有现金的机会成本就越高；相反，现金余额越大，有价证券的转换次数就应越少，转换成本也就越小。持有现金的机会成本与转换成本相等时，现金管理的总成本最低，此时的现金持有量为最佳现金持有量。

运用存货模式确定最佳现金持有量时的假设前提如下：

（1）企业所需要的现金可通过证券交易获得，而证券变现的不确定性很小。

（2）企业预算期内现金流入量稳定，并且可以比较准确地预测其数量。

（3）现金的支出过程比较稳定，波动较小，而且每当现金余额降至零时，均可以通过部分证券变现得以补足，即没有短缺成本。

（4）证券的利率或报酬率以及每次固定性交易费用可以获悉。

如果这些条件基本得到满足，公司便可以利用存货模式来确定现金的最佳持有量。

设 T 为一定时期内现金需要总量；F 为每次转换有价证券的固定成本；Q 为最佳现金持有量；K 为有价证券利息率；TC 为现金管理总成本。则：

现金管理总成本=持有机会成本+转换成本

$$TC = \frac{Q}{2} \times K + \frac{T}{Q} \times F$$

现金管理总成本最低时，现金持有量为最佳现金持有量。TC 的最小值，可以求导的方法得到：

$$TC' = (\frac{Q}{2} \times K + \frac{T}{Q} \times F)' = \frac{K}{2} - \frac{TF}{Q^2}$$

令 $TC' = 0$ ，则：$\dfrac{K}{2} = \dfrac{TF}{Q^2}$，即 $Q^2 = \dfrac{2TF}{K}$

所以，最佳现金持有量 $Q = \sqrt{\dfrac{2TF}{K}}$。

【例 12-3】某企业现金收支状况比较稳定，预计全年现金需要量为 200,000 元，现金与有价证券的转换成本为每次 400 元，有价证券的年利率为 10%。

根据上述资料计算企业的最佳现金持有量。

$$Q = \sqrt{\dfrac{2 \times 200,000 \times 400}{10\%}} = 40,000（元）$$

其中：

$$机会成本 = \dfrac{40,000}{2} \times 10\% = 2,000（元）$$

$$转换成本 = \dfrac{200,000}{40,000} \times 400 = 2,000（元）$$

$$有价证券交易次数 = \dfrac{200,000}{40,000} = 5（次）$$

$$有价证券交易间隔期 = \dfrac{360}{5} = 72（天）$$

通过计算可知，机会成本与持有成本相等时，现金管理总成本最低，此时的现金持有量为最佳现金持有量。

存货模式可以精确地测算出最佳现金持有量和变现次数，揭示现金管理中的基本成本结构，对加强企业的现金管理有一定作用。但是这种方法以现金支出均匀发生、现金持有成本和转换成本易于预测为前提，只有在这些条件具备的情况下才能适用。同时，存货模式并未考虑单位货币资金的每天支出数与吸收数，造成单位货币资金管理的不足。因此，下面的计算公式应当更具有实用价值。

现金管理总成本（TC）的计算公式为：

$$TC = \dfrac{T}{Q} \times F + \dfrac{Q}{2} \times K \times (1 - \dfrac{d}{e})$$

式中，T 表示特定时期内的现金需求总量；Q 表示最佳现金持有量（每次证券变现的数量）；T/Q 表示有价证券转换为货币资金的次数；F 表示每次转换有价证券为货币资金的成本；$Q/2$ 表示最佳货币资金持有量的平均数；K 表示每一单位有价证券的全年平均机会成本；d 表示每天货币资金支出数；e 表示每天货币资金吸收数。

求导，令 TC 的导数为 0（即货币资金持有总成本最小）得：

$$N = \sqrt{\dfrac{2TF}{K} \times (\dfrac{e}{e-d})}$$

此时，N 为货币资金支出均衡发生、收入间隔一定时间实现一次情况下的货币资金最佳持有量。

4）因素分析模式

因素分析模式是建立在定性分析的基础上，根据上年度现金实际平均持有量和有关因素的变动情况来确定最佳现金持有量的一种方法。其计算公式为：

$$最佳现金持有量＝（上年现金实际平均持有量－不合理占用额）$$
$$×（1±预计销售收入变动率）$$

【例 12-4】某公司 2008 年度现金实际平均持有量为 800 万元，经分析，其中有 40 万元属不合理占用额，应予以剔除；预计 2009 年度的销售收入将比 2008 年度增长 20%，根据因素分析模式，该公司 2009 年度的最佳现金持有量为：

$$(800-40)×(1+20\%)=912（万元）$$

5）随机模式

随机模式是美国经济学家米勒（Merton H. Miller）和奥尔（Daniel Orr）于 1996 年首次提出的，故又称为米勒—奥尔模型。它是在现金需求量难以预知的情况下进行现金持有量控制的方法。对企业来讲，现金需求往往波动大且难以预知，但企业可以根据历史经验和现实需要，测算出一个现金持有量的控制范围，即制定出现金持有量的上限和下限，将现金量控制在上下限之内。当现金量达到控制上限时，用现金购入有价证券，使现金持有量下降；当现金量降到控制下限时，便抛售有价证券换回现金，使现金持有量回升。若现金量在控制范围的上下限之内，便不必进行现金与有价证券的转换，保持它们各自的现有存量即可。这种对现金持有量的控制，如图 12-4 所示。

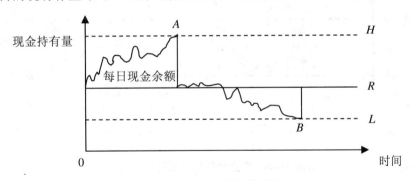

图 12-4　随机模式图

图 12-4 中，虚线 H 为现金存量的上限，虚线 L 为现金存量的下限，实线 R 为最优现金返回线。从图中可以看到，企业的最优现金存量（表现为现金每日余额）是随机波动的，当其达到 A 点时，即达到了现金控制的上限，企业应用现金购买有价证券，使现金持有量回落到现金返回线（R）的水平；当现金存量降至 B 点时，即达到了现金控制的下限，企业则应转让有价证券换回现金，使现金存量回升至现金返回线的水平。现金存量在上下限之间的波动属控制范围内的变化，是合理的，可不予理会。以上关系中的上限 H、现金返回线 R 可按下列公式计算：

$$R = \sqrt[3]{\frac{3b\delta^2}{4i}} + L$$

$$H = 3R - 2L$$

式中，b 表示每次有价证券的固定转换成本；i 表示有价证券的日利息率；δ 表示预期每日现金余额变化的标准差（可根据历史资料测算）。

而下限 L 的确定，则受到企业每日的最低现金需要、管理人员的风险承受倾向等因素的影响。

【例 12-5】假定某公司有价证券的年利率为 9%，每次固定转换成本为 50 元。公司要求任何时候其银行活期存款及现金余额不能低于 1,000 元，又根据以往经验测算出现金余额波动的标准差为 800 元。最优现金返回线 R、现金控制上限 H 的计算为：

$$有价证券日利率 = \frac{9\%}{360} = 0.025\%$$

$$R = \sqrt[3]{\frac{3 \times 50 \times 800^2}{4 \times 0.025\%}} + 1,000 = 5,579（元）$$

$$H = 3 \times 5,579 - 2 \times 1,000 = 14,737（元）$$

这样，公司的现金余额达到 14,737 元时，即应以 9,158 元（14,737-5,579）的现金去投资于有价证券，使现金持有量回落为 5,579 元；当公司的现金余额降至 1,000 元时，则应转让 4,579 元（5,579-1,000）的有价证券，使现金持有量回升为 5,579 元。如图 12-5 所示。

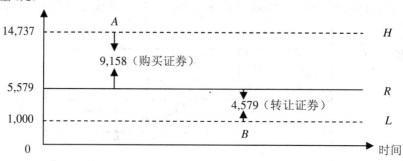

图 12-5　现金余额变动与操作

用随机模式求得最佳现金持有量符合随机思想，即公司的现金支出是随机的，收入是无法预知的，所以它适用于所有公司的最佳现金持有量的测算。另外，随机模型建立在企业未来现金需求总量和收支不可预测的前提下，因此计算出来的现金持有量比较保守。

上述几种模式分别从不同角度来计算企业的最佳现金持有量，由于各种模式都有自身的前提要求和优缺点，所以其计算结果也会存在差异，有时甚至会出入很大。在实际工作中，各种模式可结合起来应用。此外，各种方法基本上都是根据数学原理主观推算的，而现实经济生活复杂多样。现金持有量的多少是多种因素综合作用的结果，数学模型并不能把各种因素的变化都考虑进去，所以在大多数情况下，还需要财务人员结合企业的实际情况对所测算出来的数字予以适当调整，确定最佳现金持有量。

12.1.4　现金的日常管理

现金日常管理的目的就是要提高现金的使用效率。根据现金循环周转的规律，实现有效现金管理的途径：一是要加速现金回收；二是控制现金支出；三是调整现金流量，改善付款过程，提高收支的匹配程度。

1）加速收款

加速收款可以通过缩短赊账购货的期限和缩短收账延迟的时间等方法实现。例如，在不影响未来销售额的前提下，如果现金折扣在经济上可行，应尽量采用，以便缩短应收账款的回收时间。公司从供货至收到货款需要经历送货、处理账务和清算等延迟时间，如果能够减少客户开出支票到公司收到货款的时间，则可以通过缩短收账延迟时间来加速现金回收。

2）控制付款

控制付款是指公司在管理现金支出时，应在不影响公司信用的前提下尽量地延缓现金支出的时间。如在购货时尽量地享受供应商给予的信用条件，在信用期限的最后一天付款，等等。

3）提高收支的匹配程度

公司应当考虑现金流入的时间，并据此来安排现金支出，尽量使现金流出与现金流入同步。这样可以减少现金持有量，并减少有价证券的转换次数。

此外，还要注意对闲置资金予以充分利用。如果公司有大量暂时性的闲置资金，应及时投资于短期有价证券。

§12.2　短期证券投资的管理

短期证券投资指计划于一年内将投资收回或变现的证券投资，它是企业流动资产的一个重要组成部分。

12.2.1　企业进行短期证券投资的原因

企业进行短期证券投资的主要原因有以下几点：

1）作为现金的替代品

许多企业以持有短期有价证券来代替持有较高的现金余额，当企业现金流出量大于现金流入量，需要补充现金时，便出售手中的有价证券换取现金，弥补现金缺口。这时，企业持有的短期有价证券的作用相当于库存现金或银行存款。另一方面，企业持有短期有价证券还可能是出于预防的动机。因为为了提高资金的使用效率，大多数企业不愿持有过多的现金，主要是依靠银行信贷来应对短期交易需求和投机需求所需的现金。由于银行信贷存在着一定的不可靠性和不稳定性，故企业需要持有一定数量的短期有价证券，一方面保持较高的资金收益率，另一方面又可以及时变现，以满足在银行信贷不足时的现金需求。

2）适应季节性资金需求

有些企业经营活动的季节性强，经营旺季时资金需求高，淡季时资金需求少。如前所述，为了应对这种资金需求的波动性，有些企业采用保守型的筹资组合，利用一定数量的长期资金来源满足季节性的短期资金需求，这样在经营淡季必然会出现一定数量的闲置资金。为了充分利用这些资金，企业可将其用于短期证券投资，获取一定的投资收益。在经营旺季，资金需求增加时，再将短期有价证券转换为现金。

3）与长期筹资相配合

处于发展阶段的企业，为满足扩张的需要，每隔一定时间就要以长期筹资的方式（发行股票或长期债券）筹集生产经营活动所需的资金。由于长期证券的单位发行成本与筹资规模成反比，因此企业每次发行长期证券的规模都较大，而筹借到的资金往往要分期分批使用。这样，暂时不用的长期资金可投资于有价证券，以获得一定投资收益，并可在需要资金时出售有价证券，换取现金。这种长短期资金的组合情况，如图12-6所示。

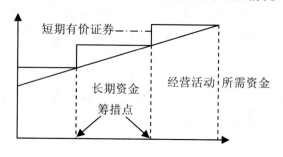

图12-6　资金组合分析图

12.2.2　短期有价证券的选择依据

短期证券投资的对象很多，不同投资对象的特点不同，投资者必须谨慎选择。一般来说，在选择短期投资对象时，要考虑下述因素的影响。

1）违约因素

债务人不能如期清偿债务本金或利息的行为即违约行为，债务人违约将造成债权人的投资损失。在选择某一证券作为短期投资时，必须考虑其违约风险。一般来讲，国库券（国债）的违约风险最低；其次是国有专业银行发行的金融债券，其违约风险也很低。企业发行的股票、债券的违约风险则因企业的规模、实力和发展前景的不同而不同。

2）意外事件的风险

某些突发事件，如企业行为的重大变化、政府政策或经济环境的突然变化等，都可能使有价证券的收益水平发生较大变化，从而给投资者带来很大的不确定性。比如突然的财政紧缩对房地产业的影响，中美贸易摩擦对某些进出口企业的影响，就是意外事件风险实例。其中最典型的事例之一，是1994年我国财政部为促进国债发行，宣布如果投资者以1991年三年期（1994年7月1日到期）的国库券换取1994年二年期国库券，则1991年三年期国库券可以在1994年4月1日提前兑付，并享有在原票面利率基础上提高1个百分点兑付的优惠。这就突然间大大提高了1991年三年期国库券的收益水平，为投资者所始料不及。因此，投资者在选择投资对象时，必须考虑该证券受类似突发事件影响的大小。

3）利率风险

债券的价格随市场利率的变化而变化。长期债券的价格受利率的影响要大于短期债券。市场利率的变化将导致债券投资收益的不稳定，即使是国债，也无法回避这种利率风险和下面要谈的通货膨胀风险。

4）通货膨胀风险

通货膨胀风险又称购买力风险，即由于通货膨胀造成购买力下降，从而使投资的实际收益下降的风险。收益率随通货膨胀率上升而上升的资产，其通货膨胀风险要低于固定收益资产。所以，不动产、普通股股票等资产的抗通货膨胀风险能力要优于债券、优先股股票等固定收益资产。

5）流动风险

流动风险又可称为变现风险。如前所述，企业持有短期有价证券的主要目的之一是在需要时将其变现，如果手中的证券在需要时不能及时变现，或不能按照预期的价格变现，将会使短期有价证券不能有效地替代现金，降低其预防功能。相比之下，国债、资信高的大企业的债券的流动风险较低；但是，在利率上升期间，它们的价格仍然要降低。

6）投资收益水平

为了有效地利用资金，投资收益水平是企业进行短期证券投资所必须考虑的因素之一。但是，投资收益与风险水平是正相关的。收益高，风险也必然高。因此，资金紧缺、实力较弱的企业，其短期证券投资应以低风险、高流动性为主要指标，选择国债或其他高级别债券作为短期投资对象。而资金相对充裕的大公司，可以考虑在保证整个短期投资组合的风险水平较低的前提下，适当加入些风险和收益水平都较高的证券。

12.2.3 短期证券投资的对象

有价证券的种类较多，但是并非所有的有价证券都适于作为现金的替代品。公司在选择有价证券作为现金的替代品时，应当考虑到有价证券的流动性、风险、收益与到期日等因素。通常，公司可以根据生产经营活动对现金的需求情况，确定合理的有价证券投资组合。这种投资组合要包括多种有价证券，并且要确定合理的到期日。

在欧美国家，大公司比较倾向于购买国库券、商业本票、银行可转让定额存单、欧洲美元债务等作为现金的替代品，而小公司则比较喜欢购买货币市场共同基金作为现金的替代品。表 12-3 列举了美国可供公司投资的有价证券。

表 12-3　美国可供公司投资的有价证券及其期限

证券种类（适合作为现金替代品）	期限	证券种类（不适合作为现金替代品）	期限
美国国库券	91 天～1 年	美国国库券票据	3～5 年
商业本票	不超过 270 天	美国国库券债券	不超过 30 年
银行可转让存单	不超过 1 年	AAA 级公司债务	不超过 40 年
货币市场共同基金	可随时变现	AAA 级州政府与地方政府债券	不超过 30 年
浮动利率优先股	可随时变现	AAA 级优先股	30 年～永远
欧洲美元债券	不超过 1 年	普通股	无

在我国，可作为现金替代品的有价证券种类比较少，主要有国库券、短期融资券、可转让定期存单、公司债券、证券投资基金等。

常见的用于短期投资的有价证券有：

1）国债

国债是中央政府发行的一种风险低、流动性高的有价证券，是货币市场上的主要信用工具之一，也是目前我国企业的主要证券投资对象。但我国国债的品种相对较少，特别是缺乏一年以下的短期国债。由于中长期国债的利率风险和通货膨胀风险较高，影响了其作为短期投资对象和现金替代品的功能的发挥。随着我国财政体制和金融体制改革的深入，这种状况正在逐渐改变。财政部已于 1996 年开始发行期限为半年的记账式国库券，这种交易方便、期限较短的国债很适合于企业的短期投资。

2）短期融资券

短期融资券是由金融机构和工商企业发行的短期无担保本票，期限在一年以内。短期融资券可以由发售者直接出售，也可以由经纪人代替经销。由于短期融资券的风险高于国债，所以其利率也高于国债。

3）可转让存单

可转让存单是指可以在市场上转让的、在商业银行存放特定数额和特定期限的存款的证明，这是西方金融市场上非常活跃的、流动性很强的一种投资工具。可转让存单的利率因金融市场状况、存单的到期日及发行银行的实力不同而有所不同，其利率高于国债。

4）企业股票和债券

企业发行的股票与债券属于长期证券，但由于它们可以在证券市场上进行转让，因此企业也可以将它们作为短期投资对象，在需要时买入卖出。与前几种短期投资工具相比，企业股票和债券的风险最高。

5）有价证券的投资组合

如果公司决定利用大量的现金进行有价证券投资，那么就应当对市场上的各种证券进行分析，根据公司的具体情况来选择有价证券的数量和种类。公司在进行短期有价证券投资时，为了充分利用资金、分散投资风险，往往要选购多种有价证券，这种投资结构称为投资组合。

投资组合是有价证券管理的一个重要问题，公司在确定有价证券的投资组合时，要全面分析各种有价证券的风险与收益。有价证券的投资组合既有证券种类和数量上的组合，也有到期时间上的组合。通常，有价证券的投资组合包括以下三个部分：

（1）作为现金替代品的部分

这部分投资主要是用来应对交易性和预防性需求。所以，在考虑有价证券的风险与收益的同时，必须根据公司的现金需求情况，合理地安排有价证券的种类、数量和到期时间。

（2）作为可控性现金需求的部分

如果公司能够比较准确地预计未来的现金流量，就可以把有价证券的种类、数量和到期时间有机地结合起来，构成一个比较科学的投资组合。这样，既可以满足公司对现金的需求，又能够获得比较理想的投资收益。

（3）自由性现金部分

这部分现金未指定用途，可以用于投机性需求。可选择机会较好的证券进行投资，其比重可以小一些。

如果公司不能准确地预测现金流量的变动，在选择有价证券时，就应当优先考虑证券的流动性。

§12.3 应收账款的管理

应收账款主要是由企业赊销产品所导致的。随着市场竞争的日益激烈，企业必须以各种手段扩大销售，对于价格、质量和售后服务都相同的同类产品而言，采取赊销的方法能够增加销量，扩大市场份额，减少存货。但与此同时，应收账款也会带来相应的成本。因此，应收账款管理是企业流动资产管理的一项重要内容。

12.3.1 应收账款的管理目标

1）促进销售的功能

企业在出售产品时，采用的两种基本销售结算方式是现销和赊销。现销方式当然是企业最期望的一种结算方式，它使企业的应计现金流入量和实际现金流入量完全吻合，从而使企业收回款项投入再增值过程。但是在激烈的市场竞争条件下，仅采用现销的方式是不够的，企业适时地采用各种有效的赊销方式也是很必要的。赊销方式虽然会导致一些呆、坏账损失，但它对于企业占领市场、增加销售额尤为重要。与现销方式相比，客户一般更愿意赊购产品。

2）减少存货的功能

赊销方式促进了产品销售，相应减少了企业库存产品的数量，加快了企业存货的周转速度。在企业的生产经营过程中，当商品或产成品存货较多时，企业可以采用较为优惠的信用条件进行赊销，尽快地实现存货向销售收入的转化，变持有存货为持有应收账款，以降低存货的管理费用、仓储费和保险费等支出。

企业对应收账款的投资虽然可以增加销售收入，从而获取更多的收益，但这种投资是有一定成本和风险的。由于不同的信用政策会导致不同的应收账款投资结果，给企业所带来的影响也不相同，因此企业不能随意进行应收账款投资。

企业对应收账款的管理，就是要对在应收账款上的投资进行成本及收益分析，将采用不同的信用政策所产生的收益和成本进行比较。只有当应收账款所增加的盈利超过所增加的成本时，才应当实施应收账款赊销；如果应收账款赊销有着良好的盈利前景，就应当放宽信用条件增加赊销量。企业要相应地制定出最佳的信用政策，并对信用政策的实施进行控制，实现企业价值最大化目标。

12.3.2　应收账款的成本

企业在采用赊销方式促进销售的同时，也会由于持有应收账款而付出一定的代价，这种代价就是应收账款的成本。其内容包括机会成本、管理成本和坏账成本。

1）机会成本

应收账款的机会成本是指资金放在应收账款上被客户占用而可能丧失的投资收益，如投资于有价证券的利息收益等。应收账款机会成本的大小通常与企业维持赊销业务所需要的资金数量、资金成本率或有价证券率有关。机会成本的计算过程如下：

应收账款机会成本＝维持赊销业务需要资金×资金成本率

其中，资金成本率一般可按有价证券收益率计算。

维持赊销业务所需资金可按下列步骤计算。

第一步：计算应收账款周转率：

$$应收账款周转率＝\frac{日历天数（360天）}{应收账款周转期}$$

第二步：计算应收账款平均余额：

$$应收账款平均余额＝\frac{赊销收入净额}{应收账款周转率}＝\frac{赊销收入净额}{360}×应收账款周转期$$
$$＝平均每日赊销额×应收账款周转期$$

第三步：计算维持赊销业务所需资金：

$$维持赊销业务所需要的资金＝应收账款平均余额×\frac{变动成本}{销售收入}$$
$$＝应收账款平均余额×变动成本率$$

由上述计算公式可以看出，随着赊销业务的扩大，赊销收入增加，维持赊销业务所需的资金就越多；而应收账款的周转率越高，维持赊销业务所需资金就越少。因此，提高应收账款的周转率，是减少应收账款机会成本的有效方法。

另外，假设企业的成本水平保持不变（即单位变动成本不变，固定成本总额不变），则随着赊销业务的扩大，只有变动成本总额随之上升。

【例12-6】假设某企业预测的年度赊销收入为200万元，应收账款平均收账天数（或周转期）为45天，变动成本率为60%，资本成本率为10%，则该企业应收账款的机会成本为：

（1）应收账款周转率＝$\frac{360}{45}$＝8(次)

（2）应收账款平均余额＝$\frac{200}{8}$＝25(万元)

（3）维持赊销业务所需资金＝25×60%＝15（万元）

（4）应收账款机会成本＝15×10%＝1.5（万元）

上述计算表明，企业投放15万元的资金即可维持200万元的赊销业务，相当于垫支资金的13倍之多。这一较高的倍数在很大程度上取决于应收账款的收账速度。在正常情况下，应收账款的收账天数越少，一定数量资金所维持的赊销额就越大；应收账款的收账天数越多，维持相同赊销额所需的资金数量就越大。而应收账款的机会成本在很大程度上取决于企业维持赊销业务所需资金的多少。

2）管理成本

应收账款的管理成本是指对应收账款进行管理而发生的有关费用，主要包括对客户信用情况的调查费用、收集各种信息的费用、账簿记录费用和收账费用等。

3）坏账成本

应收账款基于商业信用而产生，存在无法收回的可能性，由此给应收账款持有企业带来的损失，即为坏账成本。这一成本一般与应收账款数量同方向变动，即应收账款数量越大，坏账成本就越大。所以，为了避免发生坏账成本给企业生产经营活动、经营成果的稳定性带来不利影响，企业按规定可以按照应收账款余额的一定比例提取坏账准备金。

12.3.3　信用政策

信用政策又称为应收账款政策，是企业财务政策的重要组成部分。制定合理的信用政策，是加强应收账款管理，提高应收账款投资收益的重要前提。信用政策是企业为了实现应收账款管理目标而制定的赊销与收账政策，包括信用标准、信用条件和收账政策三方面内容。

1）信用标准

信用标准是客户获得企业商业信用所应具备的基本条件或最低条件，通常以预期的坏账损失率表示。若企业制定的信用标准过高，将使许多客户因信用品质达不到所设的标准而被拒之门外，其结果尽管有利于避免违约风险及坏账损失，但不利于企业市场竞争能力的提高和销售收入的扩大。相反，若企业接受较低的信用标准，虽有利于企业扩大销售，提高市场占有率和竞争力，但同时会导致坏账损失风险增大和收账费用增加。

（1）信用标准的定性分析

企业在制定信用标准时，应首先进行定性分析。在分析中应考虑三个因素：

第一，同行业竞争对手的情况。面对竞争对手，企业应考虑的是如何在竞争中处于优势地位，保持并不断扩大市场占有率。如果对手实力很强，企业就应考虑是否可以设定较低的信用标准，以提高对客户的吸引力；反之，则可以考虑制定较严格的信用标准。

第二，企业承担违约风险的能力。企业承担违约风险的能力，对信用标准的选择也有着很重要的意义。当企业具有较强的风险承担能力时，即可考虑采用较低的信用标准，以提高企业的产品竞争能力；反之，则应制定较严格的信用标准，谨防坏账发生。

第三，客户的资信程度。企业应在对客户的资信程度进行调查分析的基础上，判断客户的信用状况，并据此决定是否该给客户提供商业信用。客户的信用状况通常可以从以下五个方面来评价，简称"5C"系统或"5C"评价法：

①信用品质（Character）。信用品质是指客户履约或违约的可能性，这是决定是否给予客户信用的首要依据。企业可通过了解客户以往的付款履约情况进行评价。

②偿付能力（Capacity）。偿付能力是客户付款的能力。客户偿付能力的高低，取决

于其资产尤其是流动资产的数量、可变现能力以及与流动负债比率的大小。一般情况下，客户流动资产的数量越多，流动比率越大，表明其偿还债务的物质保证越雄厚；反之，偿债能力越差。当然，对客户偿付能力的判定，还要对其资产的变现能力及其负债的流动性进行分析。资产的变现能力越强，企业的偿债能力就越强；负债的流动性越大，企业的偿债能力就越小。

③资本（Capital）。资本是指客户的经济实力和财务状况。这一指标是根据有关的财务比率来测定客户净资产的大小及其获利的可能性，其优劣是客户偿付债务的最终保证。

④抵押品（Collateral）。抵押品是客户提供的担保付款的资产。客户提供了具有变现能力的抵押品，企业可以向其提供信用。这不仅对顺利收回贷款有利，而且一旦客户违约，也可以变卖抵押品，挽回经济损失。

⑤经济条件（Conditions）。经济条件是指不利经济环境对客户偿付能力的影响及客户是否具有较强的应变能力。当发现客户的经济状况向不利的方向发展时，为其提供商业信用就应十分谨慎。

上述客户信用状况五个方面的资料，可通过以下途径取得：企业可通过商业代理机构或资信调查机构，获得客户的信息资料及信用等级标准资料；委托往来银行的信用部门向与客户有关联业务的银行索取信用资料；与同客户有信用关系的其他企业相互交换该客户信用资料；查阅客户财务报告资料或凭企业自身经验及其他渠道获取资料。

（2）信用标准的定量分析

对信用标准进行定量分析，主要是解决两个问题：一是确定客户拒付账款的风险，即坏账损失率；二是具体确定客户的信用等级，以作为给予或拒绝信用的依据。这主要通过以下步骤来完成。

第一，设定信用等级的评价标准。设定信用等级的评价标准，就是根据对客户信用资料的调查分析，确定评价信用优劣的财务数据，以一组具有代表性、能够说明付款能力和财务状况的财务指标（如流动比率、速动比率、应收账款平均收账天数、存货周转率、产权比率或资产负债率及赊购付款履约情况等）作为信用风险指标，根据数年内最坏年景的情况，分别找出信用好和信用差两类顾客的上述指标的平均值，以此作为评价其他客户的信用标准。

【例 12-7】信用标准的确定

按照上述方法确定的某行业的信用标准，如表 12-4 所示。

第二，利用既有或潜在客户的财务报表数据，计算他们各自的指标值，并与上述标准比较。比较的方法是：若某客户的某项指标值等于或低于差的信用标准，则该客户的拒付风险系数（即坏账损失率）增加 10 个百分点；若客户的某项指标值介于好与差的信用标准之间，则该客户的拒付风险系数增加 5 个百分点；当客户的某项指标值等于或高于好的信用标准时，则视该客户的这一指标无拒付风险系数。最后，将客户的各项指标的拒付风险系数累加，即作为该客户发生坏账损失的总比率。

表 12-4　信用标准情况表

指标	信用标准	
	信用好	信用差
流动比率	2.5	1.6
速动比率	1.1	0.7
现金比率	0.4	0.2
产权比率	1.7	4
已获利息倍数	3.2	1.6
有形净值负债率	1.5	2.9
应收账款平均收账天数	26	40
存货周转率（次）	6	4
总资产报酬率	35	20
赊购付款履约情况	及时	拖欠

【例 12-8】拒付风险系数的确定

甲客户的各项指标值及累计风险系数如表 12-5 所示。

表 12-5　甲客户的拒付风险

指标	指标值	拒付风险系数（%）
流动比率	2.6	0
速动比率	1.2	0
现金比率	0.3	5
产权比率	1.7	0
已获利息倍数	3.2	0
有形净资产负债率	2.3	5
应收账款平均收账天数	36	5
存货周转率（次）	7	0
总资产报酬率	35	0
赊购付款履约情况	及时	0
累计拒付风险系数		15

在表 12-5 中，甲客户的流动比率、速动比率、产权比率、已获利息倍数、存货周转率、总资产报酬率和赊购付款履约情况等指标均等于或高于好的信用标准值（见表 12-4），因此，这些指标产生拒付风险的系数为 0；而现金比率、有形资产负债率、应收账款平均收账天数三项指标值则介于信用好与信用差之间，其发生拒付风险的系数均为 5%，累计 15%。这样，即可认为甲客户预期可能发生的坏账损失率为 15%.

当然，为了能够更详尽地对客户的拒付风险做出准确判断，也可以设置并分析更多的指标数值，如增为 20 项，各项最高的坏账损失率为 5%，介于信用好与信用差之间的每项增加 2.5% 的风险系数。

第三，进行风险排队，并确定各有关客户的信用等级。

　　根据上述风险系数的分析数据，按照客户累计风险系数由小到大进行排序。然后，结合企业承受违约风险的能力及市场竞争的需要，具体划分客户的信用等级。如累计拒付风险系数在 5% 以内的为 A 级客户，在 5%～10% 之间的为 B 级客户等。对于不同信用等级的客户，分别采取不同的信用政策，包括拒绝或接受客户信用订单，以及给予不同的信用优惠条件或附加某些限制条款等。

　　对信用标准进行定量分析，有利于企业提高应收账款投资决策的效果。但实际情况错综复杂，不同企业的同一指标往往存在着很大差异，难以按照统一的标准进行衡量。因此，要求企业财务决策者必须在更加深刻地考察各指标内在质量的基础上，结合以往的经验，对各指标进行具体的分析、判断。

　　（3）信用标准的制定

　　企业信用标准的制定，主要是通过比较不同方案之间的销售收入和相关成本，最后比较不同方案之间的净收益来完成的。

　　【例 12-9】某企业有两种信用标准可供选择，该企业的综合资本率为 10%，有关资料如表 12-6 所示。要求做出该企业的信用标准决策。

表 12-6　信用标准表

单位：元

项目	A 方案（坏账损失率≤10%）	B 方案（坏账损失率≤15%）
销售收入	2,000,000	240,000
固定成本	6,000	6,000
变动成本	120,000	144,000
变动成本率（%）	60	60
可能的收账费用	4,000	6,000
可能的坏账损失	20,000	36,000
平均收账天数	45	60

　　企业采用 A 方案时：

　　　①销售毛利=2,000,000-6,000-120,000=74,000（元）

　　　②应收账款的机会成本 = 200,000÷360×45×60%×10% = 1,500（元）

　　　③采用 A 方案的净收益=74,000-4,000-20,000-1,500=47,500（元）

　　企业采用 B 方案时：

　　　①销售毛利=240,000-6,000-144,000=90,000（元）

　　　②应收账款的机会成本 = 240,000÷360×60×60%×10% = 2,400（元）

　　　③采用 B 方案的净收益=90,000-6,000-36,000-2,400=45,600（元）

　　通过比较 A、B 方案的净收益，可以看出企业在制定信用标准时应该选择 A 方案。

　　2）信用条件

　　（1）信用条件的构成

　　信用标准是企业评价客户等级，决定给予或拒绝客户信用的依据。一旦企业决定给予客户信用优惠时，就需要考虑具体的信用条件了。信用条件是指企业向客户提供商业信用时要求客户支付赊销款项的条件，主要包括信用期限、折扣期限和现金折扣等。在第 4 章讲述商业信用融资方式时，我们曾讲述过信用条件的有关知识，而本章则是站在应收账款管理的角度来看信用条件的选择。

信用期限是指企业允许客户从购货到延期付款的最长时间限定。一般来说，信用期限越长，对客户的吸引力就越大，因而可以在一定程度上扩大产品的销售量。但应该注意到，过长的信用期限可能会给企业带来以下问题：一是会使应收账款的平均收账期限延长，占用在应收账款上的资金也就会增加，进而使企业应收账款占用的机会成本增加；二是会增加企业的坏账损失和收账费用，因为赊销的时间越长，发生坏账的可能性就越大，收回账款的费用也会相应增加。信用期限过短，不足以吸引顾客，会使销售额下降；信用期过长，对销售额增加固然有利，但所得的收益有时会被增长的费用抵消，甚至造成利润减少。因此，企业在进行信用期限决策时，应视延长信用期限增加的边际收入是否大于增加的边际成本而定。

为了缩短客户的实际付款时间，加速资金的周转，同时减少坏账损失，企业常常给客户提供一个折扣期限。若客户在折扣期限内付款，则企业可以按销售收入的一定比率给予其现金折扣。现金折扣实际上是产品售价的扣减，企业提供一个什么样的折扣期限和现金折扣，应该看提供现金折扣后所得的收益是否大于现金折扣的成本。现金折扣期限的长短和折扣率的高低如果定得不适当，就不能发挥出现金折扣应有的作用。企业应根据行业及所售产品的特点，权衡现金折扣利弊，制定出合理的折扣期限和折扣率。在确定现金折扣期限与折扣率时，应考虑其所产生的以下影响：

①适当的现金折扣期限及折扣率能够激励客户提早付款，从而加速企业应收账款周转率，降低应收账款资金占用。

②客户平均付款期限的缩短有利于降低坏账损失率和收账费用。

③适当的现金折扣能吸引更多的客户，从而使企业的销售量上升。

④客户如果获得现金折扣，对于企业来讲相当于货物降价出售，从而使单位产品的销售收入减少。因此，若折扣率定得较高而销售量又无显著上升，就会使得企业销售额下降，从而导致利润减少。

信用条件的一般形式如"3/10，2/20，n/50"，表示：在 50 天信用期限内，客户若能在开票后的 10 天内付款，可以得到 3% 的现金折扣；超过 10 天而在 20 天内付款，可以得到 2% 的现金折扣；否则，便要支付全部价款。在这里，50 天为信用期限，10 天为折扣率 3% 的现金折扣期限，20 天为折扣率 2% 的现金折扣期限。

（2）信用条件的选择

企业信用条件的选择与信用标准的选择相类似，即比较不同信用条件下的销售收入和相关成本，分别计算出净收益，最后选择净收益最大的信用条件。

【例 12-10】某企业预测的赊销收入额为 276 万元，其信用条件是 n/30，变动成本率为 65%，资本成本率（或有价证券利息率）为 10%。假定企业的收账政策不变，固定成本总额不变。该企业准备了三个信用条件的备选方案：A 方案维持 n/30 的信用条件；B 方案将信用条件放宽到 n/60；C 方案将信用条件放宽到 n/90。

各种备选方案估计的赊销水平、坏账百分比和收账费用等有关资料，如表 12-7 所示。

表 12-7 备选方案信用条件资料

项目	A (n/30)	B (n/60)	C (n/90)
年赊销额	276	300	320
应收账款周转率（次数）	12	6	4
应收账款平均余额	276/12=23	300/6=50	320/4=70
维持赊销业务所需资金	23×65%=14.95	50×65%=32.5	70×65%=52
坏账损失/年赊销额（%）	2	3	5
坏账损失	276×2%=5.52	300×3%=9	320×5%=16
收账费用	2.7	4.2	6.0

根据表 12-7 的资料，可计算收支的有关情况，并以此对 A、B、C 三个方案进行评价，如表 12-8 所示。

表 12-8 备选方案信用条件分析评价表

单位：万元

项目	A(n/30)	B(n/60)	C(n/90)
年赊销额	276	300	320
变动成本	179.4	195	207
信用成本前收益	96.6	105	112
信用成本			
应收账款机会成本	14.95×10%=1.5	32.5×10%=3.25	52×10%=5.2
坏账损失	5.52	9	16
收账费用	2.7	4.2	6.0
小计	9.72	16.45	27.2
信用成本后收益	86.88	88.55	84.8

根据表 12-8 中所计算的数据可知，在三种方案中，B 方案的信用条件为 n/60，获利最大，为 88.55 万元。它既优于 A 方案，又优于 C 方案。所以，在其他条件不变的情况下，当选 B 方案。

【例 12-11】沿用例 12-10 的数据，如果企业选择了 B 方案，但为了加速应收账款的回收，决定将赊销条件改为 2/10，1/20，n/60（D 方案），估计约有 60%的客户（按赊销额计算）会利用 2%的折扣，15%的客户将利用 1%的折扣。而且，坏账损失降为 2%，收账费用降为 3 万元。根据上述资料，有关数据资料计算如下：

应收账款周转期=60%×10+15%×20+25%×60=24（天）

应收账款周转率=360/24=15（次）

应收账款平均余额=300/15=20（万元）

维持赊销业务所需要的资金=20×65%=13（万元）

　　应收账款机会成本=13×10%=1.3（万元）

　　坏账损失=300×2%=6（万元）

　　现金折扣=300×(2%×60%+1%×15%)=4.05（万元）

根据计算出的数据资料，编制表 12-9，对 B、D 方案进行比较。

表 12-9　备选方案信用条件分析评价表

项目	B 方案（n/60）	D 方案（2/10, 1/20, n/60）
年赊销额	300	300
减：现金折扣		4.05
年赊销净额	300	295.95
减：变动成本	195	195
信用成本前收益	105	100.95
减：信用成本		
应收账款机会成本	3.25	1.3
坏账损失	9	6
收账费用	4.2	3
小计	16.45	10.3
信用成本后收益	88.55	90.65

　　通过计算比较可知，企业应选择 D 方案（2/10，1/20，n/60），该方案可使企业获得最大收益。

　　当然也可以采用边际收益法来确定方案的可行性，即根据方案的边际收益大于边际成本即为可取方案的基本原则，先计算原方案的边际收益和边际成本及备选方案的边际收益和边际成本，然后进行对比。若备选方案较原方案增加的边际收益大于增加的边际成本，且增量收益大于增量成本，则备选方案是可取的。

　　【例 12-12】某企业以往一直采用 30 天信用期限，现拟将 30 天的信用期限延长到 60 天。该企业变动成本率为 70%，假定由于延长了信用期限，企业销售额将由 125 万元增加到 150 万元，变动成本将由 100 万元增加到 120 万元，收账费用将由 5,000 元增加到 7,000 元，坏账损失将由 1 万元增加到 2 万元。若资本成本率的 10%，采用边际收益法测算该方案是否可行。

　　增加的边际收益=(150-120)-(125-100)=5（万元）

$$增加的边际成本=\frac{150-125}{360}×(60-30)×80\%×10\%+(0.8-0.5)+(2-1)=1.467（万元）$$

　　由于边际收益 5 万元大于边际成本 1.467 万元，因此企业可采用 60 天的信用期限。

　　3）收账政策

　　收账政策，又称收账方针，是指当客户违反信用条件，拖欠甚至拒付账款时，企业所采取的收账策略与措施。客户违反信用条件或拖欠账款的情况主要有两种：一是客户本身的信用品质较差，没有能力偿还；二是客户具有良好的信用品质，但临时发生财务困难。公司需要根据不同的情况制定和采取不同的收账政策。但不论采取何种收账政策，都要付出一定的代价，即收账费用，例如收款所支付的邮电通讯费、派专人收款的差旅费、不得已时的法律诉讼费等。采取积极的收账政策可能加大收账成本，但能够减少坏账损失。因此，公司制定收账政策时需要在减少的坏账损失和增加的收账成本之间做出权衡。

公司在催收货款时所采取的步骤和具体方法，应根据账款过期时间长短、客户拖欠货款原因等灵活运用。例如，对于过期较短的客户，不应采取严厉的催收方法，以免影响企业间的良好合作关系；对因临时发生财务困难的客户可给予一定的谅解和宽限期，以便稳定客户；而对过期很长、没有还款诚意的客户，则应采取积极的收账政策，派专人上门催款，甚至诉诸法律。典型的收账程序可以归纳为：

首先向欠款的企业发出措辞委婉的信件，提醒对方已过期账款的情况；进一步的催款还可以打电话给客户进行催收；如果对方还未付款，可派专门人员或收账公司上门收账；在以上方法都无法收回款项的情况下，最后可诉诸法律。

需要注意的是，为了理论体系的清晰，我们在分析信用政策时，将信用标准、信用条件和收账政策分开进行成本收益分析。实际上，这三方面的信用政策会共同发生作用，影响公司的销售收入和应收账款成本。因此，在制定信用政策时，应把信用标准、信用条件和收账政策结合起来，综合考虑这些政策的变化对销售额和应收账款的影响。由于综合分析所涉及的变量大多是预计的，有很大的不确定性，因此信用政策的制定除了依靠数量分析外，还需要凭借决策者的经验来进行决策。

12.3.4 应收账款的日常管理

应收账款日常管理最主要的任务就是对应收账款进行监控，以便及时发现问题，防止情况恶化。

1）确定应收账款的平均收款期

应收账款的平均收款期就是应收账款的周转天数，其计算公式为：

$$平均收款期 = \frac{全部应收账款}{平均日赊销额}$$

式中，平均日赊销额可以是月度的日赊销额，也可以是季度或年度的平均日赊销额。平均收款期不仅能够反映应收账款的质量，还可以从另一角度反映公司信用政策和收账政策的宽松状况。信用政策宽松，则货款回收较慢，平均收款期也就越长。

2）应收账款的账龄分析

平均收款期能综合反映公司所有应收账款的平均回收速度，但无法对每一笔应收账款的回收期进行具体分析。一般来讲，应收账款拖欠的时间越长，账款催收的难度就越大，成为坏账的可能性也就越高。因此，进行账龄分析，密切注意应收账款的回收情况，是提高应收账款收现效率的重要环节。

应收账款账龄分析就是研究应收账款的账龄结构，即各账龄的应收账款余额占应收账款总计余额的比例。账龄分析表是一张按期限和客户分类列示应收账款余额和各类别客户所占比例的报表，它可以为企业提供更具体详细的应收账款分布信息。

【例 12-13】某公司的账龄分析表如表 12-10 所示。

表 12-10　应收账款账龄分析表

应收账款账龄	账户数量	金额（万元）	比重（%）
信用期内（平均为 3 个月）	100	600	60
超过信用期 1 个月内	50	100	10
超过信用期 2 个月内	20	60	6
超过信用期 6 个月内	10	40	4
超过信用期 9 个月内	15	70	7
超过信用期 1 年内	12	50	5
超过信用期 2 年内	7	20	2
超过信用期 3 年以上	16	60	6
合计	231	1,000	100

从账龄分析表中可以看出：

（1）当前各项应收账款所占的比例。从表 12-10 中可以看到，在信用期限以内的应收账款占全部应收账款的 60%，这部分应收账款尚在偿付期，属于正常欠款。过期 3 年以上的应收账款占全部应收账款的 6%，这部分应收账款的回收难度较大，很可能成为坏账，公司应对可能的坏账损失提前做出准备。

（2）各个客户的欠款比例以及欠款时间的分布情况。从账龄分析表中可以很清晰地看到各个客户的欠款比例及剩余的期限，这样可以指导企业针对客户制定收账政策，并对主要信用情况有所了解。对于欠款时间太长的客户，应考虑停止对其供货。

账龄分析为下一步建立坏账准备提供了有利基础。

3）确认坏账损失，建立坏账准备制度

为了更准确地反映公司应收账款的规模和质量，需要计提坏账损失和坏账准备。坏账损失需要按照财务制度的规定确认和计提。例如，我国财务制度规定，确认坏账准备的标准是：（1）债务人破产或死亡，依法清偿后，确实无法收回的应收账款；（2）债务逾期未履行偿债义务，账龄超过 3 年，有明显证据证明无法收回的应收账款。至少符合以上条件之一的，方可确认为坏账损失。

坏账准备是指按一定的比例估计坏账损失，预先计提，等坏账发生时再冲减计提的准备金。可以按应收账款的账龄长短计提，账龄越长，计提比例越高；也可以按销货额的百分比计提，例如，我国财务制度规定按照期末应收账款余额的 3‰~5‰ 计提坏账准备。

§12.4　存货的管理

12.4.1　存货管理的目标

1）存货的功能

存货是指公司在生产经营过程中为销售或生产耗用而储备的各种物资，包括商品、产成品、半成品、在产品以及各种材料、燃料、包装物、低值易耗品等。企业储存存货，其主要功能在于：

（1）防止停工待料。适量的原材料存货和在制品、半成品存货，是公司生产正常进行的前提和保证。就公司而言，供货方的生产和销售往往因为某些原因而暂时停止或推迟，从而会影响公司材料的及时采购、入库和投产。就公司内部而言，有适量的半成品储备，能使各生产环节的生产调度更加合理，各生产工序步调更加协调。可见，适量的存货能有效防止停工待料事件的发生，维持生产的连续性。

（2）适应市场变化。存货储备能增强公司在生产销售方面的机动性和适应市场变化的能力。公司有了足够的存货，才能有效地供应市场，满足顾客的需要。相反，若某种畅销产品库存不足，将会失去目前和未来的市场，发生机会成本。

（3）降低进货成本。很多公司为扩大销售规模，对购货方提供优厚的数量折扣待遇，即购货达到一定数量时，便在价格上给予一定的折扣优惠。公司采用批量集中进货，可获得较大的数量折扣。此外，通过增加每次购货的数量，减少购货次数，可以降低采购费用。

（4）维持均衡生产。那些生产季节性产品的公司或生产所需材料的供应具有季节性的公司，为实现均衡生产，降低生产成本，就必须适当储存一定的半成品存货或保持一定的原材料存货。否则，这些公司若按照季节变动组织生产，难免会产生忙时超负荷运作、闲时生产能力得不到充分利用的情况。

2）存货管理目标

公司持有存货的目的主要是使购货与生产相配合。周密完善的生产计划和物资供应系统，可使原材料、零部件的供应和生产过程完全衔接，并及时满足市场对产品的需求，这时公司对存货的需求最小。但生产和销售是一个动态系统，它必须随着市场的变化而变化，总会产生波动。若生产一时扩大而原材料供应不上，则会使生产中断；若市场销售量增加而公司无产品库存，则会影响公司的销售和声誉，造成一定的损失。从公司的角度出发，存货管理的目标是在满足经营需要的条件下使存货的成本最低。

12.4.2　存货的相关成本

进行存货管理，首先应该认清与购买、保管存货相关的成本。这些成本一般可以分为三类：

1）存货取得成本

（1）采购成本。采购成本是由存货的买价、运杂费以及其他使存货送至公司转为库存状态所花费的开支所构成，它通常以采购数量和采购单价的乘积来确定。假定年存货需求量用 D 表示，单价用 U 表示，采购成本则为 $D×U$。

（2）订货成本。订货成本是指企业向供货方订购存货而发生的成本，包括订购手续费、差旅费、邮电费等。一般而言，采购成本与采购量成正比，单位采购成本基本不受采购数量的影响，只有供货方给予销售折扣时才有必要考虑单位采购成本。订购成本中有一部分与订货次数无关，如常设采购机构的基本开支等，称为订货的固定成本，用 F_1 表示；另一部分与订货次数有关，如差旅费、邮资等支出，称为订货的变动成本。每次订货的变动成本用 K 表示，每次进货量用 Q 表示。在需求量一定的情况下，订货次数越多，订货总成本就越高；反之，订货总成本则降低。订货成本的计算公式为：

$$订货成本 = F_1 + \frac{D}{Q} \times K$$

由此可以计算出存货的取得成本（用 TC_a 表示）：

存货的取得成本=存货的订购成本+存货的采购成本

$$TC_a = F_1 + \frac{D}{Q} \times K + DU$$

2）存货存储成本

存货存储成本也称持有成本，是企业为保存存货而发生的成本，包括存货占用资金所应计利息、仓库费用、保险费用、存货破损和变质损失等支出，通常用 TC_c 表示。

存储成本也分为固定成本和可变成本。固定成本与存货存储数量的多少无关，如仓库折旧、仓库职工的固定月工资等，常用 F_2 表示。存储的变动成本与存储的数量有关，如保险费、存货的破损和变质损失等与存货数量成正比。单位可变成本用 K_c 来表示。用公式表达的存储成本为：

存储成本=存储固定成本+存储变动成本

$$TC_c = F_2 + K_c \times \frac{Q}{2}$$

3）存货短缺成本

存货短缺成本是指由于存货供应中断而造成的损失，包括停工待料损失、企业紧急采购待用材料而发生的额外购入成本、延迟交货所承担的罚金和企业信誉损失等。存货短缺成本用 TC_s 表示。

如果以 TC 来表示存货储备的总成本，其计算公式为：

$$TC = TC_a + TC_c + TC_s = F_1 + \frac{D}{Q} \times K + DU + F_2 + \frac{K_c Q}{2} + TC_s$$

企业存货的最优化，即是使上式 TC 值最小化。

12.4.3 存货管理方法

存货管理是指在正常生产经营过程中遵循存货计划,对存货的使用和流转进行组织、调控和监督，使公司的资金运动、物资运动和生产经营活动达到最佳结合的管理活动。

1）ABC 控制法

ABC 控制法是意大利经济学家帕累托于 19 世纪首创的。经过不断完善和发展，现已广泛应用于存货管理、成本管理和生产管理，其基本思想依据于统计学中的累计曲线。ABC 控制法是根据各项存货在全部存货中的重要程度，将存货分成 A、B、C 三类。A 类存货的数量、种类占全部存货的 10%左右，所占资金却占全部金额的 70%左右；B 类存货的数量、种类占全部存货的 20%～30%，占用资金约为全部资金的 20%；C 类存货的品种、数量占全部存货的 60%～70%，资金约占全部金额的 10%。如图 12-7 所示。

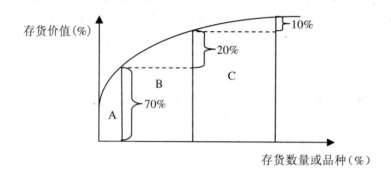

图 12-7 ABC 控制分类图

对 A 类存货实行重点规划和管理，对存货的收、发、存进行详细记录，定期盘点；对采购、储存、使用过程中出现的偏差应及时分析原因，调查清楚，寻求改进措施。对 B 类存货进行次重点管理，一般可按存货类别进行控制，制定定额，对实际出现的偏差进行概括性检查。C 类存货只进行一般管理，采用集中管理的方式。

2）经济批量控制法

（1）存货经济批量一般模型

存货过多或存货不足，都会使公司遭受不必要的损失。如何合理确定最佳的存货水平呢？存货经济批量模型对这一问题进行了解答。存货经济批量也称为经济订货量，是能够使一定时期存货的订货成本和储存成本之和最小的进货数量。根据前文对存货成本的讨论可知，存货的订货成本与采购批量成反比，而存货的储存成本与采购批量成正比。短缺成本由于难于计量，不予考虑。由此可见，订货成本与储存成本是决定存货经济批量的两大因素；而与批量无关的固定的订货成本与固定的储存成本则成为无关成本，在确定经济批量时不必加以考虑。因而，经济批量也就可以通过使存货订货变动成本与储存变动成本之和最小的计算方法求得。用公式表示如下：

$$TC = \frac{D}{Q} \times K + \frac{Q}{2} \times K_c$$

若使 TC 值最小，对 TC 求一阶导数，并令一阶导数等于零，此时的批量则称为最佳经济批量。

$$Q^* = \sqrt{\frac{2KD}{K_c}}$$

根据这一公式可进一步推导出：

$$TC = \sqrt{2KDK_c}$$

最佳订货次数 $N = \sqrt{\dfrac{DK_c}{2K}}$

最佳订货周期 $T = \dfrac{1}{N} = \dfrac{1}{\sqrt{\dfrac{DK_c}{2K}}}$

【例 12-14】某企业对某种材料的年需求量为 3,600 吨，每次进货成本为 250 元，单位储存成本为 20 元，每吨材料的单价为 1,000 元，且每次材料订货均一次到齐，在订货间隔均匀耗用。则经济批量为：

$$Q = \sqrt{\frac{2 \times 250 \times 3,600}{20}} = 300（\text{吨}）$$

$$N = \frac{3,600}{300} = 12（\text{次}）$$

$$T = \frac{3,600}{12} = 300（\text{天}）$$

应当注意，这里所计算的经济批量模型是一种理想化的状态，它是在一定的假设条件下推导出来的。其假设条件主要有：①存货的耗用量或销售量可以被准确地预测；②存货的耗用量或销售量在全年均匀分布；③不存在供应商延期交货的情况；④全年存货的需求量、采购单价、单位储存成本和每次订货均为已知，且全年保持不变。这些条件在现实的市场中是不可能满足的，因此经济批量模型在实际中的运用受到许多限制。为进一步提高模型的适用性，我们将结合实际工作中经常出现的几种情况加以分析。

（2）特殊情况下的存货经济批量的确定

① 存在销售折扣情况下的经济批量模型

在市场经济条件下，供应商为了扩大销售量，通常采用销售折扣的方式，即规定当一次采购量达到一定数额时给予购货方一定的价格优惠。在这种情况下，单位采购成本就不是固定不变的，它也随着采购数量的增减变化而变化。此时，企业在确定经济批量时，就要比较享受折扣与放弃折扣两种情况下的总成本，选择总成本较低者。总成本最低的批量视为经济批量。

【例 12-15】沿用例 12-14 的数据，如果供应商规定每次购货量达到 360 吨以上，就给予 10% 的销售折扣，则经济订货批量应为多少？

在这种情况下，采购成本与每次采购的数量有一定的关系。因此，企业在确定经济批量时必须将此因素考虑进去，来计算两种情况下的总成本。

$$TC_{(300)} = 1,000 \times 3,600 + \frac{300}{2} \times 20 + \frac{3,600}{300} \times 250$$

$$= 3,600,000 + 3,000 + 3,000 = 3,606,000（\text{元}）$$

$$TC_{(360)} = 900 \times 3,600 + \frac{360}{2} \times 20 + \frac{3,600}{360} \times 250$$
$$= 3,240,000 + 3,600 + 2,500 = 3,246,100(\,元\,)$$

通过计算可知，每次订货量为 360 吨时的总成本低于 300 吨时的总成本，因此企业应选择 360 吨作为每次采购批量，而不应选择 300 吨。通过上述分析可以了解到，在确定经济批量的分析中，所有与经济批量有关的成本因素都应该考虑进去，否则就会导致决策错误。相应地，订货次数、订货周期都要调整：

$$N = \frac{3,600}{360} = 10(\,次\,)$$

② 订货提前期和安全储备

一般情况下，企业要想做到存货库存为零时再补充到 Q，几乎是不可能的。供应商在收到企业订单后，从组织货源到运达企业往往需要花费一段时间。为了保证生产和销售正常进行，不受存货供应的影响，企业需要解决两大问题：一是什么时候发出订货单；二是为了预防意外事件发生，应建立多少保险性存货储备量。这就是管理上所说的订货提前期和安全储备量。

所谓的订货提前期也就是再订货点，是指企业库存存货达到多少时企业应发出订货订单，此时的存货量就是再订货点的储备量。影响再订货点的因素有：第一，平均日耗用量；第二，提前时间，一般是指平时从发出订单到所订货物运达仓库供使用所需时间；第三，预计每天最大耗用量与最长的提前时间；第四，安全存量，也就是预防耗用量突然增加或交货误期而保持的储备。

再订货点=（订货至到货间隔期×每日耗用量）+保险储备量

企业设立保险储备量，主要是预防企业订货提前期与耗用量不能完全确定，影响企业的再订货点，从而影响正常的生产经营。安全储备的存量虽然有用，但公司为此也要付出一定的代价，即增加企业储存成本以及存货所占用的资金。因此，确定是否需要设立保险储备以及保险储备的量为多少，对企业来说是很重要的。最合理的安全储备存量应使存货短缺成本和储存成本之和最低。

【例 12-16】某企业某材料的经济批量为 1,000 件，每件的单价为 10 元。该材料单位储存成本为单价的 20%，根据以往的经验，企业每短缺 1 件该材料则发生 1 元的损失。企业每日正常耗用该材料 50 件，每年采购 12 次，假定生产耗用量不确定的概率分布如表 12-11 所示。

表 12-11　生产耗用量的概率分布

生产用量（件）	1,000	1,200	1,500	1,700
概率	0.75	0.10	0.03	0.02

计算不同安全存量情况下的总成本，如表 12-12 所示。

表 12-12　不同安全存量的总成本

安全存量（件）	短缺量（件）	短缺概率	短缺成本（元）	储存成本（元）	成本合计（元）
0	200	0.10	200×12×0.1×1=240	0	612
	500	0.03	500×12×0.03×1=170		
	700	0.02	700×12×0.02×1=192		
200	300	0.03	300×12×0.03×1=107	200×10×0.2=400	652
	500	0.02	600×12×0.02×1=144		
500	300	0.02	300×12×0.02×1=72	500×10×0.2=1,000	1,072
700	0	0	0	700×10×0.2=1,600	1,600

不难看出，企业的安全储存量并不是越多越好，企业只有保持适量的安全储备，才能实现成本最低、存货管理效率最佳。

③ 存货陆续供应和使用

在建立基本模型时，假设存货一次全部入库，故存量增加时，存量变化为一条垂直的直线。但实际上，企业各批存货可能是陆续入库，使存量陆续增加。尤其是产成品入库和产成品转移，几乎总是陆续供应和陆续耗用的。这种情况下，需要对基本模型进行一定的修改。

【例 12-17】某零件年需求量（D）为 3,600 件，每日送货量（P）为 30 件，每日耗用量（d）为 10 件，单价（U）为 10 元，一次订货成本（K）为 25 元，单位储存变动成本（K_c）为 2 元，存货数量变动如图 12-8 所示。

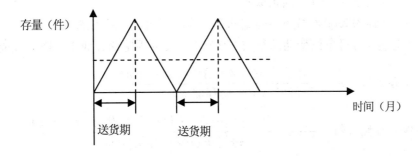

图 12-8　存货数量变动

设每批订货数为 Q，由于每日送货量为 P，故该批货物全部送达所需日数为 Q/P，称为送货期。因零件每日耗用量为 d，故送货期内的全部耗用量为 $(Q/P) \times d$。由于零件边用边送，所以每批送完时，最高库存量为 $Q - \dfrac{Q}{P} \times d$。平均存量则为 $\dfrac{1}{2}(Q - \dfrac{Q}{P} \times d)$。这样，与批量有关的总成本为：

$$TC(Q) = \frac{D}{Q} \times K + \frac{Q}{2}\left(1 - \frac{d}{P}\right) \times K_c$$

当订货变动成本与储存变动成本相等时，$TC(Q)$有最小值，故存货陆续供应和使用的经济订货批量为：

$$\frac{D}{Q}\times K=\frac{Q}{2}(1-\frac{d}{P})\times K_c$$

$$Q^*=\sqrt{\frac{2KD}{K_c}\times\frac{P}{(P-d)}}$$

$$TC(Q^*)=\sqrt{2KDK_c(1-\frac{d}{P})}$$

在例 12-17 中，其经济批量为：

$$Q^*=\sqrt{\frac{2\times25\times3600}{2}\times\frac{30}{(30-10)}}=367（元）$$

$$TC(Q^*)=\sqrt{2\times25\times3600\times2\times(1-\frac{10}{30})}=490（元）$$

应当注意，陆续供应和陆续使用的存货经济批量模型，同样适用于企业产品的自制和外购决策。企业自制零件属于边送边用的情况，单位成本可能很低，但每批零件投产的准备成本可能比一次外购订货的成本高许多。外购零件的单位成本可能很高，但订货成本却可能很低。因此，企业要在自制与外购零件之间进行选择，必须比较两种方法的总成本，才能做出正确的决策。此时，企业可以利用陆续供应的模型进行分析决策。

3）存货储存期控制

从有效管理的角度分析，公司应尽量缩短存货的储存时间，加速存货的周转，提高存货的管理水平。其中，重要的工作是加强对存货储存期的管理。其分析计算公式为：

利润＝收入－变动成本－固定成本

＝毛利－变动储存成本－固定储存成本－销售税金及附加

＝毛利－每日单位变动储存成本×储存天数－固定储存成本－销售税金及附加

$$保本储存天数=\frac{毛利-固定存储成本-销售税金及附加}{每日单位变动存储成本}$$

$$保本保利存储天数=\frac{毛利-固定存储成本-销售税金及附加-目标利润}{每日单位变动存储成本}$$

实际存储天数的节约（或浪费）额＝每日单位变动储存成本

$$\times|(保本存储天数-实际储存天数)|$$

【例 12-18】某公司购进甲商品 2,000 件，单位进价为 100 元，单位售价为 140 元，分摊固定储存成本为 20,000 元，年保管费率为 2%，销售税金及附加为 4,000 元。假如贷款为银行借款，年利率为 9%。要求：

（1）计算该批存货的保本储存期。

（2）计算投资利润率为 5%时的保利储存期。

（3）该批存货实际储存 700 天，是否实现了 5% 的目标利润？

解：

$$保本储存期 = \frac{(140-100)\times2,000-20,000-4,000}{100\times2,000\times\dfrac{2\%+9\%}{360}} = \frac{56,000}{61.11} = 916.38（天）$$

$$保利储存期 = \frac{(140-100)\times2,000-20,000-4,000-100\times2,000\times5\%}{100\times2,000\times\dfrac{2\%+9\%}{360}}$$

$$= \frac{46,000}{61.11} = 752.74（天）$$

实际储存700天的节约额 $= 61.11\times(916.38-700) = 13,222.98$（元）

利润差额 $= 13,222.98-10,000 = 3,222.98$（元）

$$实际利润率 = \frac{13,222.98}{100\times2,000} = 6.61\%$$

利润率差额 $= 6.61\%-5\% = 1.61\%$

所以，该批存货实际储存 700 天，能够实现 5% 的目标利润。

可见，通过对存货储存期的分析与控制，可以及时将企业的存货信息传递给经营决策部门，如有多少存货已过保本期或保利期，金额多大，比重多高，这样决策者就可以针对不同情况采取相应的措施。一般而言，凡是已过保本期的商品大多属于积压呆滞的存货，对此企业应当积极推销，压缩库存，将损失降低至最低限度；对超过保利期但未超过保本期的存货，应当首先检查销售状况，查明原因——是人为所致还是市场行情已经逆转，判断其有无沦为过期积压存货的可能，若有则须尽早采取措施；至于那些尚未超过保利期的存货，企业亦应密切监督、控制，以防发生过期损失。

4）零存货与适时性存货管理

存货管理的理想状态莫过于存货库存趋近于零或根本没有存货，公司无需在存货上花费许多资金和精力。要实现这种高层次的管理，就要求公司做到存货生产经营的需要与材料物资的供应同步，以便只有当公司生产过程中需要原材料或配件时，供应商才会将原材料或配件送来，从而体现适时性的管理。

采用零存货与适时性管理必须满足以下几个基本要求：

（1）供应商能够及时地批量供应优质的材料与配件。

（2）公司和供应商之间保持密切的联系，确保供应环节不出问题。

（3）各生产环节的工人应具有较高的素质与技能，能够保证所经手的产品的质量，防止损坏有限的原料和配件。

【案例分析】

海尔独特的生产管理制度

海尔集团在加速生产流转方面形成了一套独特的管理制度：销售部门根据市场反馈

的信息，提前一个月下达生产订单，生产过程中遵循"材料周转小于 4 小时"的原则上料，正在流水线上的产品一旦发现无市场需求，则马上停止该种产品的上料和生产，以减少存货，防止积压，真正让"物"流动起来。据统计，海尔一条半成品组装生产线一天之内可以更换 20~30 个型号。海尔认为，在企业效益好的时候，较高的效益往往会掩盖部门积压的不良现象，当企业效益下滑时，问题就会马上暴露出来，雪上加霜。所以，无论企业现时的收益水平如何，加速生产流转、防止产品积压的问题不容忽视。

　　海尔集团的财务人员经过长期认真的观察和精心测算发现，材料从领用到生产下线的最佳周转期为 4 个小时。销售部门在下达订单后，生产部门马上安排生产，采购部门负责材料的配送，不足供料要及时补上，在生产车间停留时间超过 4 个小时的材料即为呆滞材料，材料配送人员要及时撤料。车间在具体执行这一制度的过程中，在相关人员配合下，又进一步提出可以采用"红绿旗"警示制度，即对不足 4 小时使用的材料，生产人员要插上绿旗，提示供料；对超出 4 小时未用的呆滞材料则插上红旗，警示供料人员立即撤料。"材料周转小于 4 小时"的原则是海尔集团根据加速生产及资金流转的成本控制思想，结合企业具体的生产实际所做的管理上的创新，它需要各部门相互配合，将销售、采购及生产等部门全都调动起来，收到了良好的效果。比如，某车间在采用 4 小时材料周转警示控制前，材料周转天数为 10 天，材料资金占用为 500 万元，且有部分长期呆滞材料留置在车间，占用了大量资金。执行"红绿旗"制度后，该车间材料的周转严格控制在 4 小时内，既保持了生产现场的整洁又减少了资金的占用，使资金周转速度加快 20 倍，材料资金占用降低为 25 万元。"超 4 小时的材料即为呆滞材料"的观念已深入海尔人的思想，为其零流动资金占用的企业管理目标的实现打下了坚实的基础。

本章小结

　　企业持有现金的目的主要出于交易性动机、预防性动机和投机性动机。现金管理包括有效地回收现金、推迟现金支付与提高收支匹配程度三个方面。目标现金持有量通常通过存货模式和随机模式来确定。

　　作为持有现金的替代，短期投资的安全性和流动性尤为重要。公司持有短期有价证券的主要目的，一方面是将其作为现金的替代品，随时满足公司预防性和季节性的现金需求；另一方面是充分利用闲置现金取得一定的收益。公司在选择短期有价证券时，需要进行风险和收益的权衡。

　　应收账款日常管理的主要任务是对应收账款进行监控，在充分发挥应收账款功能的基础上，降低应收账款的投资成本，使提供商业信用、扩大销售所增加的收益大于有关的各项费用。在应收账款的管理中，信用风险是指公司不能收回赊销商品的货款而发生坏账损失的可能性。信用风险分析，就是运用一定的方法，分析信用受评人（客户）的信用质量，确定其风险等级，以便为信用政策的制定提供有用的信息。公司在确定或选择信用标准时，一般是计算不同信用标准条件下的销售量、利润、机会成本、管理成本及坏账成本，以利润最大或信用成本最低作为决策标准。理想的信用政策就是公司采用或松或紧的信用政策时所带来的收益最大的政策。一般来讲，应收账款拖欠的时间越长，催收的难度就越大，成为坏账的可能性也就越高。因此，进行应收账款账龄分析，密切注意应收账款的回收情况，是提高应收账款收现效率的重要环节。

　　存货管理的目标是在权衡存货所产生的效益和成本的基础上，合理地控制存货水平，在保证生产经营正常的前提下，尽量降低存货成本。存货管理的主要任务是控制订货批量和实行有效的存货控制管理。经济订货批量是指既能满足生产经营需要，又能使存货费用达到最低的一次采购批量。在不确定条件下，企业通常必须为存货需求和交货期的波动提供一个安全储备量，安全储备量加上提前期正常消耗量成为再订货点储备量。存货控制管理中常用的方法是 ABC 控制法、经济批量控制法、存货储存期控制法以及零存货与适时性存货管理等，每种方法均有其各自的适用条件。

关键概念

现金周转期　　　信用政策　　　信用标准　　　信用条件　　　收账政策
应收账款账龄分析　　　存货　　　　ABC 控制法　　　存货经济批量

综合训练

一、单项选择题

1. 企业持有现金的动机，是为了满足＿＿＿、预防性和投机性三方面的需要。
　　A. 交易性　　　　　B. 谨慎性　　　　　C. 存储性　　　　　D. 投资性

2. 现金的＿＿＿是指企业因持有一定数量的现金而发生的管理费用。
　　A. 现金成本　　　　B. 持有成本　　　　C. 管理成本　　　　D. 沉淀成本

3. 现金的＿＿＿是指因现金持有量不足而影响企业正常生产经营的需要，又无法及时通过有价证券变现加以补充，而使企业遭受的直接损失和间接损失。
　　A. 机会成本　　　　B. 短缺成本　　　　C. 生产成本　　　　D. 经营成本

4. ＿＿＿是建立在定性分析的基础上，根据上年度现金实际平均持有量和有关因素的变动情况来确定最佳现金持有量的一种方法。
　　A. 因素分析模式　　　　　　　　B. 随机模式
　　C. 现金周转模式　　　　　　　　D. 存货周转模式

5. ＿＿＿是指资金放在应收账款上被客户占用而可能丧失的投资收益。
　　A. 资金占用的机会成本　　　　　B. 应收账款的机会成本
　　C. 管理成本　　　　　　　　　　D. 变动成本

二、多项选择题

1. 储备现金和储备其他资产一样，必然会发生成本。现金的持有成本通常包括＿＿＿和转换成本四项内容。
　　A. 机会成本　　　B. 管理成本　　　C. 短缺成本　　　D. 占用成本

2. 企业进行短期证券投资的主要原因有以下几点：＿＿＿。
　　A. 作为现金的替代品　　　　　　B. 与长期筹资相配合
　　C. 适应季节性资金需求　　　　　D. 获取额外利润

3. 企业储存存货，其主要功能在于：____。
    A. 降低进货成本　　　　　　　B. 适应市场变化
    C. 防止停工待料　　　　　　　D. 维持均衡生产

4. 存货的存储成本包括____、存货破损和变质损失等支出。
    A. 存货占用资金所应计利息　　B. 仓库费用
    C. 保险费用　　　　　　　　　D. 管理员工资支出

5. 客户的信用状况通常用"5C"评价法进行评价，这里的"5C"包括____。
    A. 信用品质与偿付能力　　　　B. 资本与抵押品
    C. 交易量与业务相关程度　　　D. 经济条件

三、思考题

1. 企业应如何根据具体情况制定收账政策？

2. 某企业每年需用甲材料 250,000 千克，单价 10 元/千克，目前企业的每次订货量和每次进货费用分别为 50,000 千克和 400 元/次，求：

（1）该企业每年存货的进货费用为多少？

（2）若单位存货的年储存成本为 0.1 元/千克，企业存货管理相关总成本控制目标为 4,000 元，则企业每次进货费用限额为多少？

（3）若通过测算可达问题（2）的限额，其他条件不变，则该企业的订货批量为多少？此时存货占用资金为多少？

3. 某商店拟放弃现在经营的商品 A，转而经营商品 B，有关的数据资料如下：

（1）商品 A 的年销售量 3,600 件，进货单价 60 元，售价 100 元，单位储存成本 5 元，一次订货成本 250 元。

（2）商品 B 的预计年销售量 4,000 件，进货单价 500 元，售价 540 元，单位储存成本 10 元，一次订货成本 277 元。

（3）该商店按经济订货量进货，假设需求均匀，销售无季节性变化。

（4）假设该商店投资所要求的报酬率为 17%，不考虑所得税的影响。

要求：分析该商店是否应调整经营的品种（提示：要考虑经济订货量占用资金的机会成本，不考虑存货相关总成本）。

4. 某企业每年耗用某种材料 3,600 千克，该材料单位成本为 10 元，单位储存成本为 2 元，一次订货成本为 25 元。请分析：如果企业存货管理采用鲍莫模型，则该企业存货的经济采购批量为多少？此时的采购成本、储存成本、订货成本以及存货管理总成本各是多少？

5. 已知：某公司现金收支平稳，预计全年（按 360 天计算）现金需要量为 250,000 元，现金与有价证券的转换成本为每次 500 元，有价证券利率为 10%。

要求：

（1）计算最佳现金持有量。

（2）计算最佳现金持有量下的全年现金管理总成本、全年现金转换成本和全年现金持有机会成本。

（3）计算最佳现金持有量下的全年有价证券交易次数和有价证券交易间隔期。

本章参考文献

1．王斌：《财务管理》，北京：高等教育出版社，2007

2．陈丽萍，龙云飞：《财务通论》，北京：科学出版社，2007

3．陈良华：《财务管理》，北京：科学出版社，2007

4．郭丽虹，王安兴：《公司理财学》，上海：上海财经大学出版社，2007

5．张玉明：《企业理财学》，上海：复旦大学出版社，2005

6．李心愉：《公司理财学》，北京：北京大学出版社，2007

7．孙琳，徐晔：《财务管理》，上海：复旦大学出版社，2006